KAS

광고지성총서

10

광고 지성과
철학의 지평선

강승구 · 한은경 · 류진한 · 김병희 · 박재항
마정미 · 김주영 · 김영욱 · 윤태일 · 박기철 공저

THE INTELLECTUAL
AND PHILOSOPHICAL
HORIZONS
OF ADVERTISING

학지사

발간사

광고지성의 향연

지난 1989년 10월 14일, 한국광고학회 창립총회를 개최한 이후 2019년에 접어들어 학회 창립 30주년을 맞이했습니다. 사람으로 치면 서른 살입니다. 그동안 한국광고학회는 한국 사회에서 광고의 중요성을 환기하는 데 크게 기여했습니다. 지나온 날들의 성과는 분명 눈부셨지만, 미디어 환경이 급변함에 따라 광고와 광고학은 잠시 멈칫거리고 있습니다. 창의성, 인공지능, 블록체인이 인류의 미래를 결정한다는 전환기에 서서, 이제 우리는 광고의 새로운 방향을 모색해야 합니다. 이런 상황에서 한국광고학회 30주년을 기념하는 『광고지성총서』는 광고학계와 광고업계에 새로운 방향성을 제시할 것으로 기대됩니다.

이 총서는 '체인지(Change, 체력, 인화, 지성)'의 가치를 지향하는 제24대 한국광고학회에서 야심 차게 준비한 기획물입니다. 이 총서를 통해 한국광고학회의 체력(體力)을 증진하고, 회원들 사이의 인화(人和)를 촉진하며, 광고지성(知性)이 나아갈 새로운 좌표를 찾기를 기대합니다. 일찍이 플라톤은 『향연(饗宴)』에서 좋은 것(아름다운 것)을 소유하려는 욕망을 에로스라고 정의하고, 정신적인 출산을 추구하는 것도 에로스의 뜻이자 아름다움의 이상향에 도달하는 길이라고 설명했습니다. 정신의 자식을 분만하는 과정에서 105명의 필자가 자주 산통(産痛)을 느끼며 광고의 오늘과

내일을 고민했다는 점에서, 이 총서는 모름지기 집단지성의 플랫폼이자 광고지성의 향연이라 할 수 있습니다.

제1권『한국 광고학연구 30년과 전망』(편집책임 한상필)에서는 한국광고학회의 창립 30주년을 맞이해 지난 30년 동안의 학회 활동을 분석하고 광고학 연구의 발자취를 돌아보았습니다. 제2권『한국의 광고산업과 광고제도』(편집책임 김봉철)에서는 광고산업을 구성하는 단위들이 어떻게 발달해 왔고 어떤 기능을 해 왔는지 체계적으로 분석하고 정리했습니다. 제3권『광고와 사회 그리고 광고비평』(편집책임 이희복)에서는 급변하는 환경에서도 결코 변하지 않는 광고와 사회에 대한 본질을 비평적 관점에서 탐구했습니다. 제4권『소비자심리와 광고 PR 마케팅』(편집책임 이병관)에서는 소비자심리학의 여러 개념을 알기 쉽게 설명하고 광고와 PR 및 마케팅 현장에 적용하는 방안을 제시했습니다. 제5권『광고와 마케팅의 새로운 세계』(편집책임 나준희)에서는 마케팅에서 광고가 어떻게 작동해야 하는지에 대한 이론적 기반을 제시함으로써 광고 활용의 새로운 세계를 모색했습니다.

제6권『디지털 시대의 광고 크리에이티브』(편집책임 윤일기)에서는 디지털 융합 시대에 적합한 광고 크리에이티브의 새로운 차원을 살펴보고 실무적으로 유용한 지침을 제안했습니다. 제7권『광고 미디어의 현재와 미래』(편집책임 박현수)에서는 급변하는 미디어 환경을 살펴보고 광고와 미디어가 나아갈 미래의 방향과 시각을 전망했습니다. 제8권『스마트 광고 기술을 넘어서』(편집책임 김현정)에서는 우리 시대의 스마트 광고 기술에 대해 살펴보고 기술이 광고의 미래를 어떻게 바꿀 것인지를 여러 각도에서 조망했습니다. 제9권『빅데이터의 분석방법과 활용』(편집책임 정원준)에서는 학술적 · 실무적인 사례를 바탕으로 광고와 PR 영역에서 두루 활용할 수 있는 다양한 빅데이터 분석방법에 대해 설명했습니다. 제10권『광고 지성과 철학의 지평선』(편집책임 강승구)에서는 광고의 개념과 본질을 철학적으로 분석함으로써 광고지성의 가치를 환기하는 동시에 광고철학의 가능성을 탐색했습니다.

상당한 비용이 들어가는 10권의 총서가 출판되기까지 정신적으로 그리고 재정적으로 여러분의 도움을 받았습니다. 한국언론진흥재단의 민병욱 이사장님, 제일기획의 유정근 대표님, 이노션의 안건희 대표님, HS애드의 정성수 대표님, 대홍기획의 홍성현 대표님, TBWA의 이수원 대표님, 나스미디어의 정기호 대표님, 메조미디어의 이성학 대표님께 감사드립니다. 이분들의 후원이 없었다면『광고지성총서』는 결코 세상에 나오지 못했을 것입니다. 이 지면을 빌려 다시 한 번 감사드립니다. 한국광고학회 회원들은 이 총서가 출판되기까지 도와주신 분들에 대한 고마움을 앞으로도 오래오래 기억할 것입니다.

광고지성을 모색하느라 수고하신 105명의 필자는 우리에게 새로운 비전과 깊은 통찰력을 제시하셨습니다. 갈수록 어려워지는 출판 여건에도 불구하고 10권의 책을 기꺼이 출판해 주신 학지사의 김진환 사장님과 최임배 부사장님께 감사드립니다. 편집부 관계자들께서는 난삽한 원고를 손보고 책의 구성을 갖추어 정말 빛나는 총서로 만들어 주셨습니다. 총서를 기획하던 첫 순간부터 끝마무리까지 수고하신 연구이사 김현정 교수님과 편집책임을 맡은 10명의 교수님께도 고마운 마음을 전합니다. 아인슈타인은 "지성의 참된 모습은 지식이 아닌 상상력에서 드러난다."라고 했습니다. 독자 여러분께서는 이 책을 통해 지식만을 얻지 마시고 상상력을 확장하시기를 바랍니다. 우리가 진정으로 추구해야 할 것은 지식보다 상상력이기 때문입니다. 바로 이 점이『광고지성총서』를 기획하던 순간에 떠올랐던 저의 처음 생각이었습니다.

2019년 12월 5일

한국광고학회 제24대 회장 김병희 삼가 적음

머리말

광고는 단순한 마케팅 도구가 아니다. 우리는 첨단 현대사회 속에서 많은 광고를 접하고 있지만, 광고를 단순한 마케팅 메커니즘의 구조 속에서만 파악하다 보면 광고의 본질을 발견하기 힘들다. 광고는 기업 관련 혹은 제품 관련 상업적 메시지에서 출발하지만 철학적 본질에서 바라보면 기호적 가치(sign value)를 지닐 때가 많으며, 그 가치가 주는 철학적 함의를 파악해야만 광고의 본질에 접근할 수 있을 때가 많다.

이와 같은 측면에서 기획된 『광고 지성과 철학의 지평선』은 철학적 접근은 물론이고 언어적 측면에서의 기호적 해석방법과 광고 크리에이티브(creative) 철학 및 상품미학까지도 다룬다. 또한 유럽 학자들이 주로 주장한 개념으로서 시뮬라시옹(Simulation)과 포스트모더니즘(Post-Modernism)의 영역까지도 다루고 있으며, 광고에 대한 문화적 해석 및 테크놀로지 측면에서의 철학적 해석도 내놓고 있다. 그리고 광고의 존재론적 의미와 더 나아가서는 광고에 대한 정치경제학적 해석까지 다룸으로써, 그야말로 광고 철학 분야의 다양한 접근방법을 총망라한 저술이라고 할 수 있다.

우선 제1장 '광고와 철학적 사고의 필요성'(한은경)에서는 광고에 철학이 왜 필요한지에 대해 기본적 질문을 던지면서 광고에서의 철학의 필요성을 자세히 설명하고 있다. 단순한 판매촉진만을 위한 광고가 아니라 진정한 커뮤니케이션 메커니즘으로서의 광고의 철학적 기능을 자세히 설명해 주고 있다. 그리고 제2장 '광고 언어 속의 의미와 철학'(류진한)에서는 현재의 광고 언어가 가지고 있는 의미들이 현대의 소비자 또는 기업의 어떠한 욕구, 이슈, 환경, 나아가 철학을 반영하거나 대변하고 있는지, 있다면 광고 언어와 철학이 어떤 상관관계를 지니고 있는지, 그리고 향후 광고나 광고인이 인류의 생활 속에서 자신의 역할을 지속적으로 감당해 나가기 위해서는 어떤 철학적 고민이 필요한지에 대한 화두를 현실적으로 파악하여 정리하고 있다.

그리고 제3장 '광고 크리에이티브 철학'(김병희)에서는 한국 광고의 크리에이티브 철학을 정립하자는 맥락에서 크리에이티브 분야에 종사한 광고인들을 인터뷰하여 그 결과를 바탕으로 우리나라 광고 크리에이티브 철학을 도출하고 있다. 먼저 외국의 데이비드 오길비(David Ogilvy)와 윌리엄 번벅(William Bernbach) 같은 기라성들의 광고철학을 살펴본 후, 우리나라의 광고인들 가운데 김태형, 윤석태, 이강우, 박우덕 등 크리에이티브 분야 1인자들의 광고 크리에이티브 철학을 요약해 설명하고 있다. 제4장 '광고와 시뮬라시옹'(강승구)에서는 프랑스 학자 장 보드리야르(Jean Baudrillard)가 주장한 시뮬라시옹의 개념을 명쾌하게 설명하고 있는데, 광고철학을 논하는 데 있어 장 보드리야르의 시뮬라시옹의 개념은 필수코스이기도 하다. 가상의 이미지가 실재를 초과한다고 생각한 보드리야르의 주장을 이해하려면 이 장을 반드시 이해하고 넘어가야 한다.

또한 제5장 '광고 마케팅과 문화상품의 상호작용'(박재항)에서는 광고를 하나의 문화상품으로 봤을 때, 광고와 마케팅의 문화적 코드에 대한 해석을 내놓고 있다. 이러한 해석이 소설과 영화 그리고 시와 관련된 측면에서 고찰되고 있다. 제6장 '광고와 테크놀로지 철학'(마정미)에서는 스마트 기술, 사물인터넷, 클라우딩, 빅데이터 등 신종 첨단 기술의 위세가 압도적인 오늘날 빅데이터와 알고리즘, 이를 자동화하는 인공지능의 위세가 사물의 질서를 바꾸면서 광고 시스템도 바꿀 수 있다는 전제에서 분석을 시작하고 있다. 미디어와 테크놀로지(technology)의 발전은 인간의 삶의 태도, 철학, 인식론, 방법 등을 재편하고 있는데, 광고와 관련된 테크놀로지 철학을 이 장을 통해 경험하게 된다.

한편, 제7장 '광고 노출의 우연성과 필연성'(김주영)에서는 광고의 노출에 대한 개념적 정의를 시작으로 광고와 오디언스의 우연적 만남과 필연적 만남에 대한 해석에 대해 철학적으로 접근하고 있다. 그리고 브랜드와 소비자와의 만남도 우연성과 필연성 측면에서 설명하고 있는데, 인공지능 알파고의 원리를 이용해 해석하고 있다. 제8장 '정치경제학적으로 해석한 광고 시청 노동과 광고 시민권의 회복'(김영욱)에서는 커뮤니케이션 정치경제학 관점에서 수용자 상품론, 광고 시청 노동, 생산-소비자 상품론 등의 개념을 통해 광고의 작동 원리를 설명하고, 광고가 자본주의 체제를 유지하기 위해서 어떤 식으로 운영되며, 디지털 미디어 시대에 어떤 방식으로 그 활용 영역을 넓혀 가고 있는지 살펴보고 있다. 디지털 시대에 공공의 장(commons)을 유지하면서 수용자를 수단으로 생각하지 않는 새로운 광고 작동 원리를 모색하는 기회를 이 장에서 살펴보고 있다.

제9장 '아리스토텔레스 철학으로 본 좋은 삶, 좋은 광고, 좋은 광고인'(윤태일)에서는 아리스토텔레스 철학에서 볼 때 '된 광고' '좋은 광고'라는 것은 좋은 삶과 좋은 정치에 대한 아리스토텔레스의 논의를 통해 유추해 볼 수 있다고 주장한다. 결국 좋은 광고란 철학이 있는 광고, 더 나아가 아리스토텔레스의 철학과 같이 깊이 있는 철학 논리로 무장한 광고라고 말할 수 있을 것이라고 설파하고 있다. 끝으로 제10장 '광고철학의 이해와 실천'(박기철)에서는 '자본주의의 꽃이라는 광고가 철학을 수용할 수 있을까?'라는 질문을 던짐으로써 광고철학의 화두를 열고 있다. 또한 필자는 광고철학을 실천하는 열두 가지 지침을 마지막에 제시함으로써 우리에게 신선한 충격을 주고 있다.

이와 같이 제10권 『광고 지성과 철학의 지평선』은 우리에게 광고에서 철학이 왜 필요한지에 대해서부터 시작하여 시뮬라시옹 같은 유럽 학자들의 철학적 개념을 섭렵하고, 미디어의 테크놀로지 발전이 가져올 광고계의 변화를 감지한 후 좋은 광고의 수준에 다다르기 위해 가져야 할 철학과 실천 방법에 대해서까지도 자세한 지침을 던져 주고 있다. 독자들은 광고의 본질에 대한 이러한 철학적 접근과 분석 그리고 이해의 과정을 통해 광고에 대한 새로운 인식의 지평선을 열 수 있을 것으로 기대해 본다.

2019년 12월

필자들을 대표하여 강승구 적음

차례

제1장

광고와 철학적 사고의 필요성

한은경(성균관대학교 미디어커뮤니케이션학과 교수)

1. 감정은 광고의 결정적 요소
2. 광고의 본질은 감정의 해체와 재조립
3. 철학적 사고와 인습적 사고
4. 철학적 사고는 참된 비판력과 창조성의 원천
5. 마치며: 악마의 대변인

◈◇◈

1. 감정은 광고의 결정적 요소

광고의 가장 결정적 요소는 **감정**(emotion)이다. 광고 타깃이 광고에 노출되는 순간, 그들의 눈길이 따라 움직여야 광고가 살아난다. 그리고 그들의 마음속에서 감정이 일어나고 공명이 울려야 광고 메시지가 가슴에 꽂힌다. 감정이 파도칠 때 광고에 대한 집중도는 높아지고 장기기억으로 전환된다. 따라서 광고효과를 일으키는 결정적인 촉발인자는 바로 인간의 감정이다.

감정은 무엇일까? 사람이 살아가는 데 있어서 감정은 어떤 기능과 역할을 수행할까? 우리는 하루에도 수없는 결정을 하면서 살아간다. 그러나 대부분의 의사결정은 깊은 고민 없이 자동기계처럼 이뤄지고 몸이 먼저 행동하기 시작한다. 스스로 깨닫기도 전에 아무 생각 없이 내 몸은 이미 행동하고 있다. 예를 들어, 교통 신호등이 바뀔 때마다 저절로 정지하기도 하고 또 출발하기도 한다. 주변에서 갑작스런 폭발음이 나면 아무 생각 없이 반사적으로 몸을 움츠린다. 별다른 생각 없이 자동적으로 일을 처리하고 또 그런 식으로 상대방을 대하고 별생각 없이 말을 내뱉기도 한다. 사실 하루의 삶을 낱낱이 뜯어보면 명확한 생각과 판단을 자각하면서 행동하는 경우보다 그저 익숙한 느낌(feeling)과 일상적 감정(emotion)이 시키는 대로 행동하는 경우가 훨씬 많다는 사실을 깨닫게 된다.

신경과학의 권위자인 다마지오(Damasio)는 어떤 사람의 감정과 그것을 발생시키는 생물학적 기제가 어떻게 상호작용하는지 연구했다. 즉, 긍정적인 감정이나 부정적인 감정이 각각 어떤 경우에 일어나는지, 그리고 그러한 현상이 왜 의식적이 아니라 무의식적으로 훨씬 더 자주 행해지는지 조사했다. 그 결과 감정은 단순한 기분문제가 아니라 사람들의 의사결정을 촉발하는 원인인 동시에 의사결정과정 그 자체에도 깊숙이 개입한다는 사실을 발견했다. 심지어 감정은 판단에 커다란 영향을 미치는 핵심요소라고 주장했다(Damasio, 1998, p. 41). 그에 따르면, 사람들은 의사결정을 내려야 할 순간에 직면하면 오로지 한 가지 기준, "그런 식으로 결정하면 나는 어떤 기분이 들까?"에 집중한다는 것이다. 사람들은 그 판단의 순간에 과거의 경험을 돌이켜 보고 유사한 틀 속에서 발생하지도 않은, 혹은 영영 발생하지 않을 수도 있는 경우의 수를 기대하며 의사결정을 한다(Damasio, 1995, pp. 170-171). 사람들의 의사결정과정은 얼핏 보기에는 합리적 계산 위에서 행해지는 듯이 보이지만 실제로는 그 순간에 생긴 감정에 크게 의지하고 있다는 사실이 명백하다. 그 증거로 어떤 일이나 상품에 대하여 "그건 어때요?" 하고 물으면 첫 번째 대답은 거의 똑같다. "나는 그게 좋아요, 왜냐하면……." 혹은 "나는 그게 싫어요, 왜냐하면……."이라는 반응이다. 인간의 판단과정에서 가장 먼저 발현하는 것은 정서적 반응이라는 뜻이다(Du Plessis, 2005, p. 90).

다마지오는 감정에 대한 자신의 이론을 **신체표식 가설**(somatic marker hypothesis)로 설명한다. 감정은 신체의 감각작용으로 잠시 유발되었다가 사라지는 신경현상만이 아니고 신체에 새겨진 일종의 표식(marker)이라는 말이다(Damasio, 1995). 사람들의 경험에서 얻어진 다양한 지식과 지혜가 감정으로 치환되어 마치 몸(soma)에 새겨진 표식과 같이 작동한다는 가설이다. 어떤 물건이나 사건을 처음 목격할 때 사람들이 느끼는 감정은 긍정적이거나 부정적이거나 혹은 회의적이다. 그다음 단계로 대상에 대한 정보가 경험치로 몸에 저장되어 있는 경우엔 싫다/좋다, 안전하다/위험하다, 가까이하라/도망가라 등의 감정이 신중한 판단보다 먼저 떠오른다. 몸은 그런 감정에 직접적으로 반응한다. 겪어 본 적이 없어서 잘 모르는 대상일 경우 당황함, 망설임, 의혹, 그리고 떠듬거리게 만드는 감정이 분출된다. 이러한 감정적 반응은 이성적이고 합리적 사고를 거친 뒤 발현하는 것이 아니라, 사건의 현장에서 즉각 작동한다. 즉, 인습적 사고의 결과물이다. 반면에 느낌은 누적된 경험치를 토대로 몸속 깊숙이 새겨진 지속적인 감정체계이다. '그 사람에 대한 느낌이 좋지 않아'라고 할 때의 그 느낌은 순간적이고 즉발적인 뉘앙스가 아니다. 상당 기간 지켜보고 경험의 결과로 형성된 자신의 기준에 비추어 볼 때 느낌이 좋지 않다는 말이다.

지면 광고이든 방송 광고이든 광고의 노출은 순간적이다. 따라서 광고에서 가장 중요한 순간은 소비자가 광고에 처음 노출되는 바로 그 순간이다. 광고 소비자의 눈길이 광고에 노출되는 순간 즉각적으로 흥미의 감정이 발현되어야 한다. 바로 그 첫 순간을 놓치면 그다음에는 그 사람의 눈길을 잡기가 힘들다. 실패의 반복효과 때문이다. 그렇다면 어떻게 해야 복잡 미묘한 감정과 느낌체계를 이용하여 광고 타깃의 감정을 즉각적으로 발흥시킬 수 있을까? 광고인들이 어떻게 그러한 장치를 광고 크리에이티브에 응용할 것인가? 감정이나 느낌의 문제는 심리학자가 다룰 범주라고 생각할 수도 있다. 물론 심리학은 개인의 정신과 심리적 기제 및 행동연구가 그 주된 대상이다. 또 그 범주가 집단이나 사회 쪽으로 넘어가면 집단심리학이나 사회심리학도 있다. 그러나 앞에서도 논했듯이, 심리기제는 사건과 현상에 앞서서 형성되고 구축되기보다는 그것에 따른 사후적 결과이다. 과거의 경험이 완벽히 그대로 현실에서 다시 재현된다면 사후적으로 구축된 인간의 심리기제와 정신현상을 그대로 신뢰하고 그에 따라 의사결정을 해도 전혀 문제가 없을 터이다. 그러나 자연은 물론이고 인간의 삶이 과거의 시간 속에 생긴 사건을 그대로 똑같이 재현하지는 않는다. 과거의 시간과 현재의 시간은 연속적이지도 않고 또한 미래의 시간은 아직 현실 속으로 다가오지 못한다. 폴 리쾨르(Ricoeur, 1988)는 이러한 인간의 존재론적 양상을 인간의 시간(the human time)을 살아간다고 묘사한다. 그에 따르면 인간의 몸은 현재라는 시간에 갇혀 있지만 인간존재는 과거, 현재, 그리고 미래에 걸쳐 있다. 그것을 그는 과거의 현재, 현재의 현재, 그리고 미래의 현재로 압축하여 표현한다. 과거는 현재에 있는 그대로 재현되진 않지만 기억과 이야기의 형태로 현재를 배회한다. 미래는 아직 다가오지 않은 시간이지만 인간은 그것을 당겨서 현재적으로 생산하고 소모한다. 간단히 말해서 인간의 심리 혹은 정신현상은 대부분 과거의 경험에 의해 구성되지만 미리 당겨진 미래를 생산하고 소모함으로써 형성된다. 따라서 미래의 현재를 포함하는 감정체계를 온전히 파악하기 위해서 심리학과 철학은 상호의존적이고 서로 도움을 주고받을 수밖에 없다.

그렇다면 엄격한 학문적 의미에서 감정이란 무엇일까? 오틀리와 젠킨스(Oatley & Jenkins, 1995; Damasio, 1995, p. 83에서 재인용)는 이에 대해 다음과 같이 논하였다. 첫째, 어떤 사건이나 사물이 자신이 수행하고자 하는 목적에 부합하는지 그 여부에 따라 사람들이 의식적이거나 무의식적으로 일으키는 반응이 감정이다. 둘째, 감정은 사람들로 하여금 행동할 준비를 갖추게 하고 계획을 촉발하는 작용을 한다. 감정은 처리해야 할 일 가운데 긴급성이 어디에 있는지 감각하게 만들고 그에 따라 행동의 우선순위를 정하게 하고 특정 사건을 중지하거나 대체안을 만들게 한다. 셋째, 감정은 통상 몸의 변화나 표현, 그리고 행동에 수반하는 정신 상태와는 종종 구별되는 형태로 경험된다고 정의한다. 그리고 관심(attention)은 감정의 결과이지 감정의 원인은 아니라고 말한다.

따라서 광고는 어떤 분야보다도 더 강한 감정적 동기에 토대를 두고 있다고 말할 수 있다. 광고 소비자의 감정을 올바로 인지하고 그것을 창의적인 상징물로 표상하여 우선 그들의 눈길을 사로잡고, 그들의 신체에 깊은 인상과 흔적을 남겨야 한다. 그것이 바로 성공적이고 효율적인 광고의 관건이다.

2. 광고의 본질은 감정의 해체와 재조립

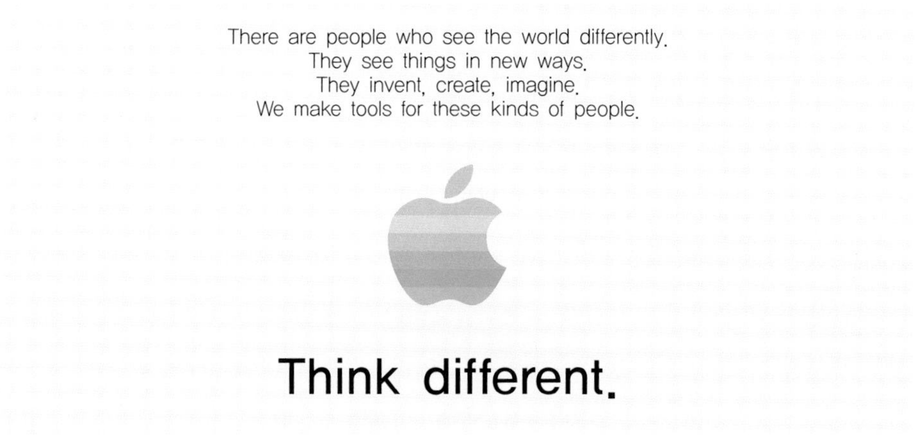

[그림 1-1] 애플 광고: Think different

출처: 위키백과.

세상을 다르게 보는 사람들이 있다.

그들은 새로운 방식으로 사물을 본다.

그들은 발명하고 창조하고 상상한다.

우리는 이들을 위한 도구를 만든다.

다르게 생각하라.

너무나도 잘 알려진 애플(Apple)의 Think different 광고이다. 스티브 잡스(Steve Jobs, 1955~2011)는 이 광고를 통해 오늘날의 대중들에게 노골적으로 묻는다. '우리는 누구인가? 우리의 정체는 진정 무엇인가? 우리는 이 세상 어디에 속해 있는가? 우리의 존재이유는 무엇인가?'라고 그들의 정신을 헤집는다. 마치 **악마의 대변인**처럼 '당신은 진정 살아 움직이는 존재, 맞아?'라고 사람들의 아픈 곳을 찌른다. 그리고 답한다. 애플이 여기 있다. 애플의 핵심가치는 더 나은 세상을 만들려는 애플의 노력이다. 즉, 세상을 바꿀 수 있다는 믿음, 그것이 바로 애플의 본질이며 존재 이유이다. 그래서 애플은 세상을 다르게 보는 미치광이들을 지지한다. 그들이야말로 정신이 진정 살아 있는 존재들이다. 그런 맥락에서 애플도 살아 생동하는 존재이다. 애플은 그들에게 헌사를 바친다. 그들을 위한 도구를 만든다. 세상을 바꾼 사람들은 세상을 바꿀 수 있다고 믿은 사람들이고 결국 그런 사람만이 실제로 세상을 바꾼다.

시적인 헌사와도 같은 광고 메시지 속으로 파고들면 그 속에서 인습적 사고의 질곡에서 몸부림치는 오늘날의 대중을 담담히 바라보는 잡스와 애플을 만난다. 잡스는 다르게 생각하기를 갈망하는 수많은 무리를 우선 포착한다. 갈망으로 타들어 가는 자기감정은 꽁꽁 묶어 놓고, 튀지 않고 남의 눈에 띄지 않은 채 죽은 듯이 살아가려는 수많은 대중이 외치는 신음을 듣는다. 그러나 철사 줄보다 질긴 인습의 거미줄을 찢고 세계를 다르게 보고 생각하기란 쉽지 않다. 그래서 그들에게 말을 건넨다. "저기 한번 보세요, 미치광이들 같은 사람들이 있어요. 사회 부적응자처럼 보이지만, 말썽꾼들처럼 성가시지만, 네모난 구멍에 둥근 못을 박으려는 어이없는 아이들이지만, 애플은 그들을 지지한답니다. 그들이 다르게 본 세계를, 다르게 생각한 아이디어를, 더 깊게 들여다본 세계의 본질을 칼같이 해체하고 더욱 빛나는 새로운 가치로 조립하도록 그들을 위한 도구를 만듭니다."

이 광고가 대중의 감정을 휘젓고 감동의 파도가 그들의 심장을 적신 이유는 파열되어 가는 존재양상을 날카롭고, 사색적으로 지적했기 때문이다. 속에서 뭔가 욱하는데 그것이 뭐냐고 물으면 설명하기 어렵다. 세상은 알지 못할 종착역을 향해 질주하는 것처럼 보이는데 어디로 가는지 알 수 없다. 시계추처럼 똑같은 일을 반복하며 기계처럼 살기 싫은데 그 일상의 그물을 일부라도 터트리고 탈출하기는 너무나 두렵다. 이 모든 증상이 오늘날을 살아가는 현대인들을 뒤덮은 불안이라는 그물의 씨줄이고 날줄이다. 들뢰즈(Gilles Deleuze)는 그의 저서 『천 개의 고원』(1987)에서 이러한 현대인의 파열(fracture)을 다룬다. 아감벤(Agamben, 2009)도, 그리고 에스포지토(Esposito, 2012)도 근대성의 균열 위에 서 있는 인간존재 양상을 파고든다. 그들은 오늘날 근대인을 멋모르고 우리를 박차고 광활한 평원으로 뛰쳐나온 임팔라처럼 묘사한다. 이 관점은 매우 중요하다. 왜냐하면 첨단의 시대를 살아가는 듯이 보이는 우리들의 마음 깊은 곳에서 어떤 일들이 벌어지는지 알기 위해서는 인간존재의 역사성을 반드시 알아야 한다. 또 현대인들의 자아(self), 주체성(subjectivity)을 모르고서야 그들의 신체에 새겨진 감정이라는 표식자를 해독할 수 없기 때문이다.

근대 혹은 근대성에 대해서는 아직도 많은 논쟁이 있다. 하지만 오늘날의 현대인들이 동양의 씨족이나 부족, 혹은 종족공동체(tribal community), 그리고 서양의 장원공동체(manorial community)라는 울타리에서 벗어난 지 얼마 되지 않았다. 영국인들처럼 일찍 근대화의 길로 들어선 서양 몇몇 국민이 기껏 해 봐야 300년 정도 근대를 경험하고 있다. 서구 국가 외에 가장 먼저 근대의 길로 들어선 일본은 메이지유신 이후 근대 민법이 완성된 1898년부터라면 120년 정도 근대를 경험하고 있다. 한국인들은 일본 식민지가 된 후 1912년 조선 민사령에 의해 완벽하지는 않지만 근대 민법에 의한 근대인으로 규정되었다. 지금으로부터 100여 년 전이다. 물론 근대 민법이 제정되고 시행되었다는 기준은 그저 객관적 기준일 뿐이다. 그 외의 수많은 요소가 근대성을 규정하지만 다음 기회에 논하기로 한다. 어쨌든 공동체에 갇혀 살 때는 공동체의 웃어른과 장로들 앞에서 "내 생각은 어쩌고저쩌고" 한마디만 했다간 '후레자식' 소리를 듣는다. 그게 공동체의 조화를 이루는 기본 원리이다. 자유롭고 독립적인 인격이나 자아를 갖춘 개인은 존재할 수도 없었다. 그래서 몰자아적 집단논리의 공동체이다. 그래도 공동체사회 — 나는 동서양의 전근대(premodernity)를 통틀어 공동체사회라고 부른다 — 에서는 웃어른의 눈치와 지시, 집단공동체의 규범과 윤리에만 순종해서 살면 최소한의 먹거리와 생존은 보장받고 살았다. 그러나 근대는 전혀 다른 원리로 작동된다. 집단의 일원일 뿐이었던 인간이 자유롭고 독립적인 사적 인격체로, 그래서 전적인 자기책임으로 막막한 사회생활을 해야만 입에 풀칠하고 생존이 가능한 현실을 살아야 한다. 그러한 상황이 마치 광활한 평원으로 탈출하여 스스로 생존해 나가야하는 연약한 임팔라 같다는 인상을 받는다는 말이다. 영원히 변치 않을 듯이 보이는 인간 삶의 토대는 쉼 없이 갈라지고 부서져 내리고 다시 서로 융합하는 변화를 계속하고 있다. 마치 영원히 변치 않을 듯한 지구의 지각

판이 끊임없이 갈라지고 깨어지는 몸부림을 반복하듯이 말이다.

현대인의 불안은 바로 이런 연유에서 발생한다. 광활한 평원에 홀로 서 있는 임팔라의 불안이다. 언제 내가 서 있는 대지가 갈라져 버릴지 알 수 없다. 그 불안은 감정이라는 수많은 날줄과 씨줄로 엮여 있다. 잡스는 현대인이 사로잡혀 있는 불안의 한 가닥을 포착하여 훌륭한 언어로 표현했다. 감정을 움직이는 메시지를 완성한 것이다. '다르게 생각하고 싶어!'라는 갈망은 '다르게 살고 싶어!'의 또 다른 표현이다. 이 모든 양상의 밑바닥에 강물처럼 흘러가는 변화를 성찰하려는 노력은 '**철학적으로 생각하기**'에서 출발한다. 누차 논했듯이 철학의 궁극적인 목적은 인간의 존재론적 양상을 파악하는 일이다. Think different는 정확히 그런 성찰의 본질을 대중들에게 전달했고 소비자들은 감동을 받았다. 감정분출의 절정에서 비로소 이슬처럼 맺히는 절절한 감동 말이다. 인습적인 질곡을 거부할 힘은 저 밑바닥을 들여다볼 수 있는 **철학적 사고**에서 시작된다.

그 진실을 스티브 잡스는 짧은 언어의 메시지로 구체화시켰다. 시시각각 변화하고 변형되고 탈바꿈되어 가는 인간실존의 양상을 어떻게 타인에게 전달할 수 있나? 그것은 구체적 언어로, 이미지로, 오디오로 전달하는 길 외에는 없다. 따라서 철학적으로 생각하는 자의 기본의무는 생생한 언어를 발견하는 일이다. 인습적 사유체계는 언제나 기성의 언어로 구성되어 있다. 거기엔 생명력 있는 새로운 언어가 들어설 여지는 전혀 없다. 그것은 언제나 철학적 사유체계에서나 가능한 일이다. 결론적으로 Think different처럼 강한 감정을 촉발하는 광고 크리에이티브를 위해서는 현대인의 존재론적 균열의 틈새를 들여다봐야 한다. 그 어두운 심연 속에 강력한 언어가 숨어 있다. 수많은 사적 주체로서의 사람(person)들이 가진 불안의 원인이 그 어둠 속에 웅크리고 있다. 무저갱 속에 지렁이처럼 꿈틀거리는 무한한 양상의 감정이 얽히고설켜 있다. 잡스처럼 그 한 가닥을 움켜잡아야 한다. 그리고 그 감정의 가닥을 언어로, 이미지로, 오디오로 형상화하고 대중에게 던져야 한다. 제품이 컴퓨터나 애플 폰이 아니라도 좋다. 심지어 양말이나 치약이라도 좋다. 단지 그 제품을 던질 때 존재론적 균열의 심연에서 건진 성찰과 통찰을 바닥에 깔아서 던지라는 말이다. 그러면 그 메시지가 광고 타깃과 마주치는 순간, 그들의 마음을 꿰뚫고 감정을 휘저어 회오리처럼 감동의 물결을 일으킬 것이다.

이와 같은 감정의 순간적 촉발은 존재의 깊은 심연에서 건져 낸 언어에서 시작한다. 그렇지만 한편으로는 광고는 **장기기억**을 구축하는 작업이다. 광고는 특정 상품이나 서비스에 대한 느낌, 연상 및 기억을 만들어 내고 그것을 타깃의 머릿속 장기기억의 아카이브(archive)에 심으려는 작업이다. 그리고 그 정보가 필요한 때가 닥치면 어느 경쟁제품보다 더 빠르게 그 제품의 기억이 재생되도록 만들어야 한다. 그만큼 강하고 깊게 기억을 광고 타깃의 몸에 새겨야 한다. 광고에 대한 기억이 깊고 강하게 심어질수록 재현은 쉽고 빠르게 이루어진다. 또 광고의 제품이나 서비스에 대한 욕구를 강하게 일으킨다. 결국 브랜드 가치란 브랜드와 관련된 이런 느낌, 연상 및 기억의 총량이라고 할 수 있다.

예를 들어, Coke라는 구불구불하게 생긴 붉은 바탕의 하얀 글자를 보는 순간, 당신은 어떤 감정을 경험하는가? 이 로고를 보는 순간, 코카콜라의 거무튀튀한 액체나 탄산가스를 먼저 떠올리는 사람은 없다. 그 로고는 코카콜라와 연결된 자신의 추억과 기억, 그리고 그것에 관련된 지난 경험을 다시 되새기게 만든다. 그리운 할머니가 처음 코카콜라를 사 줬던 기억, 멋모르고 병마개를 땄을 때 넘쳐흐르는 탄산거

[그림 1-2] 코카콜라 로고: 기억과 추억의 촉발자

출처: mgretailer.

품에 깜짝 놀랐던 경험, 그 모습을 너무 재미있어 하던 할머니. 그렇게 "Coke" 로고는 거무튀튀한 액체를 초월한 이미지로 재현되고 따뜻하거나 재미있는 감정을 우리 마음에 일으키게 만든다. 그리고 결국에는 거품이 톡 쏘는 액체의 맛을 다시 마시고 싶어진다. 이와 같은 촉발효과가 가능한 까닭은 Coke라는 로고에 노출된 순간 소비자는 자신이 가진 모든 배경지식을 동원해서 그 로고와 자신의 연결성을 탐색하기 때문이다. 특정 사건, 현상을 신속하게 파악하고 그로 인한 불확실한 위험에서 자신을 안전하게 지키고 싶은 것은 인간의 본능이다. 뇌 속에 저장되어 있는 장기기억의 아카이브에서 꺼내진 Coke에 관련된 모든 데이터는 자신이 지금 처한 현재의 상황에서 재해석된다. 목이 타는 상황인가? 갑자기 할머니가 보고 싶어졌는가? Coke와 관련하여 나는 어떤 자극을 받고 있나? 이런 기억의 재생과 해석, 재해석과정은 본인도 감지 못할 만큼 순식간에 지나간다. 그리고 재해석된 결과물이 Coke라는 로고와 관련하여 생생한 감정과 함께 그려진다. 물론 실물이 아니라 마음의 눈앞에 그려진다는 뜻이다. 이런 방식으로 감정은 자신과 맞닥뜨린 사건과 현상을 뇌 속에 저장할 것인지, 그렇다면 어느 정도로 깊고 강하게 저장할 것인지를 결정한다. 그래서 묻는다. 이런 광고를 어떻게 해야 만들 수 있는가? 무엇이 결정적인 요인인가? 이런 질문에 대답은 일반적으로 통용되는 **인습적인 지혜**(conventional wisdom)와 별다른 바가 없다. 성공적이고 효율적인 광고가 되기 위해서 참된 비판과 창의성이 필수적으로 요구된다. 참된 창의성이 없이는 광고 타깃의 눈길을 잡을 수 없다. 참신하다는 인상을 주는 데까지는 성공했더라도 메시지가 천박하다면 광고 타깃의 눈길은 곧바로 딴 곳을 향할 것이다. 따라서 뛰어난 크리에이티브에 더하여 참된 비판력 — 존재의 균열에 대한 철학적 고찰 — 이 없이는 깊은 인상을 그들의 신체에 새기기 힘들다. 그래서 "광고는 어떤 분야보다도 더 철학적 사고를 필요로 한다." 왜냐하면 바로 핵심적 감정을 포착하고 타깃의 감동을 이끌어 내기 위한 모든 동기가 "철학적으로 생각하기"에서 나오기 때문이다.

3. 철학적 사고와 인습적 사고

철학적 사고(philosophical thinking)란 무엇일까? 그것이 왜 광고의 결정적 요소가 될까? 때로는 밝음을 알기 위해서는 어둠을 먼저 이해하는 것이 더 효율적일 수 있다. 마찬가지로 철학적 사고와 대조적인 인습적 사고(conventional thinking)를 먼저 알게 되면 철학적으로 생각하기가 더욱 생생하게 이해될 것이다. 인습적 사고는 오랜 세월이 흐르는 동안 사람 몸에 배인 대로 생각하는 사고방식이다. 온 세상 사람들이 보통 그렇게 생각하니까, 너무 진부하게 보이지만 그것이 우리 문화의 관례니까 나도 그렇게 생각하는 방식을 인습적 사고라고 할 수 있다.

그렇다면 인습적으로 생각하기는 어떻게 정의할 수 있을까?

그 첫 번째 예가 '몸으로 생각하기'이다. 보통의 직장인이라면 아침에 일어나자마자 당연히 해야 할 일이 있다. 아무 생각 없이 평소에 하던 순서에 따라 기계적으로 그 일들을 해치운 다음에 일터로 향한다. 화장실의 화장지가 하필 왜 거기 매달려 있는지, 주방의 싱크대에서 세수하면 안 되고 왜 반드시 세면대에서 해야 하는지, 양치질을 왜 해야 하는지, 왜 직장으로 발길을 향해야 하는지 전혀 생각하지 않고도 몸은 자동기계처럼 척척 움직인다. 사람들은 매일 똑같이 반복되는 일 때문에 일일이 깊게 생각하며 살지는 않는다. 이와 같이 몸으로 생각하는 인습적인 사고는 인간의 두뇌가 처리해야 할 업무 부담을 확 줄여 주는 순기능이 있다. 아무 생각 없이 몸부터 먼저 움직여도 전혀 문제가 없는 매일 반복되는 일들은 자동기계처럼 처리하는 것이 두뇌건강에도 좋고 효율적이다. 그런 일을 일일이 깊은 사색과 고민을 통해서 결정한다고 가정해 보라. 당신의 하루는 양치질이나 직장으로 향하는 차 안에서 끝날지도 모른다.

다음은 **'근육으로 생각하기'**이다. 특히 일분일초를 다투는 특수임무나 위기상황에서 탈출해야 할 군인이나 백 분의 일 초까지 카운트하는 운동선수들에게는 결정적으로 중요한 기능이다. 인질을 잡은 테러범을 제압하거나 경기에 임한 스포츠 선수들은 발생가능 상황에 대하여 세세하게 규정하고 각각의 상황에 대처하는 방법을 훈련한다. 그런 훈련은 머리가 아니라 근육으로 기억하게끔 훈련한다. 물론 몸과 근육이 얼마만큼 그 훈련을 잘 소화하느냐에 따라 실전에서 생사가 엇갈리고 경기의 승패가 결정된다. 그렇지만 근육으로 생각하기는 군인, 경찰, 테러진압 요원, 운동선수들에게만 중요하다고 말할 수는 없다. 각종 재난 대피 훈련, 예를 들어 화재 대피 훈련, 지진 대피 훈련에서부터 전시를 대비한 화생방 대피 훈련 등은 일반 시민들이나 학생들이 반드시 근육으로 익혀야 할 훈련이다. 긴급 구조 훈련, 생존 수영 훈련 등 근육으로 생각하기는 눈에 잘 띄지 않지만 우리의 사회생활을 구성하는 중요한 요소이다.

또 가장 일반적이고 흔한 형태의 인습적으로 생각하기 사례는 '**사회규범**(social norm)**에 따라 생각하기**'이다. 대다수의 사람은 사회생활을 할 때 이 방식의 '생각하기'를 활용한다. 그리고 그것은 사회생활에 결정적인 도움을 준다. 사회규범에 따라 생각하고 순응하는 일은 **사회화**(socialization)의 첫 번째 조건이다. 소위 쓸데없이 튀지 않는 것이 사회생활을 잘하는 길이라는 통념 속에서 우리는 살고 있다. 그저 사회규범을 잘 준수하고 그것에 어긋나지 않게 사는 것이 사회 모범생이 되는 길임을

[그림 1-3] 순간의 동작을 근육으로 기억하기

출처: wikihow.

아무도 부정할 수는 없을 것이다. 예를 들어, 해외여행을 가면 모두가 한 번씩은 경험하는 일이 있다. 식당이나 그곳의 사람들과 식사할 때 음식을 어떻게 주문해야 하는지, 어떤 음식부터 어떻게 먹어야 하는지 기초적인 일조차 몰라서 당황할 때가 많다. 그곳의 사회규범을 우리가 잘 모르거나 확신할 수 없기 때문에 생기는 일이다.

거꾸로 한국 사람과 함께 식사하는 외국인의 입장이 되어 보자. 테이블 한 가운데 놓인 커다란 냄비에서 지글지글 끓고 있는 김치찌개를 보면 대다수의 서양 사람들은 무척 당황한다(물론 김치찌개 문화를 처음 겪는 외국인의 이야기이다). 펄펄 끓고 있는 저 스튜처럼 생긴 음식이 지금 요리 중인지 아닌지, 요리 중이라면 왜 식탁에 들고 와서 요리하는지, 혹은 저게 완성된 요리라면 왜 계속 끓이는지 헷갈린다. 그다음에 펄펄 끓는 찌개를 먹어야 한다는 사실을 알았을 때 아무렇지 않은 척하지만 속으로는 무척 당황한다. '펄펄 끓고 있는 저 뜨거운 음식을 어떻게 먹으라는 거야. 여기 앉은 모든 사람의 숟가락이 저 냄비에 들락날락하는데, 오, 마이갓!' 속으로는 그런 황당한 상황임을 알아야 한다. 그러나 김치찌개를 보고 당황하는 한국 사람은 아무도 없을 것이다. 그저 자기 숟가락으로 후후 식히면서 퍼 먹으면 된다고 미리 알고 있기 때문이다. 따라서 우리에게 주어진 사회적 규범이 아주 불합리하지만 않다면 그리고 그 규범이 모든 개개인의 욕구나 요청에 맞춤형으로 일일이 부합할 수 없다면 그 규범기준(criteria)에 수렴해서 사는 것이 서로에게 편하다. 그리고 그러한 규범적 행동이 인간사회를 평안하게 유지하게 만든다. 그래서 우리는 도덕과 윤리, 혹은 가치판단의 체계를 어릴 때부터 습득하고 머릿속에 새긴다.

특정한 신조, 신념과 믿음, 인생관, 국가관, 세계관 등 셀 수 없이 많은 장치(apparatus)를 우리 주변에 배치한다(Deleuze & Guattari, 1987). 사실 '우리 주변에 배치한다'라고 능동형으로 말했지만, 실제로는 인간은 그렇게 장치된 무대 위에 태어난다. 그러나 인간은 완전히 수동적인 존재만은 아니다. 그 장치들의 배열과 배치를 변경시키고 바꾸려는 능동적인 의지, 즉 주체성을 가진 가능태로 인간은 태어나기 때문이다. 이 문제는 '철학적으로 생각하기'에서 좀 더 깊게 다루어 보기로 한다. 이런 형태의 '생각하기'를 경제학자 갈브레이드(Galbraith, 1958)는 그의 저서 『**풍요한 사회**(The

Affluent Society)』에서 **사회적 통념**(conventional wisdom), 즉 직역해서 '**인습적인 지혜**'라고 칭했다.

인습적으로 생각하기는 여기서 논하지 않은 여타의 많은 장점과 나름의 역할과 기능을 가진다. 그것을 여기서 모두 다 논할 수는 없지만, 몇 가지 부정적인 측면을 짚고 넘어가겠다. 인습적 사고방식의 한 극단이 '근육으로 생각하기'였다면 또 다른 한 극단은 '벌떼처럼 생각하기'이다. 사실 이렇게 말하면 벌들에게는 은근히 미안한 마음이 든다. 최근 연구에 따르면 벌들은 그저 떼거리로 몰려다니지 않는다고 한다. 인간의 언어로 표현하자면 벌들은 떼거리를 이루기 전에 충분한 리서치를 한다고 한다. 그 후 떼를 이룰 만한 충분한 가치가 있다고 판단되면 최종적으로 무리를 이룬다고 한다. 그러나 인간은 벌떼보다 못한 경우가 왕왕 있다. 그 대표적인 사례가 나치독일의 대중들이다. 파시스트 나치에 대해서는 더 이상 설명이 필요 없을 만큼 세상에 널리 잘 알려져 있지만 21세기의 사람들은 그것에 대해 깊이 있게 알고 있지 않다. 그냥 수박 겉핥기 수준으로 그저 잔혹하고 비인간적인 전체주의였다는 정도로만 알고 있다. 그래서 좀 더 간략한 소개를 하고자 한다.

히틀러의 나치당은 정권을 잡기 10여 년 전인 1922년부터 나치당 산하에 독일 청소년 캠프, 즉 **히틀러 유겐트**(Hitlerjugend)를 설치하고 수많은 청소년을 세뇌시키는 작업에 착수한다. 이들은 가족애를 당에 대한 충성심으로 바꾸는 집단교육을 장기간에 걸쳐 실시했다. 아무리 훌륭하고 존경할 만한 정치인, 종교인, 교수, 철학자라 할지라도 그들이 나치당에 반대하는 자라면 증오하고 배척해야 할 대상으로 어린 소년 소녀들의 머리에 주입했다. 그들 반당분자들은 영웅적인 아리안들의 조국인 독일을 부흥시키는 데 방해가 되는 적으로 매도되었다. 이렇게 세뇌당한 청소년들은 나치즘의 극렬한 선전선동 대원이 되었다. 히틀러가 정권을 잡았던 1934년까지 이들은 정치적 반대자들과 유태인 탄압에 적극 동원되었다. 가두행진은 물론이고 유태인 상점 앞에서 죽치고 앉아 거기에 드나드는 손님들에게 일일이 시비를 걸거나, 유명한 철학자의 집에 찾아가 벽에 오물을 바르고 정면에서 욕설을 해 대는 일, 길거리에서 반대파를 모욕하고 집단 폭행하는 등의 행위를 일삼았다. 경찰과 국가는 이를 묵인

[그림 1-4] 히틀러 유겐트 청소년 대원들
출처: druga-wojna.site.vot.pl

했을뿐더러 은근히 조장했다. 이에 생각 있는 많은 사람은 입을 닫거나 망명을 택하거나 미국으로 이주했고 나치 독일은 어떤 반대자도 없는 그야말로 획일적인 사고방식만이 허용되는 국가로 변신했다. 모든 사람이 똑같이 생각하고 똑같이 행동하며 히틀러와 나치당이 주입한 생각만 진리라고 신봉하는 끔찍한 좀비(zombie)들의 사회가 된 것이다. 이와 유사한 사례는 많다. 중국 문화대혁명(1966~1976)과 홍위병, 크메르루즈 킬링필드(1975~1979)의 주역인 블랙셔츠, 온갖 혁명의 현장에서 자행되는 반대파에 대한 피의 숙청 등의 비극적 사례들이 그것이다. 이런 형태의 벌떼처럼 생각하는 사회가 되면 광고 크리에이티브나 광고 소비자들이나 모두 설 땅이 사라진다. 획일적인 단 하나의 가치를 갖고 충성 경쟁해야 하기 때문이다.

이상의 극단적 경우와는 달리 인습적 사고의 또 다른 극단적 형태는 '**몰자아적으로 생각하기**'이다. 오랜 기간 동안 전통적으로 전해 온 문화적 가치체계 속에 완전히 매몰되어 개인이라는 인격체는 사라지고 오로지 집단논리가 지배하는 경우이다. 나치와 같은 파시즘은 근대에 들어서서 발생한 광기 어린 몰자아적 집단논리라고 하겠지만 이 경우는 좀 다르다. 대개의 경우 몰자아적 집단논리는 오랜 역사가 흐르는 동안 문화의 형태로 한 사회를 배타적으로 지배한다. 즉, 다른 대항논리나 사상, 철학이 없는 독점적 이데올로기가 지배하는 사회라는 뜻이다. 이러한 부류의 집단논리는 사회적 미덕이라는 명목으로 민간에 뿌리 깊게 내리고 그들의 삶의 가치체계를 규정한다. 개인의 자아는 집단자아(collective self) 속으로 묻혀서 사라진다. 구성원 개인의 주장과 논리가 설 자리가 없어지고 집단논리가 그 자리를 대체한다. 집단규범이 무의식 세계로부터 그들을 지배한다. 혼령과 귀신에게 기대는 샤머니즘(shamanism), 천년 묵은 고목과 큰 바위에 절하는 애니미즘(animism). '우리가 남이가' 혹은 '우리 민족끼리' 부류의 **종족주의**(tribalism) 등은 수천 년 동안 인간의 마음속에서 구근처럼 뿌리내리고 있다. 그중에서 가장 강력한 영향력을 가지고, 오늘날의 한국인의 의식세계를 여전히 지배하는 대표적인 사례가 성리학(neo-confucianism)이다. 조선왕조가 국가 이데올로기로 삼고 신봉했던 조선화된 유학이 바로 성리학이다.

이에 관한 재미있는 일화가 있다. 1905년 을사조약에 반대하여 전국 각지에서 13도 창의군이라는 기치 아래 약 일만 명의 의병들이 일어났는데 이인영이라는 사람이 이들의 총대장이었다. 이인영은 일본군에 대항하여 한참 전투 중인 와중에 부친이 돌아가셨다. 그 소식을 듣고 이인영은 '불효는 불충과 같다'는 말을 남기고 부친의 문상을 위해서 집으로 돌아가 버렸다. 전투를 지휘해야 할 총대장이 모든 직위와 역할을 뿌리치고 갑자기 사라지자, 거의 모든 의병이 오합지졸이 되어 일본군에게 무참히 몰살당했다. 당연히 본인도 부친의 3년상을 시묘하다가 체포되어 참수당했다. 오늘날의 관점에서 보면 도저히 이해되지 않지만 이러한 성리학적 원리는 조선왕조 500년을 이어 온 규범이었다. 우주는 이(理)와 기(氣)로 이루어져 있고 이 둘의 조화상생으로 천하만물이 변화무쌍의 과정을 필연적으로 겪는다. 따라서 인간의 삶도 이와 기가 어울리는 원리에 따라 조화로워야 하며 그 원리에 거슬리지 않는—복종하는—삶의 태도를 유지해야 한다. 그런 원리에 따라서 작은 것(小)은 큰 것(大)을 거스르지 못한다. 바로 사대주의(事大主義)이다. 생성의 원천은 절대 훼손될 수 없으니 그런 원리를 어기는 자는 금수보다 못하다. 바로 효(孝) 사상이다. 따라서 충(忠)과 효의 길이 엇갈릴 때는 효의 길을 가야 한다. 바로 이인영이 내뱉은 '불효(不孝)는 불충(不忠)'이라는 원리는 조선의 성리학에서는 불가침의 금언이다.

마지막으로 덧붙이고 싶은 인습적 사고형태가 바로 '결정론적으로 생각하기'이다. 앞에서 예로 든 나치즘처럼 전체주의적 사고방식은 권력이 휘두르는 폭력과 공포에 국민 대중들이 휘둘린 측면이 강하다. 그러나 어떤 주의(ism)나 사상에 자발적으로 중독되어 그것만이 옳고 정의롭다는 식으로 세상을 바라보게 되면 이것은 약이 없다. 그런 색안경을 끼고 세계를 바라보면 자기 말고는 모두 어리석음에 빠진 불쌍한 인생이거나 혹은 반드시 제거해야 할 적으로 보인다. 세계를 해석함에 있어서 집단적 사고보다 더 몰자아적이고, 전체주의적 '벌떼처럼 생각하기'보다 훨씬 더 광기 어린 행태이다. 예를 들어, 공산주의에 물든 철저한 골수 공산주의자는 세계를 오로지 자본가-프롤레타리아의 이분법적 구조로 해석한다. 그들 두 계급은 서로 화해 불가능한 적대적 이해관계에 있으며 결국에는 무산자인 프롤레타리아가 혁명을 통하여 자본가 계급을 척결할 수밖에 없는 운명이라고 주장한다. 소경영을 영위하는 기업과 농민은 조만간에 분해되어 프롤레타리아 계급으로 흡수될 계층으로 주장했다. 그러나 역사적인 결과는 그러한 주장과는 반대로 드러났다. 경제발전에 따라 중간계급과 소경영 농민 계층이 점점 더 두터워지는 현상이 보편적인 결과였다.

변증법적 유물론에 근거한 역사 발전 5단계론도 많은 학문적 연구가 쌓이면서 아무런 과학적 근거가 없는 주장일 뿐이며, 오히려 봉건제에서 노예제로 회귀했거나, 노예제와 봉건제가 서로 뒤섞인 채 20세기까지 이어졌거나 혹은 봉건제에서 사회주의제로 직행하는 등 그 경로가 엄청 다양함이 드러났다. 오히려 역사는 다층적이고 서로 얽히고 혹은 불확정성의 발전과정을 밟는다는 사실이 이제는 정설이다. 이 세계 어떤 일도 결정론적인 일은 없다는 사실이 밝혀졌다. 사상이나 주의는 대개 결정론에 근거한 경우가 많다. 그런 사유체계에 아무런 비판의식 없이 몰입하는 일은 자신에게 주어진 자유롭고 창조적이고 자율적인 정신세계를 스스로 포기하는 것이다. 벌떼처럼 생각하거나, 몰자아적으로 생각하거나, 결정론적으로 생각하는 일에 익숙한 자들은 광고 크리에이티브에서 짐을 싸야 한다. 몸은 살았으나 정신은 죽은 좀비들은 창의성(creativity)을 포기하라는 말이다. 자유로운 정신 없이는 크리에이티브한 성찰력 있는 언어를 발견하기는 불가능하다.

이상의 몇 가지 사례는 사회적 규범 혹은 인습적 가치체계가 인간의 실존의식을 어떻게 규정하고 지배하는지 잘 보여 준다. 이를 통해서 사상, 주의-이데올로기, 철학이란 언어 사이에 엄중한 간극이 패여 있음을 확실히 인식하기 바란다. 우선 각 언어를 엄격히 구분해서 사용해야 한다. 파시즘이나 나치즘, 코뮤니즘은 사상이나 주의는 될지언정 철학이 아니라는 사실은 어쩌면 쉽게 이해될 것 같다. 하지만 중국과 조선의 성리학은 어쩐지 철학일 것 같은 느낌을 많이 갖고 있다. 애매한 회색지대에 놓여 있다. 여기에서 성리학은 "인습적 사유체계"에 불과할 뿐, 엄격한 의미에서 철학이 아니라고 정의한다. 성리학은 어떻게 살아야 도덕군자가 될 수 있나 혹은 어떤 삶이 우주적인 원리에 조화로운가라는 원리를 제시하고 있기 때문이다. 사상은 철학과 달리 논증을 필요로 하지 않는다. 정교하게 짜인 건축물과 같이 어떤 사람이 그것을 비판하고 흔들고자 해도 방어할 정교성과 논리성을 가지는 철학과 달리 사상은 특정 개인이나 집단의 주관적 생각이므로 논리적이고 체계적인 검증이 필요하지도 가능하지도 않다. 다만 위대한 사상일수록 인간의 눈길을 끄는 흡입력이 커질 뿐이다. 물론 그러한 사상은 대개 심오한 철학적 토대 위에 형성되어 있을 수 있다.

요약하면 **인습적 사고**란 항상 과거의 경험에 기초하여 생각하고 판단하고 결정하는 사고방식을 말한다. 과거 경험에 기초한다고 해서 엄격한 **경험론적 사고**, 즉 경험한 사실들에 기초하여 논리적으로 전개하는 그런 사고체계를 말하는 것이 아니다. 그저 맥락적이고 관계적인 사고방식에 갇혀 있는 '생각하기 방식'을 말한다. 이전에도 그랬듯이 이번에도 그러할 것이고 나를 둘러싼 환경은 과거의 시간에서 현재의 시간으로 단선적으로 흐른다고 생각한다. 따라서 생성과정(emergent process)에 있는 서로 다른 사건과 현상에 대해서 어떤 경우에는 혐오의 감정으로 인식 자체를 거부하거나, 또는 전혀 유사하지 않은 구별되는 사건과 사물임에도 불구하고 언제나 유사한 눈길과 방식으로 그것들을 유사한 사물(thing)처럼 뭉뚱그려서 보려는 경향을 드러낸다. 그런 사고체계에서는 사물과 사물, 사건과 사건, 현상과 현상 사이에 놓인 미묘한 차이와 경계를 뚜렷이 구분할 수 없다. 짙은 안개 속을 헤맬 때처럼 때에 따라 희미해지기도 하고, 또 밝아지기도 해서 이것이 저것처럼 보이고 저것이 이것처럼 보이기도 한다. 그래서 그와 같은 회색지대를 헤매다가 자신의 이해관계에 따라 때로는 없던 경계를 만들기도 하고 때로는 있던 경계도 자의적으로 허물기도 한다. 그러한 행위가 바로 현상에 대한 왜곡이며 그렇게 굴절된 인식으로는 세계를 명확하게 인식하지 못한다. 이러한 흐릿한 시각으로는 소비자의 폐부를 찌를 광고 메시지를 발견하기란 하늘의 별 따기이다.

그 결과 흔히 생기는 오류 중에 하나가 A라는 광고 메시지를 이야기했다고 생각했는데 실제로는 B에 관한 메시지인 경우이다. 왜냐하면 시장에서 발생하는 수많은 사건과 현상의 껍데기만 본다면 A가 B처럼, 혹은 B가 A처럼 보이는 경우가 허다하기 때문이다. 더욱이 A나 B가 처한 맥락이나 관계성이 비슷하면 그런 혼란은 더욱 심해질 수밖에 없다. 또 다른 경우, 분명히 각각 다른 두 가지 일을 지적하기 위해서 두 가지 다른 말을 사용했다고 확신하는 경우에도 실제로는 그 두 가지 말이 모두 한 가지를 가리키는 경우도 많다. 그와 대조되는 경우도 마찬가지다. 한 맥락 속에서 분기하는 두 가지 다른 현상을 구분하지 못하고 하나의 언어로 서술하면서 자신은 올바른 인식을 했다고 철석같이 믿는 경우이다. 그뿐만 아니라 결정적으로 중요한 오류는 자신이 모르는 것(unknown thing)에 대한 태도이다. 보통 모르는 것에 대해서 사람들은 경계심과 거리끼는 감정을 갖게 되는데 인습적 사고로는 그러한 고정관념에서 벗어나기 힘들다. 속된 말로 때에 따라 내 돈도 내 돈이고 남의 돈도 내 돈처럼 사건, 현상, 사물 사이의 경계를 거리낌 없이 뭉개 버릴 수 있는 것이 인습적 사고방식의 폐해이다.

'철학적으로 생각하기'는 인습적인 사고와 대조되는 좌표에 위치한다. '반대'가 아니라 '대조'되는 좌표라는 데 주목해야 한다. 왜냐하면 철학적 사고 역시 인간의 사유체계인 만큼 맥락과 관계성에서 완전히 절연될 수는 없기 때문이다. 철학적 사고의 일정 부분은 인습적 맥락과 항상 교차한다. 이와 관련된 사례를 들면, 예나의 헤겔(Hegel, 1770~1831)이 매우 적절하다. 『정신현상학』을 탈고할 무렵 그는 예나(Jena, Germany)에서 나폴레옹을 직접 목격한다. 나폴레옹은 1806년 10월 13일에 예나를 점령하고 그곳을 방문했는데 말을 타고 행진하는 나폴레옹을 헤겔이 목격했다. 그 후 헤겔은 친구 니트해머(Niethammer, 1806)에게 보내는 편지에서 '나는 정찰을 위해서 말을 타고 도시를 지나가는 황제에게서 세계혼(Weltseele)을 보았다'라는 극찬의 감정을 토로했다(Hegel, 1991, p. 23). 사실 나폴레옹은 나중에 왕정을 복고하고 황제에 등극했다. 그런 사실은 헤겔이 기대했던 국민국가의 출현과는 거리가 먼 것이었다. 헤겔은 나폴레옹이 죽은 해인 1821년에 출판된 그의 저서 『법철학』에서 "철학은 현실이 그 형성의 과정을 끝내고 스스로 성숙한 실재성(actuality)을 성취한 때에 비로소 나타난다 …… **미네르바의 올빼미는 해질녘에만 날아간다**(Hegel, 1991, p. 23)"는 명언을 남겼다. 근대 철학의 완성자로 불리는 헤겔마저 인습적 맥락과 관계성 속에서 자신이 속한 시대로부터 완전한 초월을 성취할 수 없음을 볼 수 있는 대목이다. 나폴레옹은 그가 처음에 기대했던 나폴레옹이 아니었다.

이 세계는 복합적(complicated)으로 얽히고(entangled)설켜서(convoluted) 다층적으로 결정(overdetermined)된다. '철학적으로 생각하기'는 관습적인 맥락이나 관계성을 초월할 수는 없지만 그 한계 속에서만 사유하지 않는다. 세계는 언제나 변화하는 과정에 있고 인간은 그 순간을 목격할 뿐이다(Whitehead, 1985). 소크라테스(Socrates, BC 470~399)는 거의 모든 사람이 이러한 인습적 사고에 젖어 있다고 믿었다. 그래서 그는 대화상대에게 끊임없이 '철학적으로 생각해야' 할 질문을 계속 던짐으로써 상대를 지적인 막다른 골목, 즉 **아포리아**(aporia)로 몰아간다. 그를 통해서 문득 자신이 더 이상 응수할 말을 전혀 찾을 수 없는 지적 막다른 골목(aporia)에서 스스로의 무지를 깨닫게 했다. 앞에서 한 자기 주장과 지금의 주장이 서로 배척되어 융화될 수 없는 상태, 다시 말해서 주어진 질문에 더 이상 도망갈 구멍도 없는, 말문이 완전히 막혀 버린 상태가 아포리아이다. 지적 무지상태를 깨달음은 한편으로 다른 단계의 지적 깨달음으로 나아가는 첫걸음이라고 소크라테스는 믿었다. 인습적 사고에서 철학적 사고로 나아가는 지적 충격이 바로 아포리아에 빠지는 경험이다. 철학적으로 생각하기 시작하면 항상 아포리아에 부딪힌다. 그래서 또 막다른 골목의 벽에 조그마한 구멍이라도 뚫고자 애를 쓴다. 그 조그만 구멍을 통해서 존재의 균열

[그림 1-5] 소크라테스의 아포리아 대화법

출처: brunch.

로 인한 깊은 심연을 조금이라도 들여다볼 수 있지 않을까?

그렇다면 철학적 사고란 무엇일까? '철학'의 어원은 그리스어로 필로소피아(Philosophia), 즉 '필리아'='사랑'이라는 말과 '소피아'='지혜'라는 말의 합성어로 그 뜻은 '지혜에 대한 사랑'이다. 따라서 철학은 지혜를 발굴하고 축적하는 학문이다. 달리 말하면, 존재, 지식, 가치 등 세계를 이루는 모든 현상과 본질에 대한 보편적이고 근원적인 질문을 앞에 두고 구체적인 답, 즉 지식을 구하는 행위가 바로 철학이다. 그런 목적을 달성하기 위하여 이성적인 의문제기, 비판적 토론, 합리적 논쟁이 철학방법론으로 사용되며, 그 결과를 체계적인 서술방법을 사용하여 세상에 제공하기까지가 철학자들의 역할이다. 따라서 철학은 세계를 해석하고 금광에서 금을 채굴하듯 그 인식론적 해석 속에서 지식을 채굴하는 작업이다. 근대 철학의 아버지라 불리는 임마누엘 칸트(Immanuel Kant, 1724~1804)는 철학의 근본 물음을 세 가지로 요약했는데 **순수이성비판**(1781), '나는 무엇을 어떻게 알 수 있는가?'라는 문제, 즉 인식론(epistemology)의 철학이다. 그다음이 **실천이성비판**(1788), '나는 무엇을 행해야 하는가?'라는 윤리학의 범주이다. 마지막으로 **판단력비판**(1790), 즉 '나는 무엇을 원하는가?'라는 미학의 범주이다.

이러한 맥락에서 철학적 사고는 매우 뚜렷한 구조를 가지고 있다. 철학적 사고는 철학이라는 사유체계 위에 구축되기 때문에 매우 정교한 건물을 구축하듯이 치밀하게 진행된다. 훌륭한 건축물은 반드시 미학적으로 반듯하고 비례적인 균형이 살아 있어야 한다. 모든 기둥과 부벽은 물론이고 벽돌 하나하나 제자리에 위치되어야 한다. 하나라도 균형을 깨는 요소가 있거나 앞뒤가 맞지 않는 구조가 있다면 그 철학은 가치가 떨어진다. 왜냐하면 숲길에 쳐진 거미집과 같이 거미줄 한 가닥을 당기면 모든 거미집이 당겨 오면서 변형되듯이 하나의 요소에 대한 변화는 전체 구조를 변형시킬 만큼 서로 정교하게 얽혀 있어야 한다. 자로 잰 듯이 앞뒤가 정확하게 맞아 떨어져야 한다. 정교하고 아름다운 건축물을 쌓아 올리기 위해서는 정확한 치수로 잘 제작된 각종 자재들과 블록들, 그리고 그들을 활용할 건축 설계자와 기술자들이 필요하다.

다시 말하면 철학적 사고를 향유하는 자 — 이들이 모두 철학자일 필요는 없다 — 는 자신이 인식하는 세계의 구성요소에 대한 정확한 개념을 확립하고 있어야 하고 그것이 닫힌 체계 속에 있는 것이 아니라 열린 체계로 있어야 한다. 한쪽 벽에 없던 창문을 내기를 원한다면 반드시 그 외부에는 확장 가능성과 잠재성을 내재한 시공간이 있어야 한다. 이런 의미에서 벽 뒤쪽에 아무런 빈 시공간이 없는 곳에 창문을 내려는 시도는 소위 아전인수 격인 사고행위일 수밖에 없다.

4. 철학적 사고는 참된 비판력과 창조성의 원천

사람들은 현실상황 속에서 실제 마주치는 일들을 자신과 직접 관련이 없어도 의식적이든 무의식적이든 인식하며 살아간다. 그리고 그것이 자신과 관련이 있다면 내게 좋은 일인지, 나쁜 일인지, 자신의 목적과 부합하는지 여부를 항상 판단한다. 내게 유리한 일인가, 아니면 불리한 일인가? 그런 필터링을 통해서 일단 초기적인 판단이라도 서면 어떤 형태로든 감정의 발현을 경험한다. '정말 기뻐! 말이 안 돼! 다행이야!' 이렇게 사람들은 수많은 감정을 경험하면서 산다. 감정은 외부와 교감하는 인간이 반응하는 최초의 지표(marker)인 셈이다. 이러한 감정발현의 첫 단계가 앞에서 말했듯이 '도대체 뭐야?', 즉 '무엇이 존재하는가? 존재하는 그것은 무엇인가? 그것을 어떻게 올바르게 인식할 것인가?' 바로 인식론(epistemology)의 문제이다. 결국 인식론은 세계에 대한 해석의 문제이고 지식의 문제를 다룬다. 또 감정은 경험하는 사람들의 마음을 기분 좋거나, 기분 나쁘거나, 다급하거나 느긋하게 만들어서 행동의 우선순위, 즉 무엇을 먼저 선택하고 행동할 것인가를 결정하게 만든다. 이것은 미학(aesthetics)의 범주에 속한다. 무엇을 아름답다고 생각하는가? 무엇을 먼저 하고 싶은가? 이 모든 가치판단이 미학적 범주에 속한다. 그리고 자신의 몸이 느낀 원초적 감정과 실제 행동에 옮기는 감정은 종종 다를 수밖에 없다. 이는 윤리학(ethics)의 범주에 속한다. 감정과는 별개의 또 다른 표식, 즉 윤리적 잣대는 감정과는 다른 윤리적 판단을 요청한다.

그렇다면 광고에 있어서 철학적 사고가 필요한 이유는 무엇일까? 어떤 유익함이 있기에 철학적 사고는 광고의 결정적 요소라고 주장할까? 우선 질문 하나를 올린다. '오늘 당신이 인식하는 현실은 진정한 실체적 현실과 얼마나 일치한다고 확신하는가?' 아마도 '나는 이 현실의 본질을 있는 그대로 정확히 파악하고 있어'라고 대답하는 사람일수록 실체적 현실과는 동떨어진 자기류의 현실을 보고 있을 가능성이 높다. 현실의 실재성(actuality)에 내재하는 복잡성을 아는 사람일수록 그런 자기 확신은 줄어들고 자신의 무지를 인정하는 반응을 보일 터이기 때문이다. 지속적으로 끊임없이 변화하는 과정에 있는 현실적 실체 속으로 그나마 한발 다가가게 해 주는 도구(tool)가 바로 철학적 사고이다. 철학적 사고를 통해서 사람들은 우리가 존재하는 세계가 정적인 장소가 아니고 시간 속에서 지속적으로 변화하는 시공간임을 인식한다. 단선적이 아니라 복합적이고 복층적으로 변화하는 과정 속에 이 세계가 존재함을 인식한다. 당연히 철학적으로 생각하는 사람들은 오픈 마인드를 가지고 사물과 사건을 보는 다각도의 눈을 가지게 된다. '눈 뜬 봉사가 코끼리 만지기'라는 말처럼 코끼리의 다리만 만지고 코끼리는 기둥처럼 생겼다고 주장하지 않는다. 코끼리의 코만 만지고 그것은 꿈틀거리는 굵은 뿌리처럼 생겼다고 인식하지 않는다. 철학적 사고는 생각하는 사람에게 단편을 인식하지만 그것을 전체로 재조립하도록 강요한다. 혹은 그 반대로 전체를 인식할 수 없을 때, 그것을 해체하여 그것의 정체를 파악하도록 한다. 그래서 **조립-해체-재조립**의 사유체계 속에 사유주체의 생각이 머물도록 유도한다. 그렇다고 불변의 구조가 있다고 믿지는 않는다. 앞에서 말했듯이 끊임없는 변화의 과정 속에 이 세계는 존재한다.

자크 데리다(Jacques Derrida, 1930~2004), 질 들뢰즈(Gilles Deleuze, 1925~1995)와 펠릭스 가타리(Félix Guattari, 1930~1992) 등의 철학자들이 그러한 도구를 제공했다. 덧붙여 피터 슬로터다이크(Peter Sloterdijk, 1947~)의 삼부작, '구(求, Spheres, 2011)'—『기포』『지구』『거품』 등이 있다. 구는 어느 한 면만 볼 수 없다. 최소한 세 방향에서 삼차원적으로 관측해야 그것이 구임을 알 수 있다. 우리의 인식은 점이나 평면(plane)에 머물면 안 된다. 전체적이고 통합적인 '**삼차원 더하기 시간성**(temporality)'의 관점을 지향해야 한다. 이런 점에서 나름의 독보적인 방법론을 제시한 철학자가 미셸 푸코(Micelle Foucault, 1926~1984)이다. 미셸 푸코는 근대성과 근대인의 존재양식에 대해서 매끈하고 날카로운 철학적 해석을 제공했다. 오직 왕만이 주권적 권력을 누리는 진정 자유롭고 독립된 인격체였던 전근대와 달리 오늘날 근대에는 모든 사람이 개인적인 사람(individual person)으로 다시 태어났고 헌법에 보장된 자신의 주권적 권력을 누린다. 그와 같은 주권적 권력의 현실태가 바로 법률적 권리의 주체인 사람(person)이다. 그는 근대의 사람이 어떤 과정을 거쳐 탄생되었는가를 계보학적 방법론을 통하여 서술한다. 그의 저서『감시와 처벌(Discipline and Punish』(1977)에서 왕의 폭력적 권력은 감시와 처벌이라는 상호의존적 메커니즘을 통하여 훈육권력(disciplinary power)의 형태로 진화했다고 주장한다. 그러한 훈육권력은 사회라는 필드(field) 위에 가시적이거나 비가시적인 수많은 장치를 통하여 현실성을 갖고 끊임없이 작동한다고 말한다. 특히 법적 장치(legal apparatus)는 이러한 무형의 권력을 유형의 권리와 의무로 실체화하는 권력을 갖고 있다. 지식과 담론

[그림 1-6] 판옵티콘(pan opticon): 감시와 처벌의 상징

출처: publicationcoach.

은 이런 훈육권력의 원천으로 작동하고, 모든 권리의 주체들은 훈육권력과 이런 장치들에 포섭되어 있다. 그러나 인간은 덫에 포획된 동물처럼 수동적인 것만은 아니고 어느 순간에 저항적이고 주체적으로 변할 가능성을 내재적으로 배태하고 있다고 주장하여 그의 철학 속에 동적인 요소를 심어 두었다.

이들 모두에게서 일관되게 볼 수 있는 맥락은 무엇일까? 다름이 아니라, 오늘날의 근대인들의 의식 깊은 곳에 구근뿌리(rhizome; Deleuze, 1992)처럼 들어앉아서 삶을 조종하고 통제하는 장치(apparatus)들과 그것을 토대로 작동하는 **디스포지티프**(dispositif)—달리 번역할 말이 없어서 그대로 사용한다—의 정체를 파악하여 그들과 함께 어우러지는 주체적 자아를 탐색하는 것이다. 즉, 근대인의 존재론적 양상(ontological modality)을 탐색하여 훈육권력에 온전히 순응하는 인간에서 주체적 가능성을 탐색하는 인간으로 탈바꿈하기를 추구한다. **존재론**(ontology)은 '거기에 무엇이 존재하는가? 존재하는 그것의 실체는 무엇인가?'의 질문에 대한 답을 구한다. 양상(modality)은 '그 존재하는 그것이 어떤 양식 위에 있으며 그 양상은 어떻게 변화해가는가?'의 질문에 대한 해답을 모색한다. 따라서 존재론과 양상론은 서로 의존하고 교차하는 영역이 될 수밖에 없다. 예를 들어, '저 들판에 말을 탄 사람이 있다'라는 문장은 '말'과 '사람'의 존재를 가리킨다. 그들의 존재 양식은 '사람'이 '말'을 타고 '들판'에 있다. 그러면 그 양상은 어떻게 구성될까? 존재론의 조건이 변하지 않는 한, '사람을 태운 말이 그냥 서 있다' '사람을 태운 말이 걸어간다' 그리고 마지막으로 '사람을 태운 말이 달린다'이다. 여기서 주목할 점은 이 문장 가운데 주어와 목적어는 그대로 유지되고 동사만 달라지는데 양상이 바뀐다는 점이다. 따라서 근대인의 존재론적 양상을 전체적으로 파악하기 위해서는 그가 어떤 들판 위에 서 있는지, 그가 무엇을 타고 있는지, 그가 어떤 동작을 취하고 있는지 그 양상이 해석되어야 한다. 철학적으로 생각하기는 그러한 존재론적 양상을 논리적으로 인식하게 하고 참된 해석을 가능하게 하는 계기를 제공한다. 거대한 사회장치, 국가장치에 매몰된 채 조그만 나사부품처럼 살아가는 우리에게 각성의 지도를 제공한다. 그 지도 위에서 내가 어느 부위에 어떤 기능을 하면서 조립되어 있는지 스스로 파악하게 한다. 그리고 그 사회의 껍데기가 아니라, 뭉클거리며 흘러가는 사회의 내장을 들여다보게 한다. 이 지점에서 철학적으로 생각하기는 사회변화의 본질적인 흐름을 날카롭게

[그림 1-7] 리좀: 우리 몸속의 구근뿌리

출처: littleveggiepatchco.

포착하고 인습적 사고에 젖은 자들이 도저히 다가가지 못하는 지평을 향해 나아가는 추진력(driving force)을 얻는다. '철학적으로 생각하기'가 참된 비판적 관점(critical perspective)과 창의적 발상(creative ideas)의 원천이라는 이유가 여기에 있다.

5. 마치며: 악마의 대변인

존재론적 양상의 균열, 그 틈새에 생긴 심연을 어떻게 성찰하며 거기서 어떻게 본질적인 감정과 그를 표현할 언어를 발견할 수 있을까? 그리고 그 성찰과 통찰의 결실을 대중과 함께 공유할 수 있을까? 라틴어 Advocatus Diaboli(Devil's Advocate)는 **'악마의 대변인'**이라는 뜻이다. 가톨릭에서 시복과 시성을 심의할 때 후보자의 약점이나 문제점을 지적하여 여전히 은폐되어 있을지도 모르는 죄상이나 결점을 파헤치는 악역을 담당한 주교를 악마의 대변인이라고 불렀다. 이런 이유 때문에 그들을 "신앙의 촉진자(the promoter of faith)"라고도 불렀다. 이들은 시성 후보자에 대해서 아주 거칠고 험한 질문도 마다하지 않도록 훈련받는다. 물론 그런 역할을 부여받은 만큼 그들의 생각하는 방식은 날카롭고, 건설적이며, 폐부를 찌를 만큼 비판적으로 다듬어져 있다. '생각하기의 방법'에서 그와 같이 거칠고 험하지만 폐부를 찌를 만큼 뾰족하고 비판적인 질문이 가능하기 때문이다.

광고는 이러한 악마의 대변인의 기능을 가져야 한다. 광고 제작자에게나 소비자에게나 악마의 대변인 역할은 광고의 필수적인 요소이다. 광고 크리에이티브의 경우에 서로 비슷한 의견이나 취향을 가진 사람끼리 한 테이블에 둘러앉아 광고를 논의하면 그 자리는 우선 즐거울지 모른다. 끼리끼리 모인 자리에서 이 사람 이야기도 재미있고 저 사람 주장도 일리가 있기 때문이다. 그런 화기애애한 논의과정에서 혁신적이고 창의적인 아이디어가 나오기는 정말 어렵다. 건강한 광고 창작의 환경을 조성하기 위해서는 그들 중에 악마의 대변인 역할을 하는 사람이 반드시 필요하다. 이 역할을 맡은 자는 아이디어를 창출하고 의견이 통합되어 가는 과정에서 광고 크리에이티브들이 인습적으로 생각하는 함정에 빠지지 않도록 철통같은 경비를 서야 한다. 당연히 이 역할을 맡은 담당자는 철학적으로 생각하는 습관이 붙은 훈련받은 자여야 한다. 앞에서도 논했지만, 철학적으로 생각하는 자는 세계가 단순하지 않다는 사실을 인식하고 있기 때문에 새로운 사실 앞에 언제나 겸손하고 개방적이다. 하나의 목적지를 향해 갈 때도 거기에 도달하는 경로는 단선적이지 않고 복선적이고 복합적인 경로가 있다는 사실을 팀원들에게 상기시킬 판단력을 구비해야 한다. 또한 이상적 아이디어에 도달할 때까지 팀원들을 논의의 장에서 활발한 토의가 되도록 북돋우는 기술을 숙달하고 있어야 한다. 논의되는 이슈의 전제와 가정을 잘 구분할 줄 알고 다른 이들이 논의의 몸통과 곁가지를 구분하지 못하고 경계를 흐리거나 없던 경계를 자기 합리화를 위해서 만들어 낼 때 그것을 칼로 끊은 듯 선명하게 지적할 능력이 있어야 한다. 가장 중요한 점은 사건과 현상의 본질을 충분히 성찰할 수 있는 능력을 구비해야 한다는 것이다. 이런 조건들은 악마의 대변인 역할을 수행하기에 필수적인 덕성들이다.

애플의 경우 스티브 잡스가 악마의 대변인 역할을 언제나 자청했고 그런 역할에 잡스만큼 더 적절한 사람은 없었다는 말이 있다. 그만큼 악마의 대변자가 있느냐 없느냐는 광고 그 자체를 결정한다고 할 만큼 결정적이다. 아무리 훌륭한 리서치를 하고 아름다운 통계와 숫자로 된 자료가 잘 정리되어 있다고 하더라도 그 속에 숨어 꿈틀거리는 진실을 포착하기 위해서는 철학적 비판력이 없이는 불가능하다. 그러한 진실을 캐내지 않고서는 어디서부터 크리에이티브를 구축해야 할지 감이 잡히지 않을 터이다. 무게감 있는 파열의 상처 없이 구축된 크리에이티브는 경박한 개그(gag)에 그칠 가능성이 높다. 광고 소비자의 비웃음을 받는 광고를 비싼 돈 들여서 제작할 이유는 없다. 그래서 시성 후보자의 심장을 후벼 파는 심정으로 사건과 현상의 본질을 향해 거침없이 돌진하는 악마의 대변인은 철학적으로 생각하는 자와 정확히 닮았다. 결국 이들의 역할은 사람들을 감정의 플랫폼으로 능히 옮길 수 있는 광고방향을 찾아내는 것이다. 광고에 노출되는 순간, 광고 타깃들의 감정이 움직여야 한다. "저 광고 재미있네, 특별한데!"라는 흥미 유발자가 광고 속에 숨어 있어야 한다. 그리고 날카로운 단검 같은 메시지가 그 속에 담겨있어야 한다. 한번 붙잡은 광고 타깃의 눈길이 떠나기 전에, 단번에 그들의 몸에 강력한 감정의 표식을 새길 정도로 감동을 유발하는 메시지여야 한다.

요즘 한국의 광고시장에 제시되는 광고물을 보고 있으면 정말 "철학의 빈곤"이라는 말이 저절로 나온다. 한국사회의 본질과 당대의 고민을 꿰뚫는 풍자나 해학, 유머로 가득 찬 메시지보다 유행어나 껍데기를 주워 와서 일관성 없이 짜깁기한 듯한 광고가 넘쳐흐른다. 극단적으로 말하면 이런 광고는 생각이 결여되어 있고(thoughtless), 마음이 결여되어 있고(mindless), 감정마저 결여(emotionless)된 3-less의 '좀비광고'라고 말할 수밖에 없다. 당연히 이런 좀비광고는 광고를 소비하는 대중들의 의식을 좀먹고 그들에게 아무런 가치를 제공할 수가 없다.

마지막으로 광고는 소비자에게도 악마의 대변인 노릇을 해야 한다. 특히 요즘 들어서 광고의 윤리, 사회적 효용성 및 경제성 문제를 중심으로 많은 논쟁이 있다. 그런 논쟁이 확산되는 이유는 광고가 사회적으로 악마의 대변인 몫을 못하고 있다는 반증이다. 예를 들어, 2011년, 영국에서 출간한 PIRC(Public Interest Research Centre)와 WWF-UK(World Wide Fund For Nature)의 보고서를 보면 상당히 자극적이다. 광고는 단지 소비의 재분배 기능만 하면 그만인가? 광고는 그저 문화적 가치를 비추는 거울일 뿐인가? 광고는 순수하게 소비자 선택을 촉진할 뿐인가? 아무 쓸모 없고 악마적이며 통제 불능한 것이 광고 아닐까? 광고에 대해서 이렇게 비판적인 이슈들이 쏟아지고 있다. 한마디로 말해서 '물건 사세요!'라고 떼만 쓰는 광고라면 그렇게 어마어마한 돈을 광고에 소모할 필요가 뭐 있냐는 것이다. 그 돈으로 사회의 지속발전을 위한 사업에 투입하는 것이 훨씬 이성적이고 합리적이다. 좀 더 사회적으로 유익하고 경제적으로 자원배분이 이뤄져야 한다는 주장이다.

광고에 대해서 왜 그런 비판의 소리가 높고 그런 주장을 둘러싼 공감대가 확산되는지 광고인들은 반드시 고민해야 한다. 광고만큼 전 지구적 산업이 없다. 광고만큼 현대인들의 눈길을 사로잡는 산업이 없다. 시간과 때를 가리지 않고 우리의 눈에 띄고 우리 의식의 한 자락을 자극한다. SNS, 신문, 잡지, 라디오, TV, 초대형 옥외광고판, 간판, 트럭, 버스, 예를 들자면 한이 없다. 그 모든 곳의 가시성(visibility)을 장악하고 있는 언어와 이미지와 음향의 복합체가 광고이다. 여기서 광고의 역기능과 순기능이 어떻고 광고가 라이프 스타일에 어떤 영향을 주는지, 물질주의나 냉소주의 조장에 광고가 어느 정도로 악영향을 미치고 있는지에 대해서 세세하게 이야기하고 싶진 않다. 그러나 광고에 깃든 철학적 사고가 사회에 미칠 영향에 대해서는 반드시 짚고 넘어가야 할 것 같다. "Think different" 한 마디에 인생관이 실제로 바뀐 사람이 수없이 많다는 사실을 기억하면 이러한 이슈가 단순한 문제가 아님을 알 수 있다.

지상 최대의 네트워크를 형성하고 최상의 가시성을 확보하고 있는 광고가 일반 소비자의 인식수준보다 한참 낮은 메시지를 담고 광고시장에 전파되었다고 가정해 보자. 한 사람의 눈길이라도 끌 수 있을까? 절대 아닐 것이다. 그 경우 그 광고의 CD는 자랑스러울까? 절대 아닐 것이다. 반대로 아주 질 높은 품성 — 최첨단 제품이 하이퀄리티를 가지고 나무랄 데 없는 통찰력을 가진 광고 메시지를 겸비한 — 을 가진 광고를 지적 수준이 낮은 소비시장에 전파했다고 가정해 보자. 그 광고가 그들의 시선을 하나라도 끌 수 있을까? 그들의 신체에 조그만 표식이라도 남길 수 있을까? 절대 아닐 것이다. 이 두 가지 경우에서 광고 크리에이티브와 광고 소비자는 서로 상호작용적인(interactive) 관계에 있다는 사실을 알 수 있다. 그리고 4차 혁명, 5G 그리고 5년 이내 10G의 시대 도래, 무인자율자동차의 대중화 및 화성(Mars)으로 이주가 거론될 만큼 번개처럼 변화하는 시대이다. 이런 시대에 소비자의 수준이 낮다고 질 낮은 품성 — 질 높은 품성과 반대되는 품성을 가진 광고 — 의 광고만 소비자에게 전파하면 어떻게 될까? 더 높은 기술력을 가진 제품을 생산할 수 있을까? 아무도 첨단제품을 이해하지도 못하고 관심도 없고 살 생각도 하지 않는데 말이다.

광고는 상품 판매만을 위한 판촉활동이 아니다. 소비자에게 제품 선택 기회만 넓혀주는 정보제공 활동도 아니다. 정작 광고는 소비자들의 제품에 대한 이해도와 인식수준을 높이고 미학적 관점을 더욱 세련되게 하는 도구라는 역할도 한다. 광고와 사회는 매우 밀접한 관련성을 갖는다. 광고를 만드는 광고인들은 자신들이 만드는 광고를 사회적 공기로 인식해야 한다(강준만, 박주하, 한은경 편역, 1994). 광고의 소비자들이 기존의 인식론적, 미학적 고정관념의 틀에서 벗어나 새로운 가치를 향해 눈을 돌리게 하는 광고여야 한다. 그런 광고여야만 소비자는 납득하고 공감하여 그 광고의 제품이나 서비스를 구매할 것이다. 그것이 바로 소비자에게 해야 하는 악마의 대변인 역할이다. 악마의 대변인은 광고인이나 광고의 소비자에게 모두 필요한 결정적인 요소이다. 그리고 악마의 대변인의 수행능력은 '철학적으로 생각하기'에서 나온다는 사실도 다시 한번 밝혀 두고 싶다.

제2장

광고 언어 속의 의미와 철학

류진한(계명대학교 언론광고학부 교수)

1. 광고 언어 연구의 개요
2. 서양 철학적 관점에서의 광고 언어
3. 동양 철학적 관점에서의 광고 언어
4. 의미와 철학의 창조적 만남
5. 마치며

◈◇◈

언어는 정신적 합류를 만들어 낼 잠재력이 큰 메커니즘인데, 이는 언어가 인간의 사고와 워낙 긴밀하게 연관되어 있기 때문이다(Shenk, 2014). 언어는 인간 사회의 체계와 신념을 구성하는 사회적 · 문화적 상징으로 사회 구성원의 의식적 · 무의식적 사고체계를 반영한다(천현숙, 마정미, 2014). 이처럼 인간에게 언어는 상호 간의 이해를 위한 단순한 의사소통의 수단이 아니라, 인간의 사유와 행동과 그의 삶을 지배하고 창조하며, 인간성의 본질적인 영역까지 관계하는 힘을 가지고 있다. 또한 사회 구성원의 다양한 문화를 반영하고 그 문화를 보존하며 계승하기도 한다. 이것은 언어 현상 자체가 문화의 도구이자 생산의 결과이면서 다른 문화 양식을 창조하는 바탕이 됨을 의미한다.

소설이든 영화든 드라마든 의미 없이 사용되는 언어는 없다. 특히 이 장에서 다루고자 하는 광고 언어는 상대적으로 매우 짧고 한정된 시간 안에 소정의 마케팅 목적을 달성해야 하는 임무를 가지고 활용되므로 그 의미적 필요성 역시 매우 정제되고 고도화된 것이어야 한다는 점을 짐작할 수 있다.

세부적인 개념이나 활용도에서 보면, **'광고 언어'**라는 용어는 **'광고 카피**(copy)'라는 용어와 다르게 다루어진다. 굳이 '광고 카피'라는 용어와 병용하여 이해한다면 광고 아이데이션(ideation)의 전 과정을 포함하는 광의의 개념보다는 광고 문안에 국한하는 협의의 개념에 가깝다.

이 장에서는 기존에 다양하게 전개되어 온 광고 언어의 개념과 광고 언어가 가지고 있는 의미론적 접근에 기초하되, 단순히 마케팅이나 커뮤니케이션의 도구로서 광고 언어의 역할을 넘어서 소비자와 광고가 새로운 신뢰 관계를 형성할 수 있는 근원적인 문제해결의 방법을 모색하고자 한다. 그 가운데 하나가 광고 언어가 내포하고 있는 '의미'이고, 또 하나가 '철학'에 관한 부분이다. 따라서 이 장에서는 광고 언어의 개념과 역할, 그리고 철학적 의미에서의 언어 등을 연구의 개요로 정리하고, 서양 철학적 관점에서의 광고 언어와 동양 철학적 관점에서의 광고 언어를 필자의 상식과 지식 범위에서 고찰하여 나름의 광고와 광고 언어에 대한 신념과 철학으로 재해석하고자 한다. 마지막으로 광고 언어에서의 '의미와 철학' '서양 철학과 동양 철학' 등 어떤 하나의 이론과 철학의 독립적 활용보다는 둘의 개념이나 존재가 협력하여 '창조적 성과'를 이끌어 낼 수 있는 긍정적 시너지의 방향을 모색하고자 하는 데 목적을 두고자 한다.

1. 광고 언어 연구의 개요

광고 언어에 대한 연구는 연구자 중심으로는 크게 국어학자들에 의한 연구와 광고학을 전공하는 학자나 광고 실무자들에 의한 연구로 나뉘어 활성화되어 왔다. 그리고 연구 대상 중심으로 보면 언어학적 연구와 그 언어가 지니고 있는 의미론적 연구로 나뉜다. 언어학적 연구는 상대적으로 시대에 따라 큰 차이를 보이지 않으나 최근 많은 신조어의 생성과 맞물려 학자들의 새로운 연구(김정우, 2018)가 눈에 띄기 시작했으며, 광고 언어가 가지고 있는 의미적 연구는 시대에 따라, 제품에 따라 상대적으로 매우 다양하고 새로운 접근의 연구들이 진행되어 왔다. 우창현(2016)은 「광고 언어 의미 해석 방법에 대하여」에서 광고의 전략적 특성이 광고 언어에 어떠한 영향을 주는지, 즉 광고 언어에 나타나는 의미를 어떻게 해석해야 하는지에 대하여 살펴보았다. 이호철(2009)은 「TV 광고 언어의 논증적 의미 관계 양상」에서 TV 광고 언의의 의미구조와 일반적 논증구조 사이에 관련된 양상을 밝히고, 그 의미구조의 구성요소들 중에서 논증적 성격이 강한 것을 중심으로 하여 TV 광고 언어에 상용된 논증유형의 양상을 연구하였다. 오창일(2013)은 「광고 창의성의 생성과정과 유형에 대한 탐색적 연구」에서 광고 커뮤니케이션에서 메시지의 의미를 효과적으로 전달하기 위해서 창의적 표현전략을 구사하게 되는데 그 가운데 복잡한 광고 메시지 생산 및 상품과 관련성이 높아 커뮤니케이션 효과가 큰 크리에이티브 도구로 '언어 전략'을 꼽았다. 언어 전략은 창의성을 발휘하여 효과적으로 의미를 생산하고, 소비자가 지배적인 의미를 수용하는 과정을 규명하는 탐색적 연구를 실시하였다.

광고 언어가 가지고 있는 의미적 연구는 연구의 대상과 학문적 목적에 따라 명확하게 달라질 수 있다. 광고 언어의 의미적 연구와 더불어 살펴볼 수 있는 것은 광고 언어의 철학적 연구인데, 광고 언어의 철학적 접근에 의한 연구는 아직 많이 활성화되지 못한 것이 현실이다. 이는 아직도 광고가 제품 판매를 촉진하기 위한 기능이나 문화 예술적 기능으로는 이해되고 있으나, 경제 · 문화적 역할을 넘어 윤리적 · 철학적 기능과 역할에 대한 필요와 인식이 부족하기 때문이다. 그러나 최근 광고 전반에 대한 개념과 역할에 대한 변화와 시장의 위기는 광고가 지금까지 중요하게 생각해 온 기능과 역할을 넘어서는 근본적인 개념과 역할에 대한 재고찰의 필요성을 배가시키고 있다.

국어학자들의 연구에서는 광고에 사용되는 언어를 '광고 언어'라고 하고, 광고학자들의 연구에서는 일반적으로 광고 언어를 '광고 카피(copy)'라고 한다. 본문에서는 '광고 언어의 개념과 역할' 부분에서 '광고 언어'와 '광고 카피'의 개념을 구분하여 언급하고, 향후 본문에서는 광고에 사용되는 언어를 '광고 언어'로 통일하기로 한다. 이는 국어학의 관점에서 광고 언어를 고찰하고자 하는 의도보다는 광고 카피의 개념이 넓게는 광고아이디어를 구상하는 아이데이션 단계 등을 포함한 광고 제작물 생성의 전 과정을 뜻하여 오해의 소지가 있고, 좁은 의미에서의 광고 카피라 할 수 있는 다양한 효과음이나 CM Song 등은 본 연구에서 다루고자 하는 '광고 언어 속의 의미와 철학'에 합당하지 않기 때문이다.

광고학에서는 광고에 사용되는 언어를 '**광고 카피**'라 하고, 그 개념을 다음과 같이 정의한다.

- 문자가 가지는 기호능력을 통하여 사람들이 그 의미를 전달받게 되는 광고 메시지의 한 요소, 즉 광고에서 문자로 표현되는 것(코래드광고전략연구소, 1996).
- 광고의 본문, 광고에 쓰여 읽히는 요소 전체, 즉 문자로 쓴 것 전부(久保田宣傳研究所, 1971)
- The words of an advertisement, as distinct from layout, pictures, music, etc(Webster's II, 1995)
- The written work in the advertisement or advertising campaign(Marketing & Communications Media Dictionary)

이를 광고 실무적으로 종합적으로 정리하면, 좁은 의미의 카피는 헤드라인(headline)과 본문(body copy)을 의미한다. 또한 본문 이외의 오버 헤드, 서브 헤드, 리드카피, 슬로건, 캐치플레이즈, 기업명, 브랜드, 제품의 사양 등이 포함되며, 넓은 의미의 카피는 광고물을 구성하는 모든 것(시각적 표현 포함)을 포함한다. 그리고 작업자의 관점에서 보면, 인쇄광고 카피라이터에게는 광고 비주얼과 시너지를 이뤄 핵심 메시지를 전달하는 글을 의미하며, 전파광고 카피라이터에게는 라디오나 동영상 매체에서 문자나 말로 구성된 요소를 의미한다.

그러나 광고 언어는 언어의 사용에서 문장의 의미를 구성하는 요소들의 합으로만 이해해서는 안 되는 경우들이 많다. 일반적으로 메시지는 소통을 통해 전달되거나 교환하는 송신자의 뜻, 생각, 의미, 의사, 의향, 의도, 감정 등을 모두 포함한다. 이러한 메시지는 언어적 혹은 비언어적 방법으로 전달될 수 있다. 다만 언어적 방법으로 소통의 범위를 제한할 때 전달하려는 메시지는 우선 일정한 형식과 내용이 있어야 하고, 이러한 형식을 구체적인 상황에서 적절하게 사용해야 한다(이성범, 2015). 다만, 형식과 의미가 일치하지 않더라도 적절한 표현으로 쓰이는 경우가 있다. 화용론에서 문장 구조와 문장 구조가 가지는 '말힘'이 일치하지 않는 경우가 그 예이다(Grice, 1975).

광고 언어에 대한 연구를 진행하기 위해서 선행되어야 할 일은 광고 언어가 광고

커뮤니케이션 안에서 어떤 역할을 하는지를 파악하는 일이다. 일반적인 언어의 기능은 묘사적 기능, 표현적 기능, 사교적 기능으로 구분하지만 광고 안에서 광고 언어의 기능은 이러한 기능을 넘어서는 경우가 많기 때문이다. 광고에서 광고 언어는 어떤 역할을 하는가? 광고 언어의 역할을 살펴보는 것은 광고가 가고자 하는 궁극적인 목적을 파악하는 일이며, 이 장의 '광고 언어 속의 의미와 철학'을 깊이 있게 살펴보는 데 의미가 있다.

이두희(1997)는 **광고의 기능**을 다음과 같이 열 가지로 설명하고 있다.

① 광고 대상체에 대한 인지와 차별화
② 광고 대상체에 대한 정보 제공
③ 광고 대상체에 대한 교환의 직접적 유발
④ 광고 대상체에 대한 교환이 일어나는 시장 기능
⑤ 광고 대상체에 대한 이미지 형성 및 변경
⑥ 광고 대상체에 대한 우호적 감정 형성
⑦ 광고 대상체에 대한 선호도 형성
⑧ 광고 대상체에 대한 사용량 증대
⑨ 광고 대상체에 대한 애호도 증대
⑩ 소비자(유권자) 교육

그리고 김정우(2016)는 이두희(1997)가 제시한 '열 가지 광고의 기능'을 유사한 특질을 가진 것들끼리 크게 세 가지로 유형화하여 정리하였다.

광고의 기능을 객관적 정보 교환, 감정적 공감 유발, 광고의 성과에 기여 등으로 나누어 유형화하는 것은 광고 언어의 기능과 역할을 구분하고, 광고 언어가 전달하고자 하는 의미와 철학을 전략적으로 정립하는 데 큰 도움을 준다. 즉, 광고 메시지를 전달하는 광고 언어가 전체적인 광고 캠페인 안에서 구체적으로 어떤 역할을 해야 하는지를 명확하게 한다. 만약 광고의 목적이 '**객관적 정보 교환**'이라면 광고 언어

표 2-1 광고의 기능

객관적 정보 교환	감정적 공감 유발	광고 성과에 기여
• 광고 대상체에 대한 인지와 차별화 • 광고 대상체에 대한 정보 제공	• 광고 대상체에 대한 이미지 형성 및 변경 • 광고 대상체에 대한 우호적 감정 형성 • 광고 대상체에 대한 선호도 형성 • 광고 대상체에 대한 애호도 증대	• 광고 대상체에 대한 교환의 직접적 유발 • 광고 대상체에 대한 교환이 일어나는 시장 기능 • 광고 대상체에 대한 사용량 증대 • 소비자(유권자) 교육

는 보다 사실적이고 구체적인 내용과 의미를 전달하여 소비자를 이해시키는 역할을 해야 할 것이다. 반면, 광고의 목적이 '**감정적 공감 유발**'이라면 광고 언어는 사실에 대한 전달이나 고객의 이해보다는 감정적인 공감과 공유를 우선적인 목표로 삼아야 한다. 마지막 유형인 '**광고 성과에 기여**'가 광고의 목적이라면 소비자들의 직접적인 구매를 유도하는 경우인데, 홈쇼핑 광고 등이 이에 가장 부합하지만, 결국 모든 광고 언어는 성과에 기여해야 한다는 측면에서 보면 직간접의 차이만 있을 뿐 광고 언어가 가지는 궁극적인 목표 지점은 하나라고 볼 수 있다.

또한 광고 언어는 일반적으로 문장을 구성하고 있는 요소, 즉 언어들의 합으로만 이해해서는 안 되는 경우가 많다. 문장의 의미보다는 문장을 통해 표현하려고 하는 화자의 의미로 해석해야 한다는 것이다. 이처럼 맥락 정보를 통해 화자의 의미를 해석하기 위해 우창현(2016)은 의미론을 기반으로 한 미시화용론과 거시화용론에 대한 이해가 필요하다고 말하고 있다. 연구자는 논문에서 광고 언어는 기본적으로 단일 문장 또는 하나의 발화를 기본으로 한다는 점에서 미시화용론적 접근이 필요하지만 광고에서 사용되는 언어는 광고라는 사회 맥락에서 해석되어야 하기 때문에 이를 고려한 큰 맥락에서의 의미 해석이 필요하다고 하였다. 이런 차원에서 보면 광고 언어는 미시화용론적 개념 못지않게 거시화용론적 개념을 이해해야만 광고주나 광고 제작자의 실질적인 광고 의도를 파악할 수 있다.

광고는 '알리기'와 '설득하기'의 두 가지 기능을 가진 양방향성 커뮤니케이션의 전형이라고 한다(한승훈, 2013). 하지만 단순한 '알리기'와 '설득하기'의 차원을 넘어 소비자와 '공감'하고 기업과 '철학을 공유'하는 단계에 이르는 탄탄한 커뮤니케이션을 실현하기 위해서는 보다 깊이 있고 차원 높은 관계를 형성할 필요가 있다.

광고학자나 국어학자들이 접근하는 언어의 개념과 더불어 철학적 의미와 관점에서 언어의 개념과 역할을 고찰해 보는 것이 어떤 의미가 있을까? 그것은 광고의 영역과 역할의 범위를 어디에 둘 것인가에 따라 달라진다. 즉, 광고 언어가 결국은 인간과 인간의 커뮤니케이션 도구이고 이를 통한 공감과 소통을 수단으로 한다면 그 언어가 가지고 있는 근본적이고 철학적 의미를 들여다보는 것은 매우 큰 의미가 있다고 본다.

비트겐슈타인(Wittgenstein)은 『철학적 탐구』에서 "한 낱말의 의미는 언어에서 그것의 쓰임(use)에 있다"라고 강조하고 있다. 비트겐슈타인의 '언어'란 한국어, 영어, 중국어와 같은 국가 언어만을 의미하는 것이 아니라, 그들의 다양한 삶의 문맥에서 사용되는 상이한 성격의 언어들을 가리키기도 한다. 가령 케임브리지 대학과 같은 곳에서는 지성인들의 언어가 존재하고, 오스트리아 시골마을에는 시골 사람들 특유의 소박한 언어가 존재한다. 시장에서의 언어가 있고, 비즈니스에 필요한 언어가 있다. 유치원이나 학교 선생님들의 언어가 있고, 의사나 약사 선생님들의 언어가 다르게 존재한다는 것이다. 즉, 인간의 언어는 다양한 문맥에 따라 다양한 언어들이 서로 다르게 혹은 유사한 모습으로 존재하고 활용되고 있다(강신주, 2010). 당연한 말이지만 동일한 단어나 문장도 상황과 문맥에 따라 전혀 다른 의미로 사용되기도 한다. "머리가 좋다"라는 말은 문맥에 따라 '지적인 능력이 탁월하다'라는 의미로도 사용되지만, '꾀가 많고 성실하지 않다'라는 의미로도 사용되기 때문이다. 다양한 언어권에서도 가정에 따라, 동료에 따라, 학교에 따라, 직장에 따라 각자의 삶의 맥락에 따라 다양한 언어가 존재하고 그 언어들의 다양한 규칙이 존재한다. 이는 그들의 생활과 신념과 철학이 각기 다르면서 자기들끼리 유사하기 때문이다. 또한 비트겐슈타인은 언어를 현실을 보여 주는 그림과 같다고 생각했다. 이것을 '그림이론(picture theory)'이라고 부른다. 다시 말해, 언어는 세계의 사실들과 그 관계를 보여 주는 그림과 같다는 것이다. 결국 자신 혹은 타자 모두의 지각이 가능한 방식으로 표현된 것이어야 한다는 것이다.

과연 인간은 언어를 벗어나 존재할 수 있을까? 그리고 인간은 자신의 생각을 언어로 다 표현할 수 있을까? 철학적 관점에서는 인간은 자신의 내면 혹은 자신의 생각을 언어로 모두 표현할 수 없다는 것이 통념이다. 이런 통념이 가능한 가장 큰 이유는 '타인(他人, other people)'이 존재하기 때문이다. 즉, 언어는 언어 그 자체로 존재하는 것이 아니라 자신의 언어가 자신이 원하는 의미로 타인에게 전달되었을 때 그 기능과 역할을 한다고 보는 것이다. 오해, 인지의 부족, 상황의 차이, 경험의 차이 등이 자신의 언어가 타인에게 전달되는 사이에 완벽한 전달을 방해하기 때문이다.

단, 철학적 접근에서의 언어와 광고학적 접근에서의 언어가 다른 점 중의 하나는 철학적 관점에서의 언어는 '생각 자체'를 의미하는 것이고, 광고적 관점에서의 언어는 사전에 전략적 사고를 바탕으로 한 '준비된 언어'라는 것이다. 메를로 퐁티(Merleau Ponty)는 "말하는 사람은 말하기에 앞서 생각하지 않는다."라고 말하고 있는데, 이는 철학에서의 말하기란 '겉으로 표현되어 타자가 들을 수 있는 것'에 국한되지 않고, 말을 통해 표현 가능한 '생각하기 작용'도 언어에 포함되기 때문이다.

2. 서양 철학적 관점에서의 광고 언어

사물의 범주에는 두 가지가 있다. 하나는 '실체'고 다른 하나는 '속성'이다. 우리 앞에 '흰말(白馬)'이 있다고 가정하자. '말(馬)'은 실체이고, '흼(白)'이 속성이다. 이는 '흼'이 없어도 '말'은 존재하지만, '말'이 없다면 '흼'은 존재할 수 없다는 것을 의미한다. 물론 광고나 광고 언어에서 철학의 '실체'와 '속성'처럼 칼로 무 자르는 듯한 명확한 역할의 구분을 할 수는 없지만, 문제해결을 위한 역할의 중요도를 어느 정도 가늠할 수 있다.

광고는 수단과 방법을 가리지 않고 제품을 판매하는 도구가 되어서는 안 된다. 광고는 수단과 방법을 가려서 판매에 도움을 주는 길을 찾아 주어야 한다. 물론 수단과 방법을 가려서 걷는 길보다 수단과 방법을 가리지 않고 걷는 길이 보다 효과적이라는 가정도 설득력이 없다. 거꾸로 전략적이고 강력한 의미를 지닌 광고 언어가 고객과의 철학적 관점에서도 공감을 이룰 때 그 가치와 역량은 배가되고 장기적인 힘을 발휘하게 될 것이다.

철학을 접하다 보면 '**본질**(essence)'이라는 표현이 많이 등장한다. 대부분의 경우 본질은 어떤 사물을 분변(分辨)하는 측면, 혹은 그 사물을 다른 사물들과 구별하게 해 주는 특성을 의미한다. 철학에서 본질을 중시하는 본질주의자들은 사물에는 본질적인 측면이 있고 그렇지 않은 측면이 있다고 생각한다. 가령, 액체를 담을 수 있는 특성이 컵의 본질적 특성이라면, 손잡이가 있는지, 컵의 재료가 무엇인지에 대한 부분은 '비본질적 특성'이라고 할 수 있다. 그러나 우리가 잊지 말아야 할 것은 많은 철학자들이 강조해 온 본질이라는 것이 사실 사후적으로 구성된 것이라는 점이다. 예를 들어, '책상의 본질이 무엇인가?'라고 묻는다면 대부분의 사람은 의자에 앉아서 책을 보거나 글을 쓰는 도구라고 말하지만 '의자에 앉아서 책을 보거나 글을 쓸 수 있다'라는 점은 인간이 경험적으로 그렇게 행동해 보고 난 후 말하는 것에 지나지 않는다는 것이다. 다시 말해, 어려서부터 책상에 앉아서 책을 보고 글을 쓰도록 한 교육과 경험이 사후에 '책상의 본질'로 발전하게 되었다는 것이다(강신주, 2010).

중국 송(宋)나라의 도원(道源)이 편찬한 『경덕전등록』에는 '단하소불(丹霞燒佛)'이라는 재미있는 에피소드가 나온다. 이를 해석하자면, '단하스님이 목불을 불태운 이야기'이다. 어느 겨울날, 혜림사라는 사찰에 들른 단하스님은 날씨가 너무 추워서 절 안에 있는 나무로 만든 불상을 꺼내 태우기 시작했다. 당연히 혜림사의 주지는 놀라 뛰쳐나와 "어떻게 스님이 불상을 태울 수 있느냐?"며 단하스님을 힐난하기 시작했다. 그러자 단하스님은 주지에게 "사리를 찾으려고 이 불상을 태우고 있다."라고 답했다. 이에 혜림사의 주지는 "목상에서 무슨 사리가 나오느냐?"라고 반문하다가 마침내 자신도 모르게 큰 깨달음을 얻었다는 이야기이다. 즉, 단하스님과의 문답을 통해 목불은 나무에 불과하다는 것을 자신의 입으로 토로하게 된 것이다. 단하스님은 지금까지 목불을 본질이라고 생각했던 해묵은 집착으로부터 벗어나게 만든 것이다.

서양 철학의 발원지라고 할 수 있는 고대 그리스철학에서 탈레스(Thales)가 세계의 본질을 '물'이라고 규정했을 때 이미 서양 철학은 세계와 만물의 본질, 즉 불변하는 측면을 탐구하도록 강제되었다. 그로부터 서양 철학은 거의 모든 것에 대해 불변하는 측면과 그렇지 않은 측면을 탐구하기 시작했다. 그 가운데 가장 강력한 철학을 가지고 후대에 지속적인 영향을 끼친 두 사람이 바로 본질을 세계 밖에서 찾으려고 했던 플라톤(Plato)과 본질을 세계 안에서 찾으려고 했던 아리스토텔레스(Aristotle)다.

광고 언어 연구에서 **'의미'**와 함께 **'철학'**에 대한 깊이 있는 성찰이 필요한 이유는 본질에 대한 문제의 발견과 근원적인 해결을 위함이다. 당신 앞에 종이컵이 하나 있다고 가정하자. 이 종이컵에는 세 개의 구멍이 뚫어져 있다. 위에 하나, 가운데에 하나, 아래에 하나, 구멍이 뚫린 종이컵에 물을 담아 보관할 수 있을까? 구멍이 뚫려 있어 물을 부어도 '밑 빠진 독에 물 붓기'라면 어느 구멍을 먼저 막아야 할까? 위를 막는 것이 임기응변이라면, 밑의 구멍을 막는 것은 근본적인 문제를 해결하는 것이다. 즉, 모든 문제는 근본적인 문제의 솔루션을 찾아 해결하지 못하면 모든 노력은 무용지물이 될 가능성이 크다. 아마도 광고 언어가 '의미'와 '철학'이라는 두 가지 속성을 가지고 있다면, 의미는 광고가 전달하고자 하는 메시지의 '구체적인 속성'일 것이고 철학은 그 기업이나 브랜드가 지니고 있는 '근본적인 정신'에 해당하는 부분이다.

표 2-2 광고 언어의 의미와 철학(슬로건 중심)

슬로건	핵심어	의미	철학
우리 강산 푸르게 푸르게	푸르게	나무, 초록, 자연	환경
날씬한 기분	날씬한	몸매, 다이어트	미(beauty)
같이의 가치	같이	동행	공감, 신뢰
한국 맛 좋다	한국 맛	전통의 맛	고향, 추억
닦지 말고 씻자	씻자	청결	문화, 진화

〈표 2-2〉는 대한민국 국민이 많이 인식하고 있는 슬로건을 중심으로 광고 언어 속에 의미와 철학을 어떻게 구분하여 이해할 수 있는지를 쉽게 표로 구성해 본 것이다. 광고 언어에 속하는 다양한 유형 가운데 '**슬로건**(slogan)'을 활용한 것은 슬로건이 가지고 있는 '독립성' 때문이다. 일반적으로 대부분의 광고 언어(copy)가 다른 광고 언어(예를 들면, 바디카피, 리드카피, 캡션 등)와 함께 활용되거나, 모델, 비주얼, 음악 등과 서로 의지하여 메시지 전달을 하는 반면, 슬로건은 광고의 다른 요소들의 도움 없이 광고 언어 자체만으로 독립적인 메시지 전달의 역할을 수행하기 때문이다(류진한, 2012).

필자는 슬로건 창작의 세부 단계를 '내용 결정단계 → 핵심어 결정단계 → 슬로건 구성단계 → 슬로건 세공단계'로 구분하였다. 이 가운데 가장 중요한 단계가 바로 '핵심어'를 고르고 결정하는 단계다. 이는 말 그대로 '핵심어 결정단계'가 전체 슬로건이 고객에게 전달하고자 하는 메시지의 의미와 철학을 결정하는 핵심단계라고 해도 과언이 아니기 때문이다(류진한, 2012).

〈표 2-2〉의 슬로건에서 보면, "우리 강산 푸르게 푸르게"라는 유한킴벌리 슬로건의 핵심어는 '푸르게'라고 볼 수 있다. 그리고 '푸르게'라는 핵심 언어가 가지는 의미는 '나무' 또는 '초록'이고 '푸르게'라는 핵심어가 가지고 있는 의미의 철학은 '인류를 생각하는 환경'이라고 정리할 수 있다. "날씬한 기분"이라는 미에로화이바 제품의 슬로건도 마찬가지다. 슬로건의 핵심어는 '날씬한'이고, 핵심어가 가지는 의미는 '몸매관리' 또는 '다이어트'로 볼 수 있다. 그리고 그 핵심어가 가지는 궁극적인 철학은 여성들의 '미(beauty)'에 대한 욕망이다. 이렇듯 슬로건이 가지고 있는 '핵심어'를 통해

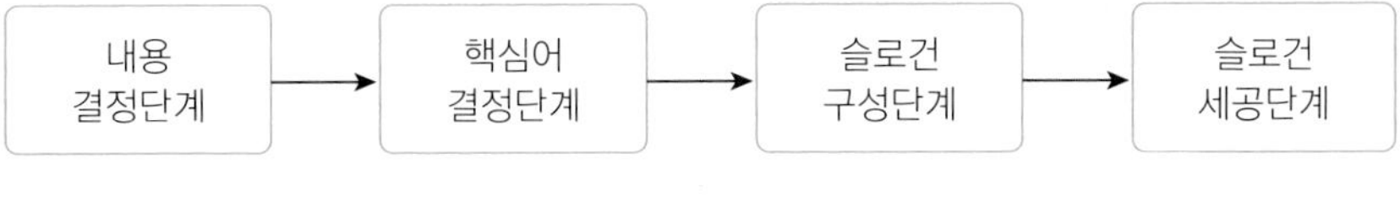

[그림 2-1] 슬로건 창작의 세부단계

출처: 류진한(2012), pp. 173-175.

슬로건의 '의미'와 '철학'을 세부적으로 구분해 보았다. 물론 좀 더 세부적인 단계로 나누어 보면 핵심어가 가지고 있는 '직접적인 의미'와 '간접적인 의미'로도 나눌 수 있는데, 이 경우 슬로건 언어가 가지고 있는 '간접적 의미'는 〈표 2-2〉에서 보이는 '철학'에 근접한 부분임을 볼 수 있다.

그리고 이 핵심어는 슬로건을 구분하는 기준으로도 활용된다. 독일의 슬로건 연구에 의하면, 광고에서 많이 사용되는 단어의 품사는 명사가 22.4%, 형용사가 12.8%로 나타나고 있다. 특히 슬로건에서는 명사가 일반적으로 가장 많이 사용되고 있는 것으로 나타나는데 이는 명사가 다른 품사의 단어에 비해 슬로건의 핵심 내용을 전달하고 기억시키기에 용이하기 때문이라고 판단된다. 그럼에도 불구하고 형용사나 동사 등의 품사를 지닌 단어들이 핵심어로 활발하게 사용되고 있는 것은 형용사형 핵심어는 제품이나 기업이 지니고 있는 '특징이나 장점을 포장하고 강조'하기에 유용하고, 동사형 핵심어는 슬로건의 메시지를 전달하는 데 있어서 소비자의 '구체적인 행위'를 유발하는 역할을 하는 데 유용하기 때문이다.

⊙ 명사형 핵심어 슬로건

- **가능성**을 만나다
- **기술**의 상징
- 남성의 **여유**
- **보람**의 일터
- 비비안은 **품질**입니다

⊙ 형용사형 핵심어 슬로건

- **깨끗한** 피부의 재창조
- **순결한** 머릿결을 위한
- **건강한** 여행
- **든든한** 은행

- **맛있는** 방

⊙ 동사형 핵심어 슬로건

- 케토톱으로 **캐내십시오**
- **흔들어** 주세요
- 인류에 **봉사하는**
- **걸면** 걸리는
- 토요타에 **가자**

이 외에도 핵심어의 품사에 의한 구분으로는 부사형 핵심어, 감탄사형 핵심어, 의태어나 의성어형 핵심 등으로 구분할 수 있다.

1) 플라톤의 '~인 것 자체'

플라톤의 사유를 상징하는 이데아는 '~인 것 자체(auto ho esti)'를 가리킨다. 그는 이것을 '에이도스(eidos)'라는 용어로 설명하는데, 행복 자체, 아름다움 자체, 자신감 자체, 인간 자체는 현실 세계에서는 존재하지 않고 단지 불완전한 행복, 불완전한 아름다움, 불완전한 자신감, 불완전한 인간들만이 존재할 뿐이다. 즉, 플라톤은 현실에서 확인되는 불완전한 것들은 이데아 세계에 존재하는 완전한 에이도스들의 불완전한 복사물에 불과한 것이다.

플라톤의 '에이도스'를 광고 언어가 가지고 있는 '의미'와 '철학'에 적용해 보면 어떨까? 우리가 광고를 보고 원하는 브랜드나 제품을 구매하고자 하는 욕구가 생기는 궁극적인 이유는 무엇일까? 우리가 화장품 광고를 보고 그 화장품을 구매하고 싶은 욕구가 생기는 이유는 아름다움을 소유하고 싶기 때문이다. 우리가 운동기구 광고를 보고 그 제품을 구매하고 싶은 이유는 건강한 삶을 영위하고 싶기 때문이다. 우리가 멋진 차를 사고 싶은 이유는 자신의 안전을 보장받고 싶거나, 자신의 개성을 표현하

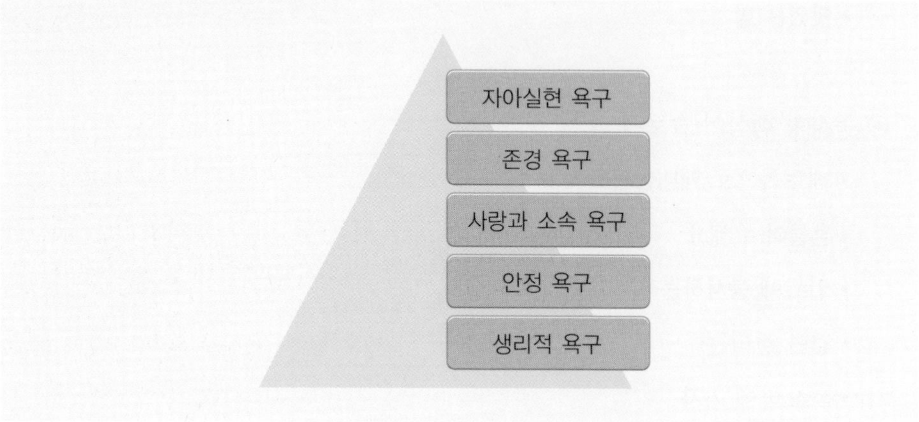

[그림 2-2] 매슬로의 인간욕구 5단계

출처: 류진한(2012), p. 77.

고 싶거나, 자신의 성공을 주변에 알리고 싶기 때문일 것이다. 광고에 사용되는 언어는 이렇듯 제품이 가지고 있는 다양한 속성 가운데 가장 강력한 속성 하나를 골라 소비자가 가장 필요로 하는 욕구의 의미를 담은 언어로 전달하는 것이다.

화장품을 통해 아름다워지고 싶고, 운동을 통해 건강해지고 싶고, 멋진 차를 통해 자신을 과시하고 싶은 것은 어쩌면 인간이 가지고 있는 다양한 욕구 가운데 하나를 특정한 브랜드나 제품을 소유함으로써 일정 부분의 만족감을 얻기 위함이다. 그렇다면 우리는 왜, 아름다워지려는 욕구를 가지며, 건강해지려는 욕구를 가지며, 자신의 개성을 표현하고 타인에게 인정받으려는 욕구를 가지는 것일까? 그 종착지에는 '행복(happiness)'이라는 가치가 우리를 기다리고 있기 때문이다. 매슬로(Maslow)가 '인간욕구 5단계'에서 이야기한 가장 기초적인 욕구 단계인 '생리적 욕구'부터 가장 상위 단계에 있는 '자아실현 욕구'에 이르는 5단계의 다양한 욕구들을 한 문장으로 정리한다면 아마도 '행복을 위하여!' 라는 슬로건 정도로 마무리가 될 것이다.

- **눈높이** 교육
- **맑고 깨끗한**

- 다리가 **길어 보이는** 학생복
- 사나이 **울리는**
- 지구의 **가치를 높이는** 기술
- **부드러움** 속에 **카리스마**가 있다
- **제대로 만든** 크래커
- 야채가 **신선한** 집

〈표 2-2〉에서 광고 슬로건에 사용된 핵심어의 의미와 철학을 살펴보았다. 이 외에도 많은 슬로건이 플라톤의 '~인 것 자체'에 적용하여 '자체'와 '불완전한 복사물'로 구분하여 설명할 수도 있다. 〈표 2-2〉의 슬로건 사례로 보면, "우리 강산 푸르게 푸르게"의 슬로건 핵심어인 '푸르게'는 그 언어가 의미하는 '나무, 초록, 자연'의 '불완전한 복사물'이지 '그 자체'는 아니라는 것이다. "날씬한 기분"도 마찬가지이다. 핵심어인 '날씬한'은 아름다운 몸매나 다이어트에 대한 욕망의 '불완전한 복사물'이고 '그 자체'는 아니다. "눈높이 교육"의 '눈높이', "다리가 길어 보이는 학생복"의 '길어 보이는', "사나이 울리는"의 '울리는', "지구의 가치를 높이는 기술"의 '가치를 높이는'이라는 광고 언어들 역시 플라톤의 '~인 것 자체' 관점에서 보면 '불완전한 복사물'에 속하는 부분이다.

결국 플라톤의 에이도스 관점에서 광고 메시지를 전달하는 광고 언어를 보면 모든 광고 언어가 그 언어에서 사용되는 단어의 의미와 이미지를 고객이나 소비자들에게 전달하고자 노력하고 있지만, 그래서 소비자와 기업이 행복해지는 것을 목표로 하고 있지만, 여기서 사용하고 있는 인간이 원하는 궁극적인 행복, 즉 플라톤이 말하는 '행복 자체'가 될 수는 없다는 것이다. 물론 이것은 플라톤의 '에이도스' 관점으로 광고 언어를 적용해 본 것에 불과하지만 말이다.

2) 아리스토텔레스의 '본질은 개체 안에~'

라파엘로(Sanzio Raffaello)가 그린 〈아테네 학당(School of Athens)〉에는 매우 재미있고 의미 있는 장면이 숨겨져 있다. 그림의 정 가운데 서 있는 두 사람, 즉 플라톤과 아리스토텔레스가 가리키고 있는 손의 방향이다. 명작 속에 등장하는 수십 명의 인물 가운데 서 있는 플라톤과 아리스토텔레스의 손이 가리키고 있는 방향이 다르다. 그림을 자세히 보면 플라톤의 손은 하늘을 향하고 있는 반면, 아리스토텔레스의 손은 땅을 가리키고 있다. 이 두 사람이 가리키고 있는 손의 방향은 두 철학자가 각기 '본질이 존재한다고 생각하는 장소'를 의미한다. 플라톤에게 있어서 사물의 본질은 현실에 있는 것이 아니라 인간의 영혼이 돌아가는 이데아의 세계에 있기 때문에 하늘을 가리키고 있는 것이고, 아리스토텔레스가 생각하는 사물의 본질은 사물을 초월해서 있는 것이 아니라 사물 안에 존재하기 때문에 현실 세계, 즉 땅을 가리키고 있는 것이다.

[그림 2-3] 라파엘로의 <아테네 학당>

출처: 네이버 이미지 자료.

현실 세계를 긍정하는 아리스토텔레스의 정신은 실체(ousia)에 대한 그의 생각에서 분명하게 드러난다. 아리스토텔레스는『범주론』에서 실체를 '제1실체'와 '제2실체'로 나누고 있는데, 제1실체는 '구체적인 개체들', 즉 개별적 사물을 가리킨다면, '제2실체'는 개체들이 속해 있는 종(種)이나 유(類)를 가리킨다. 예를 들어, "아리스토텔레스는 사람이다."라는 문장이 있다면, 제1실체는 '아리스토텔레스'이고, 제2실체가 바로 '사람'으로 지칭되는 종(種)이 되는 것이다. 여기서 중요한 것은, 제1실체가 없다면 제2실체는 존재할 수 없다는 아리스토텔레스의 확신이다. 즉, 아리스토텔레스를 포함한 모든 인간이 현실 세계에서 전부 사라진다면 '인간'이라는 제2실체는 존재할 수 없다고 보는 것이다. 이 때문에 아리스토텔레스는 하늘을 가리키던 플라톤과는 달리 땅을 가리키고 있었던 것이다. '하늘'이 제2실체를 상징하는 것이라면, '땅'은 바로 제1실체를 상징하는 것이다.

아리스토텔레스의 **'본질'**과 **'개체'**에 관한 철학은 광고나 광고 언어에도 충분히 의미 있는 적용이 가능하다. 아리스토텔레스가 제1실체로 언급하고 있는 '개별적 사물' 또는 '구체적인 개체들'은 광고나 광고 언어에서 이야기하는 '개별적 제품'이나 그 제품이 가지고 있는 '구체적 특징'으로 재해석할 수 있다. 그리고 종(種)이나 유(類)로 지칭되는 제2실체는 광고나 광고 언어 안에서의 '제품군(product category)'에 속한다고 볼 수 있다.

표 2-3 광고 언어의 본질과 개체(제1실체와 제2실체)

구분	제1실체 개별적 사물, 구체적 개체	제2실체 종(種)또는 유(類)
어깨가 편안한 정장	어깨, 편안한 정장	의류
오래 가는 관절염 치료엔	오래, 관절염 치료	제약
갈증 해소를 위한 음료	갈증 해소	음료
생명을 소중히 하는 차	생명, 안전	자동차
야채가 신선한 집	야채, 신선	외식

이처럼 광고 언어를 사용하는 데 있어서도 아리스토텔레스의 철학이 가지고 있는 본질과 개체, 즉 '제1실체'와 '제2실체'를 구분하여 그 언어의 의미와 역할을 활용한다면 보다 새롭고 효과적인 접근 방법이 탄생할 수 있다. 특히, 브랜드 네임(brand name)이나 제품 네임(product name)과 같은 네이밍 작업의 경우 때로는 '개별적 사물'이나 개별적 사물이 가지고 있는 '구체적 개체'에 무게를 둔 접근이 효과적인 경우와 그 개별적 사물이나 개체가 속해 있는 '종(種)' 또는 '유(類)'에 전략적으로 무게를 둔 네이밍이 필요한 경우는 충분히 철학적으로 고민해 볼 가치가 있다.

3. 동양 철학적 관점에서의 광고 언어

동양 철학에서 '이(理)'와 '기(氣)'를 이야기할 때 주희(朱熹)의 '이(理)'와 '기(氣)'를 언급하면서, 플라톤의 '**형상**(form)'과 '**질료**(matter)'와 유사한 범주로 이해하곤 한다. 그 타당성을 검증하기 위해 우선 플라톤이 이야기하고 있는 형상과 질료가 의미하는 바가 무엇인지 살펴보고자 한다.

우리 앞에 모래사장이 있다고 가정하자. 그곳에 있는 모래를 둥근 그릇에 담아 꾹꾹 눌러서 바닥에 고스란히 빼놓으면 모래는 그릇의 모양처럼 둥근 모양의 덩어리로 땅에 서 있을 것이다. 이 둥근 모래 덩어리를 플라톤의 용어를 빌리자면 '세 가지 원인'으로 설명할 수 있는 존재다. 첫 번째는 둥근 모래 덩어리를 구성하고 있는 모래 자체이고, 두 번째는 둥근 모양을 가능하게 한 둥근 그릇이고, 세 번째가 둥근 모양의 모래 덩어리를 만든 인간 본인이다. 다시 말해서, 모래가 첫 번째 원인으로서의 '질료'이고, 둥근 그릇이 두 번째 원인으로서의 '형상'이며, 둥근 그릇을 사용하여 둥근 모래 덩어리를 만든 인간이 세 번째 원인으로서의 '제작자'인 것이다(강신주, 2010).

플라톤은 눈에 보이는 모든 것이 질료, 형상, 제작자를 그 원으로 가지고 있다고 생각했다. 여기서 주목할 점은 그가 질료와 형상이 서로 대립적인 방향으로 운동한다고 본 점이다. 형상은 둥근 모래 덩어리를 둥근 모양으로 계속 유지하려는 방향으로 운동한다. 플라톤의 가정대로 형상이 둥근 모래 덩어리를 둥근 모양으로 계속 유지하려는 방향으로 작용한다면 질료는 둥근 모양을 벗어나 무질서한 혹은 무규칙적인 방향으로 가려는 힘을 상징하기 때문이다. 그래서 아마도 플라톤은 해변에 만들어 놓은 모든 모래성이 시간이 지나면 흩어져서 모래사장으로 되돌아가려고 한다고 이해했을 것이다. 고대 그리스에서 형상이 한정(peras)과 관련된 용어라면 질료는 무한정(apeiron)과 관련된 것으로 사유된 것도 이 때문이다. 그렇다면 과연, 주희의 '기(氣)'가 플라톤의 '질료'로, '이(理)'가 '형상'으로 대치 가능한 것일까? 주희가 황도부에게 보낸 서신에 다음과 같은 구절이 등장한다.

> 이 세상에는 이(理)도 있고 기(氣)도 있다. 이(理)라는 것은 감각적으로 확인될 수 없는 도(道)이자 만물을 낳은 근본(根本)이다. 기(氣)라는 것은 감각적으로 확인될 수 있는 형기(器)이자 만물을 낳는 도구(道具)이다. 그러므로 인간과 사물이 태어날 때, 이것들은 이(理)를 받은 후에 본성(本性)을 갖게 된다. 그리고 기(氣)를 받은 후에 형체(形體)를 갖게 된다.

주희의 형이상학 체계는 '이일분수(理一分殊)' 구조로 이루어져 있다. 하늘의 달이 유일하고 초월적인 이(理)를 상징한다면, 천 개의 강에 비친 달그림자는 내재적인 본성을 상징한다. 주희에게 있어 이(理)란 '초월적 태극(太極)'을, 본성이란 개체들에 잠재되어 있는 '내재적 태극(太極)'을 의미하는 것이다. 즉, 다양한 사물이 존재하지만 이(理)는 오직 하나인 셈이다. 비록 천 개의 강에 달그림자가 다양한 모습으로 존재하지만 하늘에는 오직 하나의 달만이 존재하는 것처럼 말이다. 이에 비해 기(氣)는 모든 개별자를 개별자로 만들면서 다른 것들과 구별시켜 주는 형체를 갖도록 하는 '개별성의 원리'를 의미한다. 이(理)가 '통일된 원리'라면, 기(氣)는 '구별의 원리' 또는 '개별화의 원리'를 가리킨다. 이 '통일의 원리'로서의 이(理)가 만물 속에 내재될 때 그것을 '본성(本性)'이라고 일컫는다.

이처럼 주희의 '이(理)'와 '기(氣)'에 대한 관점을 플라톤의 '모래 덩어리' 사례에 적용해 살펴보면 다음과 같다. 플라톤의 관점에서 동근 모래 덩어리와 네모난 모래 덩어리의 공통점은 무엇일까? 그것은 당연히 모두 '모래라는 질료'로 이루어져 있다는 점이다. 반면, 두 모래 덩어리의 차이점은 무엇일까? 그것은 두 덩어리가 서로 다른 형상을 가지고 있다는 것이다. 결국 플라톤에게 있어서 '형상'이 둥근 모래 덩어리와 네모난 모래 덩어리를 구분해 주는 '구별의 원리'인 반면, 오히려 '질료'는 두 모래 덩어리를 관통하는 '공통된 원리'였다고 볼 수 있다. 그러나 두 모래 덩어리의 서로 다른 모습을 예로 든다면 주희는 두 모래 덩어리 각각이 바로 '기(氣)'라고 주장했을 것이다. 그리고 둥근 모양과 네모난 모양의 문제 역시 결국 '기(氣)'에 속하는 것이라고 생각했다. 따라서 주희의 경우는 오히려 기(氣) 차원에서의 다양한 모래의 모습이 서로를 구별해 주는 '개별화된 원리'를 가리키는 것이다. 따라서 플라톤의 '형상'을 주희의 '이(理)'로, '질료'를 '기(氣)'로 이해하는 것은 적절한 해석이 될 수 없다.

이는 광고에서 브랜드나 제품을 '파악'하고 '정의'하는 과정에서 철학적 맥락을 같이한다. 광고 언어의 핵심이라고 할 수 있는 슬로건을 만들어 내기 위해서 가장 먼저 해야 할 작업은 슬로건을 창작하기 위한 브랜드나 제품에 관해서 '상세하게 파악'하고 '명확하게 정의'하는 일이다. 우선, 기업이나 브랜드가 가지고 있는 역사에서부터 철학과 비전, 브랜드 탄생 스토리, 브랜드 네이밍에 담긴 의미, 가치, 철학 등을 빠짐없이 살펴 인식하고 이해하는 것이다. 슬로건 창작을 앞둔 카피라이터에게 제품에 대한 객관적인 정보와 지식은 그 어떤 것 하나도 놓쳐서는 안 될 보물이고 보고(寶庫)이다.

- 기업 또는 브랜드의 역사 알기
- 브랜드 또는 제품의 탄생 스토리 알기
- 브랜드 네임의 의미 알기
- 브랜드나 제품에 관한 객관적인 정보 알기

카피라이터가 브랜드를 자기 나름대로 정의해 보기 위해서는 브랜드에 대한 기본적인 정보나 스토리 외에도 제품이 가지고 있는 개성이나 구체적인 속성이나 특징을 알아보는 것도 매우 중요한 과정 중에 하나이다. 여기서 말하는 특징이라고 하는 것은 절대적인 기능이나 특징뿐 아니라, 상대적으로 우월하거나 상대적으로 열세에 있는 특징도 포함한다.

- 원산지
- 가격
- 기술
- 효능
- 혜택
- 크기
- 컬러
- 다양성
- 편리성
- 내구성
- 맛 또는 멋
- 디자인 또는 포장
- 원료
- 유통
- 제조 방법
- A/S 등

때로는 저렴한 가격이 특징이 되기도 하지만 반대로 비싼 가격이 제품을 판매하는데 유용한 특징이 되기도 한다. 제품을 만드는 기본적인 원료에서도 특징을 찾을 수 있고 제조 방법이나 유통 과정에서도 차별화된 특징을 찾기도 한다. 생산자나 광고주 스스로 제품의 중요한 특성이라고 생각하는 것뿐만 아니라, 경쟁제품에 의해 상대적으로 돋보이게 되는 특징도 있을 수 있다.

이러한 다양한 특징의 파악은 주희의 형이상학 체계에서 말하는 '이일분수'에 비추어 설명할 수 있다. 하나의 제품이 유일하고 '초월적인 이(理)'를 상징한다면, 그 제품이 가지고 있는 다양한 특징들은 '내재적인 본성'을 상징한다. 즉, 우리는 특정한 제품이라는 '질료(質料)'에 어떤 틀을 씌워 찍어 내느냐에 따라 다양한 모래성의 모습, 즉 '형상'을 얻을 수 있다.

주희의 이기론(理氣論)은 매우 흥미로운 세계 이해의 방식이다. 하지만 중요한 것은 인간의 본성이 단순히 인간만이 가진 본성이 아니라 인간 밖의 모든 만물이 공유한 일종의 통일성으로 간주되었다는 점이다. 주희를 포함한 신유학자들은 세계 안에 살고 있는 모든 존재(인간뿐 아니라 모든 사물을 포함)는 하나의 가족이라는 생각을 가지고 있다. 그리고 이를 감지했던 조선 후기의 대표적인 사상가가 바로 정약용이다. 그리고 정약용은 신유학의 이기론을 전면적으로 개조하는 작업에 착수하는데 이 문제와 관련한 정약용의 설명은 다음과 같다.

기(氣)라는 것은 '스스로 존재하는 사물'을 말하고 이(理)라는 것은 '붙어 있는 속성'일 뿐이다. '붙어 있는' 것은 반드시 '스스로 존재하는' 것에 의지해야만 한다. 그러므로 기(氣)가 드러나야 이것에 대한 이(理)가 존재한다(『중용강의보』). 정약용의 이러한 설명은 그의 독창적인 견해라기보다는 중국에 들어온 예수회 신부 마테오 리치(Matteo Ricci)의 『천주실의』에서 학습한 내용의 일부이다. 『천주실의』에서 마테오 리치가 언급한 실체와 속성을 해명하는 내용은 다음과 같다.

> 사물의 범주에는 두 가지가 있다. '실체(自立者)'와 '속성(依賴者)'이다. (중략) 하나의 예로 '흰말(白馬)'을 살펴보면, '흼(白)'과 '말(馬)'로 나눌 수 있는데, 여기서 '말'은 실체이고 '흼'은 속성이다. 즉, '흼'이 없어도 '말'은 존재할 수 있지만, '말'이 없으면 '흼'은 존재할 수 없기 때문에 '흼'이 속성이 되는 것이다. 이 두 가지 사물의 범주들을 존재의 형식에서 비교해 보면 실체가 속성보다 앞서 있어서 상대적으로 더 귀중하고, 속성은 실체가 있고 난 후의 것이라서 천한 것이다.

조선 후기 또 한 명의 사상가 최한기는 기(氣)를 갖가지 실험기구와 수학을 이용해 계량화하여 객관적인 측정이 가능한 것으로 사유하려고 노력하였다. 이를 기초로 최한기는 『추측록』에서 전통적인 이기(理氣)의 범주를 다음과 같이 수정하여 설명하고 있다.

> 이(理)는 기(氣)의 조리(條理)이기 때문에 기(氣)가 있으면 반드시 이(理)가 있고, 기(氣)가 없으면 이(理)는 존재하지 않는다. …… 만약 기(氣)를 분명하게 안다면 이(理)는 그 속에 자연스

럽게 존재한다. 먼저 이(理)를 탐구하려고 하면 기(氣)는 숨게 되어 표준이 없게 될 것이다. 이(理)는 형체가 없지만 기(氣)는 흔적이 있는 것이다. 그러므로 그 흔적을 추적하면 이(理)는 저절로 드러나서 생각할 수 있는 실마리를 갖게 된다.

결국 최한기에 의하면 기(氣)가 없이는 이(理)는 존재할 수 없는 것이다.

4. 의미와 철학의 창조적 만남

이제 광고 언어의 활용에 있어서 **'의미'**와 **'철학'**이 어떤 가치를 가지는지 생각해 볼 필요가 있다. 굳이 의미와 철학에 국한하여 살펴보지 않더라도 광고는 태생이 '협업(協業)의 운명'을 손에 쥐고 태어났다. 광고는 '판매하는 사람과 구매하는 사람'을 이어 주는 도구이다. 광고는 '광고주와 광고회사'의 협업으로 탄생한다. 대부분의 광고는 '카피와 비주얼'의 시너지를 이루어 효과를 극대화한다. 그리고 광고는 '과학과 예술'의 만남이고, '이성과 감성'의 조화이고, '설득과 공감' 사이에서 아찔한 줄타기를 한다. 결국 혼자가 아닌 둘을 위한 일을, 혼자가 아닌 둘이 하는 작업이 바로 '광고(advertising)'이다. 그렇다면 광고 언어가 가지고 있는 '의미'와 '철학'은 둘이 만나서 어떤 시너지의 힘을 만들어 낼 수 있을까? 사실 이것이 이 장을 길게 써 내려간 이유이기도 하다.

광고 또는 광고 언어의 궁극적인 목적은 '협력하여 창조적인 성과를 창조해 내는 것'이다. 창조적인 성과란 제품의 '판매 효과'로 규정되는 '마케팅적 효과'를 의미하는 경우가 대부분이다. 그러나 광고 언어가 가지는 '의미'뿐 아니라 '철학'에까지 그 관점과 시야를 넓히면 이야기는 달라진다. 엄밀히 따지면, 광고가 가지는 '마케팅적 기능'과 '커뮤니케이션적 기능'이 '미시적 접근'이냐 '거시적 접근'이냐를 따지기에 앞서, 서양 철학에서 이야기하는 '본질(essence)'과 '비본질(nonessential)', 아리스토텔레스가 언급한 '본질'과 '개체'의 협력에 대한 부분이다. 그리고 동양 철학에서 말하고 있는 '이(理)'와 '기(氣)', 그리고 '실체'와 '속성'에 대한 시너지에 대한 부분이다.

조슈아 울프 솅크(Joshoa Wolf Shenk)는 저서『둘의 힘(Powers of Two)』에서 다양한 형태의 '창조적 협력의 법칙'을 이야기하고 있다. 광고와 같은 창작 작업을 하는 직업을 가진 사람들에게 '협업은 좋은 것이다'라는 논리가 맞는 것 같기도 하고, 또 다른 측면에서는 '혼자만의 시간이 필요하다'라는 논리가 설득력이 있기도 하다. 그러나 이러한 논리의 싸움은 마치 '들숨이 옳다'와 '날숨이 옳다'로 싸우는 것과 같이 무의미하다. 언어에는 형식도 중요하고 내용도 중요하다. 이는 '물과 그릇' 같다. '물'은 어느 곳에 있어도 '물 자체'이지만, '물'이 어떤 '그릇'에 담기느냐에 따라 다른 물이 되기도 한다. 사람들의 성향도 '물과 그릇'에 비유할 수 있다. '물 유형의 인간'은 창조적이다. 직선적인 진전보다는 수평적인 제휴에 더 끌린다. 이들은 상대적으로 자주 흥분하고 자신의 행동에 제한을 두지 않는다. 이들은 모험의 가능성과 위험을 체험하기를 즐긴다. 자신을 구속하는 사람들을 싫어하지만 필요로 한다. 왜냐하면, 이들이 없다면 '물 유형의 인간'들은 뜨거운 아스팔트 위에 엎질러져 햇볕에 증발하고 말 것이기 때문이다.

광고 언어 속의 '의미'는 단기적이고 직접적인 활용도를 지닌다. 그리고 '철학'은 상대적으로 장기적이고 간접적인 활용도를 지니고 있다. 그래서 현대사회의 대부분의 광고와 광고 메시지들이 인간의 근원적인 생각의 교류와 공감에 초점을 둔 '철학'보다는 판매에 기여하는 설득 메시지로서의 '의미'에 중심을 두고 접근해 온 것이 사실이다. 전적으로 필자 개인의 의견이지만, '광고는 설득의 이론'이고, '팔리지 않는 광고는 잘 만든 광고가 아니다'라는 논리는 광고나 광고 언어의 역할에 대한 매우 근시적이고 편협한 규정이라고 생각한다. 광고를 '설득의 논리'로 판단하는 순간 우리 앞에는 '설득하려는 자'와 '설득당하지 않으려는 자'가 서 있다. 그러니 현대의 많은 소비자가 광고 앞에서 부정의 팔짱을 끼고, 광고를 또는 광고하는 사람을 의심의 눈초리로 바라보는 것이 아닌가? '설득하려는 자'와 '설득당하지 않으려는 자'가 대립하여 마주 보고 있는 구도는 광고의 '선의적 의도'와 광고산업의 '선순환적 발전'을 매우 저해하는 요소로 작용한다. 광고와 광고 언어는 '필요한 제품을 생산하는 자'와

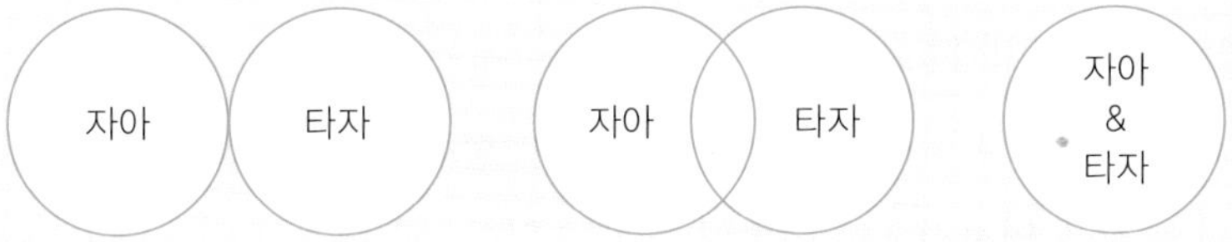

[그림 2-4] 자아와 타자의 관계 밀접도

'필요한 제품을 소비하는 자'가 같은 곳을 향해 바라보고, 공감하고, 함께 나아가는 '의미와 철학'을 함께 담은 도구가 되어야 한다. '가까운 타자를 자아에 포함하는 것' 이야말로 현대의 광고와 광고 언어가 갖추어야 할 새로운 철학이 되어야 한다.

지금 당신과 파트너의 관계를 가장 잘 표현한 관계도를 고르라면 당신은 어떤 그림을 고를 것인가? 두 개의 원이 서로 가장 많이 겹친 도형을 고른 사람이나 커플이 특정한 작업에 있어서 성취도나 만족도가 높은 것은 자명한 일이다. 결국, '자아와 타자'는 물론 '본질과 개체' '의미와 철학'도 더 많은 부분이 겹칠수록 더욱 커지고 강해지는 것을 철학을 통하여 '타산지석(他山之石)'으로 삼을 필요가 있다.

5. 마치며

이제 '광고 언어 속의 의미와 철학'이라는 생소하고, 난해하고, 난감했던 주제의 글을 마무리하고자 한다. 이 장의 본문을 통해 어렵게 '의미'와 '철학'의 관계를 논하고 정립하지 않더라도 이 세상에는 우리가 아는 수많은 '둘(two, twin, couple)'이 있다. 두 사람 모두가 유명한 사람이든, 아니면 둘 중 한 사람이 유명인이고 다른 한 사람은 빛나는 파트너에 가려 상대적으로 덜 유명한 사람이든, 우리가 사는 세상에는 하나보다는 둘이 있어 더욱 가치 있게 빛나는 별들이 많다. 명실상부한 세계 최고의 애니메이션 만화의 주인공인 '톰과 제리', 세계의 역사 속에 불후의 명곡들을 남긴 비틀스(The Beatles)의 '존 레넌(John Lennon)과 폴 매카트니(Paul McCarteny)',

'빈센트 반 고흐(Vincent van Gogh)와 그의 동생 테오(Theo)', 방사능을 발견한 '마리(Marie)와 피에르 퀴리(Pierre Curie) 부부' 등의 사례들이 '둘의 힘'과 때로는 상반된 성격의 두 사람이 서로 상생의 시너지를 이루어 협력할 때 '창조적인 성과'를 이끌어 낼 수 있다는 것을 역사적으로 증명해 보이고 있다. 전 세계의 PGA나 LPGA 선수들 옆에는 어김없이 훌륭한 캐디가 동행한다. 골프에서 캐디는 단순히 캐디백을 들어주는 도우미가 아니라 18홀의 경기를 함께 만들어 가는 '전략가'이고, 선수의 멘탈(mental)을 관리하는 '심리학자'이고, 골프라는 스포츠에 대한 근원적인 의미와 가치를 선수와 공유하는 '철학자'이다.

언어는 인간의 '정신적 합류'를 만들어 내는 메커니즘이다. 그리고 광고에 사용되는 언어는 인간의 사고뿐 아니라, 인간 사회의 체계와 신념을 구성하는 사회적 · 문화적 상징이고, 사회 구성원의 의식과 무의식적 사고체계를 반영한다. 이처럼 언어는 상호 간의 이해를 위한 단순한 의사소통의 수단이 아니라, 인간의 사유와 행동과 그의 삶을 지배하고 창조하며 인간성의 본질적인 영역까지 관계하는 힘을 가지고 있다. 향후 광고 언어의 본질을 형식적 차원과 의미적 차원에서 해석하는 연구를 넘어서 광고 언어와 광고 자체의 철학적 의미를 보다 폭넓고 깊이 있게 고찰하여 창조적 시너지를 증폭시키는 연구가 활발히 진행되기를 기대한다. ■

제3장

광고 크리에이티브 철학

김병희(서원대학교 광고홍보학과 교수)

1. 광고 크리에이티브 철학의 필요성
2. 외국 광고인의 광고 크리에이티브 철학
3. 한국 광고인의 광고 크리에이티브 철학
4. 광고 크리에이티브 철학의 의의

◈◇◈

현대 광고는 자본주의의 가치를 전달하는 데 머물지 않고 소비대중문화를 창출하는 창조적 매개물로 격상되었다. 전문가들은 광고가 문화를 창출하는 현상에 주목해, 광고가 새로운 유행을 정착시키는 **트렌드세터**(trendsetter)의 역할을 해 왔다고 진단했다. 현재 우리나라의 광고산업은 양적 측면에서는 급성장했지만 질적 측면에서는 부족한 부분이 많다. 제4차 산업혁명 시대를 맞이해 정보통신기술(ICT)에 바탕을 둔 광고 기법들이 광고의 내용과 형태를 획기적으로 변화시키고 있다.

광고산업이 성장을 멈춘 상황을 '광고의 죽음'으로 묘사한 경우도 있었지만(Rust & Oliver, 1994), 광고는 계속 발전해 왔다. 그럼에도 불구하고 우리나라에서는 광고산업이 위기라는 말이 어느 때보다 자주 거론되고 있다. 이런 분위기 속에서 광고산업 자체가 위축되는 상황도 문제가 있지만, 그동안 광고학계와 광고업계에서 광고의 뿌리를 지탱하고 광고의 미래를 밝혀 줄 광고철학을 제대로 정립하지 못한 것은 더 심각한 문제라고 할 수 있다.

더욱이 광고 **크리에이티브 철학**의 부재는 특히 심각한 문제들을 야기한다. 어떤 분야에서나 직업 철학을 정립하지 못했을 경우, 한동안 성장의 시대를 구가했다 하더라도 거센 바람이 불면 사상누각처럼 위태롭게 흔들리는 경우도 많았다. 광고산업을 지탱하는 핵심 기둥은 창의적인 광고를 만드는 광고인의 창의성이며(김병희, 2014; Kim, Han, & Yoon, 2010), 광고 크리에이티브 철학은 창조산업으로서의 광고산업을 지탱하는 정신적 지주나 마찬가지이다. 이 장에서는 우리나라의 광고 크리에이티브 철학을 정립하기 위하여, 외국을 대표하는 광고인 네 명과 한국을 대표하는 광고인 네 명이 생각하는 광고 크리에이티브 철학을 살펴보고자 한다.

1. 광고 크리에이티브 철학의 필요성

광고인이나 광고학자라면 누구나 데이비드 오길비(David Ogilvy)를 알고 있을 것이다. 1948년, 뉴욕에서 6천 달러로 광고회사를 설립하고 해더웨이 셔츠와 롤스로이스 광고로 이름을 날린 불세출의 광고인이자 자기 이름을 딴 회사를 설립하여 세계적인 광고회사로 키워 낸 인물이다. 자신의 경험을 바탕으로 과학적인 광고 창작을 강조한 그의 광고 철학(어록)은 지금까지도 우리나라 광고인들에게 상당한 영향을 미치고 있다.

세계 유수의 국제광고제에서 주목할 만한 수상실적을 내고 있는 한국 광고계에도 오길비 같은 위대한 광고인이 한 명쯤 등장할 때가 되지 않았을까? 우리나라 광고인들은 해방 이후 미국과 일본을 비롯한 외국의 광고계로부터 많은 지식을 수입해 왔다. 다른 나라 광고에서 배우기 시작해서 지금은 '우리 광고'를 만들고 있다는 점에서, 그동안 땀과 열정을 바쳐 광고 크리에이티브의 토양을 비옥하게 가꿔 온 우리나라 광고인들의 크리에이티브 철학을 규명하는 작업은 가치 있는 연구 과제이다.

광고 창작자들의 **크리에이티브 철학**을 검토하기에 앞서, 우리나라의 주요 광고회사들이 표방하고 있는 경영 방침이나 광고철학을 살펴보자.

제일기획의 철학은 "움직이는 아이디어(Ideas that move)"이다. 연결을 통해 혁신적 가치를 창출하고 소비자의 경험을 통합하는 커넥플러스(CONNEC+)를 추구한다. 제일기획은 새로운 생각으로 차원이 다른 해결책을 제공하는 글로벌 마케팅 솔루션 회사를 지향한다. 이노션의 철학은 "네 안의 혁신력을 발견하라(Discover innovative power in you)"이다. 창의적 사고와 도전정신으로 소통의 혁신을 실현함으로써 기존의 사고와 한계를 넘어서는 새로운 의미를 재발견하라는 뜻이다. HS애드의 철학은 "좋은 광고를 위한 좋은 생각"이다. '다름(The difference)'의 가치에 따라 사람과 시장과 사회를 변화시키는 좋은 생각이 아이디어이므로, 아이디어의 어머니는 사랑이라고 단정한다. 대홍기획의 철학은 "가장 혁신적인 솔루션의 제시"이다. 디지털 컨

버전스 시대에 적합한 최적의 전략을 제시하고 트렌드에 앞서는 창의적인 해결책을 제공하는 데 광고 창작의 목적이 있다는 뜻이다.

이상에서 살펴본 광고회사들의 경영 방침이나 **광고철학**은 나름대로의 의의가 있지만, 광고 크리에이티브 철학이라기보다 회사의 경영 철학에 더 가깝다. 광고회사별로 큰 차이가 나지 않고 비슷비슷해 보이기도 한다. 광고회사에서는 늘 크리에이티브가 가장 중요하다고 강조하면서도 정작 자사의 크리에이티브 철학은 정립하지 못하고 있는 현실을 엿볼 수 있다. 광고회사의 크리에이티브 철학이란 광고 창작물에서 추구하는 광고회사의 정신이자 지향점이다. 그런데도 크리에이티브 철학을 정립하지 못했거나 회사의 경영 방침을 크리에이티브 철학으로 대체한다면 그 광고회사의 창작 정신과 지향점을 알 수 없다.

지난 1990년대에 우리나라 광고업계에서는 국제광고제의 수상 실적을 크리에이티브의 성과로 평가하기도 했다. 국제광고제의 수상작들을 모방해서 어떻게 하면 세계적인 광고상을 받을 수 있을지를 고민하기도 했다. 성장 과정에서 겪어야 할 필요하면서도 부끄러운 경험이었지만, 이제는 우리 나름의 크리에이티브 철학을 정립할 때도 되었다. 여러 교과서를 살펴보면 하나같이 클로드 홉킨스, 로서 리브스, 헬 스티븐스, 데이비드 오길비, 윌리엄 번벅, 레오 버넷, 제임스 웹 영 같은 외국 광고인들을 나열하는 내용으로 가득 차 있었다. 우리 광고의 역사도 150여 년이 가까워지는데, 언제까지 외국 광고인의 크리에이티브 철학에만 기대어 우리 광고를 창작해야 할까? 이런 문제의식에 따라 필자는 7년 동안 광고인 44명을 만나 그들이 생각하는 광고 창의성의 개념 혹은 크리에이티브 철학에 대해 탐색한 바 있었다(김병희, 2011a, 2011b, 2011c, 2011d, 2011e).

그럼에도 불구하고 우리나라의 **크리에이티브 철학**을 정립하는 데는 미흡한 대목이 너무 많았다. 오길비, 번벅, 레오 버넷 같은 외국 광고인만 무조건 숭상하기보다 어려운 여건에서 우리나라 광고 크리에이티브를 발전시켜 온 우리나라 광고계 선배들의 크리에이티브 철학도 공부해야 한다는 사실을 발견한 것은 상당한 소득이었다. 우리 광고인의 크리에이티브 철학을 탐구하다 보면, 우리나라 광고 크리에이티브의 철학을 정립하는 동시에 광고 크리에이티브에 관한 새로운 연구 영역을 개척하게 될 것이다.

2. 외국 광고인의 광고 크리에이티브 철학

근대 광고는 1800년대 이후 미국 광고를 중심으로 본격적으로 발전했다. 근대 광고의 발전 과정에서 보다 창의적이고 효과적인 광고를 창작하는 문제는 동시대 광고인들의 꿈과 이상향이었다. 그렇기 때문에 광고 크리에이티브에 대한 선구자들의 생각이 어떻게 변해 왔는지를 검토하다 보면 광고 크리에이티브 철학의 변모 과정을 자연스럽게 발견할 수 있다.

그동안 광고학계와 광고업계에서 언급한 **광고 크리에이티브 철학**을 종합하면 대체로 '광고=과학' 또는 '광고=예술'이라는 대립적 관점이 평행선을 달리고 있다. 광고학자의 성향이나 실무자의 업무 스타일에 따라 두 가지 관점은 그동안 지지를 받거나 비판을 받아 왔다. 팽팽한 긴장 관계를 유지하며 광고 크리에이티브 철학의 양대 산맥을 형성해 온 두 가지 관점은 21세기에 접어들어서도 여전히 광고인들 사이에서 논쟁의 중심에 서 있다.

광고의 종주국이라고 하는 미국에서 **카피** 창작이 전문가의 영역이라는 인식이 싹튼 것은 1890년대부터였다. 일찍이 1800년대 초엽 미국에서는 광고가 산업의 형태를 갖췄지만 당시의 카피는 단순히 글을 쓰는 형태에 불과했다. 그 무렵의 카피라이터는 '카피라이터'라는 용어 대신 '광고 작가'나 '문사'라는 이름으로 불리며 독자적으로 또는 특정 광고회사에 소속돼 광고 글을 썼으나 판매의 개념을 자각하지는 못했다.

근대 미국 광고의 아버지라는 홉킨스(Claude Hopkins), 미국 광고계의 최고 원로로 추앙받는 영(James Webb Young), 영 앤 루비컴의 설립자이자 전설적 카피라이터인 루비컴(Raymond Rubicam), 이야기 식 카피의 거장인 케이플즈(John Caples), 과학적 광고를 주창한 리브스(Rosser Reeves), 이미지 학파의 거두인 오길비(David

표 3-1 초창기 미국 광고인의 특성 비교

구분	클로드 홉킨스 1867~1932	스탠리 레조 1879~1962	알버트 라스키 1880~1952	레오 버넷 1891~1971	레이몬드 루비컴 1892~1978	윌리엄 번벅 1911~1982	데이비드 오길비 1911~1999	로서 리브스 1911~1982
광고회사	Laud & Hopkins	J.W.T.	Laud & Thomas	Leo Burnett	Y & R	DDB	O & M	Ted Bates
조사에 대한 견해	중요, 카피 리서치 신봉	신봉자	불필요, 낭비	선호	적극적 활용	불신	매우 중요	중요
영향받은 사람과 사건	대졸자는 카피를 쓰면 안 됨	부인 헬렌 (카피라이터)	존. E. 케네디	시카고학파 영향, 교육 중시	갤럽 박사와 조사연구	그래픽 디자이너 폴-랜드	루비컴, 홉킨스, 갤럽 박사의 조사이론	클로드 홉킨스
업무 스타일	일요일도 근무	업무에 많은 시간 할애	15시간 이상 근무	광고 카피 메모의 생활화	쉬지 않고 일함	9~17시까지 개인시간 선호	광고에서 숙제는 필수 과정	쉬지 않고 일함
특이사항	41세 때 광고 시작	조사 선호, 유명인 모델 신봉	검정 바탕에 흰 글씨 혐오	브랜드 이미지 강조	조사 선호	카피보다 삽화 강조	스토리 어필 광고 매직 랜턴	조사 선호
근본 법칙	쿠폰 반응으로 아이디어 지속적 시험	개인의 천재성은 위험	독자적 유형	특이한 언어적 발상에 의존	조사결과를 광고 창작에 활용	혼자의 아이디어로 광고 창작	자신의 광고 법칙	고객의 요구조건 수용
대표 광고	팜 올리브 비누	폰즈 크림	코텍스	말보로	스타인웨이 피아노	폭스바겐 비틀 자동차	헤더웨이 셔츠, 롤스로이스	M&M 초콜릿
단점	조사에 편중된 광고	현역에 너무 오래 근무	독단적 발상	창의성 평가의 어려움	후계자 없음	아트에 편향, 비즈니스 관념 희박	조사의 한계	지나치게 이론 중시
주요 경력, 학력, 기타	독실한 침례교인, 서점직원	가정교사, 책 세일즈맨, 예일 대학	독일 이민자, 신문기자	미시간 대학 (저널리즘), 신문기자	해운회사, 카우보이, 방문판매원, 신문사 통신원	뉴욕 토박이, 뉴욕 대학 조사 요원	방문판매 세일즈맨, 옥스퍼드 중퇴, 요리사	기자
광고 창조철학	판매 효과	유명인 효과	카피 파워	내재적 드라마	조사와 창작의 조화	창작솜씨	브랜드 이미지	고유판매제안

출처: 이수민(2003), p. 24.

Ogilvy), 광고 표현의 예술화를 강조한 번벅(William Bernbach), 그리고 제품의 드라마를 강조한 레오 버넷(Leo Burnett) 등이 등장하여 미국 광고계의 한 시대를 풍미했다. 여러 광고인의 특성과 광고 **크리에이티브 철학**을 종합한 결과는 〈표 3-1〉에 제시하였다.

미국에서도 광고업이 초창기였던 탓에 여러 광고인의 생생한 경험에서 우러나온 이런저런 생각들은 동시대의 광고 크리에이티브 철학으로 자리 잡았다. 모든 분야의 초창기에 보편적으로 나타나는 현상이지만 선구자들이 경험하면서 체득한 생각들은 그 시대의 후배 광고인들에게 강력한 영향을 미쳤다. 광고 표현 분야에서 현재까지도 세계 광고계에 지대한 영향을 미치고 있는 미국을 대표하는 광고인 네 명과 그들이 생각했던 광고 크리에이티브 철학을 살펴보기로 하자.

1) 로서 리브스

현대 미국 광고는 로서 리브스(Rosser Reeves, 1911~1982)가 광고 메시지 구성에 있어서의 과학적 접근 방법을 제시함으로써 비약적으로 발전했다([그림 3-1] 참조). 리브스는 『광고의 실체(Reality in Advertising)』(1961)에서 고유판매제안(Unique

[그림 3-1] 로서 리브스

Selling Proposition: USP)이라는 과학적인 광고 크리에이티브 개념을 제시했다. 그가 제시한 광고 크리에이티브 개념은 이전에 막연한 느낌만으로 아이디어 발상을 해오던 광고 창작자들의 습관을 바꾸고, 광고 크리에이티브에 더욱 효과를 발휘할 수 있는 판매 메시지 개발의 근거를 마련해 주었다.

그는 각각의 상품에서 '고유판매제안'을 도출하기 위해서는 세 가지 사항을 고려해야 한다고 강조했다. 즉, 광고 상품을 사용하면 특별한 혜택을 얻을 수 있다는 점을 제안해야 하고, 그 제안은 경쟁사가 따라 할 수 없고 제안하기 어려운 단일 메시지여야 하며, 수백만 소비자들을 움직일 수 있을 만큼 강력해야 한다는 것이었다(Reeves, 1961). 그의 **크리에이티브 철학**인 '고유판매제안'은 주먹구구식의 주관적인 느낌으로 광고를 만들어 오던 관행에 경종을 울리며 광고 크리에이티브에 있어서 과학적 접근의 필요성을 환기했다는 사실에 의의가 있다.

리브스는 자신만의 광고 크리에이티브 철학을 바탕으로, "엠앤엠(M&M) 초콜릿은 손에서 녹지 않고, 입에서 녹습니다(M&M's melt in your mouth, not in your hands)." 또는 "콜게이트 치약은 이를 닦듯 당신의 숨결까지 닦아 줍니다(Colgate cleans your breath as it cleans your teeth)." 같은 창의적인 광고물을 만들었다. 이 광고들은 처음에 노출된 이후 장기간에 걸쳐 활용되었고, 상품 판매에 크게 기여했다는 평가를 받았다.

2) 데이비드 오길비

1960년대는 크리에이티브 혁명의 시대였다. 이 시기에는 이른바 이미지 학파로 평가받는 데이비드 오길비, 윌리엄 번벅, 레오 버넷 같은 광고의 거장들이 등장하여 한 시대를 주름잡았다. 이들은 광고에 나타난 이미지를 중시했지만 각자가 생각했던 광고 크리에이티브 철학은 각각 달랐다. 이들은 서로의 다른 관점을 존중하고 상대방의 생각과 철학을 인정해 주면서, 1960년대 미국 광고가 번성하는 데 막강한 영향을 미쳤다.

[그림 3-2] 데이비드 오길비

오길비(David MacKenzie Ogilvy, 1911~1999)는 영국에서 스코틀랜드계 아버지와 아일랜드계 어머니 사이에서 태어나, 옥스퍼드 대학에 들어갔지만 대학생활에 별 흥미를 느끼지 못해 자퇴했다([그림 3-2] 참조). 그 후 호텔 요리사, 조리용 스토브 외판원, 여론조사회사 갤럽(Gallup)의 조사원을 거쳐 광고회사 오길비 앤 매더(Ogilvy & Mather)를 창립해 오늘날의 세계적인 광고회사로 키워 냈다. 그는 『어느 광고인의 고백』(1963)과 『오길비의 광고』(1983) 같은 저서에서 브랜드 이미지 전략을 체계적으로 정리했다. 그는 모든 광고물이 브랜드 이미지의 구축에 기여하는 장기간의 투자라고 인식했다(Ogilvy, 1983). 어떤 상품이든지 광고를 통하여 자기만의 독특한 이미지를 갖게 되는데, 소비자는 이미지에 기대어 상품을 구매하지 않고 상품 광고에서 제시한 상품의 물리적인 속성이나 심리적인 혜택을 구매한다는 것이다. 오길비는 이미 오래전에 "장미보다는 사랑을 팔라"는 지침으로 요약되는 현대적인 크리에이티브의 가이드라인을 제공했던 셈이다.

그는 광고 창작에 있어서 조사의 기능을 특히 중시했는데, 이런 입장은 그가 여론조사기관인 갤럽의 면접 조사원을 거쳤다는 점과 무관하지 않다. 그는 직접 반응 광고에 특별한 관심을 갖고, 현장에서 장기간에 걸쳐 수행한 광고효과 조사를 바탕으로 광고 크리에이티브 원칙의 일반화를 시도했다. 창의적인 광고아이디어는 천재의 영감에서 나온다는 보고도 있지만, 그는 창의적인 아이디어의 발상에서 천재의 자질 대신에 일반화된 법칙을 숙지해 그것을 활용하면 된다고 했다.

그는 30여 년에 걸친 광고물 평가 조사를 바탕으로 효과적인 광고 창작을 위한 다섯 가지 원칙을 제시했다. 즉, 가능하면 상품을 크게 제시하고, 수용자를 혼란시키는 부정적 헤드라인은 쓰지 말고, 헤드라인에 브랜드명을 넣고 로고 처리를 강하게 하고, 신상품일 경우 뉴스성을 최대한 보장하고, 가급적 상품 사용자를 제시하라고 했다. 그는 자신이 정립한 광고 크리에이티브 원칙과 헤드라인 쓰는 방법을 고수하며 불후의 명작 광고들을 창작했다. 그는 해서웨이 셔츠나 롤스로이스 자동차 같은 고급품 광고에서 능력을 발휘했다(Ogilvy, 2008).

결국 오길비의 광고 크리에이티브 철학은 과학적인 조사결과를 바탕으로 '무엇을 말할까(What to say)를 찾기'라고 할 수 있다. 그에게 있어서 말로 설명할 수 없는 기막힌 아이디어는 비과학적인 신비성이나 다름없었다. 광고물의 완성도나 광고 창작자의 솜씨는 메시지를 정확하게 전달하는 것보다 중요하지 않은 부차적인 문제였던 셈이다. 그가 제시한 효과적인 광고 창작을 위한 다섯 가지 원칙은 당시로서는 유용한 길잡이가 되었을지 몰라도, 21세기의 광고 상황에는 부적절한 측면도 있으니 광고 창작자들은 참고를 하되 금과옥조(金科玉條)로 여길 필요는 없겠다. 다만 광고 크리에이티브에 있어서 예술성을 추구하기보다 과학성을 추구했다는 점에서 그의 광고 크리에이티브 철학은 후대의 광고인들에게 지속적인 영향을 미쳤다.

3) 윌리엄 번벅

오길비가 광고는 과학이라는 입장을 천명했다면, 동시대의 거장이었던 윌리엄 번벅(William Bernbach, 1911~1982)은 광고는 예술이라는 입장을 견지했다([그림 3-3] 참조). 그는 광고가 과학이라는 오길비의 믿음에 반대한다는 입장을 분명히 밝히고,

[그림 3-3] 윌리엄 번벅

효과적인 광고 창작에 있어서 과학적 객관성이 아닌 예술적인 직관과 재능이 필요하다고 했다. 특히 조사결과 자체는 자료더미에 불과하고 조사결과에서 나온 수치를 창조적으로 읽어 내지 못하면 무의미하며, 창의적인 시사점을 주지 못하는 단순한 조사 보고서는 크리에이티브의 교도소일 뿐이라고 천명했다.

번벅은 오길비와는 전혀 다른 관점에서 광고 창의성을 이해했는데, 그가 제시한 광고 창작의 원칙은 다음의 네 가지로 요약할 수 있다. 즉, 놀라움(magic)은 언제나 상품에 내재하며, 광고에서의 법칙이란 광고 창작자가 타파해야 할 무엇이기에 광고는 절대로 공식에 따라서 창작할 수 없다고 했다. 또한 광고 창작자들은 광고가 과학이라는 믿음을 가장 먼저 타파해야 하며, 일단 법칙을 익히기는 하되 나중에 가서는 그 법칙들을 타파하기를 권고했다(김병희, 2007).

오길비가 광고 표현에 있어서 '무엇을 말할 것인가'를 강조했다면 번벅은 이와 상반되는 접근 방법인 '어떻게 말할 것인가'를 중시했다. 번벅은 메시지를 공들여 표현하는 '창작솜씨(execution)'의 중요성을 강조했다. 광고의 핵심 메시지를 결정하는 것만으로는 부족하며, 공들여 표현하는 창작솜씨가 메시지의 내용 이상으로 중요하다고 했다. 번벅은 창작솜씨를 광고 크리에이티브에 있어서 가장 중요한 덕목으로 간주했던 셈이다. 광고 크리에이티브에 있어서 규칙이나 원리를 거부한 번벅이라 창작솜씨가 무엇인지에 대한 구체적인 원칙은 제시하지 않았다.

하지만 단편적인 그의 생각들을 종합하면 그만의 광고 크리에이티브 철학의 일단을 엿볼 수 있다. 즉, 수용자를 존중해서 과장이나 상투적인 반복을 피하는 정직한 카피를 써야 하며, 수용자의 주의를 집중시켜 상품을 판매할 수 있도록 단순하고 쉽게 표현해야 한다고 했다. 그리고 참신성과 독창성 및 상상력이 없는 광고는 아무도 주목하지 않기에 다른 광고들보다 돋보이도록 독특하게 표현해야 하고, 소비자의 관심을 끌고 긍정적인 보상을 제공하도록 유머 기법을 사용하는 것이 효과적이라고 그는 강조했다.

번벅은 매사를 계량화하려는 태도야말로 광고 창작자의 상상력을 가로막는 가장 치명적인 장애요인이라고 주장했다. 그는 광고 크리에이티브에 있어서 어떠한 법칙도 있을 수 없다고 했는데, 어떤 법칙을 맹목적으로 신봉하면 정작 소비자의 구매동기를 전혀 유발할 수 없다고 판단했던 셈이다. 오길비는 법칙을 거부하는 번벅의 관점이야말로 무에서 유를 창조하려는 헛된 망상일 뿐이라며 그를 '망상의 광고인'이라며 호되게 비판했다.

오길비의 비판에도 불구하고 그의 크리에이티브 철학은 현대의 광고 창작자들에게 엄청난 영향을 미쳤다. 그는 허풍스런 광고를 특히 경멸했다. 상품이 빛나도록 창작솜씨를 발휘하는 것이 광고 크리에이티브의 요체라는 독보적인 관점을 바탕으로, 그는 세계의 광고학 교과서에 반드시 인용되는 "불량품(Lemon)"이나 "작은 것을 생각하세요(Think small)" 같은 폭스바겐(Volkswagen) 비틀 캠페인 및 "에이비스는 2등일 뿐입니다(Avis is only No.2)" 같은 전설적인 광고 캠페인을 전개했다. 결국 그의 광고 **크리에이티브 철학**은 '어떻게 말할까(How to say)를 찾기'로 귀결된다.

그는 오길비가 주장했던 '무엇을 말할까를 찾기'에 비해 같은 메시지라도 어떻게 표현하느냐가 더 중요하다는 신념을 평생토록 견지했다. 오길비가 광고를 과학적 입장에서 접근했다면 그는 예술적 표현을 더 강조했던 셈이다. 1982년 10월, 번벅이 세상을 떠나자 『하퍼스(Harper's)』지는 독자들에게 그의 인생에 대해 이렇게 평가했다. “빌 번벅은 지난 133년 동안 우리 잡지에 실린 미국의 어떤 유명한 작가와 예술가보다 미국 문화에 더 막강한 영향력을 행사했다.”

4) 레오 버넷

1960년대 미국 광고를 한 단계 비약시킨 광고인으로 이미지 학파의 또 다른 거장이었던 레오 버넷(Leo Burnett, 1891~1971)을 들 수 있다. 그는 시카고에 자신의 광고회사를 설립하면서 뉴욕 중심의 광고회사 문화와는 다른 광고 크리에이티브 철학을 정립했다. 그는 상품 자체에 들어 있는 고유한 이야기를 찾아내 이를 드러내는 것이 상품 이미지를 구축하는 핵심이라고 판단했다. 그는 모든 상품에는 그 상품에 내재하는 고유하고 독특한 드라마가 존재한다고 주장했는데, 그의 광고 크리에이티브 철학은 '상품에 내재하는 드라마(inherent drama)의 발견'이다(Leo Burnett Company, 1971). 그는 오길비나 번벅의 철학과는 상이한 맥락에서 광고인들의 주목

[그림 3-4] 레오 버넷

을 받았다. 모든 상품에는 그 상품만이 가질 수 있는 극적인 요소가 있다는 그의 철학은 이미지 광고의 성립에 대한 이론적 근거를 제시했기 때문이다.

그가 제시한 내재적 드라마의 개념은 광고 창작자들에게 상품의 이미지라는 것이 어떻게 정해진 고정적인 형상이 아니라 변화하는 속성을 지니고 있으며, 그렇기 때문에 내재적 드라마는 발견하는 자의 몫이라는 생각을 갖도록 했다. 그의 광고 크리에이티브 철학은 브랜드 개성(brand personality), 브랜드 에센스(brand essence), 브랜드 자산(brand equity)을 형성하는 데 있어서도 광고 이미지가 영향을 미칠 수 있다는 이론적 근거를 뒷받침하기도 했다.

그의 광고 창작 스타일을 보통 상식적인 솜씨(common touch)라고 부르는데, 이는 시카고를 중심으로 하는 중서부 지역의 미국적 정서를 드러내는 데 손색이 없었다. 그의 광고 크리에이티브 철학의 정수는 상품을 살아 있는 생명체처럼 표현해 독특한 드라마를 연출하는 것으로 요약되는데, 이는 표현에 대한 예리한 직감을 바탕으로 이미 알고 있는 것을 다시 조합하여 새로운 것으로 만들어 내는 광고 창작자의 능력에서 나온다고 할 수 있다.

그는 자신의 광고 **크리에이티브 철학**을 바탕으로 40여 년 이상을 동일한 광고 콘셉트를 유지하며 세계 광고계에 이미지의 중요성을 알려 준 말보로 담배의 광고 캠페인에 깊이 관여했다. 유나이티드항공 캠페인에서는 '상식적인 솜씨'가 광고 창작에 있어서 얼마나 중요한지 명쾌하게 보여 주었다. 관점에 따라 레오 버넷이 만든 광고가 너무 평범해 보여 창의적인 광고로 인정하기 어려울 수도 있다. 실제로 그렇게 비판받을 수 있는 매우 평범한 광고들을 창작했으나, 그는 광고 표현물이 대단히 예외적인 그림이나 카피를 제시하는 것이 아니라고 판단했다. 그는 상품의 이미지를 구축할 수 있는 내재적 드라마를 찾아서 두고두고 반복해야 어떤 상품의 이미지가 장기간에 걸쳐 구축된다는 광고 크리에이티브 철학을 평생토록 고수했다.

3. 한국 광고인의 광고 크리에이티브 철학

그동안 출판된 여러 광고 크리에이티브 관련 교과서를 보면 주로 외국 광고인의 광고철학을 소개하며 그것이 광고 크리에이티브 철학의 전부인 듯이 간주하는 경향이 많았다. 우리나라의 광고 창작자들을 소개하는 내용은 거의 없었다는 말이다. 미디어에 등장한 국내 최초의 광고인 1886년의 세창양행 '고백(告白)' 광고 이후, 우리나라 광고도 비약적인 발전을 거듭한 상태에서 언제까지 외국 광고인의 크리에이티브 철학에만 기대어 우리 광고를 창작할 것인가?

앞에서 살펴본 외국 광고인의 크리에이티브 철학을 큰 틀에서 구분하면, '광고=과학' 또는 '광고=예술'이라는 두 가지 관점이다. 앞으로도 쉽게 결론이 나지 않을 '광고가 예술인가 과학인가' 하는 논쟁만으로는 우리 광고를 창작하는 데 있어서 별 도움이 되지 않는다. 우리 광고인이 우리나라 소비자를 대상으로 우리 상품에 대한 광고를 창작하고 있는 현실에 주목해, 우리나라 광고인들에게 현실적으로 유용한 통찰력을 제시하는 우리나라 광고인의 크리에이티브 철학을 정립해야 할 때다.

우리가 미국이 아닌 한국에서 광고를 공부하고 한국에서 한국의 소비자를 대상으로 광고를 노출하는 이상, 우리의 광고 **크리에이티브 철학**을 정립하려는 시도는 시급하고도 필수적인 당면 과제이다. 한국 광고인이 생각하는 크리에이티브 철학을 시급히 정립해야 한다는 주장에 누구도 이의를 제기할 수는 없을 것이다. 오랜 세월 동안 현장에서 광고를 창작하며 빚어낸 선배 광고인들의 창작 혼이 녹아 있는 우리의 광고 크리에이티브 철학을 살펴보기로 하자.

1) 김태형

한국을 대표하는 카피라이터이자 카피라이터 1세대인 김태형(1936~, 본명 金泰允)은 한국 광고계에서 인정하는 '카피라이터의 원형질'이다(김병희, 2011b, pp. 29-

[그림 3-5] 김태형

643). 그는 일찍이 한국 최초의 카피 작품집인 『김태윤 작품집: 광고문안(廣告文案)』(1971)을 출간함으로써 카피의 작품화를 시도한 바 있었다. 프리랜서 카피라이터의 영업을 위한 차원에서였든, 너무 열악한 당시의 카피 수준을 타개하기 위한 카피라이터의 열정에서였든, 이 책은 국내 최초의 카피 작품집이다. 오랫동안 동료로 함께 일해 온 웰콤의 박우덕 대표는 김태형의 존재에 대하여 어느 특강에서 다음과 같이 진술했다.

김태형 씨가 2001년 5월 사표를 냈지요. 그래서 사표 내용으로 사원 모집광고를 만들었습니다. '나는 크리에이터로서 너무 늙도록 일했으므로 이제 그만 물러갈까 합니다. 카피라이터 김태형.' 그런데 그 밑의 카피는 '아직도 66세의 김태형 씨는 웰콤에서 젊은 카피를 쓰고 있습니다'라는 광고였습니다. …… 이분(김태형)은 5월 9일 사표를 냈는데 평생고문으로 모셔 같이 일하고 있습니다. 그리고 김태형 씨는 아직도 20~30대 젊은이보다 더 젊은 카피를 쓰고 있습니다. 1년에 하나씩 좋은 카피만 나와도 그 회사는 절대 망하지 않습니다. 그래서 이분이 1년에 좋은 헤드라인 카피를 써서 성공 캠페인 하나만 남겨도 연봉 아니라 어마어마한 돈을 받을 자격이 있는 것입니다(박우덕, 2001, p. 49).

박우덕 대표가 남긴 말은 우리 광고계에서 차지하는 김태형의 위상이 어떠했는지를 충분히 짐작 가능하게 해 준다. 그는 지난 1989년에 자신의 광고 크리에이티브 철학이 '생활의 제안'이라고 천명했다. 그는 남다르게 접근하되 전략에도 창의성이 있어야 하고 표현에도 창의성이 있어야 하며, 광고 크리에이티브란 대단한 그 무엇이 아니라 유희정신을 바탕으로 새로운 생활을 제안하는 것이라고 인식했다.

광고 창작자를 건축가와 동일한 존재로 생각했던 그는 광고 표현물에서 과학과 예술의 조화를 지속적으로 모색했다. 건축에서는 건축물 본래의 기능인 '살기 좋음'과 '튼튼함'이 중요하지만 그것만으로는 안 되고 주변 환경과의 조화나 타인에게도 즐거움을 주는 것이 중요하듯이, 광고에서도 상품 판매의 기능을 수행하면서도 즐거움을 주는 광고가 좋은 광고라고 생각했다. 그는 장난스럽게 아이디어 발상을 하는 과정에서 반드시 '파는' 광고를 만들어야 한다고 생각했다.

그가 생각하는 '생활의 제안'이란 광고에서 더욱 창조적이고 재미있게 살아가는 방법을 구체적으로 제안해야 한다는 뜻이다. 1964년 도쿄 올림픽 이후에 일본 광고에서 생활의 제안 캠페인을 전개했듯이, 그는 우리 광고에서도 중산층 이상을 대상으로 생활 비평과 문명 비평적 시각에서 상품과 생활의 의미를 예리하게 분석한 표현이 크리에이티브의 흐름을 주도하리라고 예상했다. 앞으로의 소비자들이 '소유'의 문제가 아닌 '생활'의 문제를 중시하는 시대가 올 것이라고 정확히 예측한 탁월한 견해였다.

창의성의 향상에 영향을 미치는 요인은 여러 가지가 있지만, 김태형은 기억력과 상상력이 가장 중요하다고 했다. 그렇지만 기억력이 너무 뛰어나면 자기도 모르는 사이에 외국 광고들을 베낄 수 있기 때문에 광고 창작에 방해가 된다고 생각했다. 그는 뛰어난 기억력보다 사물을 자세히 관찰하고 소비자 심리를 면밀하게 분석해 상상력을 발휘하는 것이 아이디어 발상에서 가장 중요하다고 판단했다.

그는 어디서 많이 본 광고 같은 느낌이 들면 창의적인 광고라고 할 수 없다고 주장했다. 평범한 말 같지만 모방에 대한 거부감을 강하게 나타내는 확신에 찬 진술이었다. "나는 카피라이터였던가, 모방 카피라이터(re-copywriter)였던가? 나는 프로듀서였던가, 모방 프로듀서(re-producer)였던가? 나는 디자이너였던가, 모방 디자이너(re-designer)였던가?"(김태형, 1993, p. 3)라는 질문을 하루도 쉬지 않고 스스로에게 묻고 자기만의 스타일을 만드는 데 혼신의 힘을 기울였을 때, 비로소 창의적인 광고아이디어를 창출할 수 있다고 그는 인식했다.

색깔만 요란할 뿐 이미지는 오간데 없는 광고들이 난무하는 가운데, 김태형은 광고가 잘되고 못되고 이전에 우선 말이 돼야 하는데 그것마저 부족한 상태에서 여기서 슬쩍 저기서 슬쩍 베끼는 것이 광고 크리에이티브를 망친다고 인식했다. 겉보기에 그럴듯한 광고도 실패할 가능성이 충분히 있다는 뜻이었다. 그는 늘 좌절했다. 그러면서도 "논리가 좌절된 곳에서 창작이 시작된다"는 믿음을 가지고 우리 광고 표현의 수준을 한 단계 올려놓았다. 그는 다르게 하고, 재미있게 하고, 새로운 접근법을 찾고, 단순화하고, 믿음을 사야 한다는 다섯 가지 창작 원칙을 되새기면서 광고를 창작했다(김태형, 1984, pp. 44-46). 김태형의 광고 크리에이티브 철학이 구체화된 다섯 가지 창작 방법론을 보다 자세히 설명하면 다음과 같다.

첫째, 다르게 하라. 남의 흉내를 내지 않는 것만으로는 부족하고 누구도 자기광고를 흉내 내지 못하도록 광고를 창작해야 한다는 뜻이다. 남과 다르기만 해서도 안 되고 오늘의 나는 어제의 나와 달라야 한다고 했다. 둘째, 재미있게 하라. 재미에 그치는 광고여서도 안 되지만 무미건조한 광고는 더욱 안 된다는 뜻이다. 소비자들이 정말 재미를 느끼는 광고를 만들기가 쉽지 않지만 위트 있는 광고를 만들어야 한다고 했다. 셋째, 새로운 접근법을 찾아라. 주어진 상품을 보는 시각에서도, 소비자를 분석하는 접근법에서도, 전달하는 방법에서도 항상 새롭게 접근해야 한다고 했다. 넷째, 단순화하라. 광고 메시지에서 한 줄기의 뚜렷한 맥을 세우는 것이 중요하다는 뜻이다. 광고 콘셉트를 단순화해 소비자 혜택으로 연결해야 한다고 했다. 다섯째, 믿음을 사라. 광고는 소비자에게 보내는 러브레터나 마찬가지라 소비자의 신뢰를 얻을 수 있는 메시지를 전달해야 한다고 했다.

김태형은 다섯 가지의 창작 방법론을 지키며 오랜 세월 동안 책상머리에 앉아 카피를 쓰지 않고 발바닥으로 카피를 썼다. 그는 시 「오늘도 걷는다마는」에서 다음과 같이 고백했다. "그렇다 나는 / 신발 바닥에서 아이디어를 캤다 / 길에서 카피를 썼다 / 장터에서 썼다 / 산에서 썼다 / 나는 썼다." (김태형, 1995).

농심라면의 "형님 먼저 아우 먼저"를 가장 좋아하는 카피로 꼽았던 그는 한국 냄새가 나는 한국적 표현과 공감의 광고를 만들기 위해 광고 표현에서 다양한 형식을 실험했다. 무조건 주목만 끌려고 하는 광고인들에게 경종을 울리는 창작의 열정이었다. 그는 광고의 기능이 차별화(make the difference)에 있다고 판단하고, 단순한 말장난만 하는 차별화를 위한 차별화에 대해 개탄하기도 했다. 김태형은 정서적 공감을 유발하는 광고 메시지를 제시했을 때 소비자들이 비로소 '생활의 제안'을 수용하게 된다는 믿음을 평생토록 고수했다.

2) 윤석태

광고 감독 윤석태(1938~)는 1969년 4월 만보사에 입사하여 그해 12월 코카콜라 광고 창작 업무를 총괄하고, 1970년 2월 우리나라 최초의 스틸 커머셜 해변 작품의 연출을 맡으면서 처음 텔레비전 광고와 인연을 맺었다([그림 3-6] 참조). 한국을 대표하는 광고 감독 1세대인 윤석태가 31년 동안 연출한 광고물은 모두 663편이며, 편집 편수로는 2,014편에 이른다. 1985년과 1987년에는 각각 38편을 연출할 정도로 엄청난 역량을 과시했으며, 1988년과 1989년에는 일본 KAO의 의뢰를 받아 해외광고 2편을 제작하기도 했다. 이 밖에도 영화 〈러브 러브 러브〉 120분 1편, AFKN-TV 프로그램 타이틀 〈IMAGE of KOREA〉 60초 2편, MBC-TV 〈수사반장〉 타이틀 1편, KBS-TV 9시 뉴스 타이틀 1편, 그리고 국제광고협회(IAA) 세계대회 서울 유치를 위한 8분짜리 홍보물 등 광고 외의 제작물은 모두 6편이다(김병희, 2004, 2007).

그는 광고 연출을 하는 동안 국내에서의 43편과 해외에서의 9편 등 모두 52편의 광고물이 방송광고상을 받았다. 우리나라의 방송광고대상은 1981년 3월 텔레비전 광고의 컬러화가 가능해진 이후 한국방송광고공사에 의해 처음으로 제정되었고, 1980년도 작품부터 해당된 것이기 때문에 실제로 그가 만든 작품 중에서 이전 것을

[그림 3-6] 윤석태

제외한 522편의 작품 중 52편을 수상작으로 올려놓은 셈이다(윤석태, 2001).

윤석태는 텔레비전 광고의 창작에 있어서 꼭 있어야 할 것만 있어야 독특한 스타일의 영상 에너지가 충전될 수 있다고 인식했다. 그의 광고 영상 미학은 한국의 광고 크리에이티브만이 가질 수 있는 느낌과 구조를 세계의 광고계에 알리는 전도사 역할을 했다고 평가할 수 있다. 그가 제시한 광고 창작 방법론은 다음과 같은 네 가지로 요약할 수 있다(김병희, 2011a, pp. 29-61).

첫째, 연관된 소재를 찾아라. 예를 들어, 자동차가 속도감 있게 주행하는 장면을 촬영할 때는 자동차만 찍기보다 산에 있던 다람쥐가 놀라 뛰어가는 장면을 필름에 담는 것도 상품에 연관성을 부여하는 방법이라는 뜻이다. 둘째, 생명력을 불어넣어라. 광고 창작자들은 무생물인 상품이 마치 살아있는 생명체처럼 느껴지도록 브랜드 개성을 만들어 주어야 한다는 뜻이다. 그는 상품에 생명을 불어넣는 것이 영상 미학의 핵심이라고 인식했다. 셋째, 메시지를 하나로 집약시켜라. 광고에서 표현 요소가 너무 많으면 절대로 소비자를 하나의 메시지로 집중시키기 어렵다. 따라서 내용도 집약시키고, 이야기도 집약시키고, 카피와 영상도 집약시켜 표현해야 한다는 뜻이다. 넷째, 차이가 나도록 식별하라. 다른 회사의 브랜드와는 차이가 나도록 스토리와 분위기를 구별하라는 뜻이다. 다른 회사와 비슷해서는 안 되며, 설령 비슷하더라도 자기 브랜드만의 영상 미학이 있어야 소비자들이 광고하는 브랜드를 인식한다는 의미이다.

윤석태는 아이디어 발상에 있어서 자신의 경험에 비춰 생각의 폭을 넓히고 체험이 부족할 때는 영화와 연극 같은 제3의 경험을 통해 관찰력을 높이기를 기대했다. 광고 창작이란 가상의 아이디어를 놓고 각 분야의 전문가들이 모여 영상을 창작하는 집단 협업이기 때문에 서로의 절대적인 신뢰와 협조가 중요하고 예산이 뒷받침돼야 한다고 강조했다(윤석태, 1990). 나아가 손쉬운 제작 환경이 영상의 질을 저하시키는 원인이라고 판단한 그는 프로와 아마추어를 구별해 감독 중심의 1인 체제에서 벗어나는 동시에 후진 양성에 지속적으로 투자하기를 권고했다(윤석태, 2003).

광고 영상을 '이유 있는 커뮤니케이션'이라고 주장하는 그의 생각을 뒤집어 보면 이유가 없으면 소통이 되지 않는 보통의 영상에 불과하다는 뜻이다. 카메라 앵글도 이유가 있어야 하고, 광고 상품과 모델은 물론 배경과 소품도 나름대로의 존재 이유가 있어야 소비자와의 소통에 성공할 수 있다는 뜻이다. 그는 광고에서 카피와 영상의 '호흡 조절'이 가장 중요하다고 했다. 광고에서 영상과 카피가 각각 변화무쌍하게 움직이면서도 어느 순간에 절묘하게 호흡을 맞추는 순간이 가장 중요하다는 뜻이다.

오디오와 비디오의 결합으로 구현되는 영상 자체는 거짓말을 못 한다. 그는 영상이란 있는 그대로 카메라에 담기기 때문에 있는 그대로인 '죽은' 영상은 찍지 말라고 충고했다. 작품은 연출자를 닮고 연출자는 작품으로 말하는 법이다. 영상 문법에서 반드시 카피와 호흡을 맞춰야 하듯이, 카피도 그냥 글이 아닌 이유 있는 메시지가 되려면 영상과의 호흡 조절이 필요하다는 뜻이다. 따라서 카피라이터가 백지에 쓴 글은 카피가 아닌 거친 메시지 덩어리일 뿐이며, 영상과 호흡 조절을 한 것만이 모름지기 좋은 카피라고 할 수 있다는 주장이다.

영상 광고의 4대 요소는 영상, 카피, 음(音), 시간이다. 영상 광고에는 길이가 정해져 있기에 제한된 시간에 풀어낼 수 있는 적합한 소재나 아이디어를 찾아야 하고 제한된 시간에 기승전결(起承轉結)을 구성해야 한다. 일찍이 그는 광고 내용과 제한된 시간에서 광고 길이(시간)가 가장 큰 변수로 작용하며, 길이가 짧아질수록 리듬을 잃기 쉽고 박자는 빨라지며 소리의 수준은 높아진다고 했다(윤석태, 2005). 이런 주장에서 그가 광고 표현에서 시간의 문제에 얼마나 심혈을 기울였는지 확인할 수 있다. 텔레비전 광고의 길이에서 15초, 20초, 30초의 제한이 사라지고 긴 광고가 가능해진 상황에 대해, 그는 단지 시간 연장이 아닌 광고 크리에이티브의 새로운 경계를 확장시킬 수 있는 동기가 마련됐다고 판단했다(김병희, 2011a).

그는 미적인 것에 눈을 떠 화가가 되고 싶었지만 31년 간 다른 길을 걸었고, 불같은 성격 때문에 스스로 자멸할지도 모른다고 생각하며 늘 불안의 그림자를 달고 다녔다. 하지만 그는 우리나라 최초의 CM 작품집인 『윤석태 TV-CF 작품집 Q-30』(2001)을 펴내면서 광고 감독으로서의 한평생을 정리했다. 그의 광고 크리에이티브 철학은 '영상과 카피의 호흡 조절'이다. 연출자의 임무가 "보이는 것을 찍지 말고, 보이는 것들의 마음을 담는 일"(윤석태, 2001, p. 21)이라고 한 그는 '영상과 카피의 호흡 조절'이라는 자신의 크리에이티브 철학을 바탕으로 한국적 커뮤니케이션의 전형성을 확립하려고 노력했다.

3) 이강우

우리나라 광고계에서 CM플래너 1호라고 할 수 있는 이강우(1941~)는 오랜 세월 TV-CM 제작에 참여했으나 직접 제작에 참여하는 광고 감독은 아니었고, 텔레비전 광고의 기획을 총괄하는 CM플래너 역할을 수행했다([그림 3-7] 참조). 그는 늘 자유로움을 추구했으며 그의 마지막 직장이 자유로움이기를 바랐다(이강우, 2003). 그는 광고에 대한 사랑과 열정이 특히 대단했는데, 젊은 시절에 그가 쓴 광고업에 대한 에세이를 보면 그 열정의 일단을 읽을 수 있다.

> 나는 광고가 지니고 있는 그 무한한 의외성을 사랑한다. 그리고 하루에도 열두 번씩 천재와 천치 사이를 오가게 하는 그 심술궂은 장난기를 사랑한다. …… 일 초를 몇십 분의 하나로

잘라 내야 하는 이 좀스러움은 얼마나 섬세한 감성이며 한 컷의 그림을 얻기 위해 제 월급의 수십 배를 아까워하지 않는 무신경은 또 얼마나 대범스러운 단순함인가. …… 광고란 언제나 요란한 스포트라이트를 받고 나타나는 무대 배우와 같다. 비록 꾸며진 세트라 하나 수많은 인생의 은밀한 감정까지 흘낏흘낏 곁눈질해 보는 규시(窺視)의 즐거움이 있고, 이 세상 저 사회 기웃거려 보는 것 또한 나쁘지 않은 경험이다. …… 내가 그토록 열에 들뜬 채 사랑해 왔던 그 모든 것이 참으로 사랑할 만한 것이었는지, 아니면 한낱 헛된 허상에 불과했는지. 그렇다. 아직도 확신할 수 없는 그 마지막 순간의 불확실성마저도 나는 사랑한다(이강우, 1987, pp. 94-95).

그가 광고 창작에서 가장 중요하게 생각한 원칙은 광고 표현에 있어서의 반보주의였다. 예술은 작가의 주관적인 판단에 좌우되지만 광고는 그것을 수용하는 소비자의 객관적인 평가가 중요하다는 전제하에 광고가 소비자나 사회보다 뒤떨어지거나 너무 앞서가면 둘 다 설득에 실패한다는 소신을 가졌다. 너무 앞서가면 소비자는 자기 이야기가 아닌가 싶어 쉽게 포기하고, 너무 뒤처지면 도외시하니까, 반보 정도 앞서가며 알게 모르게 소비자를 유인하는 기교가 있어야 한다는 뜻이다. 크리에이티브에 있어서 기발하거나 놀랄 만한 것은 필수 조건이지만 대중이 수용할 만한 선을 지켰

[그림 3-7] 이강우

느냐 그렇지 않느냐가 중요하다는 뜻이다(김병희, 2007).

그는 참다운 창조는 신의 영역이라며, 신의 창조와 인간의 창조는 본질적으로 다르다고 인식했다. 광고 창작은 이질적인 요소들을 교묘하게 결합시켜 새로운 의미를 만들어 내는 것이므로, 크리에이티브의 기본 재료는 소비자의 생활이나 사회 속에서 찾아야지 그것을 벗어나면 의미가 없다고 했다. 그는 일상생활이나 사회 속에서 아이디어의 단서를 찾되, 시대의 변화하는 흐름을 수용해 급격히 발전하는 미디어 환경을 이해해야 더욱 창의적인 광고를 만들 수 있다고 진단했다.

그는 앞으로 텔레비전을 위한 영상 광고만이 아니라 다양하게 전개되는 미디어 환경에 적절히 대응하며 미디어의 전환기에 어떻게 방향을 잡느냐에 따라, 우리나라 영상 광고의 탄탄한 미래가 결정된다고 확신했다. 그가 영상 광고의 미래를 진단한 배경에는 광고 창작자들이 소비자의 일상생활과 미디어 테크놀로지의 발전을 동시에 고려했을 때 비로소 소비자가 공감할 수 있는 광고가 탄생한다는 평소의 지론이 반영돼 있다.

이강우는 언제나 배우는 데 있어서 조금도 주저하지 않았다. 주변의 광고인에게서도 배웠고 아줌마들의 뒤꽁무니를 따라다니면서도 배웠다. 자신의 실패에서도 배웠고 성공에서도 배웠다. 갈증에 목마를 때마다 그에게 가장 많이 알려 준 큰 스승은 언제나 소비자들이었다. 때로는 창의적인 표현 의욕이 넘쳤지만 그는 상품과의 보폭 맞추기를 위해 표현의 절제를 광고 크리에이티브의 핵심 지침으로 삼았다. 광고 카피는 소비자의 언어로 빚어져야 한다는 믿음을 갖고, 소비자의 마음속에 존재하는 언어를 상품에 맞아떨어지게 붙이는 맞춤법을 찾아내는 눈썰미를 길러야 광고 크리에이티브의 핵심에 다다를 수 있다고 인식했다.

카피를 많이 썼지만 그를 카피라이터라고 부르지는 않는다. 수많은 콘티를 직접 그리고 촬영 현장을 누볐지만 직접 카메라 앵글을 잡지 않았기에 그를 광고 감독이라고 부를 수도 없다. 따라서 그의 존재는 늘 무대의 뒤쪽에 있었다. 늘 숨어 있었지만 그는 광고를 사랑하는 뜨거운 열정 하나로 광고에 자신의 모든 것을 던졌다. 이런 과정에서 그는 우리나라 CM플래너 1호라는 직함을 스스로 개척했으며, 인구에

회자되는 광고 창작에 결정적으로 기여했다.

그는 늘 뜨거운 현장을 사랑했다. 광고의 시작과 끝이 현장에서 이루어진다고 보고 낮에는 늘 상품과 시장과 소비자를 찾아 길을 떠났다. 길에서 아이디어를 줍고 길 위에서 생각의 실타래를 풀어 나갔다. 그리고 밤이 되면 그 아이디어를 추스르고 설득의 코드를 주섬주섬 엮어 나갔다. 마치 미네르바의 부엉이가 밤이 되면 울기 시작하듯이, 밤늦도록 총총한 정신과 따스한 가슴으로 사람과 사람 사이 그리고 사람과 상품 사이를 연결하는 생각의 다리를 하룻밤에도 몇 개씩 놓았다 뜯었다 했다. 그는 험한 세상에서 광고의 다리를 놓으며 기나긴 세월을 그렇게 보내왔다(김병희, 2011a, pp. 63-96).

이강우가 생각하는 광고 크리에이티브 철학은 '상품의 본질을 찾는 안목'이다. 그는 창의성을 수사(修辭)의 맥락이나 외적 치장으로만 보는 관점을 단호히 거부하며, 상품의 본질을 찾아내는 안목이야말로 광고 창의성의 핵심이라고 인식했다. 이강우는 그만의 광고 크리에이티브 철학인 '상품의 본질을 찾는 안목'을 바탕으로 정답에 가까운 그 무엇을 찾기 위하여 평생을 광고 창작에 몰두했다.

4) 박우덕

디자이너로 광고계에 입문한 이후 웰콤을 창립하여 한국의 대표적인 독립광고회사로 성장시킨 박우덕(1951~)은 광고로 할 수 있는 브랜드에 대한 사랑을 특히 강조했다([그림 3-8] 참조). 그는 미술대학을 졸업한 다음 해태제과에 입사하는 것으로 광고 인생을 시작했다. 그 후 1977년 코래드로 옮겨 십여 년간 한곳에서 있다가 1987년 3월 1일 충무로에 조그만 사무실 하나를 열어, 웰콤을 주목할 만한 독립광고회사로 키워냈다.

그는 어떤 법칙을 가지고 문제해결에 접근하기보다 사람들의 잠재의식을 일깨우는 아이디어를 찾으려고 시도하는 것이 아이디어 발상 과정이라고 인식했다. 다시 말해서, 브랜드에 대한 존경과 사랑을 일깨울 수 있는 것이면 무엇이든 의미가 있다는 말이었다. 이전에 제시된 광고 크리에이티브 원리가 객관화를 무리하게 시도함으로써 오히려 광고 창의성의 진면목에서 동떨어지게 했다는 반성이나 다름없었다. 이런 사정은 심리학개론의 첫 장에 등장하는 실험 심리학과 기술 심리학을 비교하는 장면과 유사하다.

실험 심리학이 가설과 실험을 통하여 일반화할 수 있는 모델을 이끌어 내는 방법이라면, 기술 심리학은 의식의 내부 지각을 반추하고 관찰하여 있는 그대로 기술하는 방법인데, 후설(Husserl, 1859~1938)은 기술 심리학의 방법론에 착안해 현상학의 기본 개념인 지향성(intentionality)을 주창했다. 후설은 의식이란 의식 내용이 담겨 있는 어떤 그릇 모양이라고 생각한 이전의 생각을 뒤집고, 의식이란 반드시 어떤 대상에 대한 의식이라고 주장함으로써 현상학의 새 지평을 열었다(Husserl, 1970). 마찬가지로 박우덕은 광고 창작자의 경험을 신봉하며 모든 광고 표현은 '소비자에 대한' 의식적 지향성을 가져야 한다고 인식했다. 그의 생각이 반영된 '뱀 장수론'을 살펴보자.

> 우리나라 뱀 장수에게는 약효의 진실성을 빼고 광고의 기본적인 것이 다 들어 있습니다. '아이들은 가라'라고 외치면서 타깃에 대한 분명한 '콘셉트'를 전달했고, '밤에 어쩌구……'는 효능에 대한 분명한 '확신'을 주었고, 측면에서는 뱀을 들고 놀라움과 새로움을 전달하여 사람들에게 '흥미'를 주었습니다. 뱀을 목에 걸고 입에도 슬쩍 넣으면서 대중의 시선을 끌었습니다. 그것이 크리에이티브인 것입니다. 가만히 눈을 감고 생각하면 콘셉트나 모든 것은 이미 다 우리 곁에, 생활 속에 있는 것들입니다. 큰 회사를 상대로 새로운 회사가 신제품을 만들어 싸울 때는 어떻게 해야 하나, 그럴 때는 우리가 어릴 때를 생각해 봅시다. 작은 친구가 큰 친구와 싸울 때는 그냥 정식으로 싸워서는 안 됩니다. 급소를 치든지, 코피를 내야 이길 수 있지 큰 친구와 정면으로 싸워서는 반드시 패합니다. 이것이 틈새 마케팅이 아닌가 합니다. 외국사람, 교수님들이 말씀하시는 광고 이론들은 우리 아버지의 말씀 속에, 어머니의 말씀 속에, 친구들 속에, 어린 시절에 이미 이렇게 다 존재합니다. 그것을 외국 책에서만 찾고 있는 현실이 아쉬운 것입니다. 그래서 우리의 뱀 장수를 존경하자는 말씀을 해 드리고 싶습니다(박우덕, 2001, p. 49).

박우덕은 좋은 광고를 만드는 기본 원리가 우리들의 과거와 생활 속에 이미 다 들어있다고 인식했다. 책을 보는 것도 좋겠지만 좋은 크리에이티브나 마케팅 전략은 우리들의 생활 속에 모두 존재하기 때문에, 그 속에서 콘셉트를 찾아내 광고 표현으로 연결하는 좋은 광고를 만드는 훈련이 필요하다고 주장했다. 그는 현재와 과거와 미래를 연결하는 일을 광고인들이 맡아야 한다고 강조했다. 다시 말해서, 현재, 과거, 미래에서 소비자가 공감할 수 있는 요인들을 찾아내 현대적 감각으로 표현했을 때 광고 자산을 구축할 수 있다는 뜻이었다.

광고인들이 더욱 한국적인 요인들을 찾아내고 사랑하는 데서부터 우리 광고의 새로운 길이 열린다는 것이다. 그는 외국의 광고 표현에 의존하는 관행을 타파해 한국 광고의 기본을 정립해야 한다고 주장하며 스스로 실천해 나갔다. 이런 신념을 스스로 실천하는 동시에 후배 광고인에게도 권유했다. 광고 표현의 진면목을 강조하려는 목적으로 역설적인 맥락에서 '거짓말 시리즈'라는 특강도 했다. 거짓말 시리즈의 주요 내용은 다음과 같다.

상품의 독특한 차이를 광고의 포인트로 만들고, 상품의 차이가 아닌 눈에 띄는 감정의 차이를 찾고, 상품에 대해 다르게 느끼도록 만들어야 하며, 자신이 만든 광고

[그림 3-8] 박우덕

가 고유판매제안(USP)을 제시하며 혜택을 느끼도록 해야 한다고 했다. 또한 광고회사를 단순한 광고회사가 아닌 상품의 감정을 만드는 제조회사라고 생각해야 하며, 브랜드 관리는 친구를 사귀듯이 해야 하고, 언제나 즐겁고 유머가 넘치는 광고를 만들어야 하며, 슬로건에는 엔드라인이 있어야 하며, 좋은 헤드라인이 곧 좋은 슬로건이라고 했다. 나아가 광고 같지 않은 광고의 광고효과가 더 높고, 광고 자체를 브랜드로 만들어야 하며, 제작비가 저렴해도 아이디어만 있으면 좋은 광고를 만들 수 있고, 광고에서 거짓말을 하지 말아야 한다고 했다(김병희, 2011c, pp. 59-103).

박우덕에게 있어서 광고 크리에이티브 원리가 따로 있을 수 없지만, 그는 어떠한 상황에서도 정답은 하나라는 신념을 바탕으로 광고 표현이 더하기의 법칙이 아니라 빼기의 법칙이라고 생각했다. 즉, 광고 표현에 있어서도 군살 빼기가 설득의 요체라는 뜻이었다. 그는 경험의 중요성을 무엇보다 강조했는데, 광고라는 것이 이론으로만 되지 않고 순간에 떠오르는 강력한 상상력과 현실적 적용 가능성이 적절히 버무려질 때 비로소 광고 크리에이티브가 완성된다고 강조했다.

그는 '헤드라인이 곧 비주얼'이라고 말할 정도로 카피를 중시했다. 소비자들이 카피만 봐도 그림이 떠오른다면 거기에 구태여 그림으로 설명할 필요가 없고, 그냥 헤드라인만 써 놓아도 좋은 광고가 된다면 그림을 아예 빼버려도 상관없다고 생각했다(박우덕, 1997). 좋은 아이디어는 광고 창작자의 집중력에서 나오기 때문에, 그는 아이디어 발상 과정에서도 짧지만 집중력 있게 생각하는 것이 중요하며 극과 극을 왔다 갔다 하는 발상의 극단적인 전환이 필요하다고 인식했다. 따라서 별도로 아이디어 발상을 하는 시간을 갖기보다 잠시 몰두하고 집중하면 주위에 아이디어 소재가 널려 있으므로 아이디어를 짜내지 말고 주워 담을 필요가 있다.

어떤 사람은 아이디어를 줍고 어떤 사람은 줍지 못하는 것은 관찰력과 집중력의 차이 때문이다. 광고 창작자들은 평소에 주변 사물에 대하여 관심과 사랑의 시선으로 바라볼 필요가 있다. 평소의 관찰력이 광고 창작자의 버릴 줄 아는 마음과 만날 때 진정한 창의적 아이디어가 꽃을 피울 수 있다. 광고 창작이 '빼기의 미학'이라는 맥락에서 다음과 같은 그의 진술은 유익하면서도 의미심장하다.

완성도를 높이기 위해 특별히 노력한 것은 없고, 다만 '버려라, 버리면 얻는다'라는 생각을 많이 해요. 우리가 많은 메시지를 주었다고 해서, 많은 카피나 그림으로 설명한다고 해서, 소비자들이 다 받아들이는 것은 아니겠지요. 음식도 그렇잖아요. 진수성찬을 차려 놓으면 오히려 더 먹기 힘들 듯이 쓸데없는 반찬을 다 버리고 정말 소비자들이 좋아할 만한 것 하나를 골라 맛있게 포장하는 것이 가장 중요해요. 결국은 많이 버릴 줄 알아야 더 설득할 수 있어요(김병희, 2011c, p. 74).

박우덕이 생각하는 광고 크리에이티브 철학은 '브랜드에 대한 사랑의 방정식'이다. 수많은 소비자의 사랑을 얻기는 쉽지 않다. 하지만 그는 정답은 분명히 존재한다는 믿음을 가지고 어떻게 하면 광고하는 브랜드를 더 사랑하게 하고 더 존경하게 할지를 고민하며 마치 수학의 방정식 문제를 풀듯이 브랜드에 대한 사랑의 방정식을 풀어야 한다고 판단했다. 브랜드를 사랑하고 존경하게 하는 방법을 찾는 과정을 중시한 그는 숱한 명작 광고들을 만들어 우리나라 광고 크리에이티브의 지평을 넓혀 왔다.

4. 광고 크리에이티브 철학의 의의

어떤 학문이 과학으로 자리매김하려면 그 분야의 역사와 철학이 뒷받침돼야 한다. 이 명제에 이의를 제기할 사람은 없을 터이다. 그럼에도 불구하고 광고학 분야에서는 사회과학에서 중시하는 변인과의 관계성을 검증하는 데 매진한 나머지, 광고의 지성과 철학을 되돌아볼 겨를이 없었다. 강승구(2014)는 "광고에도 철학적 사고가 필요한가?"라는 질문을 던졌는데, 그동안 광고학계가 얼마나 철학적 사고를 하지 않았는지를 함축적으로 보여 주는 도발적인 문제 제기이다. 이 질문에 대해 광고에도 철학적 사고가 필요하며, 크리에이티브 철학은 더더욱 필요하다고 대답할 수 있겠다.

이 장에서는 로서 리브스, 데이비드 오길비, 윌리엄 번벅, 레오 버넷이라는 네 명의 외국 광고인과 김태형, 윤석태, 이강우, 박우덕이라는 네 명의 우리나라 광고인이 생각하는 광고 크리에이티브 철학을 살펴보았다. 지나온 기록을 잘 보관하지 않는 우리나라 광고계 풍토에서 광고인의 크리에이티브 철학을 정립하는 일은 생각보다 어려운 작업이다. 광고철학을 탐구하겠다는 주체도 없었고 광고학계나 광고업계의 관심 영역에서 소외돼 왔던 분야이니 그럴 수밖에 없었다. 그래서 우리나라 광고인에 대한 자료를 수집하고 광고 크리에이티브 철학을 탐구하려는 노력은 앞으로도 계속되어야 한다. 그 이유는 서양의 광고사에 비해 짧은 역사를 지녔지만, 광고 크리에이티브 철학을 탐구함으로써 급성장한 한국 광고계의 크리에이티브의 현주소를 파악하는 정신적 자양분을 확인할 수 있기 때문이다.

이런 노력은 오길비, 번벅, 레오 버넷 같은 외국 광고인들만 숭배해마지 않는 우리 광고계에 한국 광고인의 크리에이티브 철학을 환기함으로써 광고학 교과서를 다시 쓰게 하는 계기로 작용할 것이다(김병희, 2014). 로서 리브스의 '고유판매제안', 데이비드 오길비의 '무엇을 말할까를 찾기', 윌리엄 번벅의 '어떻게 말할까를 찾기', 레오 버넷의 '상품에 내재하는 드라마의 발견' 같은 광고 크리에이티브 철학도 중요하지만 외국의 철학에만 의존할 필요는 없다. 우리나라에도 김태형의 '생활의 제안', 윤석태의 '영상과 카피의 호흡 조절', 이강우의 '상품의 본질을 찾는 안목', 박우덕의 '브랜드에 대한 사랑의 방정식' 같은 광고 크리에이티브 철학이 엄연히 존재하기 때문이다.

결국 한국 광고인이 생각하는 **크리에이티브 철학**을 탐색하려는 시도는 서양과 분명히 다른 면모를 지닌 우리 크리에이티브의 특성을 규명하는 데 기여할 것이다. 나아가 우리 광고만의 특질을 규명하는 데 필요한 중요한 판단 근거를 제시해 준다. 우리의 광고 크리에이티브 철학을 규명하면 대학생을 위한 광고교육에 있어서나 광고회사 내부의 교육 자료로도 활용할 수 있다. 우리 광고인의 크리에이티브 철학에는 격동의 한국 현대사를 겪어 온 선배 광고인의 경험이 오롯이 담겨 있고 당대의 소비문화와 생활양식이 고스란히 녹아 있기 때문이다. 광고학계와 광고업계의 관계

자들이 우리의 광고 크리에이티브 철학에 대해 앞으로도 더 많은 관심을 갖기를 기대한다.[1] ■

1 이 장은 다음 내용을 바탕으로 대폭 수정하고 재구성했음을 밝힌다. 김병희(2007).『광고카피창작론: 기본원리편』. 경기: 나남출판. pp. 28-79.

제4장

광고와 시뮬라시옹

강승구(한국방송통신대학교 미디어영상학과 교수)

1. 들어가며
2. 시뮬라크르와 시뮬라시옹에 대한 개념적 이해
3. 광고와 시뮬라시옹의 사례들과 미디어의 역할
4. 광고의 시뮬라시옹 효과와 소비자의 차이에 대한 의식
5. 고급 명품 브랜드와 시뮬라시옹 효과
6. 마치며

◈◇◈

이 장은 광고의 철학세계로 입문하는 데 반드시 필요한 개념 가운데 프랑스 학자 장 보드리야르(Jean Baudrillard)가 주장한 '시뮬라시옹(Simulation)'의 개념을 밝히고 그 의미를 철학적으로 해석하는 내용을 담고 있다. 광고의 철학에서 빼놓을 수 없는 개념 가운데 하나인 시뮬라시옹은, 소비자들이 광고를 통해서 감지할 수 있는 가상의 이미지가 실재(實在)를 초월할 수 있다는 전제로부터 시작하고 있다.

1. 들어가며

근대적 광고가 19세기 미국에서 시작되었고, 제품에 대한 단순한 소개 내지 정보 제공 차원의 기능적 목적에서 출발했지만 해를 거듭하고 세기를 거듭할수록, 광고가 갖고 있는 이미지와 그 이미지가 만들어 내는 또 다른 가상의 이미지는 소비자들에게 실재를 초과해서 느낄 수 있는 정신적 파워(power)를 형성해 주고 있다.

본래 광고는 상품과 서비스, 그리고 의견 등에 대해 대중의 관심을 끌기 위해 사용되는 기술로 정의되며, 그 내용에 대해 대중이 일정한 방식으로 반응하도록 설득하는 것이 목적이다. 앞선 광고가 성공적인 광고로 평가되는 이유는 바로 여기에 있다. 소비를 함으로써 남들과 차별되는 지위를 획득하여 욕구를 해소할 수 있다는 암묵적인 설득이 존재한다. 그러나 이 광고가 한편으로 소비자들에게 질타를 받는 이유는 광고는 단순히 상품의 정보를 알리거나 혹은 상품구매의 촉매제 역할, 그 이상의 의미가 있기 때문이다. 우리는 소비자본주의 사회에 살고 있으며, 이러한 소비사회에서 광고는 개인의 정체성의 확대와 유지의 수단이 된다. 어떤 사람에게는 사회적 지위 획득의 촉매제가 되는 한편, 어떤 사람에게는 사회적 박탈감을 심어 준다.

광고는 소비자의 욕망을 자극하고 충동을 일으키며, 시대의 소비자들이 무엇을 원하는가를 포착해 낸다. 광고는 더 이상 현실을 매개하는 매개적 역할에 머무르지 않고 현실을 창조하고 있으며 특유의 광고 이미지와 언어들을 통해 시대의 트렌드를 선도하여 소비자에게 시대의 흐름을 읽어 준다. 따라서 광고의 이미지와 언어들에 소비자가 동화하는 순간, 소비자는 자신의 욕망을 실현하고 남들과는 차별적인 지위를 얻는다.

장 보드리야르는 소비사회에서의 소비자는 광고가 만들어 내는 이미지에 동화되어 그들의 욕망을 실현시키는가를 '시뮬라시옹' 개념을 통해 잘 설명하고 있다. 그는 소비사회에서의 욕망은 개인이 주체적으로 만들어 내는 것이 아닌, 시장을 통제하고 이끌어 내는 생산체계에 의해 규정된다고 하였다. 따라서 욕망은 사회로부터 만들어지고 이러한 욕망은 개인의 주체적 실현으로 절대성을 가지는 것이 아닌 다른 사람과의 끊임없는 비교를 통해 얻어지는 차별성의 획득에서 기인한 것이라 본다(Baudrillard, 2012).

특히 다매체 환경이 도래함에 따라 광고는 통합마케팅커뮤니케이션의 일환으로 동일한 광고기호들은 다양한 미디어를 통해 언제 어디서나 접할 수 있게 되어 편재성과 누적성을 가지며, 가족 및 사회집단에게 새로운 관계양식과 지각양식, 그리고 생활양식에 지대한 영향을 주고 있다. 따라서 이러한 점에서 보면 소비사회에서의 광고가 소비자로 하여금 다른 사람과의 차별성의 욕구를 실현시켜 주면서 현시적이고 과시적인 소비를 이끌어 낸다고 볼 수 있다.

이러한 관점에서 이 연구는 보드리야르의 **'시뮬라시옹'** 개념을 통해 소비자본주의를 살아가는 현대인들에게 광고가 어떠한 의미를 가지는가에 대해 논의하고자 한다. 특히 '사회지위의 획득과 박탈'로서의 광고소비에 주목하고자 한다. 광고가 시뮬라시옹의 세계에서 어떠한 역할을 하고 있으며 광고가 결국 사물이 아닌 이를 벗어난 허구의 이미지로 어떻게 소비자에게 사회적인 지위획득과 차이의 욕망을 자극하고 있는지 살펴보는 것이 이 연구의 목적이다.

2. 시뮬라크르와 시뮬라시옹에 대한 개념적 이해

철학자이면서 사회학자이기도 한 장 보드리야르(Jean Baudrillard, 1929~2007)는 프랑스의 랭스 지방의 작은 소작농 가문에서 태어났다. 소르본 대학교에서 독일어를 전공하고 고등학교에서 독일어 교사생활을 하다 1968년경「사물의 체계」라는 박사학위 논문을 발표함으로써 프랑스 철학계에서 인정을 받게 되었고, 1987년까지 파리 제10대학인 낭테르 대학교 사회학과에서 교수를 역임했다. 보드리야르는 그 뒤 미국의 뉴욕 대학 등에서 강의하면서 30권 이상의 저서를 남긴 프랑스 현대철학과 사회학의 사상적 거성이라고 일컬음을 받게 된다. 특히 보드리야르는 1981년 그의 유명한 역저인『시뮬라크르와 시뮬라시옹(Simulacres et Simulation)』에서 '시뮬라시옹'의 개념을 끄집어 내어 현대 철학사상에 새로운 화두를 던짐으로써 철학계의 주목을 받게 된다.

'시뮬라시옹'의 개념은 모사된 이미지가 현실을 대체한다는 이론을 설명하는 용어인데, 보드리야르는, 한 사회 속에서 시뮬라시옹 현상이 심화되다 보면 더 이상 모사할 실재가 없어지게 되면서 실재가 더 실재 같은 **하이퍼리얼리티**(hyperreality; 초과실재)가 생산된다는 주장을 한다. 이러한 시뮬라시옹의 개념은 현대 광고에 그대로 적용될 수 있는 개념이다. 가상의 이미지가 실재를 초과할 수 있다는 전제는, 이미지 중심적 광고에 적용되어 광고에서 생산된 가상의 이미지가 '시뮬라시옹 효과'를 가져올 수도 있다는 가설을 세워 볼 수 있게 되는 것이다.

그런데 장 보드리야르의 시뮬라시옹의 개념을 파악하기 위해선 '시뮬라크르(simulacre)'의 개념부터 알아 둘 필요가 있다. 왜냐하면 시뮬라시옹은 시뮬라크르의 동사적 의미로서 '시뮬라크르를 하기'라고 직역될 수 있기 때문이다. 시뮬라크르는 프랑스어로 흉내, 시늉 혹은 모의(模擬) 등의 뜻을 지니는 단어로, 라틴어 '시뮬라크룸(simulacrum)'에서 유래한 용어이다.[1] 이 시뮬라크룸은 영어에도 전수되어 모조품, 가짜 물건 등을 가리키는 말로 쓰이고 있는데, 시뮬라크르가 단순한 모조품이라는 언어적 의미를 넘어 철학적 및 사회적으로 확장된 데에는 장 보드리야르가 『시뮬라크르와 시뮬라시옹』의 저서를 발표한 계기가 가장 큰 역할을 했다고 말할 수 있다. 현대에 와서 시뮬라크르[2]는 실제로는 존재하지 않는 대상을 존재하는 것처럼 만들어 놓은 인공물을 지칭하는 의미를 갖고 있다고 학자들은 주장한다. 실제로는 존재하지 않지만 존재하는 것처럼, 때로는 존재하는 것보다 더 실재처럼 인식되는 대체물을 말한다. 우리 언어로는 '가장(假裝)'이라는 말로 번역하는 것이 가장 근사치의 용어가 될 수 있겠지만 현재 우리 학계에서는 원어를 그대로 사용하는 것이 낫다고 보고 있다. 시뮬라크르와 유사한 어휘로서 '위장(僞裝)'이라는 단어를 들 수 있는데, 이 단어는 프랑스어의 '디시뮬라시옹(dissimulation)', 즉 실제 있는 것을 없는 것처럼 감추는 행위를 지칭하기에 전혀 반대의 의미를 가질 수 있으므로 '가장'이라는 어휘가 가장 적절한 번역이다.

장 보드리야르는 이 **시뮬라크르**를 연구하면서 주장하기를, 현대에서 주목되는 제3열의 시뮬라크르는 흉내 낼 대상이 없는 이미지(image)이며, 이 원본 없는 이미지가 그 자체로서 현실을 대체하고, 현실은 이 이미지에 의해서 지배받게 되므로 오히려 현실보다 더 현실적인 것이 된다고 말하고 있다(Baudrillard, 2012, p. 9). 보드리야르는 이미지에 의해서 지배받는 시뮬라크르의 단적인 예로서 현대의 전쟁을 말하고 있다. 예를 들어, 미사일을 발사하는 경우, 발사 담당자는 실제로 미사일을 육안

1 위키백과에서 인용.

2 시뮬라크르는 학자들에 따르면, 세 가지로 분류되는데, 제1열의 시뮬라크르는 모방과 위조를 뜻한다. 신의 이미지에 따라 자연의 이상적인 회복과 그 이상적인 제도를 목표로 하는 자연주의자들의 시뮬라크르들이 여기에 속하며 전근대적 사회의 유토피아적 시뮬라크르라고 볼 수 있다. 제2열의 시뮬라크르는 에너지와 힘, 기계에 의한 물질문명 위에 모든 생산시스템 속에 세워진 생산적인 면이 강한 생산주의자들의 시뮬라크르들이다. 끝없는 에너지의 해방과 세계화, 그리고 지속적인 팽창의 프로메테우스(Prometheus; 그리스신화에 나오는 타이탄족 이아페토스의 아들로서 제우스 신이 감춰 둔 불을 훔쳐 인간에게 내줌으로써 인간에게 맨 처음 문명을 가르쳐 준 인물)적인 목표를 갖는다고 여겨진다. 공상과학이 이 분야에 해당될 수 있다. 제3열 시뮬라크르는 정보와 정보통신학적 게임 위에 세워지는 시뮬라시옹의 시뮬라크르들이다. 완전한 조작성, 파생적 실재성과 완전한 통제성 목표를 갖는다고 여겨진다. 보드리야르는 이 제3열의 시뮬라크르를 가장 주목해 본 것이다.

으로 보면서 하지 않고 컴퓨터 화면을 보면서 하기 때문에 화면상의 미사일 궤도는 실제 미사일 궤도보다 더 중요하게 여겨지며, 여기서 화면상의 미사일 궤도는 우리에게 시뮬라크르로 존재하게 된다. 그런데 미사일이 실제로 목표물을 맞추었는가 하는 중요한 과제도 바로 이 화면에 의존하기 때문에 현대의 전쟁에서는 실재 보단 이런 시뮬라크르 같은 이미지가 더 중요하다고 여겨지게 된다는 것이다(Baudrillard, 2012, pp. 39-41).

보드리야르는 결국 시뮬라크르는 실재보다 더 실제적인 것이 되며, **시뮬라크르**는 더 나아가 이미 존재하고 있는 것과는 아무 관계 없는 독자적인 또 하나의 현실이 될 수 있다고 주장하고 있다. 이는 1991년 보드리야르의 "이라크전(걸프전)은 발발하지 않았다"라는 주장[3]과 맞닿아 있는데, 그에 의하면 실제 전쟁의 현실은 참혹하지만 사람들은 이 현실을 TV뉴스 화면을 통해서 접하기 때문에 전쟁을 게임처럼 느끼게 된다는 것이다. 보드리야르의 주장은, 미디어에서 중개하는 시뮬라크르로서의 전쟁이 실재적 차원의 전쟁참상을 감추고 미디어를 통해 가상현실 뒤편으로 현실이 사라지게 만들 수 있다는 뜻으로 해석될 수 있다.

사실, 시뮬라크르는 장 보드리야르가 새롭게 확립한 개념은 아니다. 프랑스의 현대 철학자 질 들뢰즈(Gilles Deleuze, 1925~1995)[4]가 먼저 이 개념을 확립했는데, 질 들뢰즈 또한 그리스의 위대한 철학자 플라톤(Plato)이 언급한 시뮬라크르를 재해석했다고 봐야 한다. 플라톤은, 사람이 살고 있는 이 세계는 모든 사물의 원형인 이데아(Idea), 이데아의 복제물인 현실 그리고 복제의 복제물인 시뮬라크르로 이뤄져 있다고 보았다. 플라톤이 말하는 이데아는 현대사회에선 '관념'이나 '생각'으로 번역

3 보드리야르는 1991년에 걸프전에 관해 쓴 에세이들을 통해 시뮬라시옹과 가상성, 세계화의 논리를 구체적 현상에 대한 분석으로 흥미롭게 풀어냈다. 일련의 걸프전 시리즈와 같은 「걸프전은 일어나지 않았다」 「걸프전은 정말 일어나고 있는가」 「걸프전은 일어나지 않았다」의 글은 이후 「걸프전은 일어나지 않았다」(1991)라는 제목의 책으로 묶였다.

4 질 들뢰즈는 프랑스의 대표적인 포스트구조주의 철학자인데, 미셸 푸코, 자크 라캉과 함께 프랑스를 대표하는 현대 철학자이다. 들뢰즈는 시뮬라크르의 개념을, '잠시 나타났다가 곧 사라져 버리고 마는, 순간적으로 생성됐다 휘발되어 버리고 마는 사건'으로 이해하였다. 구조주의가 공간 위주의 사유와 합리적이고 법칙적인 사유를 지향했는데, 포스트구조주의는 이런 경향과 틀을 이어받으면서도 시뮬라크르의 새로운 개념정립 등을 통해 구조주의와는 다소 다른 사상의 틀을 형성했다.

될 수 있는 어휘이다. 플라톤에 의하면, 이데아는 현실에서 발견할 수 없는 영원불변의 참된 존재로서 감각세계 너머에 있는 실재라고 정의된다. 플라톤은, 개별 사물들은 이데아의 상에 따라 만들어진 모방이라고 주장한다.[5] 결국 이데아는 개별 사물들에 대한 순수한 절대 근원이며, 이데아와 사물들의 관계는 원형과 모방의 관계로 해석될 수 있다. 그리고 플라톤은 원형을 모방한 현실을 'Eikones(복제물)'와 'Phantasmata(시뮬라크르)'로 구분하고 있다.[6] 복제물의 의미는 이데아를 흉내 내는 것의 개념으로 보았고, 시뮬라크르는 복제물을 또 복제한 것으로서 이데아 자체를 혼란에 빠뜨릴 수 있는 존재로 간주했다. 결국 플라톤은 시뮬라크르를 단순한 복제가 아닌 환상이나 환영 같은 가치 없는 존재로 본 것이다. 그런데 질 들뢰즈는 플라톤이 언급한 이데아의 존재 자체를 부인하면서 시뮬라크르는 어떤 절대적 기준에 의해 그 가치가 평가될 수 없다고 판단했다.[7]

한편, 장 보드리야르는 대체적으로 질 들뢰즈의 견해를 따르면서도, 시뮬라크르에 가치여부를 판단하기보다는 시뮬라크르를 현실보다 더 현실적인 실재로까지 파악하게 된다. 그에 의하면, 시뮬라크르는 실재를 복사한 것이 아니라 그 자체로 독립적인 하이퍼리얼리티(hyperreality; 초과실재)를 형성할 수 있다고 보았다. 여러 개의 시뮬라크르들이 유사성(similarity)을 갖고 작용하게 되면 초과실재가 형성되는데 이런 현상을, 보드리야르는 시뮬라시옹(Simulation) 현상이라고 주장하였던 것이다. 따라서 초과실재는 시뮬라시옹에 의해 새롭게 형성된 실재로서 전형적인 실재가 갖고 있던 사실성에 의해 영향을 받지 않는다고 평가될 수 있다. 그에 의하면, 초과실재는 실재하는 현실과 어느 정도 관계성을 갖고 있을 순 있지만 전혀 다른 현실이라고 봐야 한다는 것이다.

---

5 이 주장은 플라톤의 저서『파르메니데스』에서 언급되고 있다.

6 플라톤이 말한 Eikones는 영어의 Icon이 되었고, Phantasmata는 영어 단어의 Phantasm(환상, 환영; 幻影)이 되었다.

7 플라톤은 시뮬라크르를 복제의 복제물로서 간주하면서 가장 가치 없는 것으로 본 반면, 들뢰즈는 이데아의 근원 자체를 부인했기 때문에 원형과 시뮬라크르 간의 대조 자체가 무의미하다고 보았다. 들뢰즈는 시뮬라크르도 그 자체적 존재가치가 있을 수 있다고 평가했다.

보드리야르의 주장이 옳다면, 이제 현대인들은 재미없는 현실보다 디즈니랜드와 같은 환상적이고 화려하고 자극적인 가상현실을 반영하는 시뮬라크르들을 더 좋아하게 되었다고 말할 수 있다. 현대 소비자들은 상품을 소비하는 것이 아니라 광고에서 나타난 이미지를 소비하는 것이고, 실재와 무관한 이미지를 파생하는 시뮬라크르들이 만들어 낸 시뮬라시옹의 테두리 안에 갇혀 살고 있는 것이다. 가상의 이미지로 포장한 시뮬라크르가 현실을 대치해 버린 것이다.

보드리야르에 의하면 우리의 시대는 시뮬라시옹의 시대이며 이미지의 끊임없는 생산만이 있을 뿐, 이미지의 생산을 실재에 기초하려는 어떠한 시도도 가능하지 않다. 단지 실재의 이미지를 생산함으로써 실재 속에 산다는 착각을 일으키게 하며, 이것은 실재 그 자체보다 더 실재와 같다. 이제 시뮬라시옹은 실재 그 자체를 구성하게 되며, 이 세계에서 시뮬라시옹의 현상은 실제적인 제도들보다 더욱 실제적이 되며 따라서 시뮬라시옹과 실재 사이에 구분하기 점차 어려워질 뿐 아니라 시뮬라시옹의 실재가 실재 그 자체의 기준이 된다.

이처럼 보드리야르의 논리에 의하면, 오늘날 우리가 살고 있는 시뮬라시옹의 사회질서에는 재현과 현실의 차이 내지 간극이 없어졌으며, 시뮬라시옹을 통해 만들어진 시뮬라크르가 현실의 기준이 되어 버린다.

3. 광고와 시뮬라시옹의 사례들과 미디어의 역할

보드리야르의 **시뮬라시옹**은 미디어가 현실을 재현하는 데서부터 탄생한다. 대중매체가 독점적으로 일상을 매개하며, 현실은 미디어의 재현에 의한 현실이 되면서 그 현실은 언제든지 미디어적 필요에 따라 절취될 수 있다. 이제 미디어는 현실을 매개하는 것에 안주하지 않고 현실을 적극적으로 창조한다. 기의는 사라지고 기표만이 존재하는 현실세계의 진실은 더 이상 문제가 되지 않고 미디어가 실어 나르는 가공된 현실만이 진실이 된다(Baudrillard, 2012, pp. 68-69).

보드리야르는 현대사회의 특성으로 기의는 사라진, 기표만이 존재하는 허공의 세계라고 규정한다(Baudrillard, 1999b, pp. 195-200). 이 허공의 세계에서 가장 큰 역할을 하는 것은 미디어며, 미디어의 뉴스와 광고는 자본의 욕망에 따라 서로 연결되는 기호체계를 갖고 있다. 기의가 상실된 기표의 세계는 그 원천이자, 지시대상인 현실자체는 이제 상징적인 것의 모사물이 될 뿐이다. 미디어가 독점적으로 매개하는 일상적 현실에서 현실의 사물은 존재하지 않으며, 소비자들은 다만 미디어가 만들어 내는 이미지를 소비하고 체제에 순응하며 살아가게 된다. 즉, 우리가 살아가는 현실은 텔레비전과 같은 매스미디어에 의해 현실은 통제된다. 미디어에 의해 통제된 현실에서 결국 사람들은 현실에 존재하는 사물보다 영화나 드라마, 그리고 뉴스 등 영상매체가 전하는 이미지를 더 사실적으로 여기게 되는 것이다. 이를 두고 보드리야르는 "진실인 것은 TV이며, 진실을 만든 것은 TV이다."라고 언급한 바 있다(Baudrillard, 2012, p. 68).

이처럼 미디어는 현실을 매개하면서 재현하는 듯하지만, 그들의 자본논리 혹은 체제에 의해 사건들을 구경거리, 기호로 변형시키는 효과를 가지고 있다. 여기서 중요한 것은 미디어가 현실의 내용을 조작한다는 것이 아니다. 소비 가능한 기호가 곧 현실이 되었고, 이러한 현실에 대한 형식의 변화이다. 이 기호체계에서 모든 현상이 획일화되며, 이 체계는 또 다른 현실을 정리한다.

보드리야르는 현대사회를 "**소비의 사회**"로 규정하고 있다(Baudrillard, 1999b). 그에 의하면 소비사회는 모든 것이 "포화상태에 달한 사회"이며, 속도를 따라잡을 수 없을 정도로 시시각각으로 변해 가는 사회에 대해 현기증을 느낄 필요도 없는 사회, 즉 현기증 없는 사회이다(pp. 29-34). 소비사회의 소비인간은 소비를 통해 얻어지는 자기 자신의 향유를 의무로 삼지만, 그 소비는 자신의 주체적인 결정에 의해서가 아닌 소비의 사회에서 강요된 것이다. 모든 것이 소비되고, 소비되는 모든 것이 목적성 혹은 유용성을 가진 것이 아닌 무용성과 유희성인 사회(pp. 174-180)이며, 모든 것을 얻을 수 있지만, 그것을 얻는 대가는 결국 소비의 목적이 부재함에 대한 괴로움이다.

미디어에 등장하는 광고들은 이러한 소비사회에서 현대인들에게 상품이 아닌 기호를 소비하게 한다. 소비사회에서는 사물의 존재 혹은 개인의 존재는 기호의 질서 안에 흡수되어 버리고, 결국 기호만이 남게 되는데, 현대인이 상품을 소비함으로써 얻는 것은 사물이 아니라 기호인 것이다. 다시 말해, 광고는 사물의 생산이나 직접적인 거래에는 아무런 관련이 없고, 그럼에도 불구하고 광고는 사물의 체계에 완전히 포함된다. 광고는 소비에 대해 논할 뿐만 아니라, 다시 소비의 대상이 된다 (Baudrillard, 1999a, pp. 249-250).

보드리야르에 의하면, 이러한 소비사회가 빚어내는 결과가 바로 '**시뮬라시옹**'이라는 것이다. 보드리야르의 주장이 옳다고 결론 내린다면, 결국 현대를 살아가는 사람들은 상품 자체의 유용성을 중심으로 하는 사물의 효용적 가치기준에 의해 소비를 하는 것이 아니라, 사물의 상징적 가치 혹은 이미지 중심적 가치기준에 의해서 소비를 하는 경향이 짙다고 결론 내릴 수 있다. 그러한 결론들을 광고와 마케팅 측면에서 바라본다면 이렇게 해석될 수도 있다. 대중들 가운데 많은 사람은 명품 패션옷, 명품핸드백을 구입하고 외국 프랜차이즈 브랜드(franchise brand)인 스타벅스 같은 값비싼 커피를 마시는 여성에게 '된장녀'라고 비난할지 모르지만, 그 여성은 명품이나 값비싼 커피를 단순히 돈이 많아서 구입한 것이 아니라, 이미지 중심적 가치기준에 의해 그 제품들에 타인들과 자신을 구별 지어 주는 하나의 '상징적 가치'를 부여한 후 그것들을 구입했다고 말할 수도 있다. 그들은 고급 제품을 구매했지만 제품구매 자체로 끝난 것이 아니고 '상징적 가치'를 구매했다고 해석될 수도 있는 것이다.

예를 들어 보면, [그림 4-1]은 유명 주류 브랜드인 바카디 리몬(Bacard limon)의 2007년 광고이다. 여기서 실재는 중요치 않다. 컵 안에는 반쯤 채워진 술과 실재와 무관한 유혹적인 여성이 담겨 있으며, 술을 마시면 이 여성을 얻을 수 있다고 소비자의 욕망을 자극한다. 이제 컵 속의 여인은 더 이상 실재인지 아닌지가 중요하지 않으며, 그것이 하나의 욕망의 대상으로 변모한다. 남성에게는 술을 구매하여 마시는 것은 목적이 아니며, 목적은 환상이다(강승구, 2014).

이처럼 현대소비사회에서 상품 물화의 궁극적인 형태는 상품의 사물이 아닌 바로

[그림 4-1] 바카디 리몬(2007)

출처: Bing 이미지 자료.

이미지 자체이다. 즉, 소비사회에서 소비인간은 시각적인 매체가 전해 주는 이미지를 소비함으로써 '미디어에 의한 욕망'의 재현을 경험하게 된다는 것이다. 앞선 예에서 보듯 미디어에 의한 욕망에는 인간의 성욕도 포함되어 있으며, 보드리야르는 이러한 미디어가 재현하는 모델에 의해 계발된 성욕 또한 일종의 '시뮬라크르'라고 주장하고 있다(Baudrillard, 2002, p. 79).

오늘날의 시뮬라시옹은 원본도 사실성도 없는 실재, 즉 초과실재(hyperreality)의 모델들을 가지고 산출하는 작업이다. 여기서 초과실재는 시뮬라시옹에 의해 새로이 만들어진 실재로서 전통적인 실재와는 그 성격이 판이하다. 즉, 초과실재는 예술작품의 재현처럼 인위적인 현실로 생산된다. 게다가 초과실재는 가장이므로 전통적인 실재가 가지고 있는 사실성에 의해서 규제되지 않는다.

예컨대 '키가 180cm가 넘어야 남자다운 남성이다'라는 것은 어떤 실체적 기준이 존재하지 않는 것으로 가짜의 이상형, 즉 일종의 시뮬라크르이며, 여성들은 이 시뮬라크르를 가지고 이상적인 멋진 남자의 모델로 간주하는데 이것이 시뮬라시옹이다. 여기서 중요한 것은 이러한 하나의 이미지 혹은 허상이 초과실재가 되려면 미디어가 이를 보도함으로써, 하나의 사회적 문화이자 새로운 현실로 둔갑하게 해야 한다는 것이다. 초과실재로 변모하는 과정에서 가장 큰 역할을 수행하는 것은 그 이미지를 확산하는 미디어이다. 이러한 초과실재가 실재를 대체하게 되면, 그때는 자기 자신이 자신의 이미지를 만드는 것, 그리고 자신의 언어를 갖는 것이 불가능해지며, 초과실재가 실재를 지배하면 자신의 이미지나 언어조차도 미디어의 지배를 받게 된다. 그때에는 미디어가 증식한 이미지가 말하고 말해지는 것이 중요하게 된다(강승구, 2014).

미디어가 만들어 낸 이미지가 현실의 실재를 대체하는 세상에 대한 논의는 그의 저술인『사라짐에 대하여』에서 더욱 잘 나타나고 있다. 장 보드리야르는 "과잉 생산된 이미지는 모든 것을 삼켜 버리면서 현실의 실재적 본질을 사라지게 하는 폭력을 휘두른다."고 지적했다(Baudrillard, 2012, pp. 59-61). 그는 사진을 예로 들고, "아날로그적 이미지를 두드러지게 한 것은 그 이미지 안에서 어떤 형태의 사라짐과 거리감, 멈춤이 이뤄진다는 것인데, 디지털 이미지 속에서는 …… 더 이상의 음화도 없으며, 나중으로 연기된 것도 없다. 거기에는 아무것도 죽지 않고, 아무것도 사라지지 않는다(p. 63)." "우리를 침수시키는 시각적인 흐름 속에서, 이미지가 될 시간조차 없다."고 한다. 더불어 바르트를 인용해 사진이 오직 한 번 현재했던 무언가를, 하지만 다시 오지 않을 부재를 증명했다면, 디지털 사진은 현실의 시간 안에 있으며, 이는 일어나지 않았던 하지만 그 부재가 아무것도 의미하지 않은 무언가를 증명한다고 한다(pp. 75-77). 다시 말해, 현대사회는 이미지로 가득 찬 세상이 아닌, 이미지마저 사라져 버리고 있고 결국은 아무것도 일어나지 않았다고 말한다.

형상화된 실재, 진실이나 역사, 그리고 삶과 죽음들은 이제 미디어가 만들어 낸 기호와 이미지인 시뮬라크르에 의해 대체되어 초과실재가 되었다. 이제 우리는 실재와는 상관없는 인공물을 실재인 것처럼 접하고 있으며, 그 안에서 질서를 찾고 있다. 이는 단순히 삶과 죽음, 진실이나 거짓의 문제가 아니다. 이는 사회 전반의 권력과 규칙, 그리고 사람들이 살아가는 사회적 규칙, 질서에도 영향을 미치고 있다.

4. 광고의 시뮬라시옹 효과와 소비자의 차이에 대한 의식

"나는 소비한다. 고로 존재한다(I shop therefore I am)." 페미니즘 아티스트인 바바라 크루거(Barbara Kruger)는 소비사회의 특징을 잘 짚어 내고 있다. 소비의 긍정성 혹은 부정성에 대한 논란을 떠나 중요한 것은 소비를 통해 그 사람의 정체성이 나타난다는 사실이다. 이는 소비사회를 살아가는 인간의 특성과 더불어 곧 사회 전체의 특성을 나타내기도 한다. 소비의 특성이 곧 사회의 특성이 되는 것이 바로 소비사회이다.

소비사회의 소비는 사물을 취하여 없어지는 것이 아니라, 욕망의 충족이며 이러한 욕망은 단순히 개인적인 것이 아니라 사회적, 문화적인 것이다. 이들은 단순히 상품이 아니라 이미지와 기호로서 소비된다. 보드리야르는 이 현대소비사회의 특성을 『소비의 사회』에서 잘 설명하고 있다.

보드리야르가 말하는 '**소비**'는 앞선 크루거의 말처럼, 단지 돈을 주고 물건을 구매하는 것, 그 이상의 의미가 있다. 생산의 과잉에 있는 사회에서는 이제 소비를 통해 모든 것을 소진해 버려야만 '**생산**'이 다시 가능해지기 때문이다. 이렇게 세계의 모든 것이 사고 팔리는 교환가치를 갖게 되면, 사람들은 이를 당연시 여길 뿐 아니라 이를 통해 평안과 행복을 얻게 되며, 모든 것을 욕망하게 만들기 위해 상품은 사용가치뿐 아니라, 이미지, 구별 짓기, 지위표시, 감성, 사회적 코드와 같은 요소들이 동반되어야 한다. 즉, 우리 시대의 소비는 상품의 구매가 아니라 상품이 재현하는 기호를 구매하는 행위인 것이다.

따라서 보드리야르는 오늘날 그 어느 것도 리얼리티가 공허한, 결코 현실을 지칭하지 않는 기호로 바뀌는 현상에 저항할 수 없다면서 어떤 것도 소비될 수밖에 없는 기호가 된다는 전제를 가지고 있다고 말하고 있다. 다시 말해, 소비사회에서 사물의 존재나 개인의 존재는 기호의 질서 안에 흡수되어 소멸된다. 존재하는 것은 사물이나 개인이 아니라 기호이며, 소비의 목적이 더 이상 본질적으로 만족이 아닌 기호가치가 된다. 더불어 이 가치는 자신을 남들과 구별시켜 주는 차이를 표시해 준다. 결국 현대인은 남들과 자신을 구별시켜 주는 사회적 차이의 욕구를 실현하기 위해 소비를 한다(최효찬, 2010).

따라서 보드리야르가 강조한 것은 소비사회에서 인간의 욕망은 무엇보다 '차이'에 대한 욕망이며, 사람들은 상품, 즉 기호를 구입하는 근원적 목적으로 차별적 지위의 과시에 있다. 이것이 보드리야르의 '사회적 차이 추구화'에 대한 논리적 설명이다. 결국 소비적 인간들은 상품의 상징적 가치기준에 따른 구매행위를 통해 타인들과 차별화를 시도하고 싶어 한다고 말할 수 있다. 이런 현상을 광고가 부추기고 있는 것이며, 광고가 생산해 내는 현실을 배제한 시뮬라크르들이 시뮬라시옹 효과를 가져오면서, 더욱더 소비적 인간들을 타인들과 차별화되도록 하는 유혹의 길로 안내하고 있는 것이다.

보드리야르가 강조하고 있는 것은 이러한 소비가 미디어에 의해 매개 혹은 조장되고 있다는 사실이다. 매스미디어에 매개된 욕망은 사회적 의미에서의 욕망의 반영물이며, 이는 개인적 만족과 향유를 위해 물건을 소비하는 것 같지만 결국 타자의 욕망일 뿐 주체적 욕망이 아니라는 점을 강조하고 있다. 미디어는 이러한 허위욕구를 조장할 뿐 아니라, 이때 개인이 이를 소비하고 구매하는 능력이 되지 않는다면 상대적인 박탈감마저 느끼게 된다. 사람들은 이러한 상대적 박탈감을 느끼지 않으려고, 미디어에 보이는 것을 소비하기 위해 노력하게 되고, 타인과의 소비의 차이를 좁히려고 애를 쓰게 된다. 이러한 차이가 사라지면 사라질수록 사람들은 더 그 차이에의 욕구에 집착한다. 보드리야르는 이를 소비사회의 '보이지 않는 폭력'이라고 한 바 있다.

우리는 소비사회의 광고의 홍수 속에 살고 있다. 『욕망과 광고, 소비의 문화사』에서 트위첼(Twitchell, 2001)은 "상업주의의 광고는 물이고 우리는 물고기"라며, 우리가 물고기에게 사고능력이 생긴다고 해도 물에 대해 생각하기는 힘들 것이라고 한 바 있다. 끊임없는 이윤창출과 수요와 생산의 메커니즘으로 이루어진 소비사회에서의 상업광고는 이 과정에서 욕망을 생산하고 관리하기 위해 현실을 결핍에 가득 찬 것으로 만들고, 현대인으로 하여금 끊임없이 무언가를 사고 싶도록 만든다. 또한 그는 "사람들이 진정으로 갈망하는 것은 물질 자체가 아니라 '의미가 담긴 물질'이며" "물건에 가치를 부여하고, 이것이 옆 가게에 똑같은 물건과 구별되게 만든다"고 했다(p. 33). 김진영(2007)은 그런 의미에서 광고는 사람들로 하여금 자신이 현재 지니고 있는 것에 불만을 갖게 만드는 기술이라고 했다. 따라서 광고의 물에 사는 물고기인 현대인들은 결국 이러한 욕망으로 인해 물질적인 부에 대한 추구행위만을 욕망하고, 다른 사람과의 차별을 통해 '가진 자'에 대한 욕망을 실현하려고 한다.

소비사회에서의 소비의 주체는 개인이 아니다. 개인이 스스로 결정하는 '갖고 싶은 것'에 대한 욕망이 아니라, 결핍에 가득 찬 현실의 개인이며, 이러한 결핍은 다른 사람과의 차이에서 남은 가졌으나, 나는 가지지 못한 것에서 발생한다. 현실은 결국 미디어가 만들어 낸 기호라고 할 때, 다시 말해 우리가 소비하는 것은 기호가치의 질서다(최효찬, 2010). 광고는 이러한 소비사회에서 인간이 어떻게 소비해야 할지 친절히 알려 주고, 소비로 하여금 인간이 어떻게 욕망을 향유할지 상기시켜 준다. 광고 속에 등장하는 제품을 소비하면 남들과 다름을 부각시키고, 특정한 옷이나 특정한 차와 같은 상품을 소유함으로써 다른 사람과의 차이를 강조한다.

이를 특징적으로 보여 주는 것이 [그림 4-2]와 같은 광고이다. 2009년 현대자동차의 그랜저 광고로, 오랜만에 만난 두 친구가 서로의 안부를 묻는데, 친구가 요즘 어떻게 지내냐는 말에 자신의 그랜저 자동차를 보여 주었고, 이를 친구가 부러운 듯이 바라본다는 내용이다. 그랜저를 소유한 친구는 별말 없이 뿌듯하고 자신만만한 얼굴에 미소를 띠고 있다. 즉, 그랜저라는 특정 자동차를 구입함으로써 자신의 사회적 지위를 알려 주었고, 반대로 이를 보던 친구는 그랜저를 소유한 친구를 부러워한다(강승구, 2014).

이쯤 되면, 인간에게 소비의 목적은 욕구의 해소와 향유에 근거하지 않고, 타인과 다름 혹은 차이의 가치를 가진 사회적 코드를 생산하기 위해서라고 할 수 있다. 이러한 타인과의 차이에서 오는 사회적 지위획득이라는 사회적 코드는 보드리야르가 현대소비의 사회를 "소비사회, 그것은 배려인 사회인 동시에 억압의 사회이며,

[그림 4-2] 현대자동차 그랜저 광고(2009)

출처: Bing 이미지 자료.

평화로운 사회인 동시에 폭력사회다."라고 일컬은 것과 일맥상통한다(Baudrillard, 1999b, pp. 280-284). **소비사회**는 소비과정에서 기회를 균등히 하거나 사회적, 경제적 지위를 둘러싼 경쟁을 완화시키기는커녕, 오히려 모든 형태의 경쟁을 격화시킨다.

광고를 통해 조장되는 사회적 지위획득의 차이는 비단 물건의 소유와 비소유에 의한 차이에서 비롯되지 않는다. 최효찬(2010)은 이러한 차이가 결국 인간의 여가에서도 소비를 강박당하고 있다고 본다. 예를 들면, 미디어가 해외로 떠나는 여행객들을 보여 주는 장면이나, 산호초 바다에서 낭만적인 휴가를 소비하는 장면을 보여 줄 때조차 사람들은 이를 소비하지 못하는 것에 대해 억압당하고 소외를 경험한다는 것이다. 결국 보드리야르의 말처럼 여가시간에서 여가를 소비하는 것도 생산적 활동의 일부이며, 이는 결코 인간이 생산의 노동에서 자유로워지는 것과는 거리가 멀어진다는 것이다. 여가는 결국 경제력이 뒷받침되지 않는다면 남들처럼 멋진 상태에서 이뤄질 수 없는 것이고, 이렇게 되면 결국 상대적 박탈감을 갖게 된다.

이러한 예가 잘 나타난 광고가 바로 [그림 4-3]의 현대카드 광고이다. 당시 주 5일제 근무를 애타게 기다리던 직장인들에게 여가의 소중함을 일깨워 준 카피 '열심히 일한 당신 떠나라'로 더욱 유명한 현대카드 광고는 당시 소비자들에게 큰 호응을 얻었다. 하지만 여기서 얻게 되는 여가는 결국 가진 자들이 누리는 것으로 표현된다. 고층의 개인 사무실에서 자신의 업무를 마친 남자가 창문을 열고 자신보다 아래에 있는 도심을 내려다본다. 그리고 아름다운 여자 친구를 고급 세단의 차에 태우고 교외의 멋진 곳을 달린다. 그의 손에는 자신의 경제적인 능력을 나타내 주는 현대카드가 쥐어져 있다(강승구, 2014).

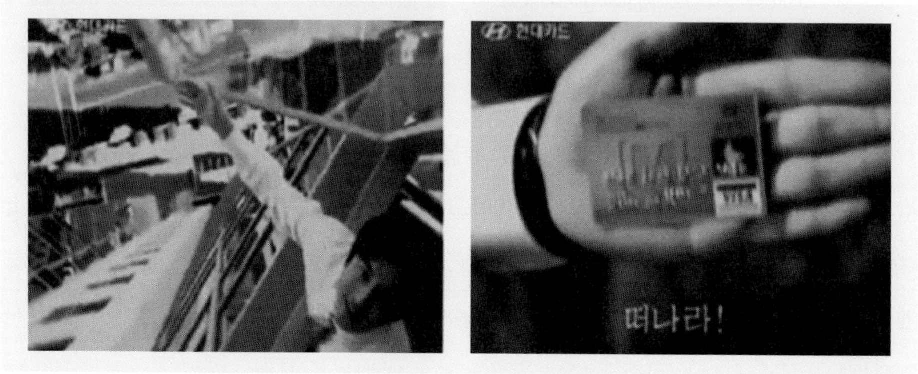

[그림 4-3] 현대카드 '열심히 일한 당신 떠나라' 편(2002)
출처: Bing 이미지 자료.

이러한 여가에 대한 사회적 차이에서 오는 욕망은 소비자들의 욕망에 맞닿아 매우 성공적인 광고로 인식되었고, 이에 따라 유사한 시리즈 광고물이 나오기 시작했다. [그림 4-4]의 현대카드 '인생을 즐겨라' 시리즈가 그렇다.

사실 이 광고는 광고의 이미지보다는 로고송이 더욱 유명했다. "아버지는 말하셨지, 인생을 즐겨라. 재미나게 사는 인생, 자 시작이다. 오늘 밤도 누구보다 크게 웃는다. 아버지는 말하셨지, 그걸 가져라"라고 하는 로고송은 그 멜로디가 쉬워 따라 부르기도 편하다.

하지만 이러한 로고송은 '인생의 즐거움' 또한 어찌 보면 아버지에 의한 부의 세습으로 이뤄지는 것이며 이에 따라 이성에 대한 매력도, 여가의 질도, 그리고 결국 인생의 즐거움도 달라질 수 있다는 것이다. 이는 지속적인 세습으로 인해 그 차이가

[그림 4-4] 현대카드 '인생을 즐겨라' 편(2005)

출처: Bing 이미지 자료.

지속적으로 나타날 것임을 암시하고 있다. 더불어 화면 전체를 사용할 수 있음에도 불구하고 둥근 모양의 영상을 보여 주는 것은 마치 저 사람의 인생을 망원경으로 지켜보고, 그의 인생을 흠모하는 느낌마저 갖게 하며, 이는 사회적 지위 차이에 대한 박탈감 및 이에 대한 흠모, 그리고 그 대상과 같아지려는 욕망까지도 건드린다(강승구, 2014).

보드리야르는 이러한 광고들은 소비사회에서 나타나는 인간의 차이에의 욕구를 충족시켜 주는 어쩌면 '배려'일 수도 있다고 한다. 소비인간은 자기 자신의 향유를 의무로 삼는 존재이며, 그 향유와 만족을 꾀하는 존재이기 때문이다(Baudrillard, 1999b, p. 115). 하지만 지속적이고 누적적인 미디어의 노출은 그 차이를 얻거나, 혹은 사회적 지위를 얻도록 강요하게 되고, 결국은 소비사회의 욕구 충족적 배려는 억압적 배려라고 한다(pp. 264-292). 이는 [그림 4-5]의 현대카드 광고에서도 나타난다. 마치 망원경을 통해 미디어에 의해 만들어진 인공의 인물의 인생을 흠모하며, 그와 닮아 가려는 인간의 욕망을 건드리고 있다. 이는 결국 닮아 가게 만드는 사회의 억압인 것이다.

[그림 4-5] 현대카드 '인생을 즐겨라' 편(2005)

출처: Bing 이미지 자료.

하지만 인간은 광고에서 만드는 인공물을 닮아 가려 하고, 그 차이를 없애며, 남들과의 차별성을 얻어 사회적 지위를 얻고자 하지만 결국 인간은 지속적인 차별을 얻게 된다. 개인들은 욕구의 충족과 사회적인 지위상승을 위해 자신을 억압하고 억제하지만, 결국 그들은 [그림 4-5]의 현대카드 광고에서의 인생을 즐기는 인간보다는 그 주위에 놓인 인간들이다. 인공으로 만들어진 욕망의 주체와 닮아 가려고, 그에게 잘 보이려 달려들며, 지속적으로 허상의 인생을 흠모하는 시뮬라크르가 되는 것이다(강승구, 2014).

보드리야르는 현대소비의 사회가 결국 배려의 사회인 동시에 억압의 사회로, 평화로운 사회인 동시에 폭력사회라 말한 바 있다. 소비의 과정에서 인간은 지속적인 경쟁의 사회로 내던져지고, 경쟁을 통해 결국 기회의 균등이나 사회적 차별이 완화되는 것이 아닌 더 많은 차별을 만들어 내고, 그 차별로 인해 인간은 지속적인 폭력을 당한다(최효찬, 2010).

5. 고급 명품 브랜드와 시뮬라시옹 효과

시뮬라시옹 효과를 이야기할 때, 고급스런 명품 브랜드를 언급하지 않을 수 없는데, 보통 명품 브랜드 광고만큼 이미지 표출이 강렬한 광고는 없다고 봐야 한다. 명

[그림 4-6] 루이뷔통 핸드백 광고

출처: 네이버 이미지.

품브랜드를 위한 광고는 일반적으로 메시지를 최대한 자제하면서 브랜드와 제품의 자태를 이미지 중심적으로 표현하고 있다. 이렇게 하는 이유는 소비자들에게 브랜드 본질을 통해 나타나는 이미지보다는 브랜드와 관련한 가상적 이미지가 가장 화려하게 드러나기 때문이다. 이러한 가상적 이미지가 화려하게 드러나면 드러날수록 소비자들은 더욱 브랜드를 구입하고자 하는 욕망이 끓어오를 수 있고, 그런 욕망은 결국 제품 구매로 이어질 수 있기 때문이다. [그림 4-6]은 명품 브랜드 루이뷔통 핸드백 광고인데, 광고 속 모델들은 일반적 포즈를 거부하고 매우 독특한 포즈를 취하고 있다. 그렇게 하는 이유는 루이뷔통 핸드백을 좀 더 부각시키면서 고급스럽게 보이고자 하는 의도를 갖고 있다고 평가된다.

이렇듯 명품 브랜드 광고가 주는 가상의 이미지는 제품의 기능적 우수성보다 더 상위에 속할 수 있으며, 이러한 경우 우리는 보드리야르가 이야기한 대로 가상의 이미지가 실재를 초과한다고 말할 수 있다. 결국 이 핸드백 광고는 광고주의 의도대로 초과실재(hyperreality)를 실현한 셈이다. 실재보다 더 실재 같은 정신적 상황이 광고를 통해서 연출된 것이다(강승구, 2014).

모델이 매우 독특한 포즈로 핸드백을 들어 보여 주고 있다. 그리고 광고의 전반적 분위기가 핸드백의 고급스러움을 묘사하려고 노력한다. 이때 가상의 이미지 표출을 최적화할 수 있다. 만약 소비자들이 이 광고를 보고 루이뷔통 핸드백을 구입한다면 이 광고로 인한 시뮬라시옹 효과는 최고조에 달하는 것이다.

[그림 4-7] 루이뷔통 핸드백 광고사례

출처: 네이버 이미지.

6. 마치며

장 보드리야르가 묘사하는 소비사회는 상품이 기호가 되며, 기호가 상품이 된다. 이 기호는 차이를 가능하게 하는 요인으로 작용한다. 즉, 사람들은 특정한 물건을 소유하고, 이를 소비함으로써 다른 사람과의 차이를 발생시키고, 이러한 차이는 결국 기호의 체계 안에서라고 말한다(김상학, 양초산, 2006). 즉, 기호의 체계 안에서 인간은 경제, 지식, 욕망, 육체, 기호, 충동 등 모든 수준에서 경쟁원리가 관철되고, 모든 것이 차이(差異)와 초차이화(初差異化)의 끊임없는 과정 속에서 교환가치로 생산된다(Baudrillard, 1999b, pp. 308-309).

다시 말해, 현대의 삶은 미디어에 의해 재현된다. 또한 이러한 재현은 결국 초과

실재가 지배하는 시뮬라시옹 세계, 즉 재현할 원본이 없어지는 세계로 이양되고, 시뮬라시옹화된 실재는 지시 대상도, 혹은 원천을 상실한 채 재현의 논리와는 상관없어진다. 결국 우리는 실재하지 않는 것을 실재한다고 믿으며, 가상의 현실에서 삶의 질서를 배우고, 이를 영유하게 된다.

이제 소비사회에서 소비인간은 보드리야르가 일컬은 것처럼 **시뮬라크르**(simulacre)가 편재하는 세상으로 내몰린다. 결국 인간들은 실제로는 존재하지 않는 대상을 존재하는 것처럼 만들어 놓은 인공물과 호흡하며 그것이 결국 자신들이 추구해야 할 현실의 세계라고 착각하게 되는 것이다. 이것이 바로 보드리야르가 말한 '소비인간'이다. **소비인간**은 자율적 주체에 의한 욕망을 소비하는 것이 아닌 미디어에 만들어진 허상의 인간과의 차이에 대한 욕구를 실현하기 위해 끊임없이 물질을 소비하고 여가를 소비하는 인간이다. 하지만 결국에는 그 차이에 대한 욕구는 더 많은 차이를 발생하게 하고, 개인은 더욱더 경쟁의 세계로 내몰리게 된다.

이러한 소비사회, 그리고 소비인간을 부추기는 것은 바로 광고이다. 이들은 나날이 새로운 기호를 만들어 낸다. 광고에서 지속적으로 사물을 소유하고 소비하도록 강요하고 이에 의한 인생을 보여 줌으로써 우리는 마치 그 상품을 소비하면 자신을 타인과 다르게 만들어 마치 행복할 수 있을 것으로 인식하게 만든다. 하지만 광고가 쏟아 내는 기호들은 현실과 동떨어진 가상의 현실인 복제물로서의 시뮬라크르들인 것이다. 소비인간들은 이 시뮬라크르들을 추구하면서 타인과 차별화된 삶을 살기 원한다. 타인과 차별화됨으로써 자신들은 더 나은 사회적 지위를 얻을 수 있다고 여기는 것이다. 이것이 광고가 소비사회에서 일으키고 있는 시뮬라시옹 효과인 것이다.

우리사회는 소비사회이며, 우리나라의 소비문화는 결국 상품을 소비하는 것이 아닌 그 상품에 있는 브랜드와 같은 기호 가치를 더 중요시 여긴다. 일부 연구에서 나타난 분석에 의하면 백화점과 브랜드 전문점에서 쇼핑할수록, 상품의 구매동기가 브랜드 가치인 사람일수록, 그리고 소비에 대한 미디어의 영향력이 클수록 백화점이나 고급스러운 제품을 추구하는 현시적인 소비성향이 높았다. 재미있는 것은 이러한 사람들은 모두 상대적으로 자아적 정체성에 대한 인식수준이 낮은 사람들이었다는 것이다(이은정, 2003). 이는 명품과 같은 브랜드의 이미지나 기호가 자신의 위치나 지위를 나타내고, 그 지위를 획득하기 위해 소비를 한다는 것이다. 즉, 명품을 구입함으로써 그들과 동질감을 느끼고, 그들과 닮아가려고 광고의 상품을 지속적으로 소비한다.

하지만 보드리야르의 말처럼 최상류계급은 차이의 소비의 역설적인 형태로 '과소소비' 혹은 '반소비'를 채택하려 한다. 그에 의하면 이는 "상류계급이 과시적인 과소소비 전략을 통해 출세 제일주의자들에게 행하는 저항이다(Baudrillard, 1999b, pp. 133-136)." 즉, 뽐냄이 아닌 남의 눈에 띄지 않는 태도와 검소함, 그리고 겸손함으로 자신을 나타내는 다소 특별한 차이를 추구하는 소비를 한다는 것이다(최효찬, 2010).

이로 인해 인간은 또한 명품 소비를 통해 자신의 차이를 지우려 하고, 그리고 다른 사람과 차이를 나타내려고 했지만 결국에는 또 다시 억압과 배제를 느끼게 된다. 결국 광고에서 말하고 보이는 것을 소비하여 차이를 사라지게 하거나 타인들과 차별화시키려 하지만 사람들은 더욱 차이에 대한 욕구를 느끼며, 사회적으로 심리적인 억압을 당하고 타인들과의 울타리에서 배제당할 수 있다. 즉, 미디어에 의한 그리고 광고에 의한 소비사회에서의 소비인간에게 행해지는 상징적 폭력은 광고의 시뮬라시옹 효과에 의해 앞으로도 오랜 세월 지속될 것이다. ■

제5장

광고 마케팅과 문화상품의 상호작용

박재항(하바스코리아 전략부문 대표)

1. 소설의 마케팅 기법 도입과 상업화
2. 영화, TV를 이용한 마케팅과 영화, TV를 위한 마케팅
3. 시와 광고의 마케팅 협력
4. 문화상품과 광고 마케팅 상호작용의 미래

◈◇◈

광고물을 두고 '예술작품'이라고 말할 때는 칭찬처럼 들리지만 비아냥거리는 소리인 경우가 대부분이다. 카피가 시와 같다거나 소설과 같은 스토리를 담고 있다고 하거나, CF가 드라마나 한 편의 영화 같다고 할 때, 결코 시, 소설, 드라마나 영화에 미치지 못한다는 걸 뜻한다. 반대 관점에서 시, 소설, 드라마, 영화 등이 '상업성이 뛰어나다'라고 하면, 그 이면에는 '예술성'이란 것은 떨어진다는 폄하의 평가가 깔려 있는 경우가 많았다. 이렇게 서로 간에 경계를 두려 했지만 두 분야는 서로 영향을 미치기도 하고, 융합되어 메시지나 스토리를 더욱 진일보하게 만드는 경우가 많았다. 또한 예술작품이라고 해도 주문자와 구매자가 있고, 몇 차례의 유통 경로를 거치면서 상품으로 팔리는 경우가 사회에 계급이 형성되면서 도래하여 지속되었다. 그래서 문화상품이란 용어가 출현하여 자리를 잡았다.

『한국민족문화대백과』는 문화상품을 "한 사회의 물질적 · 정신적 산물인 문화를 이용하여 경제적 가치를 만들어 내는 상품"으로 "영화, 방송, 음악 등 지적이거나 창의적이고 정서적인 정보와 의미를 담고 있는 생산물이 상품화된 것을 말한다"라고 정의한다. 전통 사회에서는 소수의 귀족들이 이런 문화상품의 주 소비계층이었으나 이는 근대로 들어와 대중으로 확산된다. 물론 현대적 용어로 '민중 문화'의 개념에 맞는 피지배계급들이 즐기는 문화상품도 있었지만, 상층 위주의 계급 질서가 내포된 문화의 정의 속에서 그 존재감은 미약할 수밖에 없었다. 미국과 프랑스 등에서 18세기 말부터 시작된 정치적, 사회적 혁명의 시대를 거치면서 시민으로서 새롭게 탄생한 다수의 소비자를 향한 새로운 형태의 문화상품이 개발된다. 20세기 이후 기술의 발전으로 새로운 매체들이 계속 등장하며 상품의 형태는 더욱 다양해지고, 영역도

글로벌하게 확대되었다.

귀족 계층은 워낙 한정되어 있었기에 그들을 고객으로 하는 기업과 브랜드의 탄생과 역할에도 한계가 분명했다. 근대 시민계급의 발현은 산업혁명과도 함께했다. 대량생산이 가능해지고, 구매력을 지니고 소비생활을 즐길 수 있는 계급이 나타났다. 대중 독자들을 겨냥한 출판물들이 나왔고, 신문과 잡지들과 같은 새로운 매체가 나오면서 정보 소통이 빨라졌다. 특히 이들 매체들은 상업적 정보도 함께 전하면서, 이때부터 단순한 식별 이상의 특정한 의미를 추구하고, 그 의미가 일정 이상의 사람들에게 공유된다는 현대의 브랜드 정의에 맞는 브랜드들도 나타나기 시작했다. 현대적 의미의 브랜드는 생성 과정에서부터 주요 소비자들이 즐기는 문화 콘텐츠의 형태와 내용과 파급력에 크게 영향을 받았던 것이다. 브랜드의 존재감이 커지면서는 브랜드 자체가 문화 콘텐츠에 영향을 미치고, 그 주요한 내용이나 모티브가 되었다. 그렇게 만들어진 문화상품이 브랜드의 성격에 영향을 주는 서로 간의 영향을 이어받는 고리가 형성되었다.

이 글은 문화상품과 광고를 위주로 한 브랜드 마케팅의 상호작용에 초점을 맞춘다. 모든 문화상품을 대상으로 할 수는 없었고, 광고물이나 마케팅 프로그램에 미치는 영향도를 기준으로 상위와 하위의 장르를 선택했다. 2000년대 초에 대학생 120명을 대상으로 한 조사결과를 보면, 타 광고를 포함한 문화 콘텐츠 여섯 개 장르의 패러디를 활용한 광고물에 대한 최초 광고 상기도는 '영화-공연-드라마-명화(그림)-광고-문학' 순으로, 구매 의도는 '영화-드라마-공연-명화(그림)-광고-문학' 순으로 나타났다(전동균, 2006).

시각적인 영화와 텍스트를 기반으로 한 소설과 시를 대표로 한 문학이 양극으로 나누어졌다. 상업성과 대중성이란 측면에서도 이들은 서로 대척점에 있다. 이들 문화상품의 특성이 마케팅화하거나 마케팅 활동에 영향을 미치는 상호작용의 주요 사례를 짚어 가면서, 유형을 제시하고자 한다. 문화상품이 브랜드를 생성시키거나 키우고, 브랜드가 문화상품 속으로 들어가서 살찌우는, 또는 그 반대로 해를 입히는 경우와 같은 다양한 사례를 살펴볼 예정이다.

1. 소설의 마케팅 기법 도입과 상업화

1) 소설에 기초한 브랜드 상품화의 원형

『젊은 베르테르의 슬픔』에 대한 열광과 더불어 아마도 문학사에서 최초로 '유명인 상품 열풍'이 일어났다. 베르테르의 장신구는 젊은 세대의 유행이 되었다. 즉, 놋쇠 단추를 단 프록 코트, 노란 조끼, 위를 접은 갈색 장화나 둥근 펠트 모자 등이 그것이었다. 또 베르테르 도자기 인형들과 소설 속의 삼화들을 그려 넣어 만든 찻잔, 베르테르 향수, 베르테르나 그 비슷한 그림들을 그려 넣은 부채들이 팔렸다(Sichtermann & Scholl, 2003).

클라시커 시리즈 중 〈고전소설〉의 『젊은 베르테르의 슬픔』을 다룬 장에서 인용했다. '유명인 상품'이라고 표현했는데, 소설이라는 **문화 콘텐츠** 속의 허구 인물인 '베르테르'가 다양한 카테고리로 확장된 브랜드로서 기능했다고도 볼 수 있다. 1774년이란 『젊은 베르테르의 슬픔』이 출간된 시점에 주목할 필요가 있다. 1789년의 프랑스 혁명과 몇 차례의 보수반동의 물결이 있었지만 어쨌든 혁명의 열기가 점화되기 시작한 시점이며, 산업혁명의 전조로서 소위 '유명인 상품' 열풍도 일어날 수 있었던 것이라고 해석 가능하다.

그 전에 특정한 한 사람이 유행이라고 할 수 있는 것을 만든 경우는 아주 제한된 집단만 대상으로 이루어졌다. 이즈음 프랑스의 왕비인 마리 앙투아네트가 '로코코의 여왕'이라고 불리며 궁정 중심으로 유행을 선도했다. 이전 시대의 유행이 창조되고 전파되는 과정이 소수의 귀족들에 의하여 직접적인 대면접촉을 발화점으로 사람과 사람을 통하여 이루어졌다면, 『젊은 베르테르의 슬픔』이 촉발한 유행품들은 대중매체를 통하여 이루어졌다는 데서 큰 차이를 보인다. 소설이 문화 콘텐츠뿐만 아니라, 상품 개발의 소재와 동기를 제공했고, 그 자체가 광고적 메시지를 전달하는 상업적 매체로도 작용했다.

한편으로 상당수의 비평가와 종교인은 『젊은 베르테르의 슬픔』을 읽은 젊은이들 중 자살자들이 다수 나왔다며, 나약한 젊은이들을 파멸시키는 책이라며 강하게 비판했다. 실제로 유럽의 몇몇 도시에서는 금서로 지정하기도 했다. 교화적 성격을 벗어서, 광범위한 대중들에게 어필하고 상업적 세계까지 연 당시 보수적인 이들의 기준으로는 지극히 위험한 새로운 매체로 대중 소설이 정의된 것이다. 그런데 따지고 보면 새롭게 등장하는 매체들은 항시 기존의 소위 전문가라고 하는 이들에게는 그런 부정적인 평가를 받는 경향이 있다. 상업화와 연결되면 그런 비난은 더욱 거세진다. 특히나 문학의 경우에는 그런 반발은 더욱 심했다.

2) 소설과 사전 PPL

2001년 영국 소설가 페이 웰던(Fay Weldon)은 이탈리아 보석 회사 불가리(Bulgari)의 의뢰를 받아 책을 썼다. 웰던은 외부에 금액을 밝히지 않은 거금을 받고 그 대가로 자신이 쓰는 소설에서 불가리 보석을 최소한 12번 언급하기로 했다. 제목도 계약 조건에 맞게 『불가리 커넥션(The Bulgari Connection)』이라고 붙인 이 책은 영국의 하퍼콜린스(Harper Collins)와 미국의 그로브애틀랜틱(Grove/Atalantic)에서 출간되었다. 웰던은 광고주가 요구한 최소 기준을 넘어 소설에서 불가리를 34번 언급했다(Sandel, 2013).

불가리와 페이 웰던의 계약이 알려지면서, 소설은 출간되기도 전부터 비난에 휩싸였다. 웰던의 책을 출간하지 않도록 출판사에 압력을 넣기도 했고, 소설이 출간된 이후에는 다음과 같이 브랜드가 들어감으로써 '투박해진' 문장들을 지적하기도 했다.

"'손에 쥐고 있는 불가리 목걸이 하나의 가치는 덤불에 묻힌 두 개보다 낫다'라고 도리스는 말했다."

"그들은 잠시 동안 기분 좋게 끌어안고 온갖 열정을 불살랐다. 그리고 그녀는 점심시간에 불가리에서 그를 만났다." (Sandel, 2013에서 재인용)

PPL(Product Placement)이라고 하면 보통 영화나 드라마와 같은 영상 작품에서 제품이나 브랜드를 연상시키는 상징물을 노출시키는 형태를 일컫는다. 지나친 PPL에 대해서는 비판 여론도 크고, 한국의 공영방송 TV 프로그램에서는 브랜드 로고나 심볼을 가리기도 하는 방식으로 나름 자제하는 듯한 모습을 보이기도 한다. PPL이 아주 심하게 벌어진다고 하더라도, 불매운동을 하듯이 시청이나 관람을 하지 말자는 단체 행동으로 비화되지는 않는다. 웰던과 불가리의 계약 사실이 알려지자, 일부 작가들은 출판사들이 아예 검토 거부를 해야 한다고 주장하는 사태까지 일어났다. 영화나 TV 드라마와 비교하여 소설은 그래도 순수 예술에 가까운 쪽으로 인식되었던 까닭이다. 사실 불가리는 예술적이며 고급스러운 취향이라는 자기 브랜드의 본질을 강조하기 위하여 PPL 콘텐츠로 소설을 선택했을 것이다. 그런데 사실 브랜드를 알리는 도구로서 소설을 쓰는 일은 그전부터 있었다고 한다.

1980년대 영미권 문학가에서는 흔히 잡지들이 해 왔던 관행처럼 제품 광고를 중심으로 소설을 쓰고 그 소설들을 무료로 배포하는 흐름이 잠시 있었는데, 이 역시 호응을 얻지 못하고 중단됐다(Taleb, 2019).

3) 소설 속 인물의 상품화

이후 소설 속 인물들의 이름을 붙일 권리를 경매에 붙이는 일도 일어났다. 2005년 8월에 공포소설의 스테판 킹(Stephen King), 변호사 출신의 존 그리샴(John Grisham), 로맨틱 소설의 노라 로버츠(Nora Roberts), 아시아계 소설가를 대표하는 에이미 탠(Amy Tan) 등 다양한 소설 장르를 아우르는 미국을 대표하는 16명의 소설가들이 곧 발간될 자신들의 소설 속 인물들의 이름을 경매에 내놓았다. 언론자유를 상징하는 미국 헌법 수정조항 제1조를 수호하고 널리 알리는 프로젝트의 기금 모금 활동의 일환이었다. 대표격인 스테판 킹의 소설, 『Cell: A Novel』에 나오는 '레이 후이젠가(Ray Huizenga)'라는 이름의 주인공은 무려 미화 2만 달러 이상의 돈을 내고 자신의 이름을 소설 속에 심었다고 한다.

스테판 킹의 경우 워낙 작가로서의 스타일이 확실하여 경매 참가자들이 소설 속 등장인물들의 분위기와 성격을 대충 미리 짐작할 만도 한데, 친절한 작가 자신이 대략 언질을 주었다. "(이 소설은) 폭력성이 두드러지고, 핸드폰 시그널 때문에 망가지는 사람들을 그릴 예정이다. 싸구려 위스키처럼 맛이나 뒤끝은 고약해도 아주 만족스러울 것이다." 이와 함께 공포 소설의 대부답게 '소설 속에서 죽음을 맞이하는 역할을 원한다면, 여성 이름이어야 한다'고 덧붙였다.

한국에서는『레모니 스니켓의 위험한 대결』로 번역된『Lemony Snicket's A Series of Unfortunate Events』시리즈에서 작가는 세 명의 불쌍한 고아의 막내인 '말 잘하는(an utterance)' 애기의 이름을 구한다 했고, 존 그리샴은 자신의 다음 소설에서 '선한 역할(in a good light)'을 맡을 것이라고 간단하게나마 언급을 했으나, 에이미 탠이나 노라 로버츠는 인물이나 소설의 성격에 관해서 아무런 얘기를 하지 않고, 그냥 경매품으로 내놓았다. 그런데도 에이미 탠이나 노라 로버츠의 소설에 자기의 이름을 쓸 수 있는 권리도 모두 미화 2천 달러 이상에 팔렸다고 한다.

이 소설 속의 이름 경매는 이름만을 작가들에게 주고, 처할 상황과 인물의 성격은 작가들에게 전적으로 맡긴 셈이다. 작가들에게 얼마나 그 이름을 어느 정도의 빈도와 비중을 가지고 써야 한다는 구속력이 있는지는 모르겠지만, 나름대로 이름들을 해석하고 분위기를 만들어 낼 만한 여지는 있는 셈이다. 많은 명작 소설에서 특정 이름을 가진 인물을 위하여 소설이 쓰인 것과 같은 느낌을 받는 것은 그것이 그만큼 고심하여 나왔기 때문일 것이다. 물론 워낙 유명하여 자연스럽게 어릴 때부터 그 소설 속의 이름들에 익숙해진 후천적인 결과이기도 하겠지만, 고민의 바탕이 없이는 그런 후천적인 결과도 따라올 수 없다. 영화 〈바람과 함께 사라지다(Gone with the wind)〉를 잠깐 옛 기억을 되살리며 보았는데, 거기서 '스칼렛 오하라(Scarlett O'Hara)'는 그 누구도 아닌 스칼렛 오하라여야 하고, '렛 버틀러(Rhett Butler)'도 그 어떤 다른 이름이 대신 할 수 없다. 그 누가 수백만 달러를 낸다고 해서 다른 이름으로 대체할 수 없다. 브랜드 마케팅의 한 도구였던 PPL이 소설 창작 방식을 일부나마 바꾼 셈이다.

4) 소설 마케팅과 타 문화 콘텐츠

'드라마셀러'라는 2010년 이후 나타난 신조어가 있다. '드라마'와 '베스트셀러'를 합성한 단어로, 드라마에 나와서 히트를 친 서적을 말한다. 2010년 이전 한국의 TV 드라마 속의 책들은 주로 소품의 일종이었다. 드라마의 배경 장소에 맞는 외양 디자인의 책들이 책장에 꽂혀 있거나, 책상 위에 놓여 노출되는 식이었다.

최근 몇 년간은 책의 내용이 드라마의 흐름 속으로 들어가거나, 분위기를 설정하거나 전달하는 중요한 역할을 하는 경우가 늘고 있다. 이를테면 주인공들이 사랑을 전달하거나 확인하는 매개체로 책을 선물하거나, 구절들을 소리 내어 함께 읽는다.

2016년에서 2107년에 걸쳐 방영되면서 인기를 모은 드라마 〈도깨비〉에서는 드라마의 흐름에 따라 혹은 흐름을 선도하거나 강조하는 역할을 맡으며 책들이 나타난다. 예를 들자면, 도깨비로서 정체성이 강한 초기에는 『신으로부터의 한마디』가 나오고, 이어 인간적인 면모가 강화되면서는 『대장부의 삶』을 읽는 주인공 도깨비의 모습이 자주 등장한다. 안타까운 사랑의 피날레로 가면서는 『만나라, 사랑할 시간이 없다』라며 행동을 촉구하는 제목의 책이 나와서, 시청자들의 바람을 대신 전달하며 촉구하는 듯하다.

드라마 PPL 성공 사례를 수차 창출했던 한 대형 출판사 대표는 필자와의 간이 인터뷰에서 소설을 필두로 한 서적 PPL의 핵심으로 적합한 책의 선정을 강조했다. 드라마나 영화의 줄거리와 분위기에 맞춰 대략의 삽입 장면과 상황을 그린 후에 책을 선정하게 되는데, 기준은 과거의 판매부수라고 한다. 일정 수준 이상으로 과거에 판매되었던 책이 성공률이 높다. 신간 서적의 경우에 시청자들과의 연결고리가 형성되기 힘들다. 맥락 속으로 들어가거나, 흐름을 부각시키는 데 도움이 되지 않는 것이다.

소설이 히트하면서 영화나 드라마로 제작되는 게 과거의 전형이었다. 시대 상황의 변화에 따라 창작 초기 과정에서부터 다른 형식의 콘텐츠로도 제작되고 유통될 것을 염두에 두는 경우가 많다. 실제 완성된 창작물의 형태에서 일단을 엿볼 수 있다. 2003년 출간된 댄 브라운(Dan Brown)의 소설 『다빈치 코드(The Da Vinci Code)』는 2006년까지 전 세계적으로 6천만 부 이상이 팔렸고, 2006년에 영화로 개봉되어서는 미화 7억 달러 이상의 수입을 올리는 초대형 히트작이 되었다. 500쪽에 살짝 못 미치는 소설 『다빈치 코드』는 단 며칠간의 시간에 벌어지는 사건들을 다룬 105개의 챕터로 구성되어 있다. 105개의 챕터는 영화에서 그대로 105개의 주요 장면으로 옮겨간다고 해석해도 무리가 없을 것이다. 장면당 — 소설로는 챕터당 — 1분씩만 잡는다고 하더라도 바로 상영시간이 두 시간에 가까운 영화가 된다. 챕터 안에서도 나름대로 '기승전결(起承轉結)' 구조로 15초짜리 광고가 계속 이어지는 것처럼 느껴진다. 30년의 세월을 배경으로 하는, 3천 쪽이 넘는 조정래 작가의 대하소설 『한강』이 불과 57개의 챕터로 이루어진 것과 극명하게 대비된다.

2004년판 『다빈치 코드』 뒷면에 『샌프란시스코 크로니클(San Francisco Chronicle)』과 『피플(People)』 잡지의 다음과 같은 추천평이 실려 있다. 소설보다는 영화의 광고 문법에 가깝다. (※ 괄호 속 한글 번역은 필자)

> "SO MANY TWISTS-ALL SATISFYING, MOST UNEXPECTED …… Let's just say that if this novel doesn't get your pulse racing, you need to check your meds …… This is good fun-Umberto Eco on steroids." - San Francisco Chronicle
>
> ('수많은 반전(反轉)들-감탄과 경악의 연속 …… 이 소설을 읽으면서 당신의 맥박이 정상을 유지하고 있다면, 바로 건강검진을 받으십시오 …… 스테로이드 약물을 복용한 움베르토 에꼬의 작품-흥미만점. - 샌프란시스코 크로니클)

> "A PULSE-QUICKENING, BRAIN-TEASING ADVENTURE …… [BROWN IS] A NEW MASTER OF SMART THRILLS." - People
>
> (가슴 조이는, 두뇌 게임의 진수 …… 스마트한 스릴러의 새로운 거장으로 등극한 댄 브라운 - 피플)

이렇게 다른 형식의 문화상품이나 콘텐츠로도 제작될 것을 염두에 두는 것은 브랜드가 다양한 유통점을 사전 고려하며, 신제품 개발 계획을 짜는 것과 비슷한 일면이 있다. 다른 콘텐츠로의 전화(轉化) 혹은 확장에 더하여 창작 초기부터 고려하는 두 가지 측면이 있다. 이 역시 브랜드 마케팅에서 갈수록 중요성이 대두되고 있는 것들이다. '글로벌'과 고객 다변화 측면이다. 이야기의 뼈대는 공유하더라도 국가별 상황에 따라 변환시킬 부분을 준비한다. 해당 국가의 법규나 풍속에 맞춰 광고를 변화시키는 것, 곧 로컬라이제이션(localization) 수정을 하는 것과 비슷하다. 초기 기획과 창작 단계에서 원래의 고객층에서 2차, 3차 고객층으로 타깃을 확장하는 것을 고려한다. 이를테면『소설 동의보감』의 어린이판, 여성판을 내는 것처럼, 아예 처음부터 이런 고객층의 확장과 맞춤을 감안하고 창작하는 것이다. 기업의 제품 마케팅 형식이 신제품 개발에서 애프터서비스까지 문화상품의 기획과 창작에도 방법론적으로 영향을 미치고 있는 예이다.

2. 영화, TV를 이용한 마케팅과 영화, TV를 위한 마케팅

1) 영화 속 PPL의 변화

PPL이라는 용어를 떠나서 영화와 함께 호출되는 브랜드들이 있다. 1961년에 개봉된 영화 〈티파니에서 아침을(Breakfast at Tiffany's)〉은 유명한 소설가 트루먼 카포티(Truman Capote)의 원작에 바탕을 두고 있다. 카포티가 영화 제작권을 파라마운트(Paramount)에 팔았다. 트루먼이나 파라마운트나 제목에 '티파니'라는 브랜드를 사용한다고 티파니의 허가를 받거나 사용료를 지불하지 않았고, 티파니도 자신의 이름을 제목에 올리기 위하여 일종의 PPL 권리를 돈을 주고 사지도 않았다.

마릴린 먼로(Marilyn Monroe)가 '무엇을 입고 자느냐?'는 질문에 '샤넬 No.5'라고 대답하는 과정에서도 먼로와 샤넬의 계약 관계는 없었다. 먼로는 몇 차례 더 샤넬

No.5를 언급하기도 했고, 촬영 현장에 샤넬 제품이 놓여 있었던 적도 있었다. 먼로와 샤넬의 두 브랜드가 강하게 연계되어 연상이 되었지만, 샤넬은 먼로가 출연하는 영화에 PPL을 하지 않았다. 그만큼 영화에서의 PPL이 적극적인 마케팅 수단으로 자리 잡지 못했다.

영화 PPL 사례의 신기원을 이룩한 건 1982년에 개봉된 〈E.T.〉의 리스(Reese's) 초콜릿이었다. 원래 마르스(Mars)의 M&M을 쓰려고 했으나 거절당해 할 수 없이 리스를 썼다는 얘기가 있다. 1980년대면 이미 영화제작사와 브랜드 간의 협의에 의한 계약에 의거하여 PPL을 시행했다는 것이다. 계약 금액을 위하여 이때 즈음해서부터 PPL의 효과를 산정하는 작업이 이어졌다. 〈E.T.〉의 리스는 영화에서 외계인 E.T.가 초콜릿을 먹는 장면이 노출되고, 화제가 되면서 전해 대비하여 매출이 65% 이상 늘었다고 한다. 지금까지 이렇게 거론되는 자체로도 지대한 효과를 거두었다고 평가할 수 있다.

이후 영화 제작사에서는 자연스러운 PPL을 위한 장치를 사전에 마련하면서, 효과를 사전에 예측하는 과제가 떨어졌다. 브랜드 기업 측에서도 효과 측정이 자연스럽게 이루어졌다. 효과는 보통 바로 앞의 리스의 예처럼, 영화 상영 이후의 매출 증가가 일반적이었지만, 2000년에 개봉한 〈캐스트어웨이(Cast Away)〉처럼 기업 인지도나 입사 지원율 같은 것으로 다변화되기도 했다. 그런데 사실 지금까지도 광고효과 측정이 그러하듯 PPL 효과 측정에도 정답은 없다. 다른 마케팅 활동과 병행되기 때문에 사실상 PPL의 효과만을 분리하여 측정하는 건 거의 불가능하다고 봐야 한다.

한국 영화에서 제작 단계에서 기업과의 마케팅 연합 측면에서 PPL을 기획하고 실행한 효시는 1992년 개봉된 〈결혼이야기〉이다. 신혼부부 가정의 가전제품을 삼성전자에서 모두 제공했다. 이후 한국의 영화 및 TV드라마에서의 PPL은 급격히 늘었다. 필자의 개인적인 경험이지만 1994년에 PPL 대행사를 설립하려는 지인이 PPL 효과 사전예측과 사후조사 방법론을 세워 달라는 부탁을 하면서, 합류를 종용했을 정도였다. 브랜드들이 영화 속에서 PPL로 범람하면 할수록 두드러지게 효과를 거두기는 힘들다.

원래 HBO의 드라마로 유명해졌던 〈섹스 앤 더 시티(Sex and The City)〉가 두 차례에 걸쳐 영화로 제작되면서, 수많은 명품의 PPL이 화면을 장식했다. 드라마 시리즈와 영화 모두에서 의상감독을 맡았던 패트리셔 필드(Patricia Field)는 "각종 브랜드에서 영화에 써 달라고 보낸 의상과 소품이 백화점을 차리고도 남을 정도"라고 했다. 그러나 드라마에서 PPL로 노출된 몇몇 브랜드만큼의 효과를 본 사례는 없었다는 평가가 내려졌다. 왜 그랬을까?

2) TV 드라마에서 PPL 효과의 명암

사라 제시카 파커(Sarah Jessica Parker)가 분한 〈섹스 앤 더 시티〉의 주인공 격인 캐리 브래드쇼(Carrie Bradshaw)라는 인물을 그녀가 좋아하는 것으로 설명하곤 한다. '그녀는 주말에 친구들과 브런치를 하며 수다를 떨고, 주중에는 스타벅스 커피를 즐기며, 코스모폴리탄 잡지를 들고, 지미추나 마놀로블라닉 구두를 신는다.'

브런치, 스타벅스와 코스모폴리탄 잡지가 일상 배경이자 소품이라면, 지미추와 마놀로블라닉은 장면의 중추 역할을 한다. 예를 들면, 캐리가 인생을 위해 꼭 타야 하는 여객선 페리를 놓치고, 그보다는 '내 지미추가 없어졌어.'라며 신세를 한탄한다. 그리고 강도를 만나서 '내 마놀로블라닉만은 가져가지 말아 달라'고 애원한다. 곧 PPL 브랜드와 드라마 속의 캐리가 일체화된다. 이런 극적인 장치가 영화의 범람하는 PPL 브랜드 속에서는 제대로 구현되지 못했다. 짧은 시간 내에 다수의 브랜드를 PPL로 소화해야 하는 영화와 시리즈라 한 드라마에서 돋보이며 드라마 속에 자연스럽게 묻혀 들어가는 소수의 PPL 브랜드와는 차이가 날 수밖에 없다.

2019년 대단원의 막을 내린 〈왕좌의 게임(Game of Thrones)〉 시리즈 마지막이었던 시즌 8에서 화면에 등장한 스타벅스 라테가 담긴 모양의 종이컵이 화제에 올랐었다. '옥에 티'처럼 사진이 돌면서 스타벅스가 아닌 촬영장 스태프들에게 간식과 음료를 제공하는 회사의 컵으로 확인되었다. 사실에 아랑곳없이 주인공들에게 스타벅스 종업원 복장을 입히거나, 중세 도시 모양으로 건설된 세트장에 스타벅스 매장을 그려 넣는 식의 소위 패러디짤들이 SNS에 봇물처럼 쏟아져 나와 돌아다녔다. 제작사에서도 "이번 회에 등장한 라테는 실수였어요. 사실 대너리스는 허브티를 주문했거든요."라고 말했다. 담당 PD는 "(드라마의 배경 지역인) 웨스테로스가 사실 스타벅스 1호 매장이 있던 곳이거든요."라며 농담 릴레이에 합류했다. 마침내는 스타벅스도 "솔직히 말해서 우리도 그녀가 드래곤 드링크를 주문하지 않아서 놀랐어요."라고 트윗을 날렸다. 여름 메뉴로 내놓은 '드래곤 후르츠'를 은근히 광고까지 하는 순발력과 응용력을 발휘하였다.

한국 TV 드라마에서의 PPL은 방송국 외부 프로덕션의 외주 체제가 자리를 잡으면서 필요악처럼 인식되는 경향이 생겼다. 제작비 충당의 순기능이 있기는 하지만, 드라마의 흐름이나 현실과 관계없이 어설픔과 과도함을 지적받는 경우가 많다. 심하게는 'PPL로 수익을 올리기 위하여 드라마를 제작한다'며 '꼬리가 개를 흔든다'와 같은 본말전도가 일어난다고까지 표현할 정도이다. PPL을 하는 브랜드가 소위 '갑'이 되어, 맥락에 어울리지 않게 직설적인 브랜드 메시지를 던지며 등장한다. 시청자들이 가지고 놀 만한 여백이 없다. 〈왕좌의 게임〉에서 불쑥 돌출한 스타벅스의 사례에서 보듯, 뭔가 모자라게 주어지는 상황 속에서 시청자들은 그 부분을 채우려는 충동을 느끼고 스스로 메시지를 만들고 확산시킨다. 주인공, 특히 여성 주인공에 집중된 PPL도 문제점으로 지적된다. '○○○목걸이' '×××핸드백' 등으로 회자되는 현상이 PPL 뒤에 일어나는데, 이는 일시적인 매출 증가에는 효과가 있을지 몰라도, 브랜드 자산으로 축적되는 데는 한계가 있다.

3) 브랜드가 주인공이 되는 영화

미국 최고의 광고 회사 중 하나인 맥캔에릭슨(McCann Erickson)의 전략담당 부회장(Chief Strategy Officer)을 지냈고, 1997년부터 자신의 컨설팅사를 운영하다가 2000년에 작고한 피터 김이 1990년대 말에 필자에게 브랜드를 〈몰타의 매(The Maltese Falcon)〉 영화를 들어 비유하며 얘기한 적이 있었다. 몇 차례 같은 이름의 영화로 제작되었는데 험프리 보가트가 주연을 맡고, 존 휴스턴이 감독한 1941년 작이 가장 유명하다. 영화에서 중세 기사단이 제작한 '몰타의 매' 동상은 제대로 본 사람은 없지만, 모두가 손에 쥐려 하는 선망과 경쟁의 대상이다. 그래서 피터 김이 "사실 〈몰타의 매〉는 최고의 브랜드 영화라고 할 수 있어."라고 한 말을 기억한다.

눈에 보이지 않으면 믿지 않는 시대가 되었다. 잠깐잠깐 화면에 비추는 PPL에 만족하지 못한 브랜드들은 스스로 영화의 주인공으로 나섰다. 2001년 BMW가 존 프랑켄하이머(John Frankenheimer), 리안(李安, Lee Ang), 왕자웨이(王家卫), 가이 리치(Guy Ritchie), 우위싼(吳宇森), 토니 스콧(Tony Scott) 등 당대 최고의 영화감독 여섯 명을 동원하여 만든 5분에서 10분 사이 길이의 단편영화들을 온라인으로 상영했다. 당시 가이 리치의 부인이었던 마돈나(Madonna)가 출연하여 BMW 뒷좌석에서 엉망으로 망가지는 거만한 스타의 모습을 연기한 편이 가장 인기를 끌었다. bmwfilms.com이라는 사이트에서 공개된 이 단편영화들은 온라인 사이트라는 새로운 매체를 개척했다는 매체적인 측면 외에, 오직 '자동차를 위한, 자동차에 의한, 자동차의 영화'를 제작했다는 데 그 의의가 크다. 감독들의 명성에 걸맞은 작품성까지 인정을 받아 뉴욕 현대미술관(MoMA)의 영구 소장 컬렉션에 포함되기도 했다.

BMW 단편영화들이 발표된 지 15년이 지난 2016년 말 BMW 5 시리즈 신차 발표 마케팅의 일환으로 새로운 단편영화를 선보였다. 2001년에 드라이버로 출연하여, 신기의 운전 기술을 선보이며 마돈나를 혼내 주었던 클라이브 오웬(Clive Owen)이 다시 운전대를 잡고, 악당들과의 도로 위 격돌과 추격전은 물론이고, 헬리콥터와의 대결까지 불사한다. BMW라는 브랜드의 자동차가 내세우는 속성들이 갈라(Gala) 공연처럼 화려하게 짧은 시간에 펼쳐진다.

장편 극영화에서 브랜드가 아예 제목으로 오르며, 화려하게 조명되기도 한다. 〈악마는 프라다를 입는다(The Devil Wears Prada)〉(2006년 개봉)가 대표적이다. 영화는 로렌 와이스버거(Lauren Weisberger)가 2004년에 낸 소설의 제목을 그대로 가져왔다. 〈티파니에서 아침을〉처럼 대중적으로 인기를 끈 소설을 원작으로 했다. 전설적 패션 잡지 편집장의 어시스턴트를 지내기는 했지만, 소설가로서 데뷔작이었기 때문에 브랜드 프라다가 우리가 서두에서 본 것과 같은 PPL의 일종으로 투자를 한 것 같지는 않다. 영화에서 보면 프라다보다는 샤넬 의상들이 훨씬 많이 보인다. 실제로 영화에서 메릴 스트립(Meryl Streep)이 분한 잡지 편집장의 실제 모델이었던 보그(Vogue)사의 안나 윈투어(Anna Wintour)는 프라다보다는 샤넬을 높이 평가했다고 한다. 그런데 왜 PPL을 한 것도 아닌데 프라다를 가져다 썼을까. 원작 소설의 작가인 와이즈버거가 직접 프라다를 제목에 쓴 이유를 밝힌 것은 찾지 못했다. 샤넬보다는 비교적 친대중적이고 젊은 이미지였기 때문이라고 추정한다.

주인공은 아니지만 브랜드 네임을 영화 스토리에 녹여 강렬하게 각인시킨 사례로 〈백 투 더 퓨처(Back to the Future)〉 1, 2편의 캘빈클라인을 들 수 있다. "Just relax, Calvin." 1편에서 많은 이가 가장 기억에 남는 부분 중의 하나로 치는 장면이다. 나중에 엄마가 되는 여고생이 교통사고로 침대에 옮겨져 있다가 깨어난 주인공 '마티'에게 처음으로 한 말이었다. 몇 차례 그를 계속 '캘빈'이라고 부르자 주인공이 그 이유를 묻는다. "네 이름 아니야? 네 속옷마다 새겨져 있어. 캘빈클라인."이라고 하는 소리에 주인공이 기겁을 한다. 2편에서도 '캘빈클라인'은 호칭으로 계속 등장한다. 제품을 제대로 노출하지 않고도, 속옷에까지 패션 열풍을 불고 온 젊고 섹시한 브랜드 이미지를 성공적으로 알린 PPL이다.

4) PPL 이후의 확장

멀티채널, SNS의 시대에 PPL은 콘텐츠 내에서의 단순 노출 효과 이상의 계획을 가지고 실행되어야 한다. 2015년 개봉하여 세계적으로 히트한 〈어벤져스(Avengers)〉에 자동차 부문 대표 PPL 브랜드로 나선 아우디는 영화와 함께 지펴진 화제를 계속 유지시키고 매출과 연결하는 방식을 중국에서 선보였다. 어벤져스에 등장한 자사의 차들을 중국의 Tmall.com에서 경매에 부친 것이다.

한국 돈으로 180만 원 정도의 참가비를 미리 낸 사람에 한해서 경매에 참여할 수 있었는데, 21명이 참가했다는 사실부터 화제가 되었다. 실제 경매에서는 히어로스

(heroes)들이 탔던 모든 차가 개시 가격의 두 배 이상으로 낙찰이 되었다. 아이언맨(Iron Man)의 아우디TT는 우리 돈으로 6천만 원 정도에서 경매가 시작되었는데, 결국 그 두 배를 넘어서 1억 4천만 원 정도로 낙찰이 되었다. 당연히 Tmall.com뿐 아니라 중국 내 SNS와 주요 포털사이트의 게시판들이 아우디의 경매 이야기로 뜨거웠다. 이 아우디 어벤져스 PPL 제품의 경매는 다음과 같은 의미가 있다.

첫째, 영화 PPL의 일시적 이벤트로 그치지 않고 계속 버즈를 창출했다. 대형 스폰서십 이벤트 프로모션에서 가장 안타까운 것이 대회 이후의 사후(post) 프로모션이었다. 팀의 일원으로 직접 스폰서십 프로모션 효과조사를 했던 애틀랜타 올림픽에서부터 모든 대형 스폰서십 이벤트에 공통적으로 나타났다. 대회 기간 중의 이미지 개선 효과가 대회 직후부터 급격히 떨어지는 것이다. 말하자면 대회 기간 중의 브랜드 이미지 개선 효과가 30%로 나타났는데, 대회 1주 후에는 10%, 2주 후에는 5% 수준대에서 고착되어 버리곤 한다. 5% 정도의 개선 효과가 스폰서십으로 거둔 최종 결과가 되는데, 대회 이후의 프로모션을 잘 전개한다면 대회 기간 중만큼은 아니더라도 15%대로 개선수준을 끌어올릴 수 있다고 주장했다. 그런데 제대로 포스트프로모션이 되는 경우를 보지 못했다. 기껏해야 선수들 축하나 격려, 감사 광고 정도 집행하고, 선수단의 성적을 축하하는 세일 프로모션 정도를 하는 수준이었다. PPL로 삼성전자에서도 〈매트릭스 리로디드(Matrix Reloaded)〉(2003년 개봉)에 나온 핸드폰을 이베이를 통하여 팔기도 했으나, 기획 자체가 치밀하지 못했고 크게 화제가 되지도 않았다.

둘째, 높은 낙찰 가격으로 아우디의 브랜드 프리미엄을 유지하는 데 공헌했다. 경매 참가자들부터 고가의 참가비를 내게 하는 등 엄격하게 제한한 것이 아우디가 중국 시장에서 추구하고자 하는 브랜드와 어울렸다. 무조건적인 버즈 창출이 아니라, 자신의 브랜드와 어떤 연결성을 가지고 있는지 봐야 한다.

셋째, 전체 라인 판매에 기여하는 결과를 가져왔다. 아우디는 어벤져스의 히어로들을 위해 제공한 제품군들을 PPL하였고, 그 모두에 대해 경매를 실시했다. 그렇게 다섯 종 이상의 제품 라인이 형성되었다. 결과적으로 아우디 전체 라인의 매출 증대

효과를 가져왔다.

더 하나 지적할 만한 것은 자동차 판매까지 온라인의 비중이 큰 중국의 유통채널 상의 특성을 함께 이용했다. 테슬라는 계속 Tmall을 통해서만 판매를 하고 있단다. 디즈니는 자동차를 제외하고도 영화에 나오거나 소재로 한 머천다이즈 품목의 판매를 오직 Tmall.com을 통해서만 하기로 했다. 이 역시 PPL의 새로운 경로를 연 것이라고 할 수 있다.

5) 기업 브랜드 이미지 제고의 기폭제가 된 PPL

영화 소품으로 쓰였던 의상이나 품목을 경매에 붙이는 경우는 자주 있다. 앞서 언급했던 2003년 개봉한 〈매트릭스 리로디드〉에서 주인공이 사용한 삼성의 '매트릭스폰'은 미국에서는 개봉 직후인 5월에 이베이를 통하여, 일본에서는 11월에 야후 저팬(Yahoo Japan)을 통해 경매에 붙여졌다. 각각 한화로 미국에서 5백만 원, 일본에서 4백만 원에 팔렸다고 한다. 그 모델 전체 생산 물량이 원래부터 10,000대 이하로, 실제 사용보다는 수집품으로 기획하였다. PPL로 노출된 제품의 판매가 목표는 아니었다. 싸구려 가전업체에서 휴대폰을 비롯한 디지털의 대표 주자로 기업 브랜드 이미지를 구축하는 게 우선이었다.

당시 매트릭스는 디지털 시대를 묘사한 최고의 영화로 인정받으며, 대사나 장면 하나하나를 해석하고 토의하는 요즘으로 치면 '덕후'와 같은 무리들을 거느리고 있었다. 기술 부문의 수용도를 기준으로 그들은 선도자들로, 혁신자(innovator)와 초기수용자(early adopter)들이었다. 1999년 〈매트릭스〉 1편에서 PPL을 했던 노키아(Nokia)를 삼성이 2편에서 대체한 사실 자체로 기술 선도 소비자그룹에서 삼성은 휴대폰 부문에서 3강 체제의 하나로 확고히 인식되었다. 서구 산업계의 여론선도자들 사이에서도 비슷한 반응을 접했었다. 2005년과 2006년에 한국을 방문한 영국과 프랑스의 대기업 중역들을 상대로 강연을 한 적이 있다. 삼성 사례를 그들에게 소개할 때, 매트릭스 PPL 부분에서 똑같은 반응이 나와서 놀랐었다. "삼성은 일본 전자 기업을 쫓는다고만 생각했습니다. 매트릭스에 나온 삼성폰과 영화 장면이 나온 삼성 광고들을 보면서 심각한 전자 산업의 플레이어로 인식하기 시작했어요."

이미지상 가전 부문에 국한되어 있던 삼성은 매트릭스 영화를 통하여 결정적으로 무선통신 주류 중의 하나로 진입했다. 자동차에서 비슷한 형편에 있던 현대자동차는 〈인셉션(Inception)〉(2010년 개봉)이란 헐리우드 블록버스터를 디딤돌로 고급승용차 경쟁에 뛰어들 수 있었다. 고급승용차 브랜드로 제네시스를 출시한 현대자동차에게 과거를 떨칠 수 있는 기폭제의 역할을 할 무대가 필요했다. PPL이 가장 활발한 업종이 자동차이다. 현대자동차도 1996년 청룽(成龍, Jackie Chan)의 〈폴리스 스토리 4〉를 시발점으로 외국 영화들에 PPL을 시행했으나, 여러 자동차 브랜드 중의 하나로 참여하여 큰 반향을 일으키지는 못했다. 〈인셉션〉은 노출 제품의 수와 시간, 영화의 규모, 출연 배우의 성가 등에서 현대자동차의 이전 PPL 참여 영화와 획을 달리한 작품이었다. 그리고 성과도 확연히 성공적이었다.

아무리 제품이 뛰어나도 소비자들의 인식을 바꾸는 데는 한계가 있다. 시간도 매우 오래 걸린다. 그를 당길 수 있고, 변곡점을 만들기 위해서는 외부와의 시너지가 필요하다. 그 역할을 삼성과 현대자동차 모두에서 할리우드 블록버스터 영화들이 한 것이다. 물론 그전에 두 개 브랜드 모두 올림픽과 월드컵이라는 세계 최대의 메가 이벤트에 스폰서로 참여하여 기본 인식을 바꾸는 바탕을 만들었다. 그리고 무선통신과 고급승용차라는 새로운 부문으로의 진출과 매출 확대로 인지 제고라는 전제조건이 마련되었기에 가능했던 일이었다.

밴드 스티븐울프(Steppenwolf)의 〈본 투 비 와일드(Born to be Wild)〉를 듣기 위해 주크박스에 할아버지가 돈을 넣는다. 사실 주크박스에는 〈본 투 비 와일드〉 한 곡만 들어가 있다. 뒤편에 영화 〈이지 라이더(Easy Rider)〉의 포스터가 보이고, 그 OST인 이 노래가 흐른다. 바의 노인들은 젊은이들보다도 박력 있게 팔씨름을 하고, 거칠게 인사를 나눈다. 그때 문을 제치며 들어온 한 사람이 심각한 표정으로 말한다. "우리 차를 막아 버렸어(Blocked in)." 놀라서 뛰쳐나간 노인들의 오토바이 앞에는 산뜻한 벤츠가 주차되어 있다. 기가 막혀 하는 노인 라이더들의 시선을 한 몸에

받으며, 건물 뒤편에서 나오는 그들의 우상 피터 폰다(Peter Fonda). "Nice rides(라이딩 잘해)." 인사를 건넨 후 벤츠에 올라탄다. 그를 보며 여성 바이커가 말한다. "Still looking good(아직도 멋진데)." 세련된 벤츠를 타고 떠나는 말쑥한 노년의 피터 폰다. 그가 고속도로를 향해 벤츠를 타고 가는 뒤로 "Born to be wild" 자막이 "Built to be wild"로 바뀐다.

2017년 슈퍼보울에 나온 광고이다. 제목이 〈Easy Driver〉로 되어 있다. 어디서 나온 말일까? 1960년대의 '반문화' '히피 문화' '라이더 문화'를 대표한 영화 〈Easy Rider〉를 슬쩍 바꾼 것이다. 벤츠는 사실 할리 라이더들을 약간 조롱 대상으로 삼은 광고를 전에도 냈었다. 그때는 벤츠의 성능을 알리는 데 주력했고, 이 광고에서는 1960년대에 머물러 있으며 아직도 서로 팔씨름하고, 그러다가 엉겨 싸우고 하는 성장하지 않은 무리들과, 말끔하게 늙은 벤츠 드라이버를 대조시켜, 인물들 자체를 비교했다. 벤츠 AMG에 타는 인물인 피터 폰다는 〈이지 라이더〉 영화에서 공동 각본과 주연을 맡았다. 그런 피터 폰다마저도 벤츠로 갈아탄다며, 할리데이비슨을 조롱하는 듯한 내용인데, 실상은 그렇지 않았다. 철부지 시절에 머물러 있는 광고에 나타난 '할리 떨거지들'의 행태에 1960~1970년대 히피의 기억을 아련하게 갖고 있는 베이비부머들이 열광했다.

할리데이비슨은 2차대전 직후에 열린 홀리스터 랠리(Holister Rally)에서 벌어진 소동이 '홀리스터 폭동(Holister Riot)'로 명명되며, 무뢰한들의 브랜드로 인식되었다. 〈이지 라이더〉 영화 이전에도 폭력과 연관하여 할리 이미지를 만든 영화는 많았다. 그 시초로 1953년에 나온 말론 브란도(Marlon Brando) 주연의 〈위험한 질주(The Wild One)〉를 거론한다. 이 영화에서 말론 브란도가 이끄는 모터사이클 갱들이 평화로운 캘리포니아 마을을 공포에 휩싸이게 한다. 아이러니하게도 이 영화에서 말론 브란도가 탄 모터사이클은 할리데이비슨이 아닌 영국제 트라이엄프(Triumph)였다. 이후 1966년 피터 폰다 주연의 〈와일드 엔젤(The Wild Angel)〉, 1967년 잭 니콜슨의 〈헬스 엔젤 온 휠스(Hells Angels on Wheels)〉가 나왔고, 이 두 배우가 1969년에 〈이지 라이더〉에서 뭉친 것이다.

1991년에 나온 영화 〈할리데이비슨과 말보로 맨(Harley Davidson and The Marlboro Man)〉은 제목부터 깡패 집단을 떠올리게 하였다. 그런데 2007년 월트 디즈니에서 존 트라볼타(John Travolta), 팀 알렌(Tim Allen), 마틴 로렌스(Martin Lawrence), 윌리엄 머시(William Macy) 등의 중진 배우들이 주연으로 나선 〈거친 녀석들(Wild Hogs)〉은 영화는 비록 메가 히트를 기록하지는 못했지만, 할리데이비슨을 타는 이들의 이미지를 바꾸는 데 결정적인 역할을 했다. '중년의 위기를 겪는 교외에 거주하는 전문직 남성들이 단조로운 일상에서 빠져나와 활력을 찾는 설정이 바로 앞에서처럼 '1960년대의 아련한 기억을 가지고 있는' 베이비부머들에게 공감을 샀다. 그리고 일반인들에게 훌리건과 같은 인상이 옅어졌다. 이후의 영화나 드라마에서 중년 전문직 할리 라이더들이 종종 등장하면서, 늙어서도 철없이 구는 행태를 봐줄 수 있고, 재연까지도 하려는 여유를 갖게 된 것이다(Fessler, 2017).

6) 영상 문화 콘텐츠 모티브의 광고

45개 국어와 방언이 가능하고, 17개 대학에서 학위를 받은 화가이자 음악가, 의사, 변호사, 엔지니어이며 명예 인디언 추장이기도 하다. 또 올림픽 메달리스트에 유도 유단자이며 50경기 연속 KO 승을 거둔 권투선수인 그는 세계에 위험한 일이 벌어지면 출동해 해결한다(박광규, 2016).

어느 영화 주인공에 대한 설명이다. 이런 인물이 가능할까. 게다가 인물까지 출중하다고 한다. 가는 곳마다 미녀들이 그를 둘러싼다. 제임스 본드(James Bond) 007을 연상시키기도 한다. 실제로 007을 염두에 두고 탄생했다. 유나이티드 아티스트(United Artist's) 영화사에서 007 시리즈를 내놓으며 히트 치자, 라이벌인 20세기 폭스(20th Fox)사에서 007보다 더욱 비현실적으로 나가 버린 인물을 창조하여 영화를 만들었다. 주인공의 이름인 '데렉 플린트(Derek Flint)'를 따서 영화 제목은 〈Our Action Flint〉로 나왔고, 한국에서는 〈전격 후린트 고고작전〉으로 나왔다.

만화로 나와도 너무나 터무니없다고 비난받을 만한 이 영화 주인공은 광고 캐릭터로 새롭게 태어났다. 2006년부터 10년 동안 방영되며, 인기를 모으고, 제품 매출을 20% 이상 올렸으며, 2010년 칸국제광고제 수상의 영광까지 안은 도스에퀴스(Dos Equis)의 '세상에서 가장 흥미로운 사나이(The Most Interesting Man in the World)'란 시리즈였다. 얼마나 흥미로운 인물인지, 광고 배경으로 밝힌 이 사나이에 대한 표현을 보자.

- 너무 멋있어 그에게 매혹당하지 않는 백신까지 개발되었다.
- 그의 적들까지도 긴급할 때 연락하러 그의 전화번호를 갖고 있다.
- 황무지에 도시를 건설했는데, 현재 60만 명의 사람들이 그 도시에 산다.
- 그가 수영을 하러 가면 돌고래들이 나타난다.
- 그가 길을 가르쳐 주면 잃어버리는 일이 절대 없고, 5분 먼저 도착한다.
- 그가 슬픈 생각을 하면 하늘에서 비가 온다.
- 덫에 걸려 고통스러워하는 야생 곰을 풀어 준 적이 있다.
- 그의 피에서는 향수 냄새가 난다.

영화 주인공을 광고 캐릭터의 모티브로 삼은 것과 반대로 실제 인물이 영화 속의 인물에 영감을 주기도 한다. 미국의 마블 코믹스 영화에 2008년에 최초로 등장한 아이언맨은 페이팔(Paypal)의 공동창업자 중 하나이고, 전기자동차의 대표 기업인 테슬라(Tesla)와 태양광 배터리, 우주선, 초고속 하이퍼루프 등의 사업을 개척하는 것으로 유명한 엘론 머스크(Elon Musk)를 모델로 만든 캐릭터라고 해서 화제가 되었다. 최초 아이언맨이라는 새로운 히어로를 창조할 때, 엘론 머스크를 모델로 했는지 여부에 대해서는 직접 밝힌 바는 없다. 그러나 영화 제작 과정에서 주인공인 로버트 다우니 주니어(Robert Downey Jr.)가 엘론 머스크로부터 젊은 사업가란 인물의 성격을 규정하는 조언을 얻었고, 영화에서 테슬라 차들이 아이언맨이 소유한 자동차로 등장한다. 엘론 머스크와 테슬라를 비롯한 그의 사업들도 아이언맨의 인기로부터 모험심 강하며 첨단기술을 개발하는 창의적인 소산으로 반사 이익을 얻고 있다. 영화의 캐릭터와 현실의 브랜드를 상징하는 인물이 조화를 이루면서 서로 간에 상승작용을 일으킨 사례이다.

한국에서도 히트한 영화나 드라마, TV 프로그램의 주인공들이 광고에 등장하거나 마케팅 프로그램의 중심으로 활약한 경우가 꽤 있다. 그런데 '세상에서 가장 흥미로운 사나이'처럼 긴 시간을 두고 시리즈로 이어지지는 못했다. 2019년 상반기에 〈스카이 캐슬〉 열풍이 불었지만, 하반기에 접어들며 그를 소재로 하거나 테마가 이어지는 광고는 찾아볼 수 없다. 기껏해야 한 시즌의 캠페인으로 끝나 버리곤 했다. 또한 엘론 머스크의 사례처럼 문화 콘텐츠의 모티브가 되는 경우는 있었지만, 기업인이나 기업에 투영되어 브랜드 형성에 기여하지는 못했다. 역시나 일시적으로 화제가 되었다가 증발해 버리곤 했다. 패드(fad)와 같은 화제에만 매달리고, 그를 해석하여 브랜드에 작용하는 과정 없이, 콘텐츠에 나타난 성격을 그대로 가져다가 쓴 탓이 크다. 브랜드와 인물이 따로 노는 현상이 일어난다. 결국 순간적인 화제가 될 수는 있지만, 브랜드와는 전혀 무관하게 잊혀 버린다.

3. 시와 광고의 마케팅 협력

영화 〈죽은 시인의 사회(Dead Poet Society)〉의 키팅(Keating) 선생님이 인간이 시를 쓰는 이유를 강의하면서, 월트 휘트먼(Walt Whitman)의 시 〈오 나여, 나의 삶이여(O Me! O Life)〉를 낭송한다. 흰 눈 덮인 산과 오렌지색의 의상을 펄럭이며 춤을 추는 여인들, 하얀 분칠한 얼굴에 진하게 눈썹을 그려 넣은 가부키 배우, 얼음 위를 스케이트 날로 깎으며 물보라를 일으키는 아이스하키 선수들이 화면을 메우는 가운데 차분하게 나아간 낭송은 이렇게 끝을 맺는다. '무엇이 당신의 시가 될 것인가(What will your verse be)?' 여기서 'verse'는 자신을 정의하고 표현하는 시나 구절을 말한다. 기업의 커뮤니케이션 측면에서는 넓은 의미의 브랜드라고 할 수 있다. 광고의 카피를 현대 시의 한 종류로 구분하기도 한다. 실제로 시가 그대로 광고 카피로 쓰이기도 하고, 광고 카피가 시의 형식을 차용하며 시 작품으로 인정을 받기도 한다. 그러나 한국에는 자본주의 자체가, 그리고 그 자본주의의 꽃이라는 광고가 시인에게 낯설고 어색하게만 느껴지던 시절이 길었다.

1) 자본주의 환경의 변화를 담은 시들

김수영의 1962년 작품인 〈마아케팅〉의 내용을 따라가 본다. '구질구질한 생활필수품'인 '비니루, 파리통, 도배지'를 사오라는 심부름을 가장인 시인이 한다. '오이, 고춧가루, 후춧가루'는 너무나 창피하여 물리쳤다. 합쳐서 네 개 품목을 사야 하는데 마지막 하나가 생각이 나지 않는다. 겨우 떠올린 품목은 가장인 시인의 개인용품인 면도날이었다. 면도날은 부록처럼 본문이 아닌 괄호 속에 들어가 있다. 시의 제목인 '마아케팅'은 현재 우리가 쓰는 '마케팅(marketing)'이 아닌 '장보기'로 해석하는 편이 좋다고 생각한다.

시에서 나열된 자질구레한 물건을 사는 행위조차 힘들어하는 시인의 부인은 라디오를 비롯한 새로운 물품들을 최소한 시인이 뵈기에는 거침없이 사들인다. 시인은 계속 소외되고 작아지는 것만 같다. 부인보다도 자본주의가 기승을 부리는 세상이라 더욱 그러하다. 그 자본주의의 극단은 미국의 패션 잡지로 수렴되어 나타난다.

VOGUE야 넌 잡지가 아냐
섹스가 아냐 유물론도 아냐 선망조차도 아냐
선망이란 어지간히 따라갈 가망성이 있는
상대자에 대한 시기심이 아니냐,
그러니까 너는 선망도 아냐

마룻바닥에 깐 비닐 장판에 구공탄을 떨어뜨려

탄 자국, 내 구두에 묻은 흙, 변두리의 진흙,
그런 가슴의 죽음의 표식만을 지켜 온,
밑바닥만을 보아 온, 빈곤에 마비된 눈에
하늘을 가리켜 주는 잡지
VOGUE야

- 김수영, 〈VOGUE야〉(1967) 중에서 -

두 번째 연 처음 두 줄에 '비닐 장판' '구공탄 자국' '변두리 진흙' 등으로 구체적으로 표현된 한국의 가난한 생활과 대비되어 『보그(Vogue)』 잡지에 그려진 모습은 선망의 대상이 되는 경지까지도 넘어섰다. 여성 모델들도 섹스 어필 여부를 따질 단계를 넘어 섰고, 물질이 어쩌고저쩌고 논리 싸움을 벌이는 것과는 다른 차원에 서 있다. 시인이 도달할 수 없는, 도달할 엄두도 내지 못하는, 두 번째 연의 '밑바닥'과 '하늘'의 대비에서 느껴지듯이 도달하려고 하지도 않는 다른 세계를 보그는 상징한다. 그렇게 보그가 잡지가 아닌 별세계가 되는 빈곤에 마비된 시인의 눈에 광고가 제대로 보였을 수가 없었을 것이다. 실제로 우리의 경제생활 속에서 광고가 차지하는 비중도 극히 작았고, 시인에게는 보인다고 하더라도 애써 외면하고픈 실물경제의 환영(幻影)과 같은 존재였다.

김수영의 보그로부터 20여 년이 지나 한국 땅에 보그의 세계가 실제로 펼쳐지는 곳들이 나타난다. '배나무가 바람에 흔들리는 밤이면 옹골지게 익은 배가 후두둑 후두둑' 떨어지고, 그 '배로 허기진 배를 채운' 시절에서 '눈에 거품을 물고 돌진 돌진' 하여 '이전벽해(梨田碧海)'의 '바람이 부는 날이면' 가야 하는 '욕망의 통조림공장' '패션의 사회주의 낙원' '불의 뷔페 파티장'인 '압구정동'이 나타났다. 거기서 광고는 '왕성하게 숨 막히게 숨 가쁘게' '그러나 갈수록 쎅시하게', 바람이 불건 말건 '이곳에 오라'고 손짓했다. 유혹했다. (유하, 1991). 그러한 압구정동이 웬만한 한국의 지역 곳곳에 생겨난 2000년대 중반이면 『VOGUE』 한국판은 김수영 시인의 〈VOGUE야〉에서 '밑바닥을 보아 온, 빈곤에 마비된 눈에 하늘을 가리켜 주는 잡지'라는 두 행을 따다가 광고 문구로 내세우기도 했다.

2) 산업사회의 무서운 꽃, 광고

허리 휜 껌이 다가와 할머니를 이백 원에 팔고 감

- 함민복, 〈후보선수〉(1990) 중에서 -

거리에서나 술집이나 식당에서 거의 막무가내로 껌을 파는 사람들이 많았던 시절이 있었다. 허리 휜 할머니들이 불쑥 내미는 껌들은, 껌마저 힘들어하는 표정을 짓고 있는 듯했다. '파는 인간과 팔리는 상품'의 일체감이라 표현하기에는 서글픔과 미안함이 껌을 산 연후에도 남는다. 그 미묘함을 '파는 인간과 팔리는 상품'의 도치를 통하여 나타냈다. 잠시 그 의외성에 웃음을 짓다가 그 웃음의 여운이 끝나기도 전에 정말 팔린 것은 할머니일지도 모른다는 생각을 한다. 등 뒤로 한 줄기 소름이 지나가고, 뒷골이 오싹해지기까지 하는 그런 전도(轉倒) 현상을 일으키는 첨병으로 함민복 시인은 광고를 지목한다.

열한 가지 특제 양념과
정성으로 여러분을 요리하겠다고
티브이 광고까지 하는
지팡이 들고, 안경 쓰고, 가늘고 검은 넥타이 MAN

- 함민복, 〈켄터키후라이드 치킨 할아버지〉(2006) 중에서 -

'열한 가지 특제 양념과 정성'은 '여러분'이란 소비자들을 위한 요리인 것이었는데, 결국 요리되는 것은 소비자이고, 광고는 그런 전도 현상에 사람들이 무감각하도록, 아니 그쪽으로 이끌려 들어가도록 만드는 기제가 된다.

허구를 전하는 광고에 무방비로 노출되면서 광고가 보여 주는 세계와 실제 세계의 구분이 허물어져 버린다. 그리고 그 광고를 전달하는 티브이는 리모컨으로 나에 의해서 작동하는 것이 아니라, 그 자체가 나를 작동시키는 리모컨이, 나의 지배자가 되어 버린다.

> 실감한다. 허구의 세계가 또 하나의 허구의 세계를 만들어
> 두 세계의 벽 허물기를 통해
> 허구와 실제의 벽 허물기 체험을 무의식에
> 강요하고 있는 산업사회의 무서운 꽃 광고를. 나는
> 보기 싫어 리모컨을 누르다 경악한다. 이미 허물어진 벽.
> 티브이가 리모컨이 되어 내 머리통을 작동시키고 있었구나.
>
> – 함민복, 〈엑셀런트 시네마 티브이 · 2〉(2006) 중에서 –

마침내는 이런 광고의 세계를 예찬해야 하는지, 그 앞에 절망하여야 하는지 갈피를 잡지 못하는 자아분열, 환각의 상태에 빠져 버린다.

> 아아 광고의 나라에 살고 싶다
> 사랑하는 여자와 더불어
> 행복과 희망이 가득 찬
> 절망이 꽃피는, 광고의 나라
>
> – 함민복, 〈광고의 나라〉(2006) 중에서 –

광고를, 광고 카피를, 광고 슬로건을 '**자본주의의 시(詩)**'라고 표현하기도 한다. '자본주의'와 '시'라는 어울리지 않는 조합의 연결고리로 광고가 손들고 나서야 하는 것인지 나 스스로에게 물어본다. 어느 한 시절, 아니 한 시절이라고 표현하기에는 긴긴 세월 동안 — 많은 경우 지금까지도 — 광고는 손을 들고 나섰고, 그렇게 인정받고 싶어 했다. 광고는 어쩔 수 없이 특정한 시대의 모습을 반영한다는 변명과 가난 속에 커 왔고 대학 시절 운동을 했다는 시인의 개인사적 배경을 넘어 우리의 광고란 것

은 '자본주의의'와 같은 궁색한 수식어가 붙지 않은 진짜 시에서 그렇게 취급될 수밖에 없게 스스로 만들어 왔던 측면이 크다. 그리고 그 뿌리는 앞에서 본 김수영의 시에서 유하의 압구정동까지 산업사회로 숨 가쁘게 달려오며 시 속에서 뒤틀려진 광고의 나라 모습으로 나타났다.

3) 광고에서 시의 인용과 변용 형태

한 송이 국화꽃을 피우기 위하여
봄부터 소쩍새는 그렇게 울었나 보다

서정주의 작품 중 가장 대중적으로 알려진 〈국화 옆에서〉의 이 첫 구절은 1977년 인삼비누의 광고에서 낭송 내레이션과 함께 사용되었다. 한국 전통에 뿌리를 둔 정성, 품격이 들어간 제품이라는 주장을 15초 이내에 표현하는 데, 시의 형식과 구절이 절묘하게 어우러진다고 판단했을 것이다.

잘 알려진 시들은 광고에 쓰일 경우에 친숙하게 다가가서 인지도를 높이는 효과가 있다. 반면, 기존에 해석된 틀이 완고하게 형성되어 있을 수 있다. 전하고자 하는 광고나 브랜드 메시지와 바로 맞아떨어지지 않을 가능성도 크다. 시를 광고에서 활용할 때 흔히 나타나는 이런 괴리를 극복하려 쓰는 방식이 크게 두 가지가 있다.

우선 시 구절을 살짝 바꾼다. 2006년 모 통신사는 나중에 조선 3대왕 태종이 되는 이방원의 〈하여가(何如歌)〉와 선죽교에서 죽임을 당하는 고려 충신 정몽주의 단심가(丹心歌)를 다음과 같이 단어들 몇 개를 통신에 맞게 바꾼 광고를 집행했다.

(하여가) 이런들 어떠하리, 저런들 어떠하리
늘렸다가도 줄이는 게 보조금 운명인데
우리 한번 보조금 잊고 백 년까지 누려 보세

(단심가) 이 몸이 죽고 죽어 일백 번 고객 생각
한번 맺은 보조금 언약 어찌 감히 깰 수 있소
고객 향한 일편단심이야 변할 수는 없으리

이렇게 살짝 패러디한 시조를 주고받은 후에 정말 전하고 싶은 메시지를 내레이션에 담아서 보낸다. "○○텔레콤의 보조금 혜택은 일편단심입니다." 이 밖에도 시 구절들에 변화를 주면서 카피로 차용한 다음과 같은 사례들이 있다(김병희, 2019).

표 5-1 시를 변용한 광고 카피들

광고주	시인	원시구절	광고 카피
현대백화점	정현종	사람들 사이에 그 섬이 있다 그 섬에 가고 싶다	사람들 사이의 섬이 되고 싶습니다
종가집 김치	윤동주	하늘을 우러러 한 점 부끄럼이 없기를	하늘을 우러러 한 점 부끄럼이 없는 우리 김치
LG휘센 에어컨	신경림	하늘은 날더러 바람이 되라 하고	하늘은 날더러 바람같이 살라 하네
SK 텔레콤	최영미	서른, 잔치는 끝났다	서른, 잔치는 시작됐다
풀무원 그린체	서정주	눈이 부시게 푸르른 날은 그리운 사람을 그리워하자	눈이 부시게 푸르른 건강/ 그린체가 시작합니다
삼성 프린터	김춘수	내가 그의 이름을 불러 주기 전에는 / 그는 다만 / 하나의 몸짓에 지나지 않았다	내가 그녀를 프린트하기 전에는 / 그녀는 다만 / 하나의 제이피지에 지나지 않았다

다른 방식으로 시와 함께 시인을 직접 등장시키기도 한다. 평소 접하기 힘든 시라는 문화 콘텐츠 양식에 대한 심리적 거리감을 줄이며, 친밀감을 높이고 소비자로서의 일체감을 갖게 하는 효과를 노린 것이다. 2011년 교보생명에서 '시와 광고의 결합'으로 제작된 광고가 있다. '맛난 것 보니 / 제철음식 잊지 않고 챙기던 / 그 친구

보고 싶다'라고 안도현 시인이 음식을 앞에 두고 육성으로 읊는다. 그리고 평생 친구 같은 보험 상품을 소개한다. 같은 형식의 2편에는 문정희 시인이 등장하여, '단풍 구경 놓치면 / 가을을 놓치는 거라던 / 그 친구 보고 싶네'라며 차를 마신다. '평생' '든든'한 서비스를 강조하는 상품의 특성을 오랜 친구와 연결시키고, 시인을 직접 등장시켜 신뢰감을 더했다.

여섯 살짜리 딸을 둔 엄마이면서 시인으로 활동하고 있는 홀리 맥니쉬(Hollie McNish)가 출연한 CF가 2016년 9월 토요일 저녁에 방영되는 영국 최고의 인기 TV 프로그램 중 하나인 〈X-Factor〉 중간에 방영되었다. 주택건설조합으로 출발하여 영국의 대표적인 금융기관의 하나가 된 내이션와이드 빌딩 소사이어티(Nationwide Building Society)가 광고주였다. 자녀를 출산했을 때부터 여섯 살에 이르는 기간의 여정과 감정을 시로 엮어 담담하게 2분에 걸쳐 원테이크(one-take)로 읊는 장면을 담았다.

아이의 탄생으로 "모든 것이 달라질 것이라고 느꼈던 순간을 기억해(I remember that feeling that nothing would be the same again)."라고 시작하여, "네가 해 주는 모든 것이 나를 녹여 버리지(It's those little things you do that melt my heart)."라는 구절들이 화면을 메운 시인의 얼굴과 함께 육성으로 흘러나온다.

내이션와이드 빌딩 소사이어티는 평범한 사람들을 위한 기관으로, 그들의 생활과 목소리를 그대로 전하려 했다고 밝혔다. 평범하면서도 무게가 있고, 화려하지는 않지만 진실한 느낌을 주는 '진정성'이 시라는 형식을 통하여, 그리고 시인의 직접 낭송으로 구현된 사례라 하겠다.

'광고 카피가 시와 같다'는 말은 칭찬도 비난도 될 수 있다. 두 경우 다 예술성을 우선으로 하는 문화 콘텐츠로서의 시와 상업적 목적성을 지닌 비즈니스 도구로서 광고 카피를 구분한 바탕 위에서 내린 평가이다. 광고, 그중에서도 슬로건을 포함한 카피를 두고 '자본주의의 시'라고 표현하는 것도 마찬가지이다. 이런 구분은 한국에서 영미권과 대비하여 강하게 나타나는 듯하다. 영어권에서 'adversing poem'이란 표현으로 거의 시의 한 유형으로 자리 잡았지만, 한국에서는 아직은 비슷한 용어를 보지 못했다.

영상을 비롯한 시각 위주의 커뮤니케이션이 더욱 대세를 형성해가는 현실에서, 시가 광고와 상호작용하며 설 자리는 좁아질 수밖에 없다. 이런 상황에서 문화상품과 광고의 상호작용은 어떤 방향으로 나아갈까.

4. 문화상품과 광고 마케팅 상호작용의 미래

1) 일 회 노출 이상의 포스트마케팅 필요

영국의 패션 의류 기업인 테드 베이커(Ted Baker)는 가수 마돈나의 전 남편으로 유명한, 앞서 BMW의 단편영화 부분에서 언급한 가이 리치 감독을 기용하여 짧은 첩보 영화를 제작했다. BMW 단편영화와 다르며 진일보한 부분이 있다. 테드 베이커의 영화는 상호작용이 가능하다는 점이다. 즉, interactive video로 제작되어 등장인물들의 옷이나 장식물 등을 클릭하면 바로 온라인 구매 사이트로 연결된다. TV의 경우도 인터액티브가 가능한 경우 리모컨을 사용하여 제품에 대한 정보를 상세하게 얻을 수 있고, 바로 구매도 가능하게 만들었다. 단순 노출만으로는 디지털 시대의 마케팅 환경에 맞지 않는다. 앞서 본 영화 PPL이 된 자동차를 온라인에서 경매 등 프로모션으로 확장하는 식의 포스트마케팅이 필수적이 될 것이다.

2) 브랜드 확립이 우선

브랜드채널닷컴(brandchannel.com)에서는 매년 가장 많이 혹은 가장 효과적으로 PPL을 한 브랜드를 선정하여 상을 준다. 가장 자주 수상한 기업으로 애플이 꼽힌다. 그런데 애플은 PPL을 먼저 제안하지도 않고, PPL의 대가로 제품을 제공하거나 돈을 내지도 않는다(www.digitaltrends.com; www.theverge.com).

그런데 흑역사처럼 애플도 PPL에 앞장 서고, 그를 이용한 프로모션도 하던 시절이 있었다. 1996년 〈미션 임파서블(Mission Impossible)〉 1편에 PPL을 하면서 애플은 대대적인 온라인 프로모션도 진행했다. 그런데 프로모션을 위한 마이크로 사이트의 디자인이나 말장난식 태그라인 등이 조롱을 살 정도였다. 브랜드채널닷컴의 2015년 기사에서 이렇게 말할 정도였다.

> Apple's tie-in with Mission: Impossible was so conventional that it might be difficult for younger Apple fans to believe—with none of the sleekness, the Steve Jobs-iness that Apple consumers know today(애플의 〈미션임파서블〉 프로모션은 너무나 일반적이어서 현재의 젊은 애플 팬들이 보면 믿기 힘들 정도이다. 현재 그들이 알고 있는 세련됨, 바로 스티브 잡스다운 구석이 전혀 없다).

'스티브 잡스다운'이란 어떤 뜻인가. 바로 애플 브랜드에 걸맞은 수준이나 내용을 의미한다. 자신의 브랜드가 명확해야만 수단으로서 PPL을 포함하여 문화 콘텐츠와의 협력을 고려하고 결정할 수 있고 성과가 나올 수 있다.

3) 노출 이상의 참여 유도

2019년 6월 26일 넷마블은 방탄소년단 매니저 게임 'BTS 월드'의 애플 앱스토어와 구글 플레이 사전 다운로드 서비스를 시작했다. BTS 월드는 방탄소년단의 데뷔를 비롯해 세계적인 아티스트로 성장하는 스토리를 담은 스토리텔링형 육성 모바일 게임이다. 여기에는 1만여 장의 사진과 100여 편의 영상 등 다양한 독점 콘텐츠가 포함되어 있다. 그리고 문자 메시지, SNS, 음성 및 영상 통화 등 이용자가 방탄소년단 멤버들과 일대일로 상호작용할 수 있는 다양한 교감 콘텐츠도 제공한다.

사진과 영상을 보유하고 있는 것만으로는 방탄소년단 아미(ARMY)의 성에 차지 않는다. 직접 매니저로 뛰면서 보람을 느껴야만 더 강한 유대가 형성된다. 문화상품과 기업의 상품이나 서비스는 각각의 브랜드이자 협력하는 관계로서, 서로의 단순 노출량만을 늘리는 (+)에서 (×)의 화학적 결합에 소비자까지 함께 참여하게 만들어야 한다. 게임화(gamification)가 그 핵심에 자리 잡을 것이다.

4) 일회성이 아닌 지속적인 스토리 진화형으로

1990년대 미국 히트 영화 100편 중에 시리즈 속편은 16편에 불과했다. 2000년대 35개, 2010년대에 50%를 넘기더니, 2018년 10대 히트작 중에 7편이 시리즈였다(뉴욕타임스, 2019. 5. 24.). 2019년 6월 박스오피스를 휩쓸었던 〈알라딘〉, 〈토이스토리〉도 모두 시리즈이다. 꼭 영화가 아니더라도 문학 작품에서도 연작 시리즈들이 과거에 비하여 비중이 높아지고 있다. 한 편으로 기적을 일으키는 'one hit wonder'의 확률은 계속 떨어진다. 문화상품과 기업 마케팅도 다음 편의 가능성을 염두에 두고 진행해야 한다. 그런 지속성을 만들어주는 게 바로 스토리이다. 스토리가 어떻게 진화해야 할 것인지 함께 궁리해야 한다.

5) 파트너 관계 구축

문화상품 창작자와 기업 마케팅 담당자 간의 협력은 보다 먼저 시작하고, 거의 끝까지 함께 가는 방향으로 변해 왔다. 예술성이 떨어진다거나 지나치게 상업적 성격을 띤다는 비판도 있지만, 그 흐름을 되돌리기는 불가능하다. 제품만 전달해 주거나, 이미지만 가져다 쓰는 서로를 벤더(vendor) 혹은 '갑을' 관계로 여겨서는 실패할 수밖에 없다. 공동 창작에 공동 마케팅을 하는 파트너가 되어야 한다. 예술과 상업의 경계가 무너지는 현상을 많이 보아 오지 않았던가. ▪

제6장

광고와 테크놀로지 철학

마정미(한남대학교 정치언론학과 교수)

1. 광고와 테크놀로지
2. 테크놀로지 철학의 계보
3. 기술복제시대의 예술작품(발터 벤야민)
4. 미디어의 이해와 뉴미디어의 이해(매클루언, 볼터와 그루신)
5. 신혁명가들의 민주적 소통체계(빌렘 플루서)
6. 인간과 기계의 앙상블(질베르 시몽동)
7. 기억과 기술, 파마콘(스티글레르)
8. 기술 비판과 대안

◈◇◈

인터넷과 디지털로 대변되는 ICT(Information and Communications Technologies)의 비약적 발전은 미디어의 새로운 진화를 주도하고 있다. 정보기술, 미디어 콘텐츠, 커뮤니케이션 네트워크가 상호 연결되는 미디어 융합으로 인해 각각 다른 양식의 텍스트, 오디오, 비디오 자료가 하나의 멀티미디어 정보로 처리된다. 다양한 미디어는 각 기능에 충실하면서도 다양한 기능으로 통합되며 미디어 융합을 구현한다. 각각의 미디어들은 고유한 기능과 독립적인 개체성을 유지하면서도 상호 공존함으로써 다양한 융합을 시도하고 있다(이동후, 2013).

테크놀로지의 진보 역시 놀랍다. 스마트 기술, 사물인터넷, 클라우딩, 빅데이터 등 신종 첨단 기술의 위세는 압도적이다. 오늘날 빅데이터와 알고리즘, 이를 자동화하는 인공지능의 위세는 사물의 질서를 바꾸고 있다. 미디어와 테크놀로지의 발전은 인간의 삶의 태도, 철학, 인식론, 방법 등을 재편하고 있는 것이다. 현대인들은 초연결사회에 열광하는 부족민이 되어가고 있다. 4차산업 혁명의 특징인 초연결(hyperconnectivity)과 초지능(superintelligence) 사회로 변화해 가는 산업과 미디어 환경 속에서, 광고도 이에 발맞추어 빠르게 진화하고 있다.

그러나 첨단화된 기술적 조건에 대한 열광에 비해서 오늘 한국사회와 경제, 문화에 틈입해 구성되는 기술과 미디어에 관한 철학적 연구는 매우 부족하다. 하물며 광고와 철학의 관계는 더욱 멀어 보인다. 그러나 분명한 것은 오늘날 광고는 일상에서 요구되는 정보를 전달하는 상업적 메시지의 기능을 넘어서고 있다는 것이다. 소비와 경제 그리고 일상문화와 밀접한 관계를 유지하고 있는 광고는 자본주의의 꽃이라고 부를 만큼 경제의 원동력이며 겉으로 드러난 확실한 표상체계이다. 시대의 욕망,

매개된 의미 정보가 광고에 들어 있다. 형식이 내용을 압도한다면 그 형식의 도입도 광고가 가장 첨단에 있을 것이다. 이 장에서는 이러한 문제의식에서 출발하여 미디어와 테크놀로지에 대한 인식과 테크놀로지를 둘러싼 미디어 철학자들의 기술철학적 사유를 다루고자 한다.

1. 광고와 테크놀로지

1) 빅데이터와 인공지능이 만드는 새로운 광고

우리는 지금 현실을 넘어서는 현실, 사람과 사물이 연결되는 세상에 살고 있다. 1990년대에 일반인들이 사용하기 시작한 최초 인터넷이 **정보의 연결**(net)이었다면, 이후에는 상거래의 연결로, 또 사람 간, 지식 간, 그리고 사물 간의 연결로 인터넷은 변화해 오고 있다. 뉴미디어는 상대적인 개념이다. 새로운 형태의 미디어가 등장하면 올드미디어가 사라지는 것이 아니다. 새로운 형태의 미디어가 기존 미디어를 대

[그림 6-1] 초연결사회

체하기보다는 그 위에 새로 추가되는 방식으로 세상에 지속해서 들어오고 있다. 그에 따라 기존 미디어와의 교차연결(trans-connection)과 교차작용(interaction)을 통해 더욱 복잡하고 개인화가 가능한 방향으로 무한한 이용 가능성을 창조해 내고 있다(김주영, 2018).

새로운 테크놀로지는 광고의 지형을 어떻게 바꾸고 있는가? 제일 먼저 인공지능 광고를 거론하지 않을 수 없다. 인공지능(AI)이 4차 산업 혁명의 핵심 기술로 떠오른 가운데 인간의 고유 영역이라고 불렸던 광고업계에서도 AI 기술이 접목되고 있다. **인공지능 광고**는 머신러닝(machine learning) 기술을 바탕으로 하고 있다. 말 그대로 기계(machine)가 사람처럼 학습(learning)하는 것을 컴퓨터 스스로 데이터를 수집하고 분석해 미래를 예측하는 과정을 일컫는다. 쇼핑몰들에서 속속 도입하고 있는 챗봇 역시 우리가 만날 수 있는 인공지능 중 하나이다. 먼저 컴퓨터를 알고리즘 기반으로 학습시킨 뒤 새로운 데이터를 입력해 결과를 예측하도록 하고, 컴퓨터는 학습한 내용을 기반으로 방대한 양의 빅데이터를 분석해 앞으로의 행동이나 가능성 등을 판단한다.

AI 기술 중 하나인 머신러닝은 이미 광고업계에서는 빼놓을 수 없는 기술로 꼽힌다. 머신러닝과 빅데이터를 기반으로 소비자의 관심사 및 성향을 자동으로 분석하고 이에 맞는 광고 유형과 매체, 게재 위치 및 사이즈까지 선정하여 광고 효율을 극대화할 수 있다. 구글과 LG 등에서 선보이고 있는 인공지능 광고에는 이러한 머신러닝 기술이 녹아들어 광고 게재 위치와 유형까지 선택하고 스스로 판단할 수 있으며, 얼마나 많은 광고를 배치할지도 결정한다. 광고 게시자는 자신의 경험과 노하우가 아닌 인공지능에 기반한 광고를 하고 싶다면 코드 한 줄만 삽입함으로써 자동 광고를 활성화할 수 있다.

빅데이터와 AI기술이 어우러진 또 하나의 광고형태는 프로그래매틱(programmatic) 광고이다. **프로그래매틱 광고**란 광고를 사고파는 전 과정을 시스템화해 손쉽게 미디어 인벤토리를 최적화 할 수 있도록 하는 것을 말한다. 즉, 프로그램이 자동으로 사용자를 분석하고 이를 바탕으로 타깃에 맞춤형 광고를 띄워 주는 방식을 의미한다. 이를 테

[그림 6-2] 인공지능 광고

출처: LG.

면, 웹서핑을 하다 보면 어제 쇼핑몰에서 검색했던 상품의 광고가 집요하게 따라다닌다. 이전에 접속했던 사이트의 방문 기록을 통해 나의 소비 행동을 예측하고 축적된 데이터를 활용해 광고를 선택적으로 보여 주는 것이 프로그래매틱 광고이다. 프로그래매틱 광고는 SNS에서 특히 자주 볼 수 있다. 유튜브와 같은 SNS에서 '좋아요'를 클릭하거나 검색해서 접속한 페이지를 근거로 '추천 페이지'를 보여 주는 방법이 마케팅에 효과적이기 때문이다. 현재 전세계 디지털 디스플레이 광고 거래의 67%를 점유할 정도로 프로그래매틱 광고가 대세가 되고 있다.

프로그래매틱 광고가 대세가 된 이유는 광고주와 매체사의 광고 집행의 투명성 부분을 모두 만족시키는 강점을 가졌기 때문이다. 프로그래매틱 광고는 빅데이터를 기반으로 하기 때문에 목표 설정과 성과측정이 용이하며 높은 투명성을 가진다. 구매당 광고 비용을 지급하고 싶은 광고주에게는 이런 점이 매력적일 수밖에 없다. 또한 소비자 맞춤형 광고로 광고 효율이 좋으니, 광고주는 일석이조의 효과를 얻을 수 있다. 매체는 노출이 얼마나 되었는지에 따라 비용을 부과하고 광고비를 받기 때문에 데이터를 통해 정당한 과금을 진행할 수 있다.

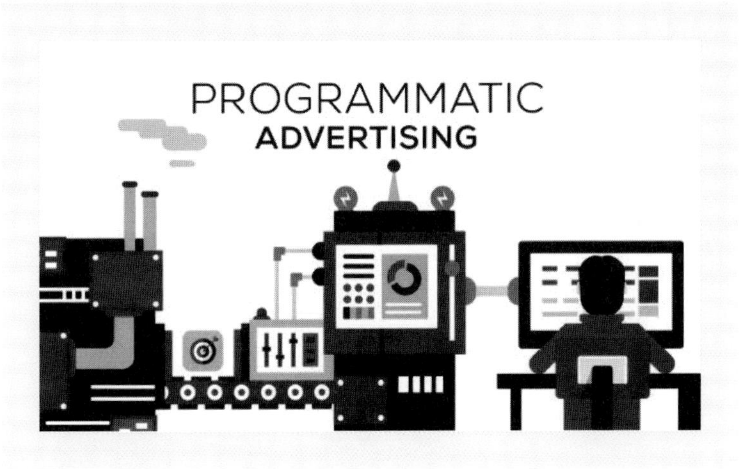

[그림 6-3] 프로그래매틱 광고

출처: 구글 이미지.

2) 가상의 홀로그램과 블록체인

한편, 디지털 사이니지와 홀로그램 광고도 진화하고 있다. 허공에 나타나는 입체 영상 광고 '홀로그램' 광고는 시 · 청각과 촉각을 통합하는 새로운 미디어로서 기존의 광고 메시지 전달 방식과 소비자의 메시지 인식 변화에 큰 영향을 주고, 이것이 보는 광고에서 가상적 체험의 광고로 서서히 변화를 초래하고 있음을 보여 준다. 홀로그램이란 사진투영 기법에 의해 만들어지는 3차원 이미지이다. '완전하다'라는 의미를 가지는 그리스어 holos와 '그림'이라는 의미를 가지는 gramma가 합쳐서 만들어졌다. 일반 영상이 모니터 등의 평면 패널을 이용해 2차원 화면상에서 나타나는 영상인 것과 달리 3차원의 영상이 나타나는 것으로 영화 〈마이너리티 리포트〉나 〈블레이드 러너〉에서 사람 등의 영상이 허공에 맺히는 것을 생각하면 된다.

원리를 보면 빛의 굴절을 이용해 360도에서 시청이 가능한 입체 그래픽을 만들어 내는 것인데, 아직까지 진정한 홀로그램 영상은 기술적 한계로 인해 상용화되지 않지만 홀로그램 영상과 유사한 느낌을 만들어 내는 기술들이 다양하게 활용되고 있다.

[그림 6-4] 홀로그램 광고

출처: 영화 〈마이너리티 리포트〉

피라미드 형태의 화면을 이용해 360도 입체영상을 띄우는 홀로그램 POP, 홀로그램 영상을 보든 듯한 착시를 일으키는 무안경식 3D 디지털 사이니지, LED의 회전에 따른 잔상을 이용해 허공에 영상을 나타나는 것 같이 보이는 POP 등이 그 사례다.

홀로그램은 3D 영상이나 VR 등의 가상현실과는 달리, 실사와 같은 입체감을 제공한다. 소비자는 제품을 가상적으로 직접 만지고 조작할 수 있게 된다. 광고 메시지는 단순히 문자의 기술이거나 2D 형태의 수동적인 정보가 아니라 소비자가 능동적으로 직접 참여하여 가상적 체험을 통하여 광고정보를 감각적으로 파악할 수 있게 하는 하이퍼 메시지(hyper message)로 나타난다. 이로서 광고 메시지는 시간과 공간적 제약을 넘어 강한 인터랙티브한 성격을 갖게 되고 광고와 체험적인 공유영역을 확대할 수 있게 된다. 이로서 단지 소비자의 시각적 대상이었던 기존의 수동적 광고는 감각적으로 우리가 실제처럼 체험하는 유사 실제적 가상의 '체험적 광고'로 변화하게 된다.

또한 광고나 디지털 광고에 접목시킨 **블록체인**이 최근 관심을 끌고 있다. 해외에서는 블록체인을 이용한 옥외광고 혹은 디지털 광고가 생겨나고 있는데, 블록체인은 소스코드를 공유한 참여자들 간에 별도의 중개자나 매개체를 거치지 않고 네트워크 상에서 직거래를 하거나 송금 등의 경제활동을 하는 점이 특징이다. 특정 거래에 대해 네트워크상의 '신뢰'를 바탕으로 참여자들의 승인이 이뤄지면 비로소 그 거래가 성사된다. 이는 광고와 같은 다른 분야의 기술을 사용해 자체적인 중앙 기관의 권한 없이도 거래할 수 있는 기회를 열어 준다.

비트코인이라 불리는 암호화폐의 미래, 그 지속 가능 여부는 논쟁의 여지가 있지만 그럼에도 불구하고 암호화폐를 실행하는 기술은 다른 형태의 거래에 적용될 수 있다. 많은 광고주가 블록체인 기술을 활용해 디지털 광고를 단순화하고 개선할 수 있는 기회를 얻고 있다. 블록체인 기술은 광고주들에게 더 안전하고, 효과적이며, 투명한 광고를 제작해 전반적인 사용자 환경을 개선할 수 있는 기회를 제공한다.

블록체인을 활용해 광고를 개선할 수 있는 효과는 우선 투명한 거래 기록을 통한 안전과 신뢰를 들 수 있다. 데이터 보안은 최근 또 하나의 중요한 화두이다. 블록체인은 승인되지 않은 거래가 진행되는 것을 방지한다. 광고주들은 블록체인 기술을 활용해 최종 사용자가 승인을 하지 않으면 특정 데이터 수집을 완벽하게 거부하는 등 사용자 정보를 더욱 효과적으로 보호할 수 있다. 또한 광고 구매 및 판매의 간소화가 가능하다. 기존 디지털 광고는 트래커, 매체, 퍼블리셔 등 너무 많은 사람이 관여하고 있다. 사실상 광고 배포는 흔히 글로벌 플랫폼에서 개별 광고의 개발 및 배포에 참여하는 제3자의 수 때문에 비용이 증가한다. 디지털 광고주들은 블록체인 기술로 중간 단계를 거치지 않고 광고를 직접 구매하고 집행해 그 비용을 절감시킬 수 있다.

3) 미디어 테크놀로지와 기술철학

인류사에서 사회 발전과 커뮤니케이션 발전은 긴밀한 관계를 맺어 왔다. 그 과정에서 탄생한 미디어는 사회 변화의 중심에서 중요한 기능을 담당해 왔고, 새로운 미디어는 인간의 욕구와 상상력에 따라 발달했다. 미디어 테크놀로지는 하나의 메시지가 시간과 공간 속에서 더 널리 전파되고 보다 막강한 영향을 미치도록 한다. 문자 메시지는 체계적으로 기록할 수 있다는 특성이 있다. 개인이 글을 읽고 말하는 것은 음성 녹음과 재생의 기술로 확산될 수 있다. 인쇄술의 발명으로 텍스트와 이미지는 대량으로 복제되고 유통되었다. 19세기 중반에서 20세기 중반에 걸쳐 사진, 전화, 영화, 라디오, TV가 발명되면서 미디어 시대는 기술의 절정을 맞았다.

그동안 광고는 미디어 테크놀로지를 널리 전파하는 데 가장 자주 활용되어 온 수단이었다. 소비자들은 미디어 테크놀로지 광고를 접하고 나서 새로운 미디어 테크놀로지를 알게 되었고 자신들의 일상생활에서 적극적으로 차용하게 되었다. 전통적인 광고는 TV, 라디오, 신문, 잡지 같은 4대 매체를 활용해 왔지만, 지금은 인터넷과 스마트폰의 등장으로 이제 모든 사물과 기기가 컴퓨터 네트워크로 연결되고, 시간과 장소를 초월해 사용자의 필요와 욕구에 알맞게 최적화시킨 서비스를 제공할 수 있게 되었다. 모바일 기기가 발달함에 따라 모든 콘텐츠(whatever)를 누구와도(whoever) 함께 공유하게 되었으며, 이에 따라 현대인의 소비 욕구도 점점 세분화되었다(성윤택, 2010).

오늘날 바야흐로 세상의 거의 모든 사물은 테크놀로지와 연결되어 있다. 그동안 테크놀로지가 사회에 미치는 영향에 대해 많은 논의가 이루어졌지만 크게 두 가지 관점으로 대별된다(김병희, 2015). 테크놀로지가 인간을 구제해 준다는 찬성론과 부정적 영향을 미친다는 비판론이 그것이다(Medhurst, 1990). 찬성론에서는 테크놀로지가 사회에 미치는 긍정적 영향을 강조하지만, 비판론에서는 인간이 테크놀로지의 노예가 될 수 있다고 우려한다.

이러한 극단적 관점의 근저에는 테크놀로지의 자율성(autonomy of technology)에 대한 두 가지 상충된 견해가 깔려 있다. **테크놀로지의 자율성**이란 테크놀로지는 개발 단계에서부터 독립적이며 자율적으로 활용된다는 뜻이다(Slack, 1984). 테크놀로지의 자율성을 주장하는 사람들은 테크놀로지가 사회 속에서 독립적으로 작용한다고 보지만, 테크놀로지의 자율성을 부정하는 연구자들은 테크놀로지 자체에 사회적 관계가 포함되어 있다고 주장했다.

다시 말해, 테크놀로지는 개인을 넘어서는 사회적 차원에서 탄생하고 형성되며,

사회적 관계 속에서 나름대로의 방식에 따라 규정된다고 할 수 있다(이귀옥, 2003; 이귀옥, 한상필, 2009). 기술찬성론과 기술비판론은 정의, 사회적 영향력, 자율성, 가치와의 관계, 철학적 기반, 지시되는 가치 측면에서 많은 차이가 있다.

2. 테크놀로지 철학의 계보

1) 기술과 철학의 만남

고대에 우주 전체의 통일된 원리를 탐구하는 자연철학이 있었고, 근대 과학혁명의 시기에 관찰과 실험 등 경험에 기초한 자연과학적 인식과 방법에 관한 반성적 사유로서 과학철학이 시작되었다면, 기술이 본격적인 철학적 대상으로 부상하게 된 것은 아주 최근의 일이다. 예전에는 '기술은 단지 과학이론의 응용에 불과하다'는, 기술에 대한 도구주의적 생각이 지배적이었지만, 20세기 들어서 기술 발달이 두드러지자 기술의 자율성과 독립성에 주목하게 되고, 기술이 단지 도구에 머무르지 않고 거대한 네트워크를 이루면서 우리를 둘러싼 세계 전체를 구성하게 되는 데서 오는 어떤 위협감이나 통제불가능성 등을 느끼게 되면서 기술 자체를 다시 보게 된 것이다.

기술철학의 정의를 되짚어 보면 기술이란 인간이 자연에 작용해 사물을 생산하는 방법 또는 목적을 실현하는 수속을 의미한다. 인간은 의도적으로 기술을 매개로 하여 생산적으로 활동하는 것을 특징으로 한다. 여기에는 객관적 법칙성에 관한 과학적 지식과 함께 문화를 창조하려는 인간적 의욕이 기술의 성격을 결정하는 데 중요한 역할을 한다. 따라서 기술의 체계적 이해에는 사회과학적 구명과 함께 철학적인 이해가 필요하다.

기술철학의 탐구영역을 분류하자면 우선 '기술이란 무엇인가'하는 기술의 본질에 관한 존재론적 탐구가 있고, 다른 한편으론 '기술적 지식은 어떤 종류의 것인가' '기술과 과학의 차이는? 기술과 예술의 차이는?' 등등 인식론적 탐구가 있다. 또 '기술이 인간 사회에 어떤 영향을 미치는가' '기술이 인간과 세계에 대해 갖는 의미나 가치가 무엇인가' 등 기술에 대한 가치론적 탐구도 있다. 철학사적으로 기술에 대한 개념들을 살펴볼 수도 있다. 플라톤이나 아리스토텔레스가 기술을 어떻게 생각했는지, 인공물과 자연물을 어떻게 구분하였는지, 근대에 베이컨이나 데카르트는 기술을 어떻게 생각했고 기계 개념을 어떻게 사용했는지 계보를 추적할 수 있다. 그러나 기술철학의 계보는 바야흐로 20세기 초부터 기계의 구조와 본질에 대한 탐구가 시작되었다고 할 수 있다.

기술철학으로서 대표적이고 고전적인 기술철학자로서는 하이데거를 꼽을 수 있다. 1920년대에 출간한 『존재와 시간』, 1950년대에 나온 『기술에 대한 물음』 등이 주요 저서이다. 『존재와 시간』에서는 세계와 교섭하는 현존재의 존재방식으로서 어떤 목적을 달성하기 위해 사용하는 기술적 대상의 도구성에 주목하였다면, 『기술에 대한 물음』에서는 기술이 단지 인간을 위한 수단에 불과한 것이 아니라, 존재 망각의 시대를 드러내는 본질적 요소로 부각하게 된다. 자연뿐만 아니라 인간 자신도 개발의 대상으로 만드는 것이 기술이라는 것인데, 때문에 대표적인 기술비관론이자 기술에 대한 부정적 평가로 꼽힌다.

1960년대 등장한 루이스 멈포드나 자크 엘륄 같은 문명사가나 기술론자들도 하이데거 같은 기술비관론 편에 속한다. 멈포드는 들뢰즈의 기계 개념에도 영향을 주었는데, 사회가 시스템화되면서 인간의 의지를 넘어서게 되는 '거대기계'를 제시한다. 거대기계와 같은 사회시스템이 인간을 부품처럼 사용하고 통제한다는 것이다.

기계화된 문명이 인간의 삶을 특징짓는 상징적 세계나 예술적 감각을 피폐화시킨다는 기술에 대한 부정적 비판으로, 엘륄 역시 인간의 의지적 통제를 벗어나는 '기술의 자율성'에 주목하면서 현대 기술 문명에 대해 비판적으로 평가한다. 기술이 발달하다보면 그 발달의 논리대로 간다는 것이고, 우리는 거기에서 벗어날 자유가 없다는 것이다.

마르쿠제 역시 『일차원적 인간』에서 기술중심적인 테크노크라시즘이 어떻게 인간의 비판적 의식을 마비시키는 권력 기제로 작동하는지 비판했다. 1950~1960년대 기술철학은 대체로 기술 문명에 대한 부정적 진단 아래 기술 자체에 대한 비관적 분석들, 기술이 어떻게 인간을 소외시키는지에 주목하고 있다.

2) 기술철학의 새로운 조류

철학의 주류가 아니다 보니 주목할 만한 기술철학 저서들은 1990년대까지 손에 꼽히는 정도였다. 그러나 최근 그간의 기술철학과 관련된 성과들을 모아 내는 작업들과 기술철학에 새로운 문제의식을 더하는 작업들과 더불어 기술철학을 새롭게 조명하는 움직임이 일고 있다.

가장 최근에 미국에서 주목받았던 기술철학 서적으로서는 돈 아이디와 에반 셀링거가 공동 편집한 『기술 과학 따라잡기(Chasing Technoscience: Matrix for Materiality)』(2003)가 있다. 새로운 논의를 담고 있지는 않지만 '물질성의 매트릭스'라는 부제를 달고 있는 이 책은, 과학기술학 분야에서 걸출한 성과들을 내 왔던, 브루노 라투어, 도나 해러웨이, 앤드류 피커링, 그리고 돈 아이디를 중심으로 한다. 이들이 기술과학을 바라보는 다양한 관점들인 현상학, 행위자 네트워크 이론, 혹은 과학문화학 등을 꼼꼼하게 정돈하면서 서로의 연결고리를 찾아내고 있다. 이보다 조금 앞서 출판됐던 한스 악터휘스의 『미국의 기술철학(American Philosophy of Technology)』(2001) 역시 비슷한 스타일을 취했었다. 보르그먼을 통해, 테크놀로지와 일상생활의 특징을, 드레퓌스를 통해 인간과 컴퓨터의 문제를, 핀버그를 통해 디스토피아를 극복하는 비판 기술철학을, 도나 해러웨이의 사이보그에 대한 재조명을, 또한 아이디의 테크놀러지의 생활세계라는 개념과 위너의 기술이라는 다른 정치 등의 코드를 잡아내고 있기 때문이다(박소연, 2004. 1. 12.).

국내에서는 『매체의 철학』 『매체 미학』과 같은 미디어철학서가 있으며 최근의 이론을 담은 본격적인 기술철학 서적은 『현대 기술 · 미디어 철학의 갈래들』이라 할 수 있는데 이 책은 기술이 오늘날 우리 삶을 어떻게 포획하고 있는지, 그 효과로서 우리는 어떠한 인간 주체로 형성되고 있는지, 지금 기술과 인간이 맺고 있는 관계란 과연 적절한 것인지, 아니라면 어떤 방향성을 어떻게 추구해 나갈 것인지를 탐색한 아홉 개의 논문을 실었다. 아홉 명의 국내 기술 · 미디어 연구자들이 각각 우리 현실에 중요한 의미를 던지는 철학자를 선정해 그들의 사유를 풀어 내고 이해와 수용의 맥락을 짚는다. 1부에서는 '기술의 존재론적 지위'를 질문하고, 기술과 인간의 공존, 기술 및 미디어를 매개로 한 인간 감각의 확장 등 기술이 열어 주는 가능성을 적극적으로 전유하려 기획할 때 끊임없이 참조하게 될 철학자들의 이론을 다루고 있다. 이들은 20세기 기술 사회의 발전이 막 가속도를 붙여 가고 있던 시기를 배경으로 활약했던 철학자들로 우리가 어떻게 과학 기술을 포용하고 기술적 대상과 인간의 공생을 구상할 수 있을지에 대한 깊은 성찰이 담겨 있다. 이들의 이론이 거시적이고 철학적인 이론을 다루고 있다면 책의 2부는 현실의 계급 · 계층, 정치경제, 메이저리티와 마이너리티의 구분 위에서 사회적으로 구성되고 실천되는 기술의 문제를 다루는 현대 기술 · 미디어 철학자들을 다룸으로써 한 발짝 더 현실로 다가선 기술철학의 문제의식을 펼쳐 내고 있다.

특히 최근 학계에서 각별히 주목받고 있는 기술철학자 시몽동의 이론이 깊이 있게 다루어지고 있는데 시몽동은 거칠게 말하면 기술낙관론적 입장을 취한다. 하이데거와 대결하면서, 자신의 개체화론을 근거로 기술에 대한 존재론적 탐색을 하고, 기술적 대상의 고유한 존재 방식, 인간과 기술적 대상의 상호협력적 관계 등을 긍정적으로 제시한다. 기계로 인한 소외가 아니라 기술로부터의 소외가 문제라고 지적하면서, 기계 해방이 곧 인간 해방에 기여한다고 본 것이다.

시몽동이 『기술적 대상들』에서 보여 준 기술에 대한 탁월한 사유는 그 독창적인 발상과 개념들로 출간 이후, 많은 철학자와 기술철학자에게 영향을 끼치고 있다. 물리적 · 생물학적 · 심리적 · 사회학적 개체화를 주로 다룬 박사학위 주논문 『형태와 정보 개념에 비추어 본 개체화』의 논리를 완성할 뿐만 아니라, 기술적 개체화의 사례들이 탁월한 범례로 제시됨으로써 개체화의 논의를 더 구체적으로 이해할 수 있게 하기 때문이다. 뿐만 아니라 이미 1950년대 후반에 기계와 인간을 포괄하는 정보네트워크의 중요성을 언급하고, 문화와 기술의 통합을 시도했던 시몽동의 '기술철학'

은 그 자체로 놀라운 통찰들을 던져 주고 있다. 예술과 기술, 삶과 기술이 따로 떨어져 존재하지 않는 우리 시대의 테크놀로지를 예견할 뿐만 아니라 앞으로의 방향성까지 가늠할 수 있게 한다는 점에서, 『기술적 대상들』은 독자들이 오늘날의 '기술적' 세계를 이해하는 중요한 문헌이 될 수 있을 것이다.

시몽동은 **'개체화'**라는 개념을 중심으로 인간과 기술적 대상의 앙상블을 다루고 있는데, 시몽동에게 개체화는 준안정적 실재에 내재하는 불일치와 양립불가능성이 과포화될 때 이 양립불가능한 것들이 공존하며 소통할 수 있는 새로운 관계를 실현하는 구조나 형태로서 개체를 발생시키면서 문제를 해결하는 실재의 상전이(相轉移)이자 변환 작용이다.

실재의 전(前)개체적 퍼텐셜은 개체화로 완전히 소진되지 않고 개체들 속에 잔류하며 개체들을 통해 전달되면서 새로운 개체화의 원천이 된다. 인간은 생명적 개체화 수준에서 해결되지 않는 문제들을 해결하기 위해 개체초월적인(transindividuel) 심리적-집단적 개체화를 실행한다. 파편화된 개인들 간의 사회적 관계가 아니라, 특이성을 지닌 개체들 간의 진정한 소통과 공명을 실현하는 개체초월적인(심리적이면서 동시에 집단적인) 관계는, 개체들에 내재하던 공통의 전(前)개체적 퍼텐셜이, 기술적 대상들을 매개로, 개체들 사이에 소통됨으로써 실현될 수 있다. 시몽동은 이러한 개체초월적 개체화를 실현하는 데 정보기술의 네트워크 역량이 긍정적으로 작동할 것이라 전망했다.

시몽동과 비슷하게 인간과 비인간의 네트워크를 강조하는 브뤼노 라투르도 주목받는 현대 기술철학자라 할 수 있는데, 데리다를 경유하여 시몽동의 주요 개념들을 계승한 베르나르 스티글레르도 주목할 만한 기술철학자이다. 스티글레르는 하이퍼산업시대의 시간기술-기억기술이 오히려 소비 사회의 정치경제에 기여하며 탈개체화와 탈승화를 통해 인간을 가축떼로 만들어 버렸다고 신랄하게 비판한다. 스티글레르는 기술의 파르마콘적 양면성을 정확하게 인지하지 못했다고 시몽동의 한계를 지적하며 '독'을 '약'으로 전환시키는 기술의 내재적 전환이 필요하다고 주장한다. 그는 인간의 개체화를 심리적 개체화(나), 집단적 개체화(우리), 기술적 개체화(나와 우리를 연결하는 환경, 구체적이고 유효한 환경, 기억기술에 의해 매개된 환경)가 동시적으로 형성되는 **트랜스개체화**(transindividuation)로 정의한다. 현대 기억기술의 매개가 어떻게 이 개체화의 조건들을 중층결정짓고 '나'와 '우리'의 관계를 재편성하는지 비판적으로 개입하는 것, 기술적 프롤레타리아트화(기술의 생산에서 배제되고 기술의 의미에 무지한) 상황을 극복하고 기술에 대한 대중의 개입 가능성을 열기 위해 '트랜스개체화'의 회로들을 창조하는 것이 현대 기술 사회를 비판적으로 극복하려는 스티글레르의 프로이트-마르크스적인 정치경제학 테제를 형성한다.

프랑스 철학자들을 중심으로 한 유럽의 기술철학과 달리 미국 내의 기술 철학 활동에는 프래그머티즘-기술철학이 조심스레 논의되고 있다. 한동안 단절된 흐름으로 여겨지는 프래그머티즘이 아직 정형화되지도 않은 분야인 기술철학과 조우하게 되는 이유에는 어느 정도의 공감대가 형성되고 있다. 즉, 프래그머티즘이 처음 제기될 때의 슬로건처럼, 현재는 '문제를 치료하고 해결'하는 철학이 절실한 때라는 것이며, 무엇보다도 현재는 기술과학이 지배적인 문화현상으로 자리 잡은 시대라는 것. 확실한 것은 '기술철학자'의 지평과 '기술철학'의 포괄 범위가 넓어지고 있다는 점이다. 과학철학이 현재의 기술철학을 어떻게 조명할지 귀추가 주목된다(박소연, 2004).

3. 기술복제시대의 예술작품(발터 벤야민)

기술과 자연의 이항 대립 구도를 변형시키려 했던 선구적 철학자로서는 먼저 발터 벤야민을 들 수 있다. 벤야민은 자연을 제1자연과 제2자연으로 나누어 기술이 두 번째 차원의 자연을 이룬다는 독특한 관점을 제시했다. 그리고 기술 역시 제1기술과 제2기술로 구분하여 전자가 기술을 대상화하는 위계적이고 인간중심주의적인 의미에서의 기술이라면, 후자는 인간이 그것과 조화롭게 기예를 펼쳐 나가는 놀이와 해방의 기술로서 제시된다. 벤야민은 특히 미디어 영역에서 이와 같은 구분의 생겨나는 것을 첨예하게 인식했던 철학자이다(심혜련, 2016, p. 75).

예술은 원칙적으로 복제를 기본으로 한다. 하지만 이때의 복제는 플라톤의 예술 개념인 '현실의 모방'에 그치지 않는다. 화가는 자연물로부터 영감을 받거나, 자신이 존경하거나 우상화하는 대상을 통해서 예술의 원천을 탐미한다. 하지만 그리스 시대를 거쳐 문명으로 들어오면서 기술을 이용한 주조(鑄繰)와 압형(押型)이란 물질적 복제가 가능해졌고 이는 활자 인쇄술의 발전에 힘입어 그래픽의 복제로도 이어졌다. 그러나 이러한 것은 문명의 흐름과 궤를 같이한 발전에 불과하다. 벤야민이 절대적으로 우려하기 시작한 시기는 '**기술복제시대**'로 사진과 영화의 등장을 알리는, 이른바 무한한 복제와 제작이 가능한 시대이다.

기계장치를 이용한 기술의 복제는 1900년대를 전후로 가능해졌다. 이것은 전승되어 온 예술 작품 전체를 하나의 대상으로 만들고, 예술 작품의 영향력에 있어 중대한 변화를 가져다주었다. 예술은 언제나 절대 불변의 고정된 고고한 무언가로 비춰졌는데, 기술의 변화로 인해서 더 이상 가능하지 않게 되었기 때문이다.

벤야민은 기술을 인류가 만들어 낸 제2의 자연이라고 규정하면서 기술이 도구적 기술이라는 일방적 비판을 극복하기 위한 방법으로서, 이를 다시 제1기술과 제2기술로 나누어 고찰한다(Benjamin, 2007, p. 57). 그에 따르면 제1기술은 대표적으로 억압적이고 도구적으로 사용되는 기술을 의미한다. 다시 말해서 제1기술의 목표는 자연지배인 것이다. 자연을 정복하는 도구로서의 기술은 인류역사 초기부터 있었다. 제2기술은 벤야민에 따르면 자연과 인간을 정복하기 위해 사용되는 것이 아니라, 자연과 또 다른 인간과의 조화를 위해 사용되는 것이다. 제2기술이 제1기술과 다른 지점은 바로 '놀이'라는 것이다. 도구적 측면이 강한 제1기술과 달리 제2기술은 바로 '자연과 인류 사이의 어울림'이며 '놀이적 기술'인 것이다. 따라서 제2기술이야말로 해방적 기술이며 진정한 의미의 제2의 자연이다.

제2기술이 바로 예술 영역에서 기술복제를 가능하게 하고 이 기술복제가 예술과 인간의 상호작용을 비로소 가능하게 한다고 보았다. 대표적인 것이 영화이다. 그것은 기술복제로 가능해진 '반복'과 관계된다. 일회적인 현존재로 존재하는 것이 아니라 계속 반복될 수 있으며 그 반복가능성이 예술이 본래 가지고 있던 놀이적 기능을 되살리게 한다는 것이다. 벤야민은 이러한 변화를 중심으로 기술복제시대의 예술작품의 특징을 한마디로 '아우라의 상실'이라고 지칭한다.

[그림 6-5] 뤼미에르 형제가 만든 최초의 영화 <열차의 도착>

아우라란 무엇인가? 그것은 공간과 시간으로 짜인 특이한 직물로서 아무리 가까이 있더라도 멀리 떨어져 있는 어떤 것의 일회적 현상이다(Benjamin, 2007, p. 50). 아우라를 "아무리 가까이 있더라도 멀리 떨어져 있는 어떤 것의 일회적 현상"으로 정의하는 것은 예술작품의 제의적 가치를 공간적, 시간적 지각의 카테고리들로 표현하는 것에 불과하다. 멀리 떨어져 있다는 것은 가까이 있다는 것의 반대이다. 본질적으로 멀리 있는 것은 범접할 수 없는 것을 뜻한다. 실제로 범접할 수 없다는 것은 제의적 상의 중요특성이다(Benjamin, 2007, p. 111).

벤야민은 영화예술로 대변되는 예술작품의 복제가 아우라(Aura) 붕괴를 유발한다고 보았다. **아우라**란 예술 작품이 가지고 있는 고유하면서 독특한 분위기를 의미한다. 예술 작품은 오로지 지금 여기 존재한다는 사실로 존재이유를 탐구할 수 있고, 예술적 가치를 존중받을 수 있다. 일회성과 진품성으로 대체되는 예술작품의 현존재성은 오로지 그것만이 지니는 미학적 위력을 증명하다. 예술작품의 아우라는 벤야민 시대에도 그러했고 오늘날 회화와 클래식 같은 순수예술의 개념에서는 여전히 유효하다. 하지만 복제의 영역에 있어서 아우라는 그 순수의 영역이 어느 정도 붕괴되는 듯하다. 그러나 복제기술은 전통의 영역에서 무언가를 떼어 내서 새로운 것을 만든다. 복제를 대량화하면서 복제대상이 일회적으로 가지고 있던 것을 대량으로 재현시킨다. 따라서 수용자들은 저마다 수용하는 개별적 상황 속에서 복제품을 접하면서 복제물의 현재화를 강화시킨다. 기술의 발달이 가져온 예술의 변화는 아우라의 붕괴를 가져다주었고, 이것은 곧 현재 인류가 지닌 위기와 변혁의 양면성으로도 해석된다.

아우라의 붕괴로 모든 예술의 인식 방식이 변화되었다거나 쓸모없어졌다는 것은 아니다. 다만 인류가 이전에 마주하지 못했던 기술복제라는 새로운 방식의 인지로 인하여 기존의 개념과는 다르게 접근해야 된다는 사실을 강조한 것이다. 광의의 범위에서 인간 지각의 종류와 방식은 때에 맞추어 계속해서 변화해 왔다. 이것은 인간의 지각이 조직화되는 매체의 발달 흐름과 얼추 진행 방식이 맞아떨어진다. 고대 벽화에 그려진 그림을 인식하는 방법과 영사기를 통해 투사되는 영화 이미지를 인식하는 방식은 절대로 동일시할 수 없다.

이때 인식은 곧 예술작품의 제작과 수용방식으로 이어진다. 우선 종래의 예술이 지니는 특징을 보자. 종래의 예술은 제의적 성격이 짙었다. 이것은 예술작품은 고유의 아우라를 지니고 있으며 이는 숭배의 대상과도 같은 위치에 서 있다는 것을 의미한다. 그렇게 예술작품은 종교의 영역에서 아우라의 가치를 뽐내며 존재를 이어 왔다. 하지만 기술복제시대에 이르러서 예술작품은 제의적 성격만을 지니지 않게 되었다. 여전히 예술작품은 일회성과 독자성을 지닌 숭배의 대상이지만, 복제가 가능해진 한 전시의 기능도 수행해야 하는 과제를 마주하게 되었다. 그러니까 예술 작품의 기술적 복제 가능성은 예술이 지금껏 유지해 온 제의적 제작, 수용 방식에서 점차 멀어질 수 있다는 사실을 담고 있다. 또한 기존의 예술품의 복제가 가능했다면 그것은 숭배의 영역에서 많은 이에게 예술의 가치와 아우라를 전하기 위한 전달의 목적이 우선했다면, 기술복제시대에서 예술은 만드는 제작 과정에서 기술이 들어간다는 점에서 어느 정도 차이점을 지닌다. 예컨대, 영화의 경우 기술적 복제는 곧 영화 제작 기술 그 자체이다. 영화가 가지고 있는 복제의 속성은 숭배로 인한 것이 아니다. 그저 가장 직접적이고 상업적인 방식으로 영화라는 새로운 매체 예술의 대량 보급을 가능케 할 뿐이다.

기술복제시대의 예술은 숭배보다는 제작 이윤에 맞춰서 대량 보급을 가능케 하는 일종의 전시적 성격을 지향하는 방식으로 변하고 있다. '제의 가치'에서 '전시 가치'로 변모하는 것이다. 기술은 예술을 계속 변화시키고 있다. 이제 기술을 예술의 매개가 아니라 형식을 압도하고 있으며 예술과 기술의 경계를 모호하게 만들고 있다.

4. 미디어의 이해와 뉴미디어의 이해(매클루언, 볼터와 그루신)

1) 매클루언의 기술결정론

아마도 인문학과 사회과학 역사상 가장 유명한 기술 · 미디어 철학자일 마셜 매클루언은 기술에 대한 낙관적 비전을 가진 이로 꼽힌다. 매클루언은 미디어의 역사와 인류의 역사를 통찰력 있게 보여 준 학자이며 이전의 개념 중심 미디어 이해를 벗어나 감각 인지 능력과의 관계에서 미디어를 이해하는 길을 제시했고, 적극적으로 기술이 가져오는 변화의 가치를 평가했으며, 당대에는 상상할 수 없었던 인터넷과 디지털의 시대의 특징을 선험적으로 제시한 철학자라 할 수 있다.

여러 학자가 매클루언의 이론을 기술결정론, 좀 더 구체적으로는 매체결정론이라고 비판한다. 일반적으로 기술결정론이란 기술발전을 자연사적 과정에 의해 주어진 것으로 간주하고 독립변인인 그것이 사회 구조의 다른 측면들을 가장 지배적으로 규정한다는 의미이다. 사실 매클루언은 구체적인 기술 혹은 미디어가 어떻게 해서 출현하게 되는지 언급하고 있지 않으며, 독립변인으로 설정된 몇 가지 핵심 미디어가 인간과 사회에 얼마나 강력한 영향력을 행사하는지를 말하고자 한다. 그는 미디어가 인간에 의해 만들어졌지만 인간은 자신이 만들어 낸 것에 의해 다시 변화된다는 순환원리를 잠깐 언급함으로써, 기술의 일방적 결정성이라는 지나친 단순화를 주장하지는 않는다는 암시를 준다. 하지만 그의 주된 논의는 인류 역사의 원동력을 기술과 미디어의 변화에서 이루어졌다는 것이다. 예컨대, 구텐베르크의 활자매체가 근대 서구의 개인주의, 청교도 윤리, 민족주의, 전문적 분화를 가져왔다는 것이다. 구어문화에서는 사람 간의 접촉을 통해서 지식이 전달되는 데 반해 인쇄문화는 개인적 숙고를 요구하기 때문에 개인적 계시를 촉진했고 이에 따라 프로테스탄티즘이 형성될 수 있었다는 것이다. 또한 인쇄문화를 통해 모국어를 시각적으로 이해하고 지도를 통해 국가를 시각적으로 이해하게 되었으며 그에 따른 모국어의 표준화, 교육을 통한 모국어의 대량 보급으로 민족주의가 형성되었다고 본다.

'**미디어가 메시지다**'라는 그의 유명한 경구는 전자 정보시대로 불리는 미디어 환경의 가속적 확장 속에 그 가치를 더욱 높여 가고 있다. 이 경구를 통해 매클루언이 말하고자 한 것은 커뮤니케이션의 내용보다는, 사람들이 의사소통에 사용하는 미디어의 성격에 의해서 사회가 더 큰 영향을 받아 왔다는 점이다. 내용이 아무 역할도 하지 않는다는 게 아니라, 그것은 미디어에 종속적 역할을 한다는 것이다. 때문에, "우리는 새 미디어가 인류에게 영향을 미치는 것을 지각할 기회를 잃었을 뿐만 아니라, 새 매체들이 일으키고 있는 혁명적 환경 변화에 대처할 준비가 되어 있지 못한 채 멍하니 있어 왔다."는 것이다.

매클루언이 계속해서 경고했던 것은, 현대인들이 미디어 환경이라는 소용돌이 속에 들어와 있다는 사실이다. 매클루언은 에드가 알렌 포우의 소설에 나오는 한 선원의 경우를 비유로 들고 있다. 소용돌이에서 살아남으려면 소용돌이가 움직이는 모양을 잘 관찰하여, 소용돌이에 거슬려 행동하는 것이 아니라 그것에 어떻게 협력해야 하는지 배우면서 소용돌이를 잘 탈 수 있어야 한다는 것이다. 또 다른 곳에선 "우리가 테크놀로지 자체를 회피하거나 은둔자의 동굴로 도망치지 않을 바에는, 우리의 일상 테크놀로지를 영속적으로 포용하는 이 일을 회피할 수가 없다."고 했는데 이러한 지적의 실천적 함의는 대단히 큰 것으로 여겨진다. 기술이 궁극적으로 인간에게서 나왔고 사회와의 상호 영향하에 존재한다는 것이, 기술이 탄생한 후 독자적인 실체로서 인간에게 역작용하고 사회에 강력한 영향력을 행사한다는 사실을 폄하시키는 것일 수 없다. 우리는 일단 인간의 손을 떠나 하나의 실체가 된 미디어의 작용을 완전히 이해하거나 빈틈없이 통제하지 못한다. 적극적으로 관찰하고 대화하려 노력할 때만 이해할 수 있고 통제할 수 있는 쪽으로 근접될 수 있다. 기술결정론에 대한 비판이 기술에 대한 혐오와 과소평가라는 오류에 빠진다면 그 이론의 사회적 효과는 기술결정론에 못지않은 해악일 수 있다. 소용돌이라는 표현이 무색하지 않을 만큼 오늘날의 정보기술, 전자 미디어는 우리의 삶 속에 깊이 파고든 환경이 되었으며 더욱더 거대해지는 부정할 수 없는 현실적 실체로 자리 잡고 있다. 이런 맥락에서 '미디어는 메시지'라는 인식의 전환을 촉구하고 구체적인 미디어의 특성과 미디어 상호간의 작용, 미디어의 사회에 대한 영향 등을 통찰력 있게 분석한 그의 작업은 큰 의미를 갖는 것으로 평가된다.

매클루언이 비판받는 지점은 미디어의 실체를 인정하고 이해하려 하는 데 있는 것이 아니라 지나친 낙관론으로 흐른다는 점에 있다. 그럼에도 불구하고 오지 않은 미래에 대한 그의 통찰력은 놀랍다. 그에 따르면, 인간 중추신경의 확장이라 할 만한 전자 매체의 등장으로 인간은 극적인 감각확장을 경험하게 된다. 인쇄매체 시대의 선형적 명료성은 총체적 즉각성으로 대체된다. 전자매체는 이성적이기보다는 감성적인, 시각적이기보다는 촉각적인, 파편적이기보다는 통합적인 성격을 가진 문자 이전의 인간형을 부활시킨다. 이로서 세계는 부족의 한 단위처럼 축소되어 '지구촌'시대를 맞게 되었다는 것이다. 특히 '미디어의 이해' 마지막 장인 '자동화'에서 보여 준 그의 예견력은 정보사회, 세계화의 열풍에 휩싸인 오늘날에 더욱 빛을 발하는 놀라운 것이다. 그러나 자동화가 인간을 해방시키며 기계적 규격화와 전문화를 넘어 모든 사람이 예술적 자율성을 누릴 수 있는 세상을 가져온다는 단언은 지나치게 일면적이라 볼 수도 있다.

그는 인간 감각의 확장과 다면화, 단적으로 시각중심에서 청각, 촉각을 포괄하는 공감각으로의 변화를 감각의 해방으로 보며 이를 인간의 해방으로 등치시키는 듯이 보인다. 전자 매체가 인간의 다면적 감각 경험을 가능케 한다는 주장은 설득력이 있으며 이것이 보다 창조적이고 통합적인 새로운 인간형을 가능케 하는 하나의 조건이 될 수 있음을 지적하는 것은 유의미하다.

2) 매클루언에 대한 오마주, 재매개

뉴미디어 현상과 예술을 논할 때 종종 언급되는 '**재매개**(remediation)'라는 개념은 미디어 이론가인 제이 데이비드 볼터와 리처드 그루신이 제시한 개념이다. 이들의 저서 『재매개』에는 매클루언의 『미디어의 이해』를 연상케 하는 '뉴미디어의 이해'라는 부제가 붙어 있다. '재매개'는 하나의 미디어가 다른 미디어의 표상 양식, 인터페이스, 사회적 인식이나 위상을 차용하거나 나아가 개선하는 미디어 논리이다. 뉴미디어의 계보를 구성하는 세 가지 속성은 '투명성의 비매개' '하이퍼매개' 그리고 좁은 의미의 '재매개'다. 볼터과 그루신은 비매개, 하이퍼매개, 재매개가 단순히 인터페이스나 표상 측면에서 드러나는 미학적 진리가 아니라 '특정한 시대에 나타난 특정한 집단의 관행'이라고 강조한다.

볼터와 그루신에 따르면, 뉴미디어의 계보를 구성하는 세 가지 속성은 '**투명성의 비매개**(transparent immediacy)' '**하이퍼매개**(hypermediacy)' 그리고 좁은 의미의 '재매개'가 있다. 특히 앞의 두 속성을 볼터와 그루신은 재매개의 '이중 논리(double logic)'라 부른다. 먼저 투명성의 비매개, 줄여서 비매개는 '보는 자가 미디어(캔버스, 사진 필름, 영화 등)의 존재를 잊고 자신이 표상 대상물의 존재 속에 있다고 믿게 할 목적으로 만들어진 시각적 표상 양식'으로(Bolter & Grusin, 2006), 그리고 하이퍼매개는 '보는 자에게 미디어를 환기시켜 줄 목적으로 만들어진 시각적 표상 양식'으로 정의된다.

여기서 비매개와 하이퍼매개라는 재매개의 이중 논리는 하나의 미디어가 다른 미디어를 차용하고 개선할 때 그 관계를 맺어 주는 논리로서, 예를 들어 상세히 설명하겠지만, 계보적으로 미디어들은 비매개의 논리에 따라 재매개 관계를 맺기도 하고, 하이퍼매개의 논리에 따라 그런 관계를 맺기도 한다. 저자들이 명확하게 적시하지는 않았지만, 재매개의 이중 논리가 관계의 '내용'을 드러낸다면, 재매개의 세 번째 속성인, 좁은 의미의 재매개는 관계의 '형식'을 보여 준다. 이들에 따르면, 재매개는 "새로운 미디어가 앞선 미디어 형식들을 개조하는 형식 논리(formal logic)"로 정의된다(Bolter & Grusin, 2006).

볼터와 그루신은 재매개의 형식 논리를 할리우드로 대표되는 현대 오락 산업의 재목적화(repurposing), 즉 "하나의 미디어가 갖고 있는 속성을 취해 그것을 다른 미디어에서 재사용하는 것"(Bolter & Grusin, 2006)을 보다 구체적으로 네 가지 관습으로 나누어 설명하고 있다. 재매개는 "그 어떤 미디어의 경우도 '내용'은 항상 또 다른 미디어가 된다"는 마셜 매클루언(Marshall McLuhan, 2011)의 주장을 계승하는 개념이다. 볼터와 그루신은 이런 관습이 디지털 미디어의 독특한 특징이자 광범위하게 확산된 관행이라 본다. 볼터와 그루신이 제시하는 재매개의 네 가지 관습은 기존 미디어의 위상에 따른 일종의 스펙트럼을 보여 준다.

첫 번째 관습은 기존의 미디어가 뚜렷한 풍자나 비판 없이 디지털 형식 속에 조명되고 표상되는 경우이다. 이 경우 디지털 미디어는 자료들에 접근할 수 있는 새로운 수단일 뿐이지만 새로운 미디어의 개입을 원천적으로 제거할 수는 없다. 그렇지만 투명성은 여전히 그 목적이 된다. 두 번째 관습은 하나의 미디어 내용을 새로운 미디어에 실으면서 새로운 버전이라고 강조하는 경우이다. 이런 경우 전자의 버전은 일종의 개선(improvement)으로 제시되지만, 새로운 것은 여전히 오래된 것의 입장에서 정당화되며 기존 미디어의 속성에 충실하고자 한다. '전자백과사전'과 같은 CD-ROM 백과사전이 대표적인 예이다. 이런 유형의 디지털 미디어는 기존 미디어의 차용이자 개선이지만 첫째 경우처럼 투명하다기보다는 반투명하다. 세 번째는 보다 공격적이라 할 수 있는 것으로, 기존 미디어의 존재를 드러내고 이에 따라 다중성이나 하이퍼매개성을 유지하면서도 기존 미디어를 완전히 '개조(refashioning)'하려는 경우이다. 이러한 공격적인 재매개 유형은 원천 미디어와 대상 미디어 모두를 부각시킨다. 네 번째는 새로운 미디어가 기존 미디어를 완전히 흡수해 재매개하는 경우이다. 두 미디어 사이의 불연속성을 최소화할 수는 있지만, 새로운 미디어가 기존 미디어를 인정하든 안 하든 기존 미디어에 의존하게 된다는 점에서 재매개 행위 자체가 기존 미디어를 완전히 지울 수는 없다.

볼터와 그루신은 이 네 가지 재매개 관습 이외에 하나를 더 언급하고 있는데, 이것은 셋째 유형인 개조의 또 다른 경우이다. 이것은 동일한 미디어 내에서 일어나는 개조로, 예를 들어 영화 〈이상한 나날들〉이나 〈현기증〉에서처럼 한 영화가 이전의 다른 영화에서 한 부분을 차용하는 경우, 또는 구스타프 쿠르베(Gustave Courvet)의 〈나의 작업실〉에서와 같이 하나의 그림이 다른 그림을 포함시켜 통합하는 경우이다.

정리하자면 볼터와 그루신은 재매개 관습의 특징을 세 가지로 나누어 강조한다(Bolter & Grusin, 2006). 첫째, 재매개는 매개의 매개이다. 각각의 매개 행위는 다른 매개 행위에 의존한다. 미디어는 지속적으로 서로에 대해 이야기하고 서로를 재생산하고 서로를 대체하며, 이 과정은 미디어의 절대적 구성 요소이다. 미디어가 미디어로 기능하려면 서로를 필요로 한다. 둘째, 재매개는 매개와 실재의 분리 불가능성이다. 보들리야르(Baudrillard)는 시뮬레이션과 시뮬라크라 개념으로 달리 말할 수도 있겠지만, 모든 매개는 그 자체로 실재적이다. 그것은 우리의 매개 문화 속에서 인공물만큼이나 실재적이다. 재매개의 순환 속에서 모든 미디어가 다른 미디어에 의존한다는 사실에도 불구하고, 여전히 우리의 문화는 모든 미디어가 실재적인 것을 재매개한다는 것을 인정할 필요가 있다. 매개를 제거할 수 없는 것과 마찬가지로 실재적인 것을 제거하는 것은 불가능하다. 셋째, 재매개는 개혁이다. 재매개의 목적은 다른 미디어를 개조하거나 복구하는 것이다. 나아가 모든 매개가 실재적이면서 동시에 실재적인 것의 매개이기 때문에 재매개 또한 실재를 개혁하는 과정으로 이해할 수 있다.

5. 신혁명가들의 민주적 소통체계(빌렘 플루서)

빌렘 플루서는 커뮤니케이션학과 미디어학으로서 **'코무니콜로기**(Kommunikologie)' 라는 독자적인 영역을 개척했다. 그는 김성재(1996, 2013, 2016)에 의해 국내에 소개된 이론가로서, 마셜 매클루언과 더불어 매체이론가로서 양대 산맥을 이룬다 할 수 있다. 플루서는 학문적 기반은 후설의 현상학에 두고 있으면서 세계를 '매체'로 바라보고 이에 대한 철학적 연구들을 진행했으며, 노르베르트 볼츠와 같은 학자들에게 지대한 영향을 끼쳤던 사상가이다.

플루서가 미디어를 세계를 인식하는 틀로 봤다는 점에선 매클루언과 상통한다. 둘 다 미디어 혹은 기술로 인해 변형되는 사회를 눈여겨봤으며, 기술이 세계를 구성하는 실재를 정의한다고 봤기 때문이다. 기술이 예술을 매개함으로써 낙관적인 비전을 열어 갈 수 있다고 본 데서 플루서는 벤야민과 강하게 공명한다. 그러나 플루서는 '기술의 속임수'에 넘어가지 않는다. 기술(기구)는 '책략적'이기 때문이다. '기구'가 새로운 인식과 상상력을 가능케 하지만, 궁극적으로 기구를 작동시키는 것은 인간이

[그림 6-6] 빌렘 플루서

출처: 구글 이미지.

다. 플루서는 기구 프로그램에 대처하는 인간의 창의적 능력을 낙관한다. 그는 텔레비전과 같은 대중 미디어가 전체주의적 일방성을 띠고서 작동하는 것과 달리, 다가올 디지털 사회는 창조적인 '신혁명가'들이 아래에서부터 민주적 소통 체계를 만들어 나감으로써 대중에 대한 '기구-전체주의'의 속박을 깨는 것이 가능하다고 주장한다(이광석 외, 2016).

인류문화사를 코드 발전의 역사로 본 그의 커뮤니케이션 철학은 독보적이다. 인류의 역사를 지배해 온 세 가지 중요한 코드, 곧 그림 → 문자 → 기술적 형상을 통해 수행된 커뮤니케이션의 역사와 이론 및 철학은 그의 유작 『코무니콜로기(Kommunikologie)』(2001)에서 명료하게 정리된다. 더 나아가 그의 또 다른 유작인 『피상성 예찬(Lob der Oberflächlichkeit)』(2004)에서 그는 자신만의 디지털 철학을 '추상게임'과 '조합게임'이라는 개념으로 명쾌하게 정립해 놓고 있다. 추상게임은 4차원의 코드가 0차원의 코드로 축소 · 분해되는 과정이고, 조합게임은 반대로 0차원의 코드가 4차원으로 다시 환원되는 과정이다. 오늘날 컴퓨터를 이용해 비츠(bits)를 조합해 현실에 가까운 동영상을 만드는 과정은 두 가지 게임의 협업이라고 할 수 있다. 조합게임은 추상게임 없이는 불가능하기 때문이다. 이는 마치 오래된 아파트의 재건축이 기존 건물의 파괴 없이는 불가능한 것과 같다(김성재, 2013).

플루서의 코드 이론은 다섯 단계의 역사적 모델에서 출발한다. 첫 번째 단계는 직접적이고 구체적인 체험을 하는 4차원의 환경 속에서 사는 자연 인간이다. 이 단계의 코드는 춤과 제스처와 같은 동작이다. 두 번째 단계는 대상, 곧 3차원적인 환경에 관심을 갖는 단계이다. 이 시대의 코드는 오스트리아 빌렌도르프(Willendorf)의 비너스와 같은 조각 작품이다. 세 번째 단계는 2차원적인 환경으로서 문화를 창조하는 단계다. 이 단계의 코드는 마술적 상상을 보여 주는 프랑스 라스코(Lascaux) 동굴 벽화와 같은 전통적인 그림이다. 네 번째 단계는 약 3500년 전부터 시리아 우가리트(Ugarit)에서 1차원적 쐐기문자가 발명되어 역사시대를 이끌며 문화 창조의 지배적인 수단이 된 것이다. 즉, 역사시대의 코드는 역사(이야기)를 개념으로 파악하고 전달할 수 있는 선형 문자 텍스트이다. 다섯 번째 단계는 20세기 이후 텍스트가 점으로 분해되어 그 기능을 상실하는 0차원의 탈문자시대이다. 이 시대의 코드는 카메라와 컴퓨터와 같은 기구의 도움으로 점으로 분해된 텍스트를 그림으로 조합하는 비선형 양자의 세계로서 기술적 형상이다. 이 단계 모델에서 더 높은 단계의 기호는 각각 더 낮은 단계에서 체험한 것을 지시한다. 그림은 묘사된 3차원의 대상을 의미하고, 텍스트는 그 자체가 대상을 의미하는 그림을 의미한다. 텍스트가 그림의 내용을 한 차원 축소함으로써 그 내용은 분석되고 복제될 수 있다.

플루서는 전통적인 그림과 사진, 영화, 비디오, 통계학적 곡선, 다이어그램, 교통 신호등 및 표지판과 같은 기술적 형상(테크노 그림)의 차이를 의미 차원에서 발견한다. 전통적인 그림이 장면을 묘사하는 데 반해, 기술적 형상은 텍스트를 의미한다. 한 여성이 등장하는 전통적인 초상화는 실제로 존재하는 인물을 묘사하지만, 기술적 형상 속의 여성은 한 문장을 의미한다. 예컨대 화장실 문에 붙어 있는 한 여성의 그림은 "이 화장실은 여성만 사용할 수 있다"라는 문장을 의미한다. 그리고 이 그림은 국제 코드로서 세계 어디서나 같은 의미로 해석된다. 플루서는 그동안 지배적인 코드였던 알파벳이 테크노 그림에 의해 대체될 것으로 예측한다. 그림으로써 공간과 시간에 대한 이해가 변화된다. 왜냐하면 선형의 시간경과와 기하학적 공간은 텍스트와 함께 성장하고 텍스트에 의해 영향을 받은 인간에게만 당연하게 생각되기 때문이다.

또한 플루서는 '기구'의 하나로서 사진기에 주목했다. 그에 따르면, 사진은 기술적 영상으로, 장치를 통해서 세계의 표면을 빛으로 수용한 것이다. 그건 필연적으로 세계의 징후일 수밖에 없고 표면을 통해 세계를 파악하는 마법의 그림이다. 이러한 영상은 문자와 다르다. 사진은 암호화된 세계를 보여 준다. 카메라라는 기구는 문화의 한 부분이고, 문화를 조명하며, 문화를 통해 세계를 해석한다. 『사진의 철학을 위하여』(Flusser, 1999)는 20세기에 유일하게 '사진'이란 단어에 '철학'이란 말을 붙인 책을 쓴 인물이며, 사진적 행위와 실천을 인류에 대한 철학적 영역으로 끌어올린 공을 세웠다. 우리는 이제 카메라, 텔레비전, 컴퓨터 등의 '기구(혹은 장치 apparatus)'를 접하는 인간들이다. 플루서에 따르면, "현재의 선은 점들로 산산조각 날 찰나에 있"다.

컴퓨터가 작동하는 세계는 0과 1의 픽셀들로 조합된 점의 세계다. 그리고 컴퓨터를 다루는 인간들은 '이미 존재하는' 세계에 속한 자들이 아니라 디지털 시대에 요청되는 새로운 인간이 되어야만 할 것이다. 그는 『피상성 예찬』(Flusser, 2004)에서 "아직도 맥락 속에서, 선 속에서, '역사' 속에서 수영하고 있는" 인간들을 비판한다. 플루서는 '기구'가 작동하는 '가상의 현실'에 주목한다. "왜 우리는 가상을 불신하는가? 가상이 기만을 한다면 이 세상에 기만하지 않는 것도 있단 말인가?"라는 물음을 던지면서 말이다.

플루서가 정보의 개념을 파악하는 데는 독일 물리학자 루돌프 클라우시우스(Rudolf Clausius)가 발견한 열역학 제2법칙에서 빌려 온 엔트로피(Entropie) 개념이 결정적인 역할을 한다. 그는 정보 창조의 과정을 보편적이고 자연적인 행동양식으로 본다. 정보는 어떤 것(무형의 소재)에 형식을 부여하는 것이고, 그 과정에서 에너지가 사용된다. 에너지를 사용할 때 그 에너지가 되돌릴 수 없는 상태로 분산되는 것은 불가피한 현상이다. 에너지의 분산은 자연스럽고 그럴듯한(개연적인) 데 반해, 질서를 갖춘 상태의 정보는 불개연적이다. 결국 정보는 불개연적인 것의 나타남이고, 역시 독일 물리학자 에르빈 슈뢰딩어(Erwin Schrödinger)가 창안한 개념인 넥엔트로피(Negentropie), 곧 부정의 엔트로피에 해당된다(김성재, 2013).

한편, 플루서는 동시대의 비관론적 미디어 이론 및 비판과는 반대로 미래의 텔레마틱 사회의 특성으로서 낙관론적 유토피아에 대한 구상을 제시한다. 이 구상에서 그는 모든 사회는 두 가지 형식의 커뮤니케이션이 협연에 의해 구성될 것이라는 전망을 내놓는다. 정보를 합성해서 생산하는 대화(Dialog)와, 생산된 정보를 계속 전달하는 담론(Diskurs)이 그것이다. 대화와 담론이 균형을 이루는 사회는 지금까지 사람들이 얘기하는 '이상적인 사회'이다. 이 사회에서 대화는 담론에 의존하고, 담론은 대화를 자극한다. 반면, 담론이 지배하는 권위주의적인 사회에서는 대화의 결여가 정보의 빈곤을 낳고, 담론은 더 이상 대화를 통한 정보의 보충을 받지 못한다. 또한 끊임없이 정보를 생산하는 대화가 지배하는 미래의 '혁명적인 사회'는 정보의 홍수를 통해 과거의 담론을 붕괴시킨다. 따라서 이 텔레마틱 사회에서는 권위가 존재하지 않는다. 그리고 이 **텔레마틱 사회**는 네트워크 구조로 인해 완전히 불가시적이고 사이버네틱스에 따라 자동적으로 조종된다. 그래서 **텔레마틱**(텔레커뮤니케이션+인포마틱)은 '우주적인 두뇌'라고 불린다. 플루서는 뉴미디어의 출현이 인간의 의식을 약화시킨다고 보지 않고, 오히려 뉴미디어가 제공하는 기회를 놓칠 수 있는 위험을 예고한다. 플루서는 인간이 뉴미디어를 통해 공간적인 거리를 극복함으로써 새로운 자유로 인도하는 통로를 만든다고 본다. 생존 당시 인터넷이 아직 존재하지 않았는데도 망형 대화가 지배하는 네트워크 사회, 곧 '텔레마틱 사회'를 예견했다는 것은 놀라운 통찰력이라고 하겠다.

6. 인간과 기계의 앙상블(질베르 시몽동)

질베르 시몽동은 근래 가장 주목받는 미디어 철학자이다. 그의 저서『기술적 대상들의 존재 양식에 대하여』는 소셜네트워크와 스마트 기기의 확산으로 인간 각각이 거대한 네트워크에 항시적으로 접속해 있는 유비쿼터스 시대, 기술적 대상 없이는 삶이 가능하지 않은 기술 의존의 시대에, '기술의 존재가치'와 '인간과 기술의 관계'에 대한 중요한 통찰을 던져 주고 있는 기술철학의 고전이다. 시몽동은 자신의 박사학위 부논문인 이 책에서 기술적 대상들의 발생과 진화의 과정, 기술적 대상과 인간의 관계 맺음, '기술성' 자체의 본성을 고찰하고 있다. 이를 통해 시몽동은 기술적 대상들을 단지 이용가치만을 갖는 '물질의 조립물'로 보는 관점, 반대로 기술적 진보에 대한 무조건적인 믿음을 갖는 테크노크라시적 관점, 그리고 (영화나 SF소설에서 흔히 볼 수 있듯) 인간을 적대하는 위협적인 '자동로봇'으로 인식하는 관점을 모두 비판하면서 인간과 기술적 대상들 사이에 새로운 관계를 정립하고자 한다. 이 새로운 관계 속에서 기술적 대상들은 인간들의 노예나 적대자가 아니라, 마치 생물체처럼 생성 · 진화하는 고유의 존재 양식을 가지면서 인간들과 동등하게 협력하는 존재이며, 인간들 역시 기계들을 발명하고 조정하는 존재로서 기술적 대상들의 생성과 진화의 과정에

[그림 6-7] 질베르 시몽동

출처: 구글 이미지.

참여한다고 주장한다.

시몽동에 의하면 기술적 대상은 인공물도 자연물도 아니다. 기술적 대상은 조립된 그대로 완성되는 인공적 실체가 아니라, 자신의 기능적 작동을 점점 더 잘 구현할 수 있도록 '구체화'하면서 자연물의 완전성을 닮아 가려고 한다. 기술적 대상은 '마치 생명체처럼' 그 나름의 발생과 진화과정을 겪는다.

시몽동은 인간과 기술적 대상의 관계를 한편으로는 개체의 수준에서, 다른 한편으로는 앙상블의 수준에서 고찰한다. 우선 개체적 수준에서 기술적 대상에 대한 인간 개체의 접근 방식을 크게 소수적 양식과 다수적 양식으로 구분하는데, 소수적 양식이란 기술적 대상들이 연장이나 도구의 수준에 머무를 때 가능한 것으로, 이때 기술적 대상과 인간 사이의 만남은 본질적으로 어린아이 시절에 이루어진다. '수습공의 인식'에 비유되는 이 소수적 양식에서 기술적 대상은 일상적 삶에 필요한 사용 대상으로 취급되어 인간 개체를 성장시키고 형성하는 환경으로 작동하는 것이다. 거의 본능적인 능력과 직관을 가지고 기술적 대상을 다루는 이런 관계 맺음은 공동체의 엄격한 기술교육과 통과의례에 의해 전수되는 경향을 가진다. 이에 반해 기술적 대상에 대한 다수적 양식은 과학들로 정교해진 합리적 인식의 수단들을 자유로이 쓸 수 있는 어른의 반성적인 의식화에 상응한다. 기술적 대상이 소수적인 지위를 차지하는 '수습공의 인식'에 대비해서 '엔지니어의 인식'에 비유되는 이 다수적 양식은 구술과 통과의례만으로 비밀스럽게 전해지던 소수적 양식의 기술교육과 다르게 보편적이고 종합기술적인 기술교육을 지향하는데, 소수적 양식에서 다수적 양식으로의 이러한 전환은 디드로와 달랑베르의 『백과전서』에서 잘 드러난다.

앙상블의 수준에서는 기술적 진보에 대한 인간들의 가치 부여 양식에 따라 기술적 대상과 인간과의 관계가 달라진다. 과학과 기술의 발전에 의해 요소들의 개량이 활발하게 이루어지던 18세기에는 낙관적인 진보에 대한 믿음이, 연장의 운반자인 인간 개체를 기계가 대체한 것으로 보이던 19세기에는 진보에 대한 비관적인 인식과 이로 인한 좌절과 불안감이 기술적 대상과 인간 간의 관계의 지배적인 양상이었다는 것이다. 시몽동은 기계가 인간을 대체할 것이라는 비관적 인식이나, 기계를 통해 무제한의 힘을 확보할 수 있다는 테크노크라시적 믿음, 혹은 인간의 간섭이 필요 없는 완벽한 자동기계(로봇)가 가능할 것이라는 사이버네틱스 이론을 모두 비판하면서, 새로운 진보 개념을 창안할 것을 주장한다. 인간의 진정한 본성은 기계와 경쟁하고 기계로 대체되는 연장들의 운반자가 아니라, 기술적 개체를 조직하는 발명가이며, 앙상블 속에서 기계들 사이의 양립 가능성의 문제를 해결할 수 있는 생명체로서의 지위를 갖는다는 것이다. 정보를 수용하는 열린 기계의 비결정성의 여지에 개입하여 하나의 기계로부터 다른 기계로 정보를 번역 · 전달해 주는 매개이자 조정자로서의 역할(생명체와 비-생명체의 접속), 바로 네트워크적 관계야말로 인간과 기술적 대상과의 적합한 관계 맺음이라는 것이다.

『기술적 대상들』을 구성하고 있는 세 개의 부는 각각 분명한 주제의식을 드러내고 있다. 1부가 기술적 대상들의 발생과 진화의 과정을, 2부가 기술적 대상과 인간의 관계 맺음을 고찰하고 있다면, 3부에서는 '기술성' 자체의 본성을 세계와의 관계 속에서, 그리고 기술성 자체의 발생적인 차원에서 고찰하고 있다. 앞의 두 개 부의 기술철학적 논의와 달리 형이상학적인 논의가 펼쳐지는 3부에서 시몽동은 '기술'을 인간과 세계가 관계 맺는 여러 양상 중 하나로 깊이 있게 다루고 있다. 시몽동은 인간이 세계와 관계 맺는 양상을 마술, 종교, 미학, 과학, 윤리, 철학 등으로 분석하면서, 이 전체적인 관계 속에서 '기술성'의 발생적 본성을 드러내고 있다. 생명의 유지를 위해 필요한 요충지들이 자연으로부터 분리되지 않았던 원초적인 '마술적 세계'로부터 요충지들을 분리해 낼 수 있는 '기술성'이 등장하고, 그와 동시에 '바탕'에 대한 인식인 '종교적 사유'가 등장하게 된다는 것이다. 그리고 이렇게 마술적 세계로부터 양분(兩分)된 기술과 종교는 다시 과학과 윤리의 발생을 조건 짓는다. 또한 이 각각의 사이에 분리를 통합하려는 양상이 존재하는데, 기술과 종교 사이의 대립을 중화하고 양자를 소통시키기 위한 미학, 그리고 이 모든 분화와 변이의 발생적 관계들을 총체적으로 직관하면서 기술과 종교 이후의 대립들(과학과 윤리, 이론과 실천)을 새롭게 통합해야 하는 의무를 지니는 철학이 그것이다.

박사학위 주논문『형태와 정보 개념에 비추어 본 개체화』(Simondon, 2017)에서 시작되어 박사학위 부논문인『기술적 대상들』에서 완성되는 시몽동 사유의 전체 체계는 '개체화'라는 개념을 중심축으로 하여 성립된다. 이미 존재하는 '존재'를 통해서 그 존재의 근원이나 원리를 묻는 기존의 철학들(데모크리토스의 원자론과 아리스토텔레스의 질료-형상론)을 비판하면서, '개체화'의 과정을 통해 '개체', 곧 '존재'를 설명해 내는 시몽동 특유의 '개체화론'은 질 들뢰즈를 위시한 여러 철학자에게 영향을 끼친 것만큼 새로운 사유를 촉발한다.

시몽동은 기존의 사회적 체제와 규범들을 새롭게 구조화할 수 있는 역량으로 '전개체적인 자연의 역량'을 긍정하고 양립불가능하고 불일치하는 것들 사이에 소통과 공명을 가능하게 하는 '개체초월적 인간관계'의 발명 가능성을 제시했다. 시몽동은 기술적 대상과 기술적 주체의 앙상블이, 단지 경제적 코드와 마케팅 전략에 통제된 공허한 대중화의 수단에 불과한 것이 아니라, 우리 안에 내재하는 진정한 존재론적 퍼텐셜을 발굴하고 소통시키며 사회적 구조의 해체와 발명을 가능하게 하는 정치적 역량일 수 있다는 점을 보여 준다. '전 개체적인 자연, 개체초월적인 인간, 그리고 기술적인 것'이 셋의 상호공속적 관계에 대한 깊이있는 존재론적 통찰을 보여 줌으로써 디지털 정보기술시대에 지향해야 할 새로운 휴머니즘의 전망을 제시하고 있는 것이다.

기술적 발명이 그 자체로 사회변혁의 충분조건은 아니다. 그렇다면 시몽동의 기술철학은 기술결정론에 불과할 것이다. 시몽동의 기술적 대상은 과학적 합리성만이 아니라 정서적 감동의 차원에서 이해될 때 개체초월적 관계의 매체로서 기능할 수 있다. 기존의 사회적 규범성을 넘어서 기술적 대상들안에 사회변혁의 씨앗으로 포함되어있는 전개체적인 것, 즉 새로운 가치로서의 정보, 바로 이것이 개체들 사이에 정서적 감동을 통해 전파되며 개체 초월적 집단화를 가능하게 할 때 기술적 발명의 진정한 의미가 있다. 예를 들어, 아이폰과 같은 탁월한 기술적 대상들은 단순한 도구의 수준을 넘어서, 기존의 폐쇄적인 사회적 질서와 경계들(사회적 지위, 빈부, 나이, 지역 등)을 가로지르는 정보의 소통과 내적공명(우애, 우정, 사랑 같은 정서적 공감)을 실현하며 새로운 집단적 관계를 창출하는 데 기여했다(김재희, 2016).

7. 기억과 기술, 파마콘(스티글레르)

베르나르 스티글레르는 1952년 태어난 프랑스의 기술철학자이다. 기술에 대한 문제의식을 바탕으로 철학 · 정치학 · 미학을 넘나드는 저작을 발표했고 대표작은 『기술과 시간』(전 3권, 1994~2001)이다. 국내에는 자크 데리다와 함께 저술한 『에코그라피: 텔레비전에 관하여』와 미래 노동시장에 관한 책 『고용은 끝났다, 일이여 오라』가 출판되어 있다. 그는 감옥에서 철학을 공부한 것으로 유명한데, 어릴 적부터 가정형편이 어려웠던 탓에 중학교만 겨우 마친 후 학교에 가고 싶어 막노동으로 등록금을 모았다. 하지만 쉽게 돈을 벌려는 유혹을 뿌리치지 못하고 은행을 털다가 검거되었다고 한다. 감옥생활은 그에게 전환기가 됐다. 당시 프랑스에서는 '청년 범죄자를 개도하자'는 사회운동이 펼쳐졌고 청년이 수감된 감옥에 툴루즈대 교수가 찾아와 고전과 철학을 교육하기 시작했다. 이때부터 그의 명석함이 드러났다. 곧 학사자격시험도 통과했다. 출소일이 다가오자 당대 세계적 석학으로 이름을 날리던 데리다에게 '당신 밑에서 공부하고 싶다'고 편지를 보냈다. 데리다는 흔쾌히 허락했고, 그의

[그림 6-8] 스티글레르

출처: 구글 이미지.

지도로 박사학위까지 받게 된다. 프랑스 국립시청각연구소와 음향음악연구소의 소장을 맡았고, 현재 퐁피두센터 문화개발부 디렉터로 재직 중이다. 2005년 대안문명을 연구 실천하는 단체를 만들었다(Ars Industrialis).”

이재현은 「시간, 기억, 기술: 베르나르 스티글레르의 기술철학」(2016)에서 베르나르 스티글레르의 이론을 소개하고 있는데, 스티글레르는 스승인 데리다의 ‘그라마톨로지’(기록학) 논의에 의거해 자신의 기술론을 전개하면서, 산업화 · 외재화된 자본주의적 기술 체계를 해체하고 인간의 내재적 기억과 감각, 상상력을 되찾기 위한 ‘해독 능력(literacy)’과 ‘쓰기 감각’의 필요성을 강조한다.

스티글레르는 인류는 생물학적 진화 이 외에도 기술에 의거한 기술적 진화를 이루어왔다고 주장하는데, 이 두 가지가 상호 결정하여 인간의 진화를 이끌어 왔다고 주장한다. 그는 ‘후천계통발생(epiphylogenesis)’이라는 개념을 고안했는데(Stiegler, 1998) 이는 후천발생과 계통발생을 결합한 것으로 전자는 한 개체가 태어나 살아가면서 환경과 테크놀로지에 의해 나중에 변화하는 것을, 후자는 생물학적으로 물려받은 유산인 움에 의해 발현되는 개체발생을 의미한다.

스티글레르에게 기술은 기본적으로 모두 기억 기술이다. 우리가 저장 기술, 전송 기술, 표현 기술 등으로 이야기하는 모든 것을 스티글래르는 기억 기술이라고 본다. 그는 플라톤의 '내재기억(anamnesis)' 및 '외재기억(hypomnesis)'에 주목하는데, 내재기억은 육화된 기억, 우리가 유전자와 중추신경 내에 가지고 있는 기억을, 외재기억은 저장기술을 통한 신체 외부에의 기억을 의미한다. 스티글레르는 외재기억을 새롭게 '제3기억(terriary memory)'으로 개념화하면서 자신의 철학을 구성하는 핵심 개념으로 발전시킨다.

스티글레르에 의하면 사회가 라디오나 텔레비전 시대를 지나 인터넷, 그리고 소셜미디어의 시대로 나아가면서 기억기술은 한 단계 더 산업화된 모습을 보여 준다. 발전된 문화산업의 기억기술은 과거의 기억 테크닉에서 기억 테크놀로지로 발전되고 있다, 스티글레르는 이를 기억의 초-산업화라 부른다. 기억테크놀로지는 인간이 이해할 수 없는 기술만의 논리에 의해 기억을 쓰며, 이로 인해 우리의 인식범위를 넘어서는 기술만의 세계가 확장된다. 이런 기억 테크놀로지가 가져오는 것은 방향감각의 상실과 이벤트화이다.

이러한 기술사회의 위협에 대한 스티글레르의 처방은 그의 용어로 **파마콘**(pharmakon)인 셈인데, 이는 염려와 비판적 사고능력 두 가지로 요약된다. 그는 빈곤화된 현대인에게 역사성과 다양성을 회복해 내기 위해서는 비판적 사고와 그것에 기초한 비판적 해독능력, 즉 새로운 쓰기 감각이 필요하다고 주장한다. 이를 위해 스티글레르는 철학 학교, 비판적 영상 해독 등 사회적, 교육적 실천을 주도하고 있다.

시몽동이 불안정한 사회적 질서를 가로질러 새로운 집단적 관계를 구축하는 이러한 개체초월적 개체화를 실현하는 데 정보기술의 네트워크 역량이 긍정적으로 작동할 것이라 전망한 데 반하여 스티글레르는 정보기술에 근거한 하이퍼산업시대의 시간기술-기억기술이 소비 사회의 정치경제에 기여하며 탈개체화와 탈승화를 가속화시킨다고 비판하고, 기술의 파르마콘적 양면성을 정확하게 인지하지 못했다고 시몽동의 한계를 지적하며 '독'을 '약'으로 전환시키는 기술의 내재적 전환이 필요하다고 주장한다.

그렇지만 스티글레르는 시몽동의 개체초월성을 계승하여, 심리적-집단적-기술적 개체화가 동시적으로 형성되는 개체초월화 과정을 그 해법으로 제시한다. 현대 기억기술의 매개가 어떻게 이 개체화의 조건들을 중층 결정짓고 '나'와 '우리'의 관계를 재편성하는지 비판적으로 개입하는 것, 기술적 프롤레타리아트화 상황을 극복하고 기술에 대한 대중의 개입 가능성을 열기 위해 '개체초월화'의 회로들을 창조하는 것, 획일적 공시성에 바탕을 둔 집단성이 아니라, 각자의 독특한 개체화에 바탕을 둔 진정한 개체초월적 집단성을 구성하는 것, 생물학적 생존을 위한 충동과 욕구 차원을 넘어서 인간적 실존을 위한 욕망의 생활양식을 만들어 내는 것이 현대 기술 사회를 비판적으로 극복하려는 스티글레르의 프로이트-마르크스적인 정치경제학 테제를 형성한다. 시몽동이 첨단 기술과 전통 문화 사이의 20세기적 갈등에 주목했다면, 스티글레르는 21세기에 가속화된 기술과 자본의 통합에 근거한 문화의 산업화에 주목했다고 할 수 있다. 스티글레르가 시몽동이 깊이 고려하지 못했던 부분, 기술 발달과 경제 시스템의 관계 문제를 고찰했다는 점은 의미가 있다. 그러나 기술의 독성에 대한 과도한 진단이 결국 계몽적 합리성과 정신적 가치들의 보존을 주창하는 전통적 휴머니즘의 기술회의론자의 모습으로 귀결된다는 비판도 있다.

8. 기술 비판과 대안

기술은 인간 삶의 근본 조건으로서 인간과 분리 불가능한 것임에도 불구하고 철학사적으로 등한시되어 온 경향이 있다. 오늘날과 같이 첨단 기술과학이 우리의 생활양식을 지배하고 인간성 자체를 변화시키고 있는 시점에서도 기술철학에 대한 관심과 기술철학적 작업은 충분히 수행되지 못하고 있다.

기술문명에 대한 부정과 긍정의 양극단 사이에서 기술의 도구적 활용과 경제적 실용성에 주목하는 기존의 기술에 대한 사유와 달리, 이 장은 미디어를 중심으로 기술과 인간의 관계에 대한 존재론적인 통찰과 사회정치적인 문제의식을 다루어보았다는 점에서 소박한 의의를 찾을 수 있다.

광고와 마케팅이 자본주의 시스템 첨단에 있다면 광고 테크놀로지의 발달 역시 광고가 최전선일 수밖에 없다. 질주하고 있는 테크놀로지의 발달 환경 속에서 현대 소비 자본주의 체제와 연동된 디지털 네트워크 기술 문화에 대한 비판적 사고력을 증진시키고 새로운 생활양식을 창출하려는 실천적 노력을 촉구하는 데 기여할 수 있다.

시공간을 넘어선 소통의 기술 장치들이 오히려 소통을 가로막고 개체성을 말살하며 동일화된 대중 집단으로 개체들을 묶어 내며 소비 자본의 정치경제학으로 통제하고 있다면 이러한 통제 사회에 맞서기 위해 기술적 장치들을 거부해 버리는 것으로 문제가 해결될 수 있을까? 시몽동과 스티글레르 같은 기술철학자들은 기술 자체를 부정하는 것이 아니라, 기술적 환경을 삶의 근본 조건으로 긍정하면서도, 현대 소비 자본주의가 필요로 하는 파편화된 개인주의와 획일화된 대중집단성이 아닌, 개체들 간의 진정한 소통과 이에 근거한 개체초월적 집단의 생산 가능성을 사유한다는 점에서 주목할 필요가 있다. 그들은 소비 자본주의 시스템 안에서 분열되어 있는 '공통적인 것'과 새로운 주체 생산의 가능성을 사유할 수 있게 하는 개념적 도구들을 제공한다.

시몽동의 주장처럼 인간과 기계가 한 쌍을 이루고 있는 '인간-기계 앙상블'은 이미 기본적인 삶의 형태로 자리 잡았다(김재희, 2016, p. 31)고 할 수 있다. 기술에 대한 논의가 인간의 미래에 관한 유토피아적 낙관이나 디스토피아적 우려를 제시하는 데 그치는 것은 더 이상 도움이 되지 않는다. 기술과 자연의 대립이나 기술과 인간의 대립이라는 구도 속에서 기술을 부정하며 휴머니즘을 구제하려는 것은 이미 낡은 사유 패러다임이다. 정보 기술의 등장과 더불어 자연, 기술, 인간의 상호 관계에 대한 균형 잡힌 이해가 필요하고, 기술을 토대로 실현되는 새로운 휴머니즘 모델이 절실한 국면이다. ■

제7장

광고 노출의 우연성과 필연성

김주영(미국 조지아대학교 광고홍보학과 교수)

1. 우연적 만남과 필연적 만남
2. 브랜드와 소비자의 만남
3. 우연과 필연의 철학적 의미
4. 시간에 따른 우연성과 필연성의 구분
5. 디지털 광고 노출의 우연성과 필연성
6. 가위바위보를 언제나 이기는 방법
7. 광고 노출은 우연인가 필연인가

◈◇◈

광고와 오디언스의 만남은 '노출'이라는 것을 통해 이루어진다. 그 만남은 불가(佛家)에서 얘기하는 '옷깃만 스쳐도 인연이다' 와 같은 비인지된 찰나의 만남, 즉 학문적으로 mere exposure에 속하는 노출일 수도 있고, 오디언스의 상황과 관심도에 따라서 보다 깊은 처리가 되는 engaged exposure가 될 수도 있다. 물론 mere exposure도 축적된 효과로 나타날 수 있지만, 광고인들은 그들의 광고가 적시적소(適時適所)에 적인(適人)에게 노출돼서 효율과 효과를 동시에 잡고 싶은 기대가 있을 것이다.

아날로그 시대의 광고가 이와 같은 적시/적소/적인에 대한 계획을 대부분 우연에 대한 기대에 기초해서 했었다면, 현시대의 디지털 광고는 매우 정교하게 계획되어 실행되는 필연적 노출을 지향한다. 광고의 정교한 실행은 프로그래매틱 광고(programmatic advertising)라는 광고산업계의 방법론적 패러다임 변화에 기인한다. 2019년 미국 디지털 디스플레이 광고의 84.9%가 프로그래매틱 광고로 이루어질 것이고, 2021년에는 88%까지 증가할 것이라는 전망도 나오고 있듯이 프로그래매틱 광고는 광고가 소비자를 만나는 접점을 필연적인 것으로 만들어 가고 있다(Fisher, 2019). 마케터들이 전략적인 함수를 만들고, 이 함수에 따라 광고가 만들어지고, 인공지능(AI)에 의해 계산되고 최적화된 방식에 따라 ad exchange에서 광고의 노출이 결정되는 일련의 과정은, 마치 도미노의 설계자가 치밀하게 1번 피스부터 마지막 피스까지의 과정을 디자인하는 것과 매우 유사하다.

이 글에서는 이러한 디지털 시대 광고의 노출에 대한 우연성과 필연성에 대한 의미를 철학적인 접근을 통하여 고찰해 보고자 한다.

1. 우연적 만남과 필연적 만남

모든 것의 만남에는 만남의 주체들이 있고, 만남이 이루어지는 시간과 장소가 있다. 다시 말해서 주체들이 같은 시간과 장소에 있을 때에 만남이 이루어지는데, 그것이 계획된 것이라서 주체들이 서로의 만남에 대한 예상을 할 수 있었고 다른 만남에 대한 개연성이 없었다면 필연적 만남이 될 것이다(사고나 기타 random한 일이나 사건의 발생에 의한 만남의 불성사는 논외로 한다). 반대로, 계획이 없었고 예상하지 못한 만남이라면 우연적 만남이 될 것이다. 하지만 어떤 만남이 한쪽 주체 A에 의해서 (상대 주체가 인지하지 못한 상태로) 계획되었다면, 그것은 우연인가 필연인가? 아마도 계획한 주체인 A에게는 필연이 되고, 계획에 대해 모르는 B는 이를 우연으로 생각하게 될 것이다. 또한 A가 그의 친구 C에게 B와 만날 것을 미리 알려 준다면, C에게 있어서도 이 둘의 만남은 필연이 된다. 하지만 여기에는 한 가지 중요한 모순점이 존재한다. 즉, 만남이라는 현상이 아직 일어나지 않았다는 점이다. 하지만 미래 어떤 시점에 있어 어떤 일이 일어나도록 계획해서 예정한 상태일 경우, 미래에 일어날 그 일은 필연인가?

또한 여기에 제3자인 만남의 설계자가 있다고 가정한다면, 그에게 있어서도 그 만남은 필연일 것이다. 마치 도미노 설계자에게 있어서 첫 번째 도미노 피스로부터 시작되어 마지막 피스가 쓰러질 때까지의 과정은 필연적인 사건(각 도미노 피스가 쓰러지는)의 연속이 되는 것처럼, 설계의 정교함은 필연적 결과의 가능성을 높이게 된다.

서울역에서 부산역으로 가는 KTX 열차가 오전 7:30에 출발하면 부산에 오전 10:02에 도착하는 것으로 열차표에 나와 있다고 하자. 이에 따라 따라서 7:30 정각에 출발을 한 경우, 미래 시점인 오전 10:02에 정확히 부산에 도착하는 것은 필연일까? 어떤 이유로 열차가 조금 지연되어서 10:05에 도착할 수도 있고, 또 더 빠르게 도착해서 9:59에 도착할 수도 있다고 본다면, 10:02에 정확히 도착하는 것은 여전히 우연으로 봐야 하는 것인가? 좀 더 간단하게 봐서, 서울역에서 부산역으로 가는

KTX 열차를 타면 부산에 도착한다는 것은 필연인가?

10년 이상 한국인의 애창곡 상위 5위권(갤럽, 2014)에 들어가는 곡 중 하나인 노사연의 〈만남〉은 이렇게 시작한다. “우리 만남은 우연이 아니야. 그것은 우리의 바램이었어. 잊기엔 너무한 나의 운명이었기에……” 1989년에 발매된 2집에 수록된 이 곡은 탈북자들이 가장 좋아하는 인기곡으로 꼽히기도 했다. 이렇듯 부부의 연, 부모와 자식 간의 만남, 관포지교(管鮑之交)의 관중(管仲)과 포숙(鮑叔)과 같은 죽마고우로서의 만남 등등 이 세상을 살면서 만나게 되는 많은 만남 중에는 자의든 타의든 마치 나에게 숙명처럼 필연적으로 느껴지는 것이 있다. 그렇다면 어떤 만남이 우연이고, 또 어떤 만남이 필연인 것일까?

세상의 많은 종류의 만남에, 사람 간의 만남뿐만 아니라 사회적 상태(예: 직업이나 직장), 사물(예: 자동차), 종교 또는 반려동물과의 만남 등을 포함해서, 필연성을 부여하고 믿는 경우를 우리 자신과 주변에서 많이 볼 수 있다. 필연적인 만남을 믿고 싶어 하는 우리들의 마음은 현재의 만남에 대한 무의식적인 소망에 기반해 있다고 한다. 마치 험난한 과정을 통해 남한으로 온 탈북자들이 남한과의 만남, 즉 성공한 탈북을 결코 우연으로 생각하기 어려운 것처럼, 소망스러운 만남은 그에 수반되는 긍정적 경험 때문에 소중하게 느껴지고 그것이 지속되길 원하는 마음이 있기 때문에 필연성을 부여 하고 싶어진다는 것이다. 만일 그것이 우연적인 만남이라면, 헤어짐 또한 우연적으로 발생할 것이기 때문에 당사자의 입장에서 우연성은 부정되어야 하는 것이다.

노사연의 〈만남〉의 가사(박신 작사)에는 중국 후한(後漢)의 왕충(王充, AD 27~100?)이 『논형(論衡)』에서 구분한 마주침(遇, 우: 만나다)과 잼(揣, 췌: 헤아리다, 재다)의 개념이 들어가 있다. 왕충은 그의 저서 『논형』 중 「행우(幸偶)」와 「봉우(逢遇)」 편에서 만남의 종류를 두 가지, 즉 마주침(우발적 만남)과 헤아림(또는 잼 - 준비된 만남)으로 나누면서 다음과 같이 설명한다.

땅에 있는 땅강아지와 개미 위를 사람이 발로 밟고 지나간다. 발에 밟힌 것들은 눌려 죽고,

> 밟히지 않은 것은 다치지 않고 살아남는다. …… 들에 있는 풀에 불이 붙었을 때 마차가 지나갔던 자리에는 불이 붙지 않는다. 날벌레가 거미의 줄을 지나가다 잡히는 것도 있고 벗어나는 것도 있다. 짐승들도 떼 지어 달리다가 사냥꾼의 그물에 잡히기도 하고 빠져나가기도 한다. 어부가 그물질하다 보면 잡히는 고기도 있고 빠져나가는 것도 있다. 큰 죄를 지은 간교한 도적이 발각되지 않기도 하고 작은 죄인이 발각되는 경우도 있다. 『논형』「행우」

> '마주친다(遇)'는 것은, 미리 능력을 준비해 두는 것도 아니고 유세할 내용을 미리 갖추어 두는 것도 아니지만 군주의 마음에 우연히 맞게 되는 것이기 때문에, '마주친다'고 한다. 만일 군주의 마음을 헤아려 유세할 내용을 맞추어 존귀한 지위를 얻었다면, 이것은 '잰다(揣)'라고 하지, '마주친다'고 하지 않는다. 봄에 씨를 심고 곡식이 자라나면 가을에 곡식을 거두는 경우나, 어떤 것을 구하기 위해 일을 해서 그것이 완수되는 경우는 '마주친다'고 하지 않는다. 구하지 않았는데도 저절로 이루어지고 일을 하지 않았는데도 저절로 일이 완수되어야 '마주친다'고 이야기한다. …… 요즘 세상 사람들은 '마주친다'와 '마주치지 않는다'라는 의미를 정확히 이해하지 못하면서, '마주친' 경우에는 그것을 칭송하고 '마주치지 않은' 경우에는 그것을 비난한다. 이는 드러난 결과에 근거한 것이며 이미 이루어진 일을 판단하는 것이지, 이것으로는 그 사람의 행실과 재능을 알 수 없는 법이다. 『논형』「봉우」

즉, 우발적이고 우연적인 만남인 마주침은 저절로 이루어 지는 것이고, 준비된 만남인 잼('재다'의 명사형, 한자로는 揣)은 구할 것이 있고 그를 위한 일을 해서 이루어진 만남을 의미하는 것이다.

2. 브랜드와 소비자의 만남

브랜드와 소비자도 만남이라는 과정을 통해 서로 알아가고 익숙해 지고 친구 같은 또는 심지어 연인(brand love: Batra, Ahuvia, & Bagozzi, 2012; 물론 이들은 브랜드와의 사랑은 사람과 사람 간의 사랑과는 다르다고 보았다.) 같은 관계로 발전해 간다. 던컨과 모리아티(Duncan & Moriarty, 1997)는 **'접점'**, 즉 contact point(다른 문헌에서는 touchpoint라고 하기도 한다; 예: Alina, 2009)라는 개념을 제시하면서 소비자는 브랜드가 만든 접점, 소비자들이 만든 접점, 그리고 본질적 접점(intrinsic contact point)을 통해서 브랜드와 만남을 한다고 보았다. 덩컨과 모리아티에 따르면 브랜드 접점은 소비자가 갖는 모든 브랜드 경험(any experience a customer has with a brand)이며 이는 미디어플랜의 시작점이기도 하다. 접점(接點)이라는 단어 자체가 두 개체가 만나서 닿는 점을 뜻하니까 접점은 만나는 점이고 브랜드 접점은 브랜드와 소비자가 만나는 곳이 된다. 브랜드가 소비자를 만나는 접점 중 하나인 브랜드가 만든 접점(brand-created contact point)은 요즘 용어로 'paid media'로도 부를 수 있는데, 이는 상당부분 광고라는 경험을 통해서 이루어지게 된다. 즉, 광고라는 접점을 통해서 브랜드와 소비자의 만남이 이루어지는 것이다. 광고는 미디어의 시공간에 배치돼야 함으로 브랜드는 광고를 타고 미디어라는 장소에서 소비자와 만남을 하게 되는 것이다. 하지만 브랜드와 소비자는 사람들의 만남처럼 언제 어디서 만나기로 약속을 하고 만나지 않는다. 소비자가 어떤 시점에, 특정 미디어에서 특정 콘텐츠를 소비할 때 우연히 광고를 보게 되는 것처럼 보인다. 마치 길에서 옛 친구를 조우(遭遇)한다거나 전혀 모르는 사람들을 지하철 안에서 마주치게 되는 것과 같다. 광고와 소비자의 만남은 이렇듯 우연히 발생하는 것일까? 우연한 만남이 되려면 브랜드와 소비자가 서로의 움직임과 언제 어디에 있는 지에 대해 전혀 정보를 갖고 있지 않은 상태에서 독립적으로 행동하다가 만나야 하는데 과연 광고를 통해 브랜드가 소비자와 만나는 접점은 그런 의미에서 우연과 필연 중 어느것에 가까운 것일까?

앞서 『논형』의 「봉우」 편에 있는 글을 보면 광고와 소비자의 만남을 우연이라고 보기는 어렵다는 것을 짐작해 볼 수 있다. 『논형』에 있는 글을 광고 상황에 맞게 각색해 보면 다음과 같이 적용해 볼 수 있다.

광고와 소비자가 '마주친다(遇)'고 하는 경우는, 광고를 미리 타깃 소비자에게 맞게 준비해 두는 것이 아니라 소비자의 눈에 우연히 맞게 되는 것이기 때문에, '마주친다'고 한다. 만일 소비자의 행동패턴을 헤아린 광고를 해서 좋은 광고결과를 얻었다면, 이것은 '잼' 또는 "헤아림(揣)'라고 하지, '마주친다'고 하지 않는다. 소비자의 마음 속에 메시지를 심은 후 시간이 흘러 효과를 거두는 경우나, 소비자의 마음을 구하기 위해 광고를 해서 그것이 완수되는 경우는 '마주친다'고 하지 않는다. 구하지 않았는데도 저절로 이루어지고 일을 하지 않았는데도 저절로 일이 완수되어야 '마주친다'고 이야기한다. …… 많은 사람이 '마주친다'와 '마주치지 않는다'라는 의미를 정확히 이해하지 않고, 광고와 소비자가 '마주친' 경우에는 칭송하고 '마주치지 않은' 경우에는 비난한다. 이는 드러난 결과에 근거한 것이며 이미 이루어진 일을 판단하는 것이지, 이것으로는 그 광고의 효율성과 효과를 알 수 없는 법이다(즉, 소비자에 대한 헤아림이 있었어야 비로소 효율성과 효과를 판단할 수 있는 것이다).

왕충의 생각을 빌려서 광고상황에 적용해 보면, spray-and-pray(뿌리고 기도하는……, 예를 들어 방 안 어딘가에 있을 모기 한 마리를 잡기 위해 스프레이 모기약을 뿌리고 모기가 죽기를 기대하는) 방식의 광고는 광고와 소비자 간의 우연적 만남을 기대하는 것이겠지만, 데이터에 근거해서 정교하게 집행되는 광고는 메시지와 소비자 간의 필연적 만남을 지향한다고 볼 수 있다.

3. 우연과 필연의 철학적 의미

왕충의 마주침과 잼(또는 헤아림)을 통한 우연과 필연의 구분은 매우 통찰력 있는 방식이다. 그것이 거의 2천 년 전에 제시된 것을 고려하면 더 그런 것 같다. 앞에서 생각해 봤듯이 데이터에 근거해서 정교하게 실행되는 광고와 소비자의 만남은 왕충의 생각을 적용해 볼 때 우연이 아니고 잼 또는 헤아림, 즉 필연에 가깝다고 볼 수도 있을 것이다. 하지만 필연은 정말 존재하는 것인가? 필연이 있다는 것은 어떠한 만남이 미리 정해질 수 있다는 것인데, 그것은 과연 합리적인 생각인가?

서양철학에서는 어떤 일이 반드시 그렇게 될 수밖에 없다면 필연이고 그렇지 않을 가능성도 있었다면 우연으로 본다. 다시 말해서 반사실문이 성립하면 우연이고 그렇지 않으면 필연인 것이다. 그러나 우연과 필연의 정의와 그들 간의 관계는 매우 복잡하고 이해하기 어렵다. 일단 시점의 문제가 있을 수 있다. 즉, 반사실문이 성립하는 시점으로 과거와 미래가 모두 포함될 수 있는가이다. 예를 들어, 철수와 영희가 결혼을 한 시점에서 보면, 결혼이라는 것이 이미 발생해서 그 사실을 과거로 돌아가서 바꿀 수 있는 반사실문이 존재하지 않는다는 점에서 이미 발생한 일은 필연이 된다(물론 앞으로 이혼을 해서 결혼을 파기할 수는 있지만, 그것이 과거에 결혼했던 사실까지 바꾸진 못한다). 하지만 결혼전에 철수가 '나는 영희와 결혼하게 될 것이다'라고 말한다면 이는 반사실문이 앞으로 성립할 가능성이 있기 때문에 필연으로 볼 수는 없는 것이다. 즉, 과거시점을 돌아보면서 '내가 영희와 결혼한 것은 필연이다'라고 말할 수는 있지만 미래시점에 대해 '내가 영희와 결혼할 것은 필연이다'와 같이 앞으로 발생할 일에 대한 예측을 필연이라 할 수는 없는 것이다.

이를 광고 상황에 적용해 보면, 애플이 신제품 아이폰10 광고 A와 B 중 A를 철수에게 보여 주려 하면서, '철수는 아이폰10 광고 A를 볼 것이다'라는 확신을 하고 있다면 그 확신하고 있는 내용은 참인가 거짓인가. 당연히도 이에 대한 반사실문, 즉 '철수가 광고 A를 보지 않을 수 있다'라는 추측도 가능하기 때문에 참 또는 필연으로 볼 수는 없다. 따라서 철수가 광고 A를 보게 된다면 그것은 우연이 되는 것이다. 결국 미래에 일어날 일이 여러 가능성 있는 일 중 하나라면, 그에 대한 예측은 필연성을 띤다고 볼 수 없는 것이다.

사실 이와 같은 생각은 오래전 BC 4세기부터 '미래시점 우연명제'라는 문제로(the problem of future contingents) 많은 철학자가 고민해 왔던 난제이다. 왜냐하면 모든 명제는 참과 거짓으로 판단할 수 있어야 하는데 미래시점에 대한 명제는 그 판단이 불가능하다고 생각되기 때문이다. 먼저 아리스토텔레스(Aristotle)는 미래시점 명제를 참과 거짓의 이가(二價)로 판단할 수 없으므로 우연(contingent)이라는 제3의 논리값을 사용해야 한다고 생각했다. 즉, '내일 비가 올 것이다'는 예측은 참과 거짓을 현재 알 수 없으므로 우연적(contingent)이라는 양상(modality)을 가진다고 보는 것이다. 즉, 모든 명제는 참, 거짓, 우연적이라는 세 가지 양상으로 판단할 수 있다는 것이다. 수학적으로 생각하면 보다 더 분명하다. 2+y=4의 경우 y=2가 되는 것은 필연이다. 하지만 x+y=4와 같은 문제의 경우, x와 y가 자연수라면 1과 3, 3과 1, 2와 2와 같은 경우가 있기 때문에 y가 2인 것은 필연적이지 않다. y=2라면 그것은 세가지 경우 중 하나이기 때문에 우연인 것이다. x와 y가 정수라면 그 '우연성'은 커지게 될 것이다.

결국 앞서 예를 들었던 아이폰10 광고상황에서, 미래 어떤 시점에서 철수는 ① 광고에 노출되지 않을 수도, ② 광고 A에 노출될 수도, ③ 광고 B에 노출될 수도 있기 때문에 '철수는 광고 A에 노출 될 것이다'라는 것은 우연적이라고 봐야 한다.

하지만 우연이라는 것은 존재하지 않는다고 주장하는 철학자들도 있었는데, 대표적으로 디오도로스 크로노스(Diodorus Cronus; BC 284년경에 사망한 것으로 알려져 있음)는 다음과 같은 Master Argument(The Information Philosopher, n.d.)를 통해서 우연성에 대한 논리적 문제점을 주장하기도 했다.

> 디오도로스 크로노스의 Master Argument: D1과 D2가 참이라면 D3는 부정된다.
>
> (D1) 과거에 대해 참인 명제는 필연이다.
>
> (every past truth must be necessary)
>
> (D2) 불가능한 것은 가능한 것에서 나올 수 없다.
>
> (an impossibility does not follow a possibility)
>
> (D3) 참과 거짓을 알 수 없는 가능한 것은 존재한다.
>
> (something is possible which neither is nor will be true)

즉, 필연인 명제는 참이고 가능한 것이고(D1), 가능한 것에서만 가능한 것이 나올 수 있기 때문에(D2), 참과 거짓을 알 수 없는 가능한 명제는 미래시점에 존재할 수 있다는 것(D3)은 모순이다. 현재의 예측으로 미래에 어떤 일 A가 일어나지 않는다고 한다면 이와 같은 사실은 과거시점에서 봐도 참이어야 한다. 즉, 모든 과거에 발생한 일은 바뀔 수 없는 사실이기 때문에, 이와 같이 과거시점에서의 예측은 필연을 예측하는 것이 된다. 불가능성은 가능성에서 나올 수 없기 때문에(즉, 둘은 공존할 수 없다), A가 일어날 가능성은 없어야 한다. 어떤 일이 발생할 것(또는 발생하지 않을 것)이라는 예측이 거짓으로 나타난다면, 그 예측은 절대로 참이 될 수 없다. 따라서 참과 거짓을 알 수 없는 가능한 명제는 존재할 수 없다. 즉, 앞의 D1과 D2가 참이기 때문에 D3는 거짓이 되는 것이다.

광고상황으로 돌아가서 이해해 보면, 철수가 광고 A를 봤다면 그것은 우연이 아니고 필연이 되는 것이다. 왜냐하면 이미 발생한 광고 A의 노출은 참일 수밖에 없으므로 노출 전인 과거시점에서도 그것은 필연이 되는 것이다.

이와 같은 논리적 전개는 미적분을 창시하고 발전시킨 수학자인 라이프니츠(Leibniz)의 견해와도 비슷한 맥락을 가진다(Anfindsen, 2005). 그는 모든 일은 이미 예정돼 있다는 신에 의한 숙명론을 믿었기 때문에, 사람들이 우연히 발생했다고 여기는 것들이 사실상 필연적으로 예정돼 있었다고 보았다. 이를 좀 더 확대해서 생각해 보면, 신의 존재를 믿지 않더라도 자연의 이치나 거대한 우주의 힘을 생각해 봐도 어느 정도 이해가 가능한 부분이다. 즉, 나무에서 떨어진 개미가 중력의 법칙에 의해서 필연적으로 땅에 떨어지게 될 것을 개미는 예측할 수 없더도 과학을 아는 인간은 할 수 있다는 점에서도 그렇다. 물론 개미가 그 중간에 어떤 나뭇잎으로 떨어질 수도 있는데 그것 또한 그때의 바람의 방향 등에 따른 필연적 결과로 볼 수 있는 것이다. 라이프니츠는 참(truth)에는 필연적인/절대적 참(absolute truth)과 조건적/우연적 참(contingent truth)이 있다고 보면서 다음과 같이 설명한다(The Metaphysicist, n.d.).

확신적 참(affirmative truth)은 주관성을 지닌 서술에서 볼 수 있다. 절대적 참(absolutely necessary truth)을 지닌 명제는 동치명제(1=1과 같은)와 같은 경우로 시공간과 같은 물리적 세계와 독립적으로 참이다. …… 절대적 필연성을 결여한 것은 우연한 것인데, 어떤 것의 반대가 필연적이라면 그것은 불가능하고 그 나머지는 가능하다. …… 우연적 참(contingent truth)은 아직 절대적 참에 도달하지 못한 가능한 일을 가리킨다.

이와 같이 우리에게 발생하는 모든 일에 대한 필연성은 많은 고대 철학자가 주장해 온 바이다. 이 중 물리적 필연성(physical necessity)이라는 개념도 있다. 이에 따르면 이제까지 발생된 모든 일과 그 일들이 앞으로도 발생할 것이라는 것은 필연적이고 그 외 다른 경우는 없어야 한다. 이를 철학에서 현실주의(actualism)이라 부르는데, 이와 반해 가능주의(possibilism)는 아직 발생하지 않은 일도 가능하다는 주의이다. 현실주의자들도 가능주의자들이 주장하는 가능성을 인정하기는 하지만, 그것은 아직 발생하지 않았기 때문에 현실세계에 관련 없다는 입장을 가진다. 따라서 필연성이라는 것은 결정주의(determinism)를 따르며 현실주의적 영역에서만 가능하다. 이에 관련하여, 레우키포스(Leucippus)는 다음과 같은 주장을 한다. "Nothing occurs at random, but everything for a reason and by necessity(모든 일은 필연적으로, 반드시 어떤 이유로 인해 발생한다. 우연히 발생하는 일은 없다)." 즉, 철학자의 세계관에 따라 세상에 발생하는 모든 일은 모두 필연적으로 보거나 우연적인 것도 있다고 보는 견해로 나뉠 수 있다. 이를 '가능성'이라는 개념으로 연결 지어 이해해 보면, 필연적이거나 우연적인 일 모두 발생하였기 때문에 가능성이 있었던 일이라 볼 수 있다. 즉, 가능성 안에 우연성과 필연성이 있는데 그 둘은 서로 완전히 독립적이다. 다시 말해서, 우연적이면서 필연적인 것은 없는 것이다. 가능성과 필연성의 관계는 집합이론에서의 드 모르간 법칙(De Morgan's law)을 따르는 것으로 다음과 같이 볼 수 있다.

A가 필연적이지 않다는 것은 A가 아닌 일도 가능하다는 것이다.
('It is not necessary that A' is equivalent to 'It is possible that not A.')
A가 불가능하다는 것은 A가 발생하지 않을 것이 필연적이라는 것이다.
('It is not possible that A' is equivalent to 'It is necessary that not A.')

이 또한 광고 상황에 적용해 보면 다음과 같다.

> 광고 A를 보는 것이 필연적이지 않다는 것은 광고 A를 보지 않는 것도 가능하다는 것이다.
> 광고 A를 보는 것이 불가능하다면 광고 A를 보지 않게 되는 것은 필연적이다.

이를 가능성과 필연성의 양면성('duality' of possibility and necessity)이라는 논리적 개념으로도 이해할 수 있다. 즉,

> 철수가 광고 A를 볼 것이라 단정할 수 있다면, 광고 A를 보지 않게 될 가능성은 없다.
> 철수가 광고 A를 볼 가능성이 있다면, 광고 A를 보지 않게 될 것이라고 단정할 수는 없다.

이는 양상논리(modal logic)를 통해서도 이해할 수 있다. 양상논리는 필연성과 가능성에 대한 논리적 접근법이다. 좀 더 축약된 설명을 위해서 양상논리에서는 필연성을 위해 □(정사각형)을 쓰고 가능성을 제시하기 위해서 ◇(다이아몬드)를 쓴다. 즉, □A는 'A는 필연적으로 발생한다'의 의미이고, ◇A는 'A가 발생할 가능성이 있다'의 의미를 갖는다. 이 외에 논리학에서 일반적으로 쓰이는 기호들인 '→'(……면), '¬'(부정), '∧'(그리고), '∨'(또는)을 사용하여 다음과 같은 간단한 추론을 할 수 있다(Mastop, 2012).

□ 이 볼펜을 놓으면 반드시 땅에 떨어진다.

이 볼펜을 놓으면 반드시 땅에 떨어진다.

광고 상황으로 적용해 보면,

□ 철수는 반드시 광고 A를 본다.

철수는 반드시 광고 A를 본다.

논리학적으로 좀 더 복잡하게 다음과 같은 일반 상황에서의 추론도 가능하다.

□(문이 열려있다 → (문 닫는 것을 잊었다 ∨ 도둑이 들었다))

□(창문이 깨져 있다 → (공이 날아와서 창문을 깼다 ∨ 도둑이 들었다))

창문이 깨졌다 ∧ 문이 열려 있다

¬◇ (문 닫는 것을 잊었다 ∧ 공이 날아와서 창문을 깼다)

□ 도둑이 들었다

이 또한 광고상황에 적용해 보면,

□(철수가 하이마트에서 신형 LG TV를 특가로 구매했다 → (철수는 LG TV를 좋아한다 ∨ 철수가 하이마트 LG TV 특가 광고를 봤다))

□(철수가 하이마트에 갔다 → (철수는 다른 전자제품 마트를 싫어한다 ∨ 철수가 하이마트 LG TV 특가 광고를 봤다))

철수가 신형 LG TV를 특가로 구매했다 ∧ 철수가 하이마트에 갔다

~ ◇ (철수는 LG TV를 좋아한다 ∧ 철수는 다른 전자제품 마트를 싫어한다)

□ 철수가 LG TV 특가 광고를 봤다

인류의 지식의 역사 속에 셀 수 없이 다양하고 쉽게 이해하지 못할 수준의 깊은 철학적 논의들이 많지만, 앞에서 간략하게 선택적으로 논의한 철학적 접근들을 종합

해 보면 우연과 필연은 가능성의 프레임을 이용해서 [그림 7-1]과 같이 분류해 볼 수 있다.

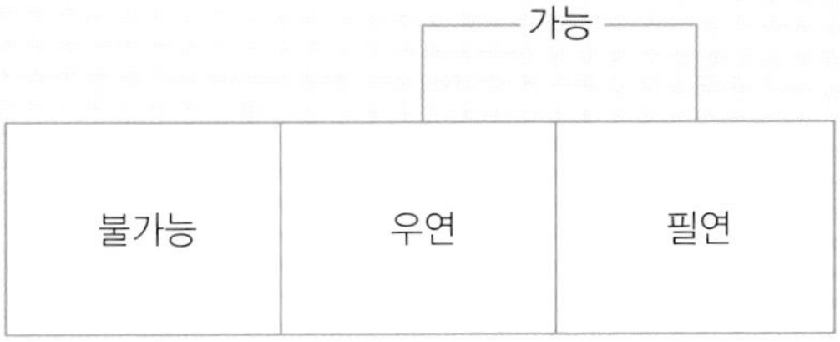

[그림 7-1] 가능성의 프레임으로 본 우연과 필연

이를 광고에 적용해 보면, [그림 7-2]와 같다.

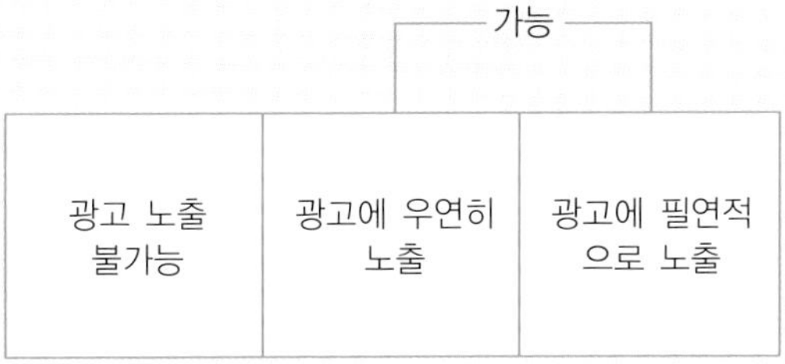

[그림 7-2] 광고 노출상황에서 가능성의 프레임으로 본 우연과 필연

4. 시간에 따른 우연성과 필연성의 구분

철학자들에 따르면 우연과 필연은 예측시점 또는 발생시점에 따라 달라질 수 있다고 한다. 이는 앞서 논의했던 미래시점 우연명제의 문제와 연관 지어 생각해 볼 수 있는데, 간략하게 기호화해서 다음과 같이 연관시킬 수 있다. 프라이어(Prior)는 이

를 F(=future)와 P(=prior)라는 시간 개념을 더해서 다음과 같이 서술하였다.

F(x) "시간 x 안에 앞으로 반드시 그럴 것이다" ("in x time units it will be the case that ……")
P(x) "시간 x까지 늘 그랬다" ("x time units ago it was the case that ……")
□ "필연적으로 그래야 한다" ("it is necessary that ……")

시간 개념을 우연성과 필연성의 구분에 넣는 시도에는 여러 가지가 있는데, 다음의 최초의 구조적 시도로 알려진 솔 크립키(Saul Kripke)의 **시간 시간가지뻗기**(branching time semantics)를 살펴보자(Øhrstrøm & Hasle, 2015). (이것은 솔이 1958년에 프라이어에게 보낸 편지 속에 제시되었다고 한다.) [그림 7-3]에서 솔은 현재를 Rank 1으로 보고 그다음 순서로 다가오는 미래시점에서 가능한 이벤트나 상태를 Rank 2, 그리고 그다음 미래시점에 가능한 것을 Rank 3, 그다음은 Rank 4 등등으로 도식화했다. 이를 통해 솔은 미래에 발생할 일들에 대한 가능성, 그리고 가능한 일들에 대한 우연성과 필연성은 선형적 관계보다는 [그림 7-3]과 같은 나뭇가지 모양의 구조적 형태로 봐야 한다는 주장을 했다(Ploug & Øhrstrøm, 2012). 다음 그림에 대한 솔 크립키의 설명을 옮기면 다음과 같다.

첫 번째 시작점인 0포인트는 현재이다. 그리고 Rank 2의 1, 2, 3포인트들은 현재 바로 다음에 가능한 일들이다. 만일 1번 포인트가 실제 발생한다면, 그다음에는 4, 5, 6번 포인트들이 가능해진다. 이 나무모형은 현재와 미래에 발생 가능한 모든 것들을 보여 주며, 각 포인트는 그 현재와 그다음 미래에 발생할 일들을 결정한다.

이러한 시간의 이동에 따른 우연과 필연의 이동에 대한 구조적 형태는 과연 현재라는 것이 어떤 구조적 형태 속에서 이동해 갈 수 있느냐는 근본적 오류성을 가지고 있다는 문제점이 있다(McCall, 1976; McFarlane, 2008; Nerlich, 1995; Smart, 1949).

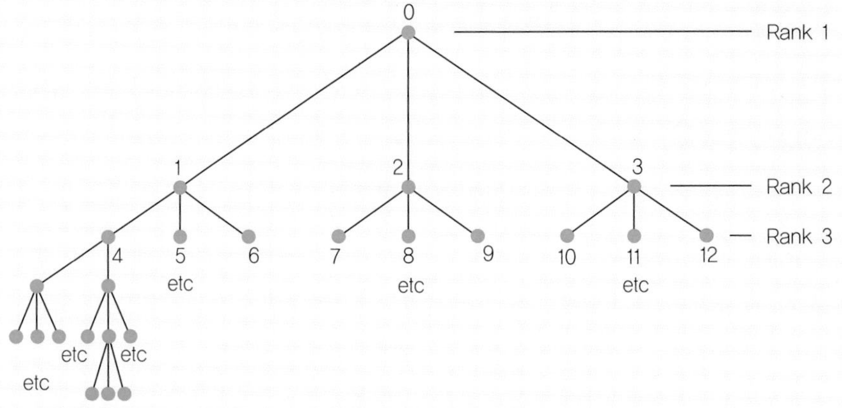

[그림 7-3] 솔 크립키의 시간 시간가지뻗기

출처: Øhrstrøm & Hasle (2015).

비슷한 예로 미국 실용주의 철학의 창시자인 찰스 S. 퍼스(Charles S. Peirce)의 **해법**을 그림으로 소개해 보면 [그림 7-4]와 같다(Øhrstrøm & Hasle, 2015).

여기서 x와 y는 시간을 뜻하고 t는 시점을 뜻한다. 이 그림에서 F(y)p는 t_2 시점에서는 참이다. 또한 이 그림에서 F(x)는 x라는 시간이 흐른 뒤의 미래를 뜻한다. 따라서 F(x)p는 x라는 시간이 흐른 후에는 p가 발생한다는 의미이다. 하지만 F(x)F(y)p라는 예측은 t_1에서는 ~p의 가능성도 있으므로 거짓이 된다.

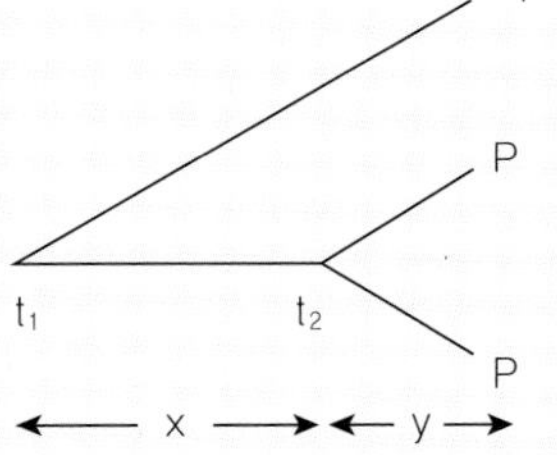

[그림 7-4] 찰스 S. 퍼스의 해법

출처: Øhrstrøm & Hasle (2015).

이후에 등장한 여러 복잡한 철학적 고찰이 많지만, 대부분이 시간의 이동을 공간적으로 이해하는 오류성은 쉽게 해결하지 못한 것으로 보인다. 프라이어도 이러한 문제점을 지적하긴 했지만, 신중하게만 이용한다면 시간가지뻗기 해법을 상당히 유용한 설명으로 봤다.

다시 돌아가서 솔 크립키의 시간가지뻗기 형태를 광고상황에 접목해 보자. 다음은 블루투스헤드셋의 잠재고객인 철수가 온라인 쇼핑을 하는 가정하에 GouQing이라는 회사가 자사의 블루투스헤드셋 스폰서광고를 철수에게 노출시키고자 하는 상황이다.

철수의 과거 온라인 쇼핑행동에 대한 데이터를 그가 자주 이용하는 Amazon, ebay 또는 Google이 가지고 있고 그것을 SSP(Supply-Side Platform)에 제공하고 GuoQing은 이를 DSP(Demand-Side Platform)를 통해 자동으로 실시간 경매를 하게 될 것이다. 이때 철수가 웹브라우저에서 Amazon으로 가서 bluetooth headset을 검색할 경우, 0.1초도 안 되는 찰라에 GuoQing의 스폰서광고가 철수에게 보이게 된다. 이 상황을 크립키의 시간가지뻗기 모형에 대입해서 그려 보면 [그림 7-5]와

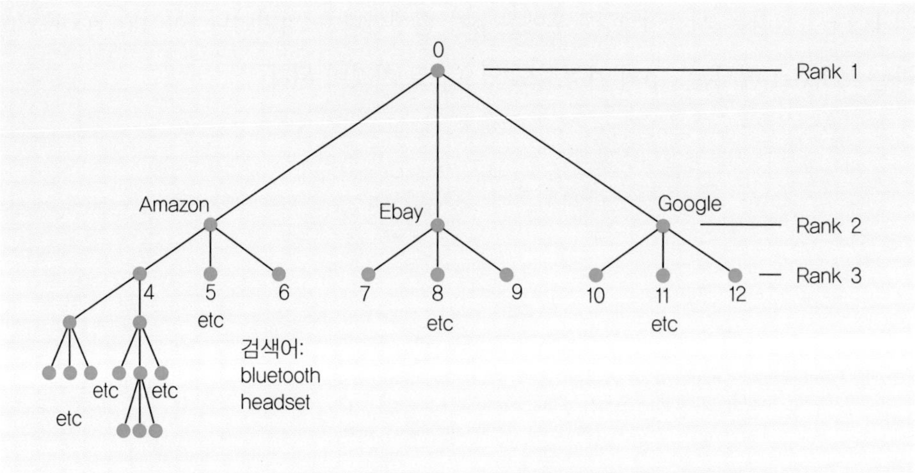

[그림 7-5] 가상 온라인 쇼핑상황에서의 시간가지뻗기 형태의 예

출처: Øhrstrøm & Hasle (2015).

같다. 즉, 현재가 0인 상황(철수가 브라우저만 오픈한 상황)에서 GuoQing은 다음 시점에 철수가 Amazon, ebay 또는 Google 중 어디로 갈지에 따라, 그리고 검색어를 무엇으로 할지에 따라 광고를 노출 시킬 준비를 하고 프로그래매틱바잉을 시작한다. 결국 모든 경우의 수를, 기존에 확보된 데이터에 근거해서 예측을 하여 시간가지뻗기 모형 속에 그려 놓고, 시간이동에 따른 광고 노출을 실시간으로 집행하는 것과 같이 된다. 이 모든 것이 0.1초 안에(인벤토리부터 광고 노출까지의 모든 과정을 포함) 이루어지는 것이다(Real-time bidding, n.d.). 사람의 눈이 깜빡이는 데 걸리는 시간이 0.3~0.4초가량 걸리는 것을 고려하면 눈 깜빡할 사이의 1/3도 안 되는 시간에 모든 것이 이루어지는 셈이다. 결국 아마존에 가서 'bluetooth headset'이라는 검색어를 사용한 철수의 모니터에는 [그림 7-6]과 같은 모습의 화면이 뜨게 될 것이다.

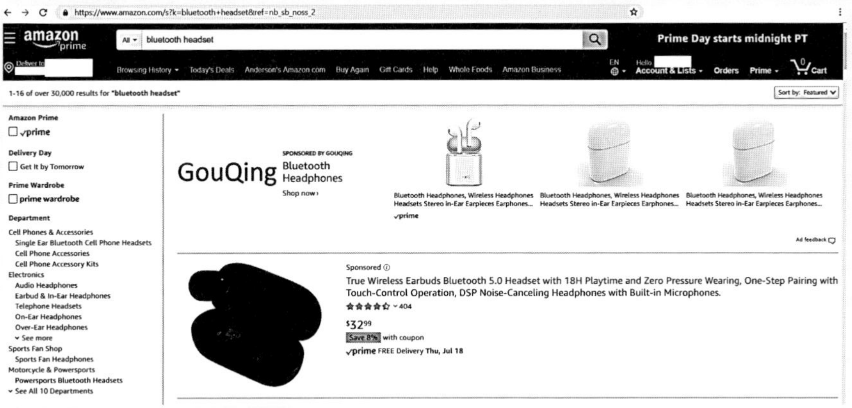

[그림 7-6] 아마존에 가서 'bluetooth headset'이라는 검색어를 사용한 철수의 모니터 화면
출처: 아마존 웹사이트.

5. 디지털 광고 노출의 우연성과 필연성

테크놀로지의 발전에 따라 지금의 디지털 광고는 대부분 정해진 규칙과 광고주의 선호에 따라 자동적으로 집행된다. **프로그래매틱바잉**(programmatic buying)이라는 프로세스를 통해서 광고주들은 적시적소적인에게 적확한 광고를 자동적이고 동시적(real-time)으로 집행할 수 있다. 이는 방대한 양의 데이터를 컴퓨터가 리얼타임으로 분석하는 과정에 의존한다. 브랜드의 목표, 브랜드 데이터, 소비자 데이터, 광고유형과 노출 가능한 미디어에 대한 모든 정보를 기계에 한꺼번에 넣고 돌려서 '**프로그래매틱**'이라는 프로세스가 여러 데이터 포인트를 분석해서 어떤 광고가 언제, 누구에게, 어떤 미디어로 집행될지 자동적으로 결정해 주는 일련의 과정인 것이다(Adweek, 2013). 이는 방대한 양의 데이터를 인간이 일일히 다 처리해서 정확도 높은 결정을 짧은 시간 안에 내릴 수 없다는 이유에서 지금의 디지털미디어 시대에 반드시 필요한 과정이다.

여기에는 두 가지 전제가 있는데, 첫째는 방대한 양의 유용한 데이터가 존재한다는 점이고, 둘째는 짧은 시간 안에 데이터를 처리해야 한다는 점이다. 발전된 테크놀로지로 인해 수 없이 많은 소비자데이터가 생산되고 있는데(그들이 어디에 언제 있는지에 대한 정보를 포함해서) 늘 움직이고 있는 그들에게 적확한 광고를 내보내는 결정을 인간이 할 수없기 때문이다. 과거에는 광고의 최적화를 위해서 효과 검증을 위한 일정한 시간이 필요했다. 하지만 지금은 프로그래매틱바잉, 보다 정확하게는 프로그래매틱 집행을 통해서 동시간대에 리얼타임으로 광고 최적화가 가능해진 것이다. 프로그래매틱 광고집행은 [그림 7-7]과 같이 간략히 설명할 수 있다.

[그림 7-7] 프로그래매틱 광고 프로세스

6. 가위바위보를 언제나 이기는 방법

감추어졌거나 아직 드러나지 않은 진실을 가지고 하는 게임은 아이러니하게도 상대의 진실을 정확히 파악할 수만 있다면 100전 100승이 가능하다. 포커카드게임에서 상대의 패를 훤히 들여다볼 수 있다면, 게임을 질 수가 없다. 간단하게 가위바위보를 생각해 보자. 당연한 얘기지만, 가위바위보를 언제나 이길 수 있는 방법은 상대가 어떤 것을 낼 지 미리 보고 재빨리 그것을 이길 수 있는 것으로 내는 것이다. 상대가 가위를 내는 것을 보고 바위를 내면 당연히 이길 수 있다. 문제는 이것을 얼마나 빨리 할 수 있느냐이다. 마치 영화 타짜의 명대사 "손은 눈보다 빠르다"와 같은 방법이다. 선행 논의에 따라 적용해 보면, 철학적으로 다음과 같은 명제가 가능하다. 따라서 아직 이기지 않았지만 다음의 상황이 그대로 이루어지면 이기게 되는 것은 필연적이다.

상대가 가위를 낼 때 내가 바위를 내면 이긴다.

이는 새로울 것이 없는 참명제이지만, 광고상황에도 다음과 같이 적용시켜 볼 수 있다.

철수가 모니터를 보고 있을 때 광고를 띄우면 그 광고는 철수에게 노출된다.

앞에서 프로그래매틱바잉이 0.1초 안에 이루어져서 소비자의 모니터에 특정 광고가 노출된다고 했는데, '철수가 모니터를 보고 있을 때 광고를 띄우면 그 광고는 철수에게 노출된다'는 당연한 것 같은 필연적 노출이 가능한 것이 아닐까? 상대가 가위를 내는 것을 보고 0.1초 만에 바위를 낸다면, 그것은 필연적으로 승리할 수밖에 없는 승부인 것처럼, 광고 또한 프로그래매틱이라는 과정을 통해 어떤 특정 소비자에게 광고를 보여 주는, 결국 그 소비자는 필연적으로 그 광고를 보게 되는 결과를 자아낼 수 있는 것이 아닐까?

2016년 3월 9일에서 15일까지 서울의 포시즌스 호텔에서 진행된 이세돌과 알파고간의 바둑대결에서 알파고가 4승 1패로 최종 승리를 했었다. 사람이 아닌 알파고가 어떻게 게임에서 승리할 수 있었는지 살펴보면 광고의 프로그래매틱바잉과 같은 프로세스가 컴퓨터 안에서 엄청난 속도로 일어났기 때문임을 알 수 있다. 다음 [그림 7-8]에서 보듯이 알파고는 수만 번의 사전 학습을 통해서 전형적이거나 그렇지 않은 다음 수를 현재의 상대방 수에서 계산해 내고, 그중에 가능성이 높은 것을 선별하고 또 그중에 그다음으로 이어질 수들을 선계산해서 가장 승리의 확률이 높은 무브(move)를 선택하는 과정을 반복한다.

얼핏 보면, 일련의 이런 과정은 솔 크립키의 시간가지뻗기와 비슷한 전개과정을 보여 준다. 시간의 이동은 바둑의 무브에 따라 함께 가고, 알파고는 상대의 무브 다음에 할 무브를 어떻게 할지 현실적으로 가능한 모든 경우의 수를 미리 준비해 놓고 대응해 가는 것이다. 마치 [그림 7-9]의 3목(틱택토 게임)의 게임트리와도 비슷하다고 볼 수 있다(Lyaunzbe, 2009). 종합해 보면, 요즘의 인공지능에 근거한 프로그래매틱바잉을 통한 광고의 특정 소비자에게의 노출은 필연일 가능성이 우연일 가능성보다 더 높은 것이다.

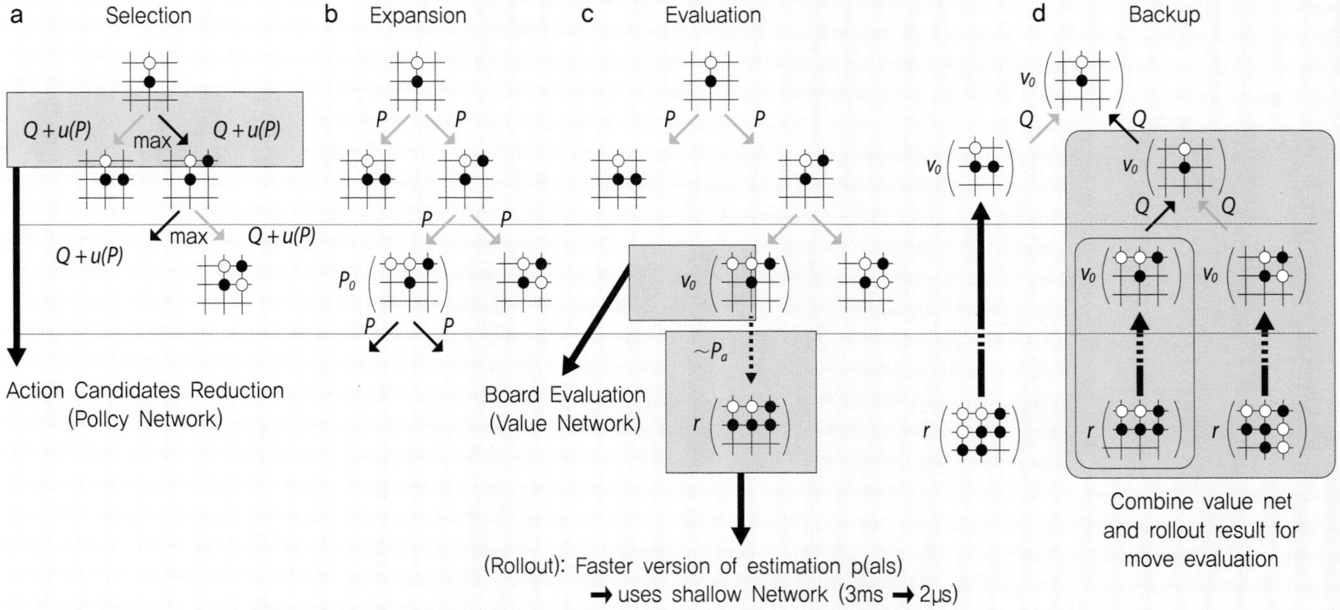

[그림 7-8] 알파고가 수를 계산해서 게임을 하는 방식의 예

출처: Silver et al. (2016).

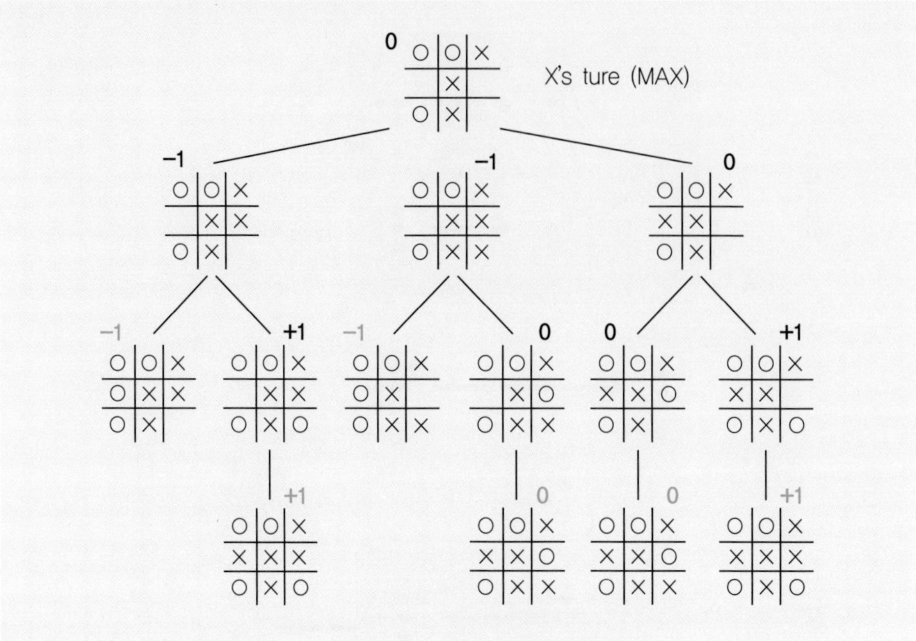

[그림 7-9] 3목(틱택토 게임)의 게임트리

출처: Lyaunzbe (2009).

7. 광고 노출은 우연인가 필연인가

우연과 필연에 대한 개념과 차이, 그리고 시점에 따른 가능성에 대한 철학적 고찰은 아리스토텔레스로 거슬러 올라가야 할 정도로 방대하고 심오하다. 이 글에서 매우 선택적으로 살펴본 몇 가지 철학적 접근들은 주제의 심오함에 비춰 볼 때 매우 제한적이며, 필자가 비철학자임에서 비롯됐을 수 있는 오류 또한 있을 수 있다(오류를 발견하였거나 추가 제언이 있을 시 기탄없이 필자에게 알려 주고 가르쳐 주시기 바란다).

앞서 살펴본 몇 가지 철학적 접근을 되새김해서, 이 글을 시작하면서 던졌던 물음, 즉 광고 노출이 우연인가 필연인가에 대한 답을 도출해 보려 한다. 왕충, 아리스토텔레스, 디오도로스 크로노스, 라이프니츠, 솔 크립키와 찰스 S. 퍼스가 한자리에

모여서 논의를 하는 모습을 상상해도 좋을 것 같다. 전제조건으로 소비자 정보를 완벽하게 파악한 AI에 의해 프로그래매틱바잉이 실시돼서 광고가 집행된다고 가정해 보겠다.

왕충: 소비자 정보를 파악하고 특정 광고목표를 성취하기 위해 광고를 전달한다면, 그 광고와 소비자의 만남은 헤아림이지 마주침이 아니다. 즉, 그 광고 노출은 필연이다.

아리스토텔리스: 광고가 어떤 소비자에게 노출 될 것이라고 보는 것은 반사실문(노출이 안 되는 상황)이 존재하기 때문에 필연이 될 수 없고 우연적이다.

디오도로스 크로노스: 이미 발생한 광고 노출은 참일 수 밖에 없으므로 노출 전인 과거시점에서 이를 예측했다면 그것은 필연을 예측한 것이 되는 것이다. 소비자가 광고를 봤다면 그것은 우연이 아니고 필연이다.

라이프니츠: 모든 일은 신에 의해 이미 예정돼 있다. 광고 노출 또한 (노출이 되었다면) 필연적이다.

프라이어와 솔 크립키: 어떤 시점을 지난 후의 광고 노출은 필연이다. 하지만 그 시점 전까지는 우연이다.

찰스 S. 퍼스: 어떤 시기를 지난 후의 광고 노출은 필연이다. 하지만 그 시기 밖에서는 우연이다.

아주 제한적인 철학적 논의의 조각들을 사용했지만, 아리스토텔리스를 제외하고는 다른 다섯 명의 철학자들은 프로그래매틱바잉을 통한 광고집행과 그 광고에의 노출은 필연이라 보게 될 것 같다. 이는 지금의 광고인과 마케터들에게 몇 가지 시사점을 준다.

첫째, 필연적 노출은 효율적이다. 적시적소적인에게의 광고가 필연적으로 집행된다는 것은 비용의 낭비를 없애 줄 것이다.

둘째, 필연적 노출이 진정하고 타당한(valid) 노출이 되기 위해서는 데이터와 인사이트의 활용, 그리고 똑똑한 AI와 알고리듬의 개발이 중요하다.

셋째, 필연적 노출, 즉 광고와 소비자의 필연적 만남이 지속될 경우, 필연의 인연화가 가능하게 되어 브랜드 충성도에 긍정적 영향을 끼칠 수 있다.

넷째, 필연적 노출은 노출의 책임성을 부각시킨다. 즉, 머신건을 쓰는 군인 보다 스나이퍼가 결과에 대한 구체적 책임을 비중 있게 지게 되는 것과 같다.

프로그래매틱 광고는 이제 당연한 미디어집행 방식이 되어 가고 있다. 2019년에 미국 내 디지털 미디어의 65%가 프로그래매틱을 사용할 것으로 전망하고 있고(Zenith, 2018), 전 세계적으로는 849억 달러가 프로그래매틱 광고에 사용될 것으로 전망되고 있다(Guttmann, 2018). 컴퓨터의 속도와 테크놀로지로 연결된 경제와 사회 속에서 브랜드가 소비자와 만나는 접점은 점점 더 명확하고 적확해지고 있고, 그에 따른 접점의 효율화가 프로그래매틱바잉이라는 프로세스를 통해 성취되고 있다. 마치 1,202개의 CPU와 176개의 GPU로 무장한 알파고(Shead, 2016)가 수백, 수천, 수만 개의 가능성을 분석하고 그중에 최적의 교차점에 바둑돌을 놓는 과정을 거쳐서 결국 승리를 했듯이, 프로그래매틱바잉 또한 광고 노출의 타당한 필연성을 높임으로써 소비자와 기업 메시지의 만남을 필연적으로 만들고, 이를 좋은 인연으로 발전시켜 나가는 데 도움을 줄 수 있도록 진화돼 가야 할 것이다.

디지털 시대의 광고 노출은 이제 필연이 되어 가고 있다. ■

제8장

정치경제학적으로 해석한 광고 시청 노동과 광고 시민권의 회복

김영욱(이화여자대학교 커뮤니케이션 · 미디어학부 교수)

1. 들어가며
2. 광고의 사회적 기능에 대한 논란
3. 광고 정치경제학 논의와 새로운 접근의 필요성
4. 물신주의와 수용자 상품론 그리고 광고 시청 노동
5. 광고 시청의 노동 착취와 논쟁점
6. 디지털 시대 광고를 통한 잉여가치 착취 수단의 변화
7. 정치경제학적 접근에 대한 비판과 사용가치의 결합
8. 새로운 시대의 광고의 의미 탐색

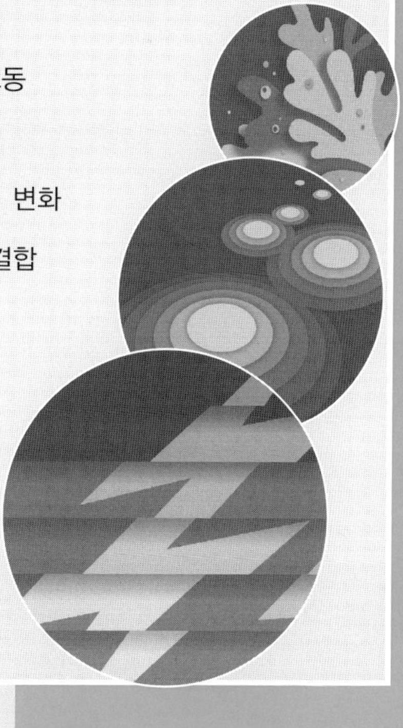

◈◇◈

이 장은 커뮤니케이션 정치경제학 관점에서 수용자 상품론, 광고 시청 노동, 생산-소비자 상품론 등의 개념을 통해 광고의 작동 원리를 설명하고, 광고가 자본주의 체제를 유지하기 위해서 어떤 식으로 운영되며, 디지털 미디어 시대에 어떤 방식으로 그 활용 영역을 넓혀 가고 있는지 살펴보려고 한다. 또한 광고에 대한 논의는 전체 프로모션 사회의 작동원리를 설명하는 속성을 지니고 있으며, 프로모션 경쟁(promotion struggles)으로 굳어져 가는 새로운 사회관계를 설명한다. 이러한 논의는 결국 수용자들이 통제할 수 없는 광고 시청 행위가 생산적인 노동 착취에 해당하며, 지속 가능한 광고 작동 모델로서 부적절하다는 것을 보여 준다. 이러한 작업을 통해 디지털 시대에 공공의 장(commons)을 유지하면서 수용자를 수단으로 생각하지 않는 새로운 광고 작동 원리를 모색하는 기회를 탐색하고자 한다.

1. 들어가며

지금까지 광고 관련 연구가 광고 내용에 대한 분석과 그 효과 연구에 집중되어 왔다면, 사회 속에서 광고의 작동 원리에 대해 살펴보는 연구는 상대적으로 소홀했다고 할 수 있다. 물론 광고 내용을 비판적인 측면에서 분석하고 사회에 미치는 영향을 분석하려는 시도들도 있어 왔지만(Berger, 2015; Williamson, 1978), 광고가 어떻게 사회관계 속에서 정치경제학적으로 작동하며 자본주의 사회의 존립과 어떤 식으로 직접적인 관련성을 맺고 있는지 살펴보는 연구는 많지 않았다.

광고에 대한 비판 중에 가장 많이 회자되는 것은 필요 없는 수요를 창출한다는 것인데(Leiss, Kline, & Jhally, 1990), 이는 광고가 필요한 정보 제공에 머무르는 것이 아니라 오히려 자유로운 시장의 작동을 가로막을 수도 있다는 점을 비판한다. 이러한 비판의 근저에는 광고의 작동은 자본주의 시스템의 이익을 실현하는 도구로 작동할 뿐이며, 오직 이익을 극대화하기 위해 사람들을 불러 모으는 데만 혈안이 되어 있다는 것을 지적한다. 이러한 시각은 비판적인 정치경제학 혹은 줄여서 정치경제학 접근에서 비롯된다. 특히 이 중에서 미디어와 광고와의 관련성을 커뮤니케이션 정치경제학적인 관점에서 이론적으로 정리한 것이 **수용자 상품론**(audience commodity)이다(Smythe, 1977).

수용자 상품론은 미디어와 광고의 관계를 심층적으로 보여 주는데, 미디어의 입장에서는 수용자를 끌어모은 다음, 그것을 상품화해서 광고주에게 판매하고 이윤을 획득하는 것이 주목적이라고 주장한다(Fuchs, 2012, 2014). 이러한 수용자 상품론은 미디어 중심의 비판적인 정치경제학을 설명하지만, 자본주의 사회 속에서 광고가 어떻게 작동하는지를 거시적으로 설명하는 것에도 그대로 적용될 수 있다. 미디어가 만들어 내는 모든 콘텐츠는 광고 시청을 위한 수용자 창출에 집중되어 있으며, 수용자는 자신이 봐 주어야 하는 필요 이상의 광고 시청 노동을 통하여 자본의 이윤 창출에 기여한다(Jhally, 1987). 이러한 광고 시청 노동을 통한 잉여가치의 창출은 비판적인 정치경제학에서 주장하는 절대적이고 상대적인 잉여노동 가치 창출을 통해 자본이 어떻게 이윤을 극대화해 나가는지 보여 준다. 광고는 이러한 자본주의 작동 시스템을 떠받드는 중요한 요소로 작동한다.

이러한 미디어, 광고, 수용자의 관계는 인터넷 시대의 도래와 함께 그 관련성이 더욱 촘촘해지고 있으며, 수용자 상품론 또한 그 설명력을 배가하고 있다. 디지털 시대 미디어들은 그 자체로 광고미디어라고 해도 손색이 없으며, 콘텐츠와 함께 끌어모은 수용자 상품을 직접적으로 광고주에게 판매하고 이윤을 획득한다(Dyer-Witheford, 1999; Kang & McAllister, 2011). 인터넷 시대의 특징적인 면모는 사람들이 미디어 콘텐츠의 생산과정에 직접 참여하게 되었으며 수동적인 수용자의 위치에서 벗어나서 **생산-소비자**(prosumer)의 지위를 획득하게 된다는 것이다(Arvidsson, 2011; Fuchs, 2015a). 예를 들어, 페이스북(facebook), 유튜브(Youtube) 같은 소셜미디어들은 수용자들의 콘텐츠 제작에 전적으로 의존하고 있으며, 이러한 참여자들의 활동과 개인정보를 수용자 상품화함으로써 대부분의 이윤을 거두고 있다. 인터넷 리타깃팅(retargeting) 광고는 이러한 참여자 개인정보를 기반으로 작동하는 광고이며, 이를 통한 감시와 개인정보 유출 문제는 드물지 않게 사회문제가 되고 있다(김영욱, 2018a, 2018b). 디지털 시대의 도래에 따라 이러한 생산-소비자 상품론을 통한 광고의 작동이 일반적인 현상이 되고 있다.

따라서 이 장은 커뮤니케이션 정치경제학 관점에서 수용자 상품론, 광고 시청 노동, 생산-소비자 상품론 등의 개념을 통해 광고의 작동 원리를 설명하고, 광고가 자본주의 체제를 유지하기 위해서 어떤 식으로 운영되며, 디지털 미디어 시대에 어떤 방식으로 그 활용 영역을 넓혀 가고 있는지 살펴보려고 한다. 또한 광고에 대한 논의는 전체 프로모션 사회의 작동원리를 설명하는 속성을 지니고 있으며, **프로모션 경쟁**(promotion struggles)으로 굳어져 가는 새로운 사회관계를 설명한다. 이러한 논의는 결국 수용자들이 통제할 수 없는 광고 시청 행위가 생산적인 노동 착취에 해당하며, 지속 가능한 광고 작동 모델로서 부적절하다는 것을 보여 준다. 이러한 작업을 통해 디지털 시대에 **공공의 장**(commons)을 유지하면서 수용자를 수단으로 생각하지 않는 새로운 광고 작동 원리를 모색하는 기회를 탐색하고자 한다. 이 장에서는 광고 행위를 설명하는 맥락으로 편의상 방송광고를 주로 들었지만, 신문 잡지를 포함한 모든 미디어에 똑같은 논리가 적용될 수 있다.

2. 광고의 사회적 기능에 대한 논란

광고가 현대사회의 아이콘이 되었다는 데는 이견이 없어 보인다. 이제 광고는 단순히 상품을 팔기 위한 수단의 역할을 벗어나서 문화를 선도하고, 새로운 아이디어를 소개하며, 사회관계를 이끌어 가는 역할을 한다(Leiss et al., 1990). 이러한 현상은 확실히 광고가 단순히 상품 효용 중심의 메시지 전달에서 일반 사람들의 라이프스타일을 주도하는 역할로 초점을 맞추고 있다는 점에서 잘 드러난다. 사람들은 광고가 주도하는 먹거리, 패션, 주거 공간을 삶의 기준으로 수용하면서, 욕망의 준거를 형성한다.

광고의 존재이유를 긍정적으로 보는 사람들은 광고가 정보 유통을 통해서 비교적 효율적으로 소비자들의 판단을 도와주고 수요를 확대함으로써 결과적으로 경제를 발전시키면서 소비자의 만족을 도모할 수 있다고 보았다(Horsky & Simon, 1983; Leiss et al., 1990). 광고는 새로운 수요를 창출하기보다는 본래 소비자들이 가지고 있는 수요를 충족시키는 방법을 알려 주는 측면이 강하고(Schudson, 1984), 상황을 조작하기보다는 정보를 알려 주는 기능을 한다. 광고가 수요를 결정하는가에 대해서는 논란이 있지만, 광고주의 입장에서 본다면 광고를 통해서 정보를 유통하는 것은 자연스러운 현상이고, 소비자들은 광고를 통해서 의사결정의 자율성을 확보할 수 있다. 사실 대부분의 소비자가 상품에 대한 관심도가 낮은 상황에서 광고를 통한 정보제공은 선한 의미의 설득 작용을 한다. 조작이 명백한 속임수에 해당한다면, 광고에서 보이는 약간의 과장과 상징화 작업은 사회적으로 용인 가능한 설득 수준을 의미한다(Aaker & Myers, 1975).

광고에 대한 비판은 결국 필요 없는 수요를 창출한다는 것이다. 자유주의 차원의 비판과 마르크스 비판 모두 광고가 상품에 따라서 수요를 만들어 내거나 조절하며, 이러한 수요 창출 행위는 자본주의를 유지하기 위한 필수불가결한 요소로 작용한다(Jhally, 1987; Leiss et al., 1990). 자본주의 사회에서 이윤은 잉여노동을 통해서 실현되지만, 이러한 이윤 창출은 상품이 팔릴 때만 실현될 수 있다. 만약 자본가의 입장에서 광고를 통해서 수요를 창출함으로써 대량 생산된 상품을 소비시킬 수 없다면 결국 그 자본가는 도태될 수밖에 없다. 광고는 자본주의 사회를 떠받치는 중심 요소이다(Williams, 1980). 윌리엄스(Williams, 1980)에 따르면, 이렇게 상품을 판매하기 위해서 광고는 마법의 장치(the magic system)들을 마련한다. 예를 들어, 세탁기는 세탁을 위한 사용가치를 가지지만, 실제 세탁기는 이웃과의 비교와 자기만족이라는 다른 상징적인 요소들이 합쳐져서 최적의 수요를 창출한다. 이러한 수요 창출은 당연히 실체가 없는 마법과 같은 요소들과 결부되어 있다.

광고는 분명 비이성적인 요소에 연결되어 있다(Emamalizadeh, 1985). 예를 들어, 건강 피해 등 위험이 강조되는 광고의 경우에 사람들은 확실한 증거에 따른 논리적인 의사결정을 하기보다는 우선 그 위험을 피하기 위한 수단으로서 광고 메시지에 의존하는 경향이 강하다. 광고가 정보를 통해서 소비자의 만족을 높인다는 주장에 반해, 오히려 광고가 설정한 이상적인 상태와 자신을 비교함으로써 소비자를 불만족의 상황으로 빠뜨리는 경향이 있다는 주장도 있다(Richins, 1991). 광고가 만들어 내는 약속은 상품이 만들어 내는 이성적인 효용보다는 비이성적인 상징 및 과장된 약속과 더 연결되어 있다(Williams, 1980). 광고는 이러한 장치를 통해서 자본주의를 유지시키고, 빠른 상품 유통을 통해서 이윤 창출이 계속 될 수 있도록 도와준다. 결국 유물론적인(materialistic) 해석이 기본을 이루지만 겉으로 보이는 상징, 문화, 가치, 사회적인 의미 등이 유물론적인 기본을 무시하게 만드는 경우가 많다. 하지만 광고가 만들어 내는 상징적인 마법에도 불구하고 결국은 자본주의의 유물론적인 작동원리 속에서 광고는 존재할 수밖에 없으며, 자본주의를 유지하는 데 광고가 핵심적인 역할을 한다.

> 현대의 공장은 자신의 생산품이 잘 유통되도록 꾸준히 잘 작동하는 채널을 필요로 할 뿐만 아니라, 확실한 수요를 창출할 수 있기를 원한다. 이러한 수요가 없이는 많은 자본과 비싼 장비를 투여하는 위험이 너무나 크다. …… 영국의 경우는 1890년대 이후로 기민하게 계속된 강조점을 두는 사항으로서 시장 기능을 구성하거나 살릴 수 있는 장치들에 기반을 둔 새로운 자본주의를 모색해 왔다. 이러한 경제적인 국면에서 독특한 속성으로 무장한 현대 광고는 시장 기능을 살리는 장치들 중 가장 중요한 장치의 하나로 기능해 왔다. 현대 자본주의는 광고 없이는 기능하기 어렵다고 보는 것이 진리라고 할 수 있다(Williams, 1980, p. 186).

광고가 사회에 끼치는 효과와 관련한 비판적인 시각은 필요 없는 수요의 창출, 상품 물신화, 사회 지배 이데올로기의 완성 등으로 요약될 수 있다(Leiss et al., 1990). 사실상 현대사회는 필요 없는 수요를 통해서 유지된다. 대부분의 광고는 어떤 구성된 문제점을 제시하고, 그것을 해결할 수 있는 쉽고 마법 같은 해결책을 통해서 상품에 대한 구매욕구를 만들어 낸다(Emamalizadeh, 1985). 필요 없는 수요는 심리적인 억압과 연결되어 있으며, 개인의 심리적인 취약성을 자극함으로써 완성된다. 이러한 필요 없는 수요 창출은 **상품의 물신화**(reification)와 직접적으로 연결된다(Jhally, 1987). 사람들은 자신들이 느끼는 수요를 충족시키기 위해 상품을 찾는다. 따라서 광고는 필요 없는 수요를 창출할 뿐만 아니라 그 욕구의 충족이 상품에 달려 있다고 설파한다. 더 큰 문제는 이러한 상품을 통한 자기만족이 결국 전체 소비사회의 씨줄과 날줄을 구성하고, 사회의 지배 이데올로기를 구성함으로써 자본주의 사회의 견고한 지지 기반을 구성한다. 사람들이 자신들을 만족할 수 있는 소비자로 구성하는 한 자본주의의 문제점은 드러나기 어렵다. 생산과정에서 일어나는 노동의 착취가 감춰지고, 소비과정에서 만족하는 이상적인 소비자가 그려지는 한 착취에 기반을 둔 사회관계는 개선되기 어렵다(Williamson, 1978). 결국 광고는 생산과 노동 착취 속에 드리워진 심층적이고 실체적인 진실을 감추고, 겉으로 드러나는 상품 소비를 통한 인위적인 욕망의 충족과 자본주의를 유지하기 위한 지배 이데올로기를 전파하는 기능을 수행하고 있다.

3. 광고 정치경제학 논의와 새로운 접근의 필요성

광고에 대한 정치경제학적인 분석은 광고를 유통 단계에 해당하는 활동으로 보았지만, 최근 새로운 미디어의 출현과 함께 광고 활동 자체를 생산적인 노동에 대한 직접적인 착취가 이루어지는 활동으로 보려는 시각이 힘을 얻고 있다(Fuchs, 2014, 2015ab). 광고를 생산활동과는 무관하게, 만들어진 상품을 판매하고, 자본의 축적 사이클을 빠르게 가져가기 위한 활동으로만 이해했을 때는 광고가 잉여가치를 직접적으로 만들어 내는 생산적인 노동과 그 결과로서 일어나는 착취행위와는 무관해 보이지만(Lebowitz, 1986), **수용자 상품**(audience commodity)과 시청 노동 개념을 적용하면 광고를 보는 행위는 일종의 노동 행위로 정의할 수 있다. 또한 새로운 미디어의 출현은 광고와 미디어 내용을 긴밀하게 결합시킬 뿐만 아니라 시청 노동의 절대적인 시간과 상대적인 강도를 밀도 있게 높이는 역할을 수행해 내고 있다. 절대적인 잉여가치의 착취와 상대적인 잉여가치의 착취가 동시에 발생함으로써 광고미디어는 이윤을 극대화할 수 있다.

광고에 대한 기존의 정치경제학적인 접근은 광고를 생산적인 노동과 무관한 행위, 즉 만들어진 상품의 유통을 촉진함으로써 자본의 순환을 원활하게 하고 이윤 극대화에 기여하는 정도의 해석에 그치는 경향이 있다(김승수, 2011; Caraway, 2011; Lebowitz, 1986). 우리나라에 최초로 광고 정치경제학을 소개한 김승수(1989, 2011)는 광고가 광고주의 이윤 창출에 복무하는 기능에 집중되어 있다는 것을 개탄하면서, 광고는 결국 산업자본의 경쟁을 촉발하게 됨으로써 상품 생산의 효율성을 높이기 위해 노동을 더 착취할 수밖에 없는 구조를 고착화시킨다고 주장했다.

광고연구 방향에 대한 비판은 효과 연구 편향에 모아진다. 광고를 통해 자본이 최대의 이윤을 창출하는 방법에 광고연구의 대부분이 집중되어 있다. 하지만 광고는 한국 자본주의의 작동원리와 밀접하게 연결되어 있고, 독점자본주의의 이윤율 저하에 대한 대응 수단으로 작동한다는 것이 비판적인 정치경제학 접근의 관점이다(김승수, 1989, 2011). 자본주의가 심화되면 광고의 필요성은 더 늘어날 수밖에 없다. 경쟁이 심화됨에 따라 평균이윤율이 계속 떨어질 수밖에 없고, 자본은 필요 없는 수요를 창출함으로써 대량생산을 뒷받침하는 역할을 충실히 수행한다.

> 독점자본주의하에서 개별기업은 이윤율 증대라는 목표를 달성해야 하므로 기업과 기업, 상품과 상품 사이의 잔혹한 경쟁을 피할 수 없다. 한국자본주의의 조건에서 광고는 자본축적의 증대와 자본규모의 확대에서 핵심적인 기능을 수행한다. 다시 말해, 확대재생산을 완수하

> 려는 거대한 자본의 이해를 충실히 반영하는 독점적 광고는 상품경제영역의 확장, 소비시장의 안정, 낭비적 소비양식의 고착화에 커다란 공헌을 한다. 자본주의 형성이나 발전단계에서 보다도 독점자본주의로 진입하는 때에 광고는 독점 대기업의 수중에 들어가 대량 생산된다(김승수, 1989, p. 233).

광고는 자본주의 생산양식을 고양하고, 계급 불평등을 유지하며, 지배 이데올로기를 강화하는 데 맹목적으로 기여한다(Kellner, 1983). 이는 오직 광고가 자본가의 논리에 복무하며, 상품 유통을 통하여 이윤을 극대화하는 것에만 관심이 있다는 것을 보여 준다. 광고 내용에 대한 문화주의 혹은 이데올로기적인 접근 또한 광고가 자본주의 생산 관계를 공고히 하며, 계급사회를 유지하는 데 중심적인 역할을 한다는 것을 보여 준다(Williams, 1980). 광고는 상품을 통해서만 유지되는 사적 소유제, 이기적인 소비자에 의해서 유지되는 사회체제, 소비중심의 계급사회를 형성하고 유지하는데 결정적으로 기여한다(김승수, 1989, 2011).

하지만 이러한 이데올로기적인 역할에도 불구하고, 기존의 정치경제학 접근에서 광고는 상품이 화폐로 전화하는 과정에서 사용되는 유통 비용에 불과할 뿐, 광고가 어떤 가치를 증가시키지는 않는다고 본다(김승수, 1989, 2011; Arriaga, 1984; Marx, 1976). 따라서 광고는 산업자본이 만들어 낸 잉여가치를 나누어 가지는 유용한 장치에 불과하다. 자본가의 입장에서는 치열한 경쟁에서 살아남기 위해서는 비용이 들더라도 광고를 할 수밖에 없고, 사실상 경쟁에서만 살아남을 수 있다면 광고비는 소비자의 상품가격에 포함되기 때문에 자본의 입장에서 손해를 입을 일 또한 축소된다. 이러한 기존의 광고에 대한 정치경제학 접근은 산업자본의 이윤 달성 과정에서 상품 유통을 원활하게 하는 역할을 광고가 담당한다는 구도에서 조금도 벗어나지 못한다.

물론 광고에 대한 정치경제학 접근에서 **광고 시민권**과 관련한 논의가 있기는 하지만(김승수, 2011), 이러한 논의에서조차도 시민들이 어떤 식으로 착취당하고 있는가에 대한 구체적인 논의는 부족하다. 자본과 광고의 관계를 분석하는 데 있어 일반적인 산업자본 착취 방식의 틀을 따르고 있을 뿐, 광고 자체가 새로운 가치를 창출하고 자본주의를 떠받치는 역할을 담당하고 있다는 것을 설명하지 못한다. 따라서 광고에 대한 정치 경제학적인 접근은 단순히 산업자본의 부속적인 유통기능으로서 광고를 조망하기보다는 광고를 통한 시민권의 착취가 구체적으로 어떻게 이루어지고 있는지 분석하는 것이 필요하며, 새로운 미디어 환경 속에서 착취의 구도가 어떤 식으로 변화하고 있는지 밝혀내는 것이 중요하다.

4. 물신주의와 수용자 상품론 그리고 광고 시청 노동

광고에 대한 정치경제학 해석은 대부분 **교환가치의 사용가치 복속**(subordination of use value)에서 시작한다(Jhally, 1987). 상품이 어떻게 사용될 것인가에 대한 관심보다는 어떻게 가치로 교환될 것인가에 대한 관심으로 무게추가 옮겨 가는 순간에 광고는 사람들의 필요를 자극하면서 미디어가 최대의 이익을 실현할 수 있도록 돕는 수단이 된다. 이러한 교환가치의 사용가치 복속은 **상품 물신주의**(fetishism)와 자연스럽게 연결된다(Fuchs, 2014). 요약해서 보면 모든 현상은 보이는 것과 본질의 대비를 이룬다. 눈에 보이는 상품의 화려함은 자본주의 시장의 교환가치와 이를 통한 노동 착취와 이윤 창출을 감추는 교묘한 수단에 불과하다. 이는 **대상화**(objectification)를 넘어서는 **신비화**(mystification)에 가깝다(Marx, 1976). 자본이 제공하는 임금에 대응하는 필요 노동보다 더 많은 노동이 착취되고, 이러한 과정에서 발생하는 잉여노동이 자본주의 착취의 근간을 이룬다. 교환가치의 신비화와 이를 통한 상품 물신주의도 이러한 노동의 착취를 감추는 수단에 불과하다. 따라서 광고의 정치경제학 해석 또한 광고에서 노동이 어떤 식으로 착취되고 있는가를 규명하는 것과 연결되어야 한다.

사람들은 미디어를 통해서 필요를 만족시키고자 하고, 광고는 이런 맥락에서 자연스럽게 미디어와 결탁한다. 사람들의 필요와 광고를 연결하고, 이러한 수요의 창출을 상품화와 연결하는 이론이 수용자 상품론(audience commodity)이다. 수용자 상품론은 스마이드(Smythe, 1977, 1981)에 의해서 처음 주장되었는데, 미디어는 수용자를 상품으로 생산하고, 이 상품을 광고주에게 판매함으로써 이익을 실현한다. 프로그램 내용들은 단지 수용자를 유인하기 위한 장치에 불과하고, 종국에 가서 프로그램 내용들은 수용자를 상품으로 만들기 위한 **공짜 점심**(free lunch)에 불과하게 된다. 수용자 상품론은 기존 비판적인 정치경제학과 문화이론이 커뮤니케이션 현상을 산업자본의 착취를 원활하게 하기 위한 이데올로기적인 장치로만 해석하는 것에 반기를 들고, 커뮤니케이션 현상 자체에 경제적인 착취의 원리가 작용한다고 주장한다(Caraway, 2011; Fuchs, 2012, 2014; Nixon, 2016; Smythe, 1977). 따라서 수용자 상품론은 비판적인 정치경제학에서 **잊혀진 영역**(blind spot)이었던 커뮤니케이션 현상을 물적인 토대 위에서 해석하고자 하는 새로운 시도, 즉 커뮤니케이션 정치경제학이 대두되는 계기를 마련했다.

궁극적으로 보면, 수용자 상품론은 미디어가 만들어 내는 프로그램과 광고를 정확히 구분하지 않는다(Smythe, 1977). 프로그램 내용도 수용자를 유인하는 데 목적이 맞추어져 있으며, 광고 또한 그러한 수용자의 주목을 이익으로 연결하기 위한 유인요소에 지나지 않는다. 사실상 프로그램 콘텐츠와 프로그램에 붙어 있는 광고물은 모두 수용자의 주목을 얻기 위한 광고 행위이다. 이러한 과정을 거쳐 미디어의 이익이 실현된 이후에, 광고를 본 수용자들의 실제적인 필요 충족 노동이 광고주들의 이익 실현과 연결된다. 하지만 이러한 수용자 상품론은 광고 집행의 과정에서 분명하게 어떤 식으로 노동의 착취가 일어나는지 설명하지는 않는다. 수용자 상품론이 내용 중심의 분석에 빠져 있던 커뮤니케이션 현상 분석을 정치경제학 차원에서 광범위하게 해석하면서 물적인 토대를 마련한 것은 분명하지만(Caraway, 2011; Fuchs, 2012, 2014, Smythe, 1977), 광고를 둘러싼 노동 착취를 구체적으로 설명하기 위해서는 **광고 시청 노동**(watching labor) 개념이 필요해진다(Jhally, 1987).

> 이러한 공식에서 수용자의 노동일(working day)을 구성하는 것은 광고 시간일 뿐이다. 시청 노동력의 가치인 프로그램은 커뮤니케이션 산업의 가변 자본(variable capital)인 수용자에

게 주어지는 임금의 성격을 가진다. 프로그램은 시청 노동력이 재생되는 시간, 소비의 시간, 일하지 않는 휴식의 시간을 의미한다. 노동일은 시청 노동 시간의 형태에서 두 유형으로 구분되는데, 하나는 사회적으로 필요로 하는 시청 노동 시간이고, 다른 하나는 잉여 시청 노동 시간이다(Jhally, 1987, p. 85).

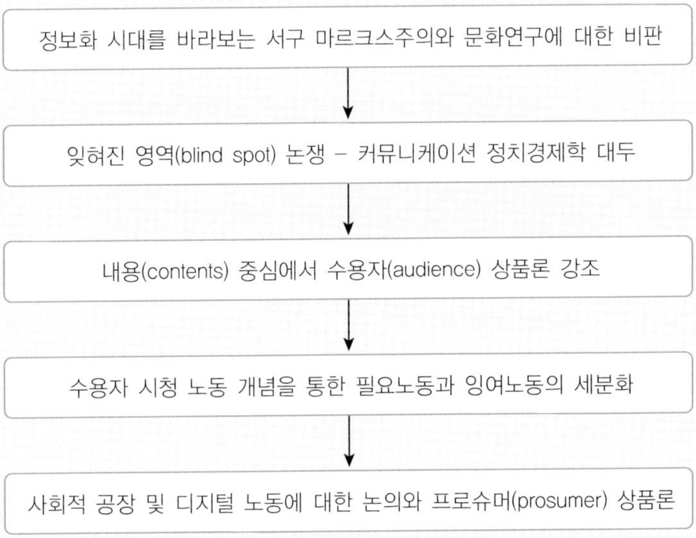

[그림 8-1] 수용자 상품론의 진화 과정

출처: 김영욱(2018b), p. 43.

잘리(Jhally, 1987)는 수용자 자체가 상품으로 팔리기보다는 더 정확하게 말해서 수용자의 **시청 시간**(watching time)이 상품으로 팔린다고 주장한다. 커뮤니케이션 생산 수단을 소유한 미디어 자본은 커뮤니케이션으로 정의된 수용자의 시간을 판매함으로써 이윤을 창출한다. 이 지점에서 비로소 자본론의 잉여노동 개념과 광고에 대한 정치경제학 해석이 접점을 찾을 수 있는 계기가 마련된다(Nixon, 2016). 수용자들의 시청 시간을 노동 시간이라고 본다면, 수용자들은 자신들이 보는 프로그램에 상응하는 광고 시청 시간을 넘어서는 광고 시청 노동을 통하여 미디어의 이윤 창출에 기여한다(Fuchs, 2014). 미디어 자본은 수용자의 광고 시청 시간을 많이 확보하면 할수록 잉여 시청 시간, 즉 잉여노동 시간이 늘어나고, 그에 비례해서 시청 노동 착취를 극대화할 수 있다([그림 8-2] 참조). 결국 광고가 필요 없는 수요를 창출한다는 비판의 기저에는 수용자의 시청 노동을 착취하려는 미디어자본의 의도가 들어 있으며, 이는 단순히 광고 시청 노동 시간을 늘이려는 시도와 함께 광고 시청 노동의 강도를 상대적으로 강화함으로써 잉여노동을 극대화하려는 시도가 숨어 있다고 할 수 있다. 이런 해석을 통해서 광고의 이데올로기 차원 비판에 과도하게 의존하던 분석 태도가 정치경제학 차원의 물적 토대를 기반으로 하는 착취 개념에 의해서 해체된다.

수용자 상품론은 미디어 프로그램을 통해서 시청자를 끌어모으고, 그것을 상품화 해서 광고 수익을 실현한다고 주장했지만, 시청 노동 개념은 끌어모은 시청자들의 시청 노동이 광고 행위 속에서 어떻게 착취로 이어지는지 구체적으로 보여 준다([그림 8-2] 참조) (Jhally, 1987; Fuchs, 2012). 비판적인 정치경제학에 따르면 잉여가치는 절대적으로 노동시간을 늘이든지, 상대적으로 노동강도를 강화함으로써 확보되는데, 광고 또한 절대적인 수단과 상대적인 수단을 혼합하여 시청 노동을 착취함으로써 자본의 이윤 창출에 기여하는 프로모션 형태를 보여 준다. 비판적인 정치경제학에서는 살아있는 생산적인 노동의 잉여가치를 생산하지 않고는 착취가 일어나지 않는다고 주장한다(Fuchs, 2015b). 하지만 이탈리아 자율주의자의 비물질노동에 대한 논의를 수용해서 생산적인 노동의 범위를 확대해 보면, 시청 노동을 통한 잉

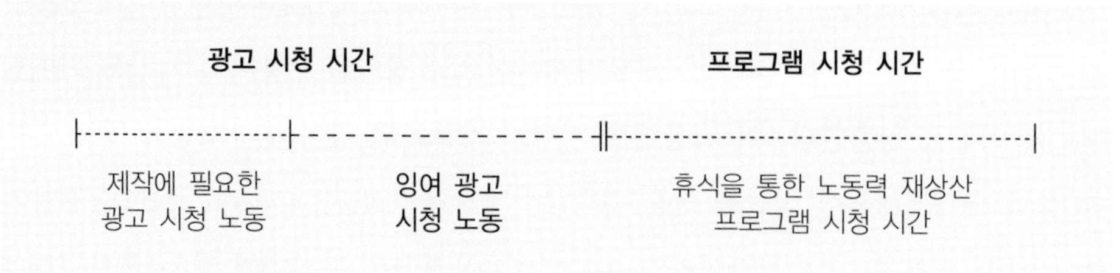

[그림 8-2] TV의 경우 광고 시청 노동을 통한 잉여가치의 창출

출처: Jhally (1987), p. 76에서 수정.

여가치의 창출도 생산노동의 범주에 포함시켜 유사하게 해석하는 것이 가능해진다(Harvie, 2005; Hardt & Negri, 2001, 2018; Harvey, 2010; Szadkowski, 2019).

앞서 논의했던 교환가치의 사용가치 복속 현상과 다시 연결해 보면, 시청 노동 개념을 통한 커뮤니케이션 정치경제학 차원의 광고 해석은 결국 광고의 사용가치, 즉 광고 콘텐츠 생성 원리와 직접적으로 연결된다(Jhally, 1987). 광고 콘텐츠는 교환가치에 기반을 둔 시청 노동의 착취 시스템 속에서 생성된다. 문화연구가 어떤 공통의 특성을 가진 일반적인 수용자를 대상으로 삼았다면, 커뮤니케이션 정치경제학은 가장 효율적으로 이윤을 극대화할 수 있는 수용자를 대상으로 한다(Fuchs, 2012; Nixson, 2016). 따라서 잉여가치 창출에 가장 유리한 방향으로 프로그램과 광고는 구성된다. 미디어 자본에 있어 프로그램은 가장 효율적으로 비용을 들여서 수용자의 주목을 끄는 것이 목적이다. 적은 비용이 투입됨으로써 제작에 필요한 필요 광고 시청 시간을 줄이고 잉여가치를 늘이는 것이 지상 목표가 된다(Jhally, 1987). 많은 프로그램이 시청률을 확보하기 위해 막장 드라마와 같은 진부한 공식을 답습하는 이유도 여기에 있다. 뉴스 콘텐츠도 시청률 혹은 구독률을 반영하여 자극적으로 구성될 수밖에 없다.

하지만 광고는 프로그램보다 훨씬 많은 제작비가 투여되고, 수용자들의 행동을 유인하기 위해서 압축적인 최상의 콘텐츠를 제작한다. 프로그램은 단순히 수용자의 주목을 상품화해서 광고주에게 파는 것이 목적이라면, 광고는 사람들의 욕구를 자극하여 실제 행동으로 이어지게 하기 위한 실제적인 커뮤니케이션 활동을 보여 준다(Crisp, 1987; Jhally, 1987). 광고는 단순한 주목을 끌기 위해서가 아니라, 가장 최상의 시나리오를 통하여 잉여가치가 극대화될 수 있는 조건을 만들어 낸다. 가장 짧은 시간에 수용자에게 최대한의 감동을 줄 수 있다면, 그만큼 필요 시청 시간은 줄어들고 잉여가치는 늘어나게 된다. 이러한 과정은 광고가 현실을 과장하고, 수용자들의 감정적인 요인을 자극함으로써, 필요 없는 수요를 창출하는 이유를 설명한다. 미디어에서 프로그램이 초점이 아니라 광고가 초점인 현실은 시청 노동을 통해서 잉여가치를 극대화하려는 착취 시스템에서 비롯된다. PPL, 협찬 등 광고와 프로그램의 경계가 무너지는 상황에서는 이러한 경향이 더욱 가속화된다(김영욱, 2017; Barnouw, 1978). 커뮤니케이션 정치경제학에 바탕을 둔 광고 작동 원리에 대한 해석은 결국 착취를 위한 물적인 토대와 광고 콘텐츠가 서로 밀접하게 연결되어 있다는 것을 보여 준다.

교환가치에 종속되어 수용자의 광고 시청 노동을 최대한 착취하려는 물적인 토대 속에서, 광고 집행은 필요 시청 시간을 줄이기 위해서 가장 최적의 광고 메시지 효과를 달성하려고 노력한다. 광고 메시지, 즉 사용 가치는 이 지점에서 교환가치에 종속되어 있다. 또한 산업자본이 안정적인 이윤을 확보하기 위해서는 미디어에서 제공하는 광고 시간에 의존해야 하기 때문에 광고는 상품 유통이 일어날 수 있도록 판매에 가장 효과적인 메시지를 만들어 낼 수밖에 없다. 미디어 자본의 광고 시청 노동을 통한 착취가 물적인 토대를 구성하지만 산업 자본이 미디어를 통해서 달성하고자 하는 목표 또한 분명 존재한다. 이러한 다양한 자본의 목표는 결국 자연스럽게 광고가 필요 없는 수요를 창출하는 역할을 수행하도록 압력을 행사할 수밖에 없다.

5. 광고 시청의 노동 착취와 논쟁점

생산 노동의 범주에 대한 논란에도 불구하고, 광고행위를 둘러싼 잉여노동의 착취는 크게 두 유형으로 분류해 볼 수 있다(김영욱, 2017; Fuchs, 2014). 우선 기본적으로 발생하는 잉여노동의 착취는 산업 자본이 상품을 원활히 유통하기 위해서 광고를 제작하면서 광고제작자들에게 비용 절감과 잉여노동을 강요하면서 생겨나는 착취이다. 광고 행위를 둘러싼 또 다른 착취는 미디어 자본에 의한 수용자의 광고 시청 노동을 통한 착취이다. 광고 제작 과정에서 일어나는 노동의 착취는 일반 노동의 잉여노동시간 착취와 다르지 않지만, 광고 시청 노동의 착취는 광고 활동의 특징적인 면모를 보여 준다. 자본론에 따르면 노동의 착취는 노동시간의 연장을 의미하는 절대적인 잉여노동 착취와 노동의 강도 강화를 의미하는 상대적인 잉여노동 착취로 이루어져 있다(김수행, 2008; Marx, 1981; Fuchs, 2015b).

따라서 광고 시청 노동의 착취 또한 **절대적인 잉여노동 착취**와 **상대적인 잉여노동 착취**로 구성된다(Fisher, 2012; Jhally & Livant, 1986). 절대적인 잉여노동 착취는 광고 시간의 연장을 의미한다. 광고 시간이 늘어나면 사람들은 시청 노동을 더 많이 할 수밖에 없고, 프로그램 콘텐츠 제작을 위해 봐 주어야 하는 필요 노동 시간을 넘어서는 광고 시청을 할 수밖에 없다. 그만큼 미디어자본의 이윤은 늘어날 수밖에 없다. 하지만 광고 시청 시간을 무한정 늘이는 것은 일반 노동 시간을 무한정 늘일 수 없는 것과 마찬가지로 법적으로 제한된다. 그렇다면 상대적으로 잉여가치를 늘이는 수밖에 없다.

상대적인 잉여노동 착취를 통한 잉여가치의 창출은 같은 노동 시간 안에서 노동생산성을 높이거나 노동의 강도를 강화함으로써 달성된다(김수행, 2008, 2014; Fuchs, 2014, 2015b). 일반적으로 보면 노동생산성을 높이거나 노동의 강도를 높이면 잉여가치는 상승한다. 광고 시청 노동을 필요 노동(프로그램 제작을 위해 필요한 광고 시청)과 잉여노동(미디어의 이윤으로 귀속되는 광고 시청)으로 나눈다면, 광고 시청 강도의 강화를 통해 필요 노동에 해당되는 시청 노동 시간이 줄게 되면, 미디어 자본은 줄어든 필요 노동의 양만큼 잉여노동을 늘일 수 있게 된다. 즉, 같은 시간의 광고를 시청하더라도 짧은 시간에 광고효과를 달성할 수 있게 됨에 따라서, 좀 더 나머지 시간들을 이윤을 극대화하기 위한 시간으로 사용할 수 있게 된다. 현실 세계에 적용해 보면, 광고의 효과가 높아질수록 광고에 지불하는 금액은 늘어나고, 따라서 프로그램 제작에 필요한 제작비를 손쉽게 채우고 남는 이윤은 늘어날 수밖에 없게 된다.

상대적인 잉여가치 창출은 노동인구를 효율적으로 재편성하거나 새로운 기술적인 혁신을 가져오는 방법을 많이 사용하는데, 광고의 경우는 광고 시청 타깃을 세분화하거나 새로운 광고 기법을 도입하는 경우에 해당한다(Jhally, 1987). 미디어와 광고 업계는 가장 최적의 수용자에게 광고를 집행하는 접근과 함께 프로그램 전후로 여러 개의 짧은 광고를 배치하거나 광고 시간을 조정하는 방법, 광고 내용을 압축적으로 구성하는 기법 등 다양한 측면에서 상대적인 잉여가치를 창출하는 방법을 사용하고 있다.

광고 시청 시간에 이루어지는 상대적인 잉여가치 창출은 새로운 광고 형태의 등장으로 인해서 광고와 프로그램의 접목을 통해 이루어지기도 한다(김영욱, 2017). PPL, 협찬, 브랜드 저널리즘, 네이티브 광고 등 최근의 다양한 광고 관련 활동은 광고와 프로그램 콘텐츠를 연결하는 데 초점이 맞추어져 있다. 이러한 활동은 광고 시청 노동의 강도를 강화하고, 프로그램 콘텐츠의 감정을 이입할 뿐만 아니라, 프로그램 콘텐츠와 광고 내용을 분리하기 힘들게 만든다. 광고 시청 노동의 강도가 강화되기 때문에 필요 광고 시청 시간은 줄어들게 되고, 휴식 시간으로 주어진 프로그램 시청 시간을 침범하여 광고 시청 시간을 전체적으로 확장함으로써 잉여가치를 극대화한다. 예를 들어, 신문 기사도 프로그램 콘텐츠의 한 유형이라고 본다면, 네이티브 광고의 경우에 신문독자들은 어떤 것이 기사이고 어떤 것이 광고인지 구별하지 못하기 때문에 아주 높은 강도의 주목 노동을 할 수밖에 없다. 이러한 노동 강도의 강화는 일상적인 기만 행위의 성격을 내포한다.

이러한 광고 시청 노동 착취와 관련하여 제기되는 가장 중요한 비판은 과연 광고 시청이 강제적인가 하는 점이다. 일반적으로 노동은 생계를 유지하기 위해서 어쩔 수 없이 참여할 수밖에 없다(Marx, 1976). 하지만 광고를 시청하는 행위는 개인의 선택권에 맡겨져 있기 때문에 강제적인 노동이라고 보기는 어렵다는 주장이 제기된다(Caraway, 2011). 하지만 과연 현재 사람들의 삶과 사회관계가 미디어와 유리되어 형성될 수 있는가를 생각해 보면 직접적인 강제는 없다고 하더라도 미디어를 마음대로 회피할 수 있는 삶은 가능하지 않다는 것을 알 수 있다(Sahin & Robinson, 1981; Sussman, 2011). 이러한 현상은 디지털 미디어 시대로 접어들면서 더욱 분명해지고 있다(Fuchs, 2012, 2014). SNS를 통하지 않으면 사회관계를 형성하는 것이 불가능해지고 있으며, 사회 참여와 정보 습득의 측면에서 디지털 미디어 이용이 필수불가결한 요소가 되고 있다. 더욱 심각한 것은 이제 사람들은 점점 더 디지털 미디어를 통해 자신의 정체성을 감시하는 경향이 심해지고 있다는 점이다(김영욱, 2018b,

Jansson & Christensen, 2014; Trottier, 2012). 기본적으로 이러한 경향은 모든 미디어에 해당된다. 어떤 프로그램을 보느냐는 자신의 정체성과 사회관계를 형성한다. 이런 의미에서 광고 시청 노동은 생존의 문제이지 선택의 문제라고 보기 어렵다.

다른 비판은 수용자 상품화를 통한 착취는 산업 자본의 이윤 창출 과정에서 일정 부분의 이윤을 미디어 자본에 나누어 주는 과정일 뿐 독자적인 노동착취가 일어나고 있다고 보기는 어렵다는 시각이다(Arriaga, 1984; Pasquinelli, 2009). 또한 이러한 시각은 지나치게 노동의 범위를 확대함으로써 사회변화를 위한 임금노동자의 투쟁 의지를 약화시킨다고 주장한다(Hesmondhalgh, 2010). 이러한 논쟁은 **지대**(rent) **개념**과 맞닿아 있다. 미디어는 산업자본가에게 상품을 유통할 수 있는 통로를 제공하고, 이에 대한 반대급부로 지대를 챙긴다는 것이다. 하지만 미디어 스스로 광고 시청 노동을 착취하여 가치를 창출한다는 점에 주목한다면, 미디어 자본의 활동은 지대의 범위를 뛰어 넘는다. 미디어의 이윤 창출이 실상은 산업자본의 잉여가치 중의 일부를 나누어 가지는 것에 불과하다는 인식은 광고를 통해 상품판매의 회전율을 높여야 생존할 수 있는 자본의 속성을 설명하는 데 유리할 수 있지만, 미디어 스스로 자본의 역할을 수행하면서, 수용자의 시청 노동을 착취하고 잉여가치를 창출하는 과정을 설명하지는 못한다.

전통 미디어 시장에서 광고를 통해 산업자본의 착취를 미디어와 나누어 가진다는 인식이 존재할 수 있었다면, 현재의 미디어 시장은 독립적으로 광고를 통해 이윤을 착취하고 축적하는 시스템으로 변화해 왔다고 보는 것이 타당하다(Fuchs, 2012, 2014). 예를 들어, 미디어 기업이라고 할 수 있는 구글(Google)의 수용자 상품화를 통한 이윤 창출은 시청 노동을 통해서 스스로 축적해가는 측면이 강하다(Kang & McAllister, 2011). 이러한 시각은 단순히 상품의 유통을 위해 지대를 지불하고 미디어의 시간을 구매하는 개념이 아니라, 미디어 자체가 광고를 가장 중심적인 수익 수단으로 삼고 콘텐츠를 기획하고 있으며, 이를 통해 시청자의 시청 노동을 착취하는 시스템이 굳어지고 있다는 것을 보여 준다. 현재 새로운 미디어 기업인 구글, 유튜브, 페이스북, 네이버, 다음 등의 활동이 프로그램 콘텐츠를 중심으로 수용자 상품을 끌어모으고, 광고 시청 노동 착취를 통해 절대적인 잉여가치와 상대적인 잉여가치를 높이는 방향으로 운영되고 있는 것이 그러한 점을 잘 설명한다(Kang & McAllister, 2011; Sandoval & Fuchs, 2010). 디지털 미디어 시대는 전통 미디어 시대와 비교해서 여러 가지 면에서 차별된다.

6. 디지털 시대 광고를 통한 잉여가치 착취 수단의 변화

커뮤니케이션 정치경제학 맥락에서 전통 미디어 시대와 디지털 미디어 시대를 가르는 가장 중요한 변화는 산업자본과 미디어 자본의 결합이다. 지대 논리에 기반을 둔 주장(Arriaga, 1984), 즉 미디어가 광고를 통하여 취하는 이윤은 산업자본이 대량생산된 상품의 효율적인 유통을 통하여 안정적인 판매를 확보하고자 나누어 주는 이윤의 일부분에 불과하다는 주장은 의미가 없어진다(Fuchs, 2015a). 디지털 미디어 시대에 접어들면서 산업자본이 나누어 주는 이윤에 만족하는 미디어는 없으며, 디지털 미디어는 인간 활동을 최대한 규합하여 잉여가치를 창출하기 위한 장치와 맥락을 최대한 만들어 낸다(김영욱, 2018a; Dyer-Witheford, 1999; Prodnik, 2012). 또한 디지털 시대에 들어서면 산업자본이 미디어자본과 결합하거나, 미디어자본이 산업자본화한다. 디지털 시대에는 임금노동만이 착취의 대상이라는 주장(Hesmondhalgh, 2010; Lebowitz, 1986)은 의미가 없어지고, 생활 전반의 모든 활동이 착취의 대상이 된다(Terranova, 2000). 이런 시대에는 **물질적인 노동**과 **비물질적인 노동**의 구분도 사실상 의미를 상실한다(Fuchs, 2014).

비물질노동에 대한 자율주의자의 주장을 수용하면(Fisher, 2012; Fuchs, 2012, 2014; Manzerolle, 2010; Negri, 1989; Terranova, 2000), 디지털 사회에서 어떤 형태의 노동이 착취당하고 있는지 분명하게 구분하는 것은 쉽지 않다. 광고를 둘러싼 프로모션 행위도 어느 시점에서 착취가 이루어지는지 특정하기보다는 모르는 사이에 통합적으로 착취가 발생하고 있다고 분석하는 것이 더 설득력 있다. 비판적인 정치경제학에서 이야기하는 생산적인 노동은 상품의 형태로 자본을 위해서 교환되고, 잉여가치를 창출하는 행위라고 정의한다(김수행, 2008, 2014; Marx, 1976). 광고 시청 노동도 수용자 상품의 형태로 만들어지고, 이들이 만들어 내는 광고 시청 노동의 착취를 통해서 광고를 통한 이윤의 극대화가 실현된다. 즉, 수용자의 입장에서는 프로그램 콘텐츠를 이용하기 위해서 필요한 광고 시청 노동을 해 주면 되지만, 미디어 입장에서는 필요한 노동보다 더 많이 광고를 시청하거나, 광고 시청 노동의 강도를 높임으로써 잉여 시청 노동을 통한 가치 착취의 정도를 높일 수 있다. 디지털 시대에도 산업사회에서 일어났던 가치 창출을 위한 생산적인 노동의 소외 및 착취 과정이 동일하게 일어난다. 사람들은 노동에 대한 자각에서 멀어지고 자본을 위한 가치 창출을 스스로 인지하지 못한다(Fuchs, 2014).

이러한 경향은 프로그램 콘텐츠와 광고의 구분이 희미해지는 디지털 시대에 들어서면 더욱 확대 강화된다. 이제 사람들은 유튜브를 통해서 보는 콘텐츠가 광고인지 아닌지 구별하지 못하는 시대에 살고 있다. 어떤 기사나 프로그램이 스폰서의 의도로부터 자유로운가 판단하기는 거의 불가능해지고 있다(강준만, 2019). 자율주의자의 **사회 공장**(social factory) 개념이 생산적인 노동의 범위를 흐리게 함으로써 비판적인 정치경제학이 처음에 주장했던 정치성과 혁명성을 무너뜨린다는 비판도 있지만(Lebowitz, 2003), 생산적인 노동과 비생산적인 노동의 구분을 없애고 사회전반적인 착취에 대한 분석을 통해 새로운 사회 변화의 불씨를 살렸다는 측면에서는 자율주의자의 시각이 광고 시청 노동을 해석하는 데 오히려 도움을 줄 수 있다(Harvie, 2005; Hardt & Negri, 2018; Sussman, 2011). 이제 디지털 시대는 임금생산노동을 통한 착취 수준을 벗어나서 사람들의 생활 전반을 착취하고, 물질노동뿐만 아니라 사람들의 의식을 지배하는 수준으로 나아가고 있다. 광고는 정해진 광고 시간을 통해서 운용되는 것이 아니라 프로그램 콘텐츠를 포함해서 생활전반에서 실행된다. 디지털 시대에는 광고 시청을 통한 착취가 생활 전반의 감시체계와 휴식 시간이 생산활동으로 전용되는 과정을 통해서 무한대로 확대된다(김영욱, 2018a). 광고와 프로그램의 구분이 없어지고, 광고는 이제 얼마나 광고처럼 보이지 않느냐의 경쟁을 통해 착취의 범위를 확장한다.

이러한 논의에서 생산-소비자(prosumer)의 등장도 큰 역할을 한다(Fuchs, 2012, 2014, 2015a). 예전에는 광고를 시청하는 시청 노동 착취에 머물렀지만, 디지털 시대에 들어서서는 프로그램 콘텐츠를 제작하는 과정에서도 수용자들이 능동적으로 참여할 뿐만 아니라, 이러한 무상 노동(volunteer labor) 혹은 **부불 노동**(free labor)에 대한 어떤 보상도 없이 또다시 광고를 봐 주어야 하는 이중의 노동에 시달리게 된다(Fuchs, 2014; Terranova, 2000). 프로그램 콘텐츠는 참여자들의 생산에 의존하고 있지만, 또한 참여자들은 스스로 광고의 대상이 되는 운명에서 벗어나지 못한다. 이것이 디지털 시대에 들어서 새롭게 등장한 **생산-소비자 상품**(prosumer commodity)이다(Fuchs, 2014). 생산-소비자는 자신이 생산과정에도 참여하지만 소비자 역할도 함께 해야 하는 디지털 시대의 수용자를 의미한다. 예를 들어, 페이스북과 인스타그램 참여자들은 스스로 콘텐츠를 생산함으로써 인터넷 기업의 이윤 구조를 유지시키지만, 또한 그 과정에서 결합된 광고에 주목해야 하는 역설적인 역할을 수행한다.

상대적인 잉여가치의 창출은 디지털 시대에 접어들면서 노동 시간과 휴식 시간의 뚜렷한 구분이 사라지면서 좀 더 광범위하게 활용된다(김영욱, 2018b; Sussman, 2011). 자본의 **형식적인 노동 포섭**(formal subsumption of labor)에서는 노동시간이 늘어나는 현상, 즉 절대적인 잉여가치가 늘어가는 것을 의미하지만, **실질적인 노동 포섭**(real subsumption of labor)에서는 자본주의의 작동 원리가 실질적인 효력을 발휘하면서 상대적인 잉여가치의 창출이 늘어가는 현상을 보여 준다(Marx, 1976). 디지털 시대에 들어서면서 광고 시청 노동을 통한 상대적인 잉여가치의 착취가 한층 더 강화되고 광범위해지는 경향을 보인다. 이는 TV를 통한 상대적인 잉여가치 착취의 정도와는 비교할 수 없는 실질적인 효과를 보여 준다([그림 8-3] 참조).

[그림 8-3]에 나타나는 것처럼, 광고 시청 시간에서 절대적인 잉여가치와 상대적인 잉여가치가 창출되는 것은 전통적인 미디어 시대와 큰 변화가 없지만, 디지털 시대에 접어들면서 프로그램이나 콘텐츠 시청 시간에 이루어진 행위들이 개인 정보화되어서 다시 상품으로 팔리기도 하고, 온라인 맞춤형(online behavioral advertising)

혹은 리타깃팅(retargeting) 광고 등을 통해서 수용자 입장에서 시청 노동의 강도가 획기적으로 높아진 광고가 제시되기도 한다(김영욱, 2018a). 사람들 입장에서는 자신이 하는 모든 온라인 행위 정보들이 상품으로 팔리거나, 자신에게 향하는 광고를 정교화하는 데 이용되기 때문에 착취의 범위가 넓어지고 광고 주목도가 높아질 수밖에 없다. 또한 휴식 시간으로 주어진 프로그램 시청 시간을 침범하여 광고가 주어짐에 따라 사람들은 새로운 노동을 위한 회복 시간을 가지지 못한다. 이런 측면에서 디지털 시대 상대적인 잉여가치의 창출은 절대적인 노동 시간의 연장과 그대로 연결되어 있다. 프로그램과 연결된 광고를 보는 것은 상대적인 잉여가치를 높이는 것이지만 또한 절대적인 광고 시간이 늘어나는 효과도 함께 작용하기 때문이다.

디지털 시대에 나타나는 광고 활동을 둘러싼 잉여가치 착취 수단의 강화를 크게 정리하면, ① 콘텐츠 제작 과정에 대한 생산소비자의 기여, ② 프로그램 콘텐츠와 광고의 연결, ③ 감시를 통한 개인 정보의 유용 등으로 요약할 수 있다(김영욱, 2017, 2018a, 2018b; Andrejevic, 2002, 2007; Fuchs, 2012, 2014, 2015a). 첫째, 콘텐츠 제작 과정에 대한 생산소비자의 기여는 디지털 시대 광고 시청 노동의 가장 중심적인 특징을 이룬다. 디지털 시대의 콘텐츠 제작은 인터넷이라는 공공의 장에서 사람들이 자유롭게 참여함으로써 달성된다. 하지만 공공의 장을 독점하는 몇몇 자본은 이러한

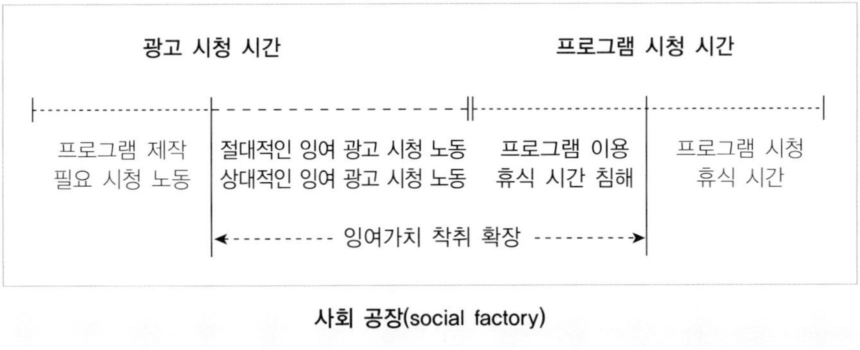

[그림 8-3] 디지털 시대 광고 행위를 둘러싼 잉여가치 착취의 변화와 사회 공장화

자유로운 참여를 필요 노동의 절감에 사용함으로써 잉여가치를 극대화하는 데 사용한다(Fuchs, 2014, 2015a). 사실상 인터넷 대자본의 평판은 사용자들의 공짜 콘텐츠 제작과 참여에 달려 있다. 예를 들어, 유튜브는 자신들이 제작하는 콘텐츠는 없지만, 사용자들의 공짜 콘텐츠를 이용해서 이윤을 창출하고, 구글(Google)과 페이스북(Facebook)은 참여하는 사람들의 개인 정보를 이용하여 이윤을 획득한다. 이러한 자발적인 노동의 기여는 자본이 필요로 하는 필요 노동의 가치를 낮추게 되고, 잉여노동을 극대화하는 방향으로 진화하게 만든다.

둘째, 프로그램 콘텐츠와 광고의 연결은 디지털 미디어를 통해서 사람들의 휴식 시간이 침범되는 상황을 의미한다. 전통 미디어에서는 프로그램 시간과 광고 시간이 분리되어 있기 때문에, 사람들은 일정한 광고를 보아 주면, 온전히 프로그램 시간을 자신의 시청 노동을 재생하기 위한 휴식 시간으로 즐길 수가 있다. 하지만 디지털 시대에는 어떤 것이 프로그램 콘텐츠이고 어떤 것이 광고인지 구별하는 일이 매우 힘들게 되었다(강준만, 2019; Fuchs, 2012; Read, 2003). 디지털 시대에는 물질적인 혹은 비물질적인 노동이라는 구분을 벗어나서 모든 인간 행위를 착취 수단으로 만드는 경향을 보인다(Fuchs & Sevignani, 2013; Scholz, 2012). 현재 많이 거론되는 네이티브 광고, 브랜드 저널리즘, SNS 피드 광고, 기사형 광고 등의 논의는 이러한 프로그램 콘텐츠와 광고의 영역 구분을 애매하게 함으로써 보는 사람의 시청 노동 강도를 높이는 데 초점이 맞추어져 있다. 대표적으로 구사되는 기법인 프로그램 상품 배치 광고(Product Placement: PPL), 협찬 광고 등은 이러한 경향이 강화되는 사례를 보여 준다. 이제 어떤 방송에 나오는 정보도 그것이 어떤 프로모션 활동과 무관한 정보라고 믿기는 어려운 세상이 되었다. 디지털 시대에는 누구도 프로그램과 광고가 분리되어 있는 온전한 휴식을 취하기는 어렵게 되었다. 그야말로 사회가 거대한 공장이 된 것이다.

세 번째는 감시(surveillance)를 통한 개인정보의 유용이다. 감시 활동은 착취를 일상화 하는 디지털 사회 광고 활동의 근간을 이룬다(Andrejevic, 2004, 2007; Fuchs, 2008; Lyon, 2002, 2003, 2010). 우선 사용자들의 방대한 온라인 활동 데이터는 그 자체로 하나의 상품이 되어 인터넷 기업의 이윤 창출을 돕는다. 사람들은 인터넷 서비스를 이용하기 위해서 일정한 개인정보를 양도해야 하고, 이 정보들은 이용자 동의가 획득되었다는 미명하에 인터넷 기업에 의해서 마음대로 사용된다(McStay, 2017). 또한 감시 체계를 통한 개인정보의 축적은 개인 맞춤형 마케팅을 가능하게 하고, 광고는 일반적인 대상으로 무차별 뿌려지는 것이 아니라, 필요 욕구가 높은 개인을 대상으로 맞춰지기 때문에 훨씬 높은 광고효과를 거둔다. 개인 맞춤형 광고는 주목을 향상시키기 위한 밀어내기(push) 전략에 해당되는데, 이렇게 높아진 노동의 강도는 상대적인 잉여가치를 향상시키는 데 결정적인 기여를 하게 된다(Fuchs, 2014). 개인 욕구가 해결되는 광고는 개인의 주목을 높일 수밖에 없고, 이는 광고 시청 노동의 강도를 급격히 끌어올린다. 온라인 참여자들은 이제 광고 시청 노동뿐만 아니라 **감시당하는 노동**(the labor of being watched)을 함께 수행해야 한다(Andrejevic, 2004, 2007). 인터넷을 사용하는 모든 일상이 착취의 대상이 된 것이다.

7. 정치경제학적 접근에 대한 비판과 사용가치의 결합

커뮤니케이션 정치경제학에 기반을 둔 물신숭배와 교환가치에 대한 의존만으로 광고의 사회적인 역할을 설명하는 데는 어느 정도 한계가 있다. 그것은 내용과 분리된 구조적인 모순을 밝히는 문제와는 별개로 결국 광고는 그것이 지닌 내용의 상징성과 밀접한 관계를 가질 수밖에 없다는 점이다. 그것은 상품의 **사용가치**(use value)가 단지 교환가치의 필요조건으로서 물질 그 자체로서 역할만을 하는 것이 아니라 상징이나 문화적인 자산을 통하여 스스로 경쟁력을 갖추려는 노력을 한다는 점과 연결된다(Kline & Leiss, 1978). 이것은 전통적인 정치경제학 해석만으로는 풀 수 없는 문화연구 차원의 분석이 추가적으로 필요하다는 것을 의미한다. 광고는 실제 운용 과정에서 상품의 이미지와 설정된 상징적인 이미지를 결합시키려는 노력이 전제가 되기 때문에 그것은 상대적인 교환가치를 높이기 위한 노력이기도 하지만 상품 자체가 가지는 상징적인 자산과 사회적으로 통용되는 상징성이 가지는 이미지와의 결합, 즉 광고 내용과 상징적인 요소들의 자율적인 결합을 통해 또 다른 의미의 상품 물신숭배를 만들어 낸다. 노동의 물화를 통하여 형성되는 생산관계가 감추어진 물신숭배와 함께 상품 자체가 가지는 상징적인 이미지를 통한 물신숭배가 결합된 형태로 나타나는 것이다. 이 과정에서 소비자가 이미 가지고 있는 상징적인 세계관과 사회맥락적인 이데올로기도 능동적으로 결합된다.

사용가치는 비판적 정치경제학에서 철저하게 무시되었지만, 사실 사용가치는 현대 소비사회에서 새로운 의미로 다가온다. 보드리야르의 『소비의 사회』(Baudrillard, 1970)에 따르면, 사용가치에 부여되는 기호가치는 새로운 소비의 가치를 창조한다고 보았다. 따라서 모든 것이 교환가치화되고, 물적 교환을 통한 물신숭배가 생산양식을 통한 착취의 근간을 이룬다고 할지라도, 기호가치를 통한 사용가치의 확장을 무시할 수는 없다. 즉, 현대 자본주의 사회의 착취는 물신숭배를 통한 교환가치와 사용가치에서 확장된 기호가치가 상호작용하여 이루어진다고 보아야 한다. 이러한 예는 명품 소비를 통한 소비자들의 자기만족과 끊임없는 차별 욕구에서 잘 드러난다.

보드리야르도 이런 근거에서 마르크스의 아이디어와는 다른 상품 물신숭배(fetishism) 이론을 찾으려고 노력했다. 그는 마르크스의 이론에 따르면 사용가치가 사람의 어떤 필요를 충족하기 위한 상품의 명확한 특성이나 능력을 나타내기 때문에 물신숭배를 전적으로 상품의 본질과 상관없이 상품의 형태라는 한 측면(교환가치)으로만 연결하려는 것으로 이해했다(Baudrillard, 1970, 1981). 보드리야르는 이러한 마르크스의 해석에 반대하여 효용 혹은 사용가치도 교환가치만큼이나 추상적인 행태를 보유한 것으로 간주했다(Leiss, 1978).

보드리야르도 일상적으로 노동시간이 연장되는 상황에 대해서 우려를 나타내었다(Jhally, 1987). 노동이 재생산되기 위해 필요한 여가시간에 소비 과정이 침범함으로써 착취가 연장되는 현상에 대해 비판적인 시각을 견지했다. 현대사회의 뉴미디어는 사람들이 마땅히 쉬어야 할 시간에 소비를 강요하는 폭력이 스며들어 온 것으로 해석할 수 있다. 사람들은 손쉽게 접근할 수 있는 새로운 미디어를 통해 기호화된 소비활동으로부터 한시라도 자유로울 수 없으며, 언제나 실질적인 사회관계로부터 소외를 경험하게 된다. 하지만 이러한 사람들의 물신숭배 현상이 교환가치에 의해서만 설명될 수 있다고는 보지 않았다. 추상화된 물적 착취 구도의 일반화도 중요하지만, 사람들 개개인이 상징적인 세계관과 사회맥락적인 이데올로기가 만나서 만들어 내는 상징자본의 역할도 중요한 해석 축이 되어야 한다고 보았다.

하지만 이러한 사용가치에 대한 재해석은 분명 비판적 정치경제학이 보지 못하는 사람들의 욕망을 설명해 주지만, 미디어와 광고 행위가 왜 그렇게 사람들을 착취하며, 욕망을 부추겨서 소비를 강제하는 도구로 사용되는가에 대한 근본적인 이유를 설명해 주지는 못한다. 결국 미디어도 커뮤니케이션 수단을 소유한 커뮤니케이션 자본가에 의해 작동하며, 지금의 광고 행위는 다른 미디어 행위와 구분할 수 없는 여러가지 장치를 통해서 시너지 효과를 만들어 내고 착취를 극대화하는 수단으로 이용되고 있다. 현대사회 광고 행위는 자본을 가진 쪽이 노동력을 착취하는 잉여가치를 통해 이윤을 창출하는 것에만 혈안이 되어 있다는 정치경제학의 프레임에서 궁극적으로 벗어나지 못한다는 것은 분명해 보인다(Smythe, 1977).

하지만 커뮤니케이션 정치경제학을 기본으로 광고를 해석하더라도, 좀 더 통합적인 시각을 가지는 것은 필요해 보인다. 상품에 대한 물신숭배와 노동의 물화에 대한 정치경제학적인 해석은 사실 정태적으로 사회현상을 바라보고 있기 때문에 사회를 어떻게 변화시킬 것인가에 대해서 뚜렷한 답을 내어놓지 못한다. 실태를 추상적인 차원에서 아는 것이 상품에 대한 우리의 인식을 바꾸기도 힘들뿐만 아니라 정치적인 의미를 가지기도 힘들다는 비판도 제기된다(Burke, 1979). 그렇다면 이러한 비판을 해결하기 위해, 실질적으로 상품의 생산과 관련한 속성을 가로막는 상징적이고 문화적인 자산에 대한 능동적인 재평가를 통해서 좀 더 해결 가능한 접근방법에 대해서 고민해 보는 것도 의미가 있다(Kline & Leiss, 1978; Hirsch, 1976). 이는 문화이론적인 측면에서 자아의 주체적인 해석을 도모하는 방법에 대해서 고민하는 것과 궤를 같이한다.

상품 물신숭배는 우선 정치경제학적인 해석을 따라서, 생산과 노동에 대한 실상을 보여 주지 않으면서 교환되고 소비되는 측면에 집중함으로써 상품 자체에서 사회관계를 보게 된다는 진단과 함께, 또한 상품은 상징적이고 문화적인 자산을 통해서 어떤 편견을 인위적으로 만들어 내게 된다는 진단을 함께 포함할 수 있다(Burke, 1979; Hirsch, 1976; Frith, 1997). 이러한 정치경제학적인 해석과 문화이론적인 접근의 통합은 상품물신주의를 해석하는 데 있어 보다 포괄적인 시각을 제공한다. 즉, 정치경제학적인 해석은 상품 물신주의와 노동의 물화를 피상적으로 적용하려고 한 측면이 있기 때문에 실제 사회현상으로 나타나는 것을 교조적으로 해석한 측면이 일부 있다. 따라서 현대 소비사회에서 일어나는 실질적인 현상으로서 상징과 문화, 이데올로기가 만들어 내는 상품의 물신숭배는 보다 실질적이고 역동적인 측면을 보완적으로 설명하는 데 기여할 수 있다.

8. 새로운 시대의 광고의 의미 탐색

미래 광고의 성격에 대해선 논란이 많다(Berman, Battino, Shipnuck, & Neus, 2009; Schultz, 2016). 대부분의 논의는 광고의 정의가 어떤 식으로 확장될 것이며, 어떤 식의 성격 규정을 통해서 광고산업의 발전을 도모해 갈 수 있는가를 논의한다. 하지만 이러한 논의의 핵심에는 어떻게 광고에 대한 시청 노동 혹은 주목(attention)을 강화함으로써 광고효과를 극대화할 것인가로 모아지는 경향이 있다. 광고의 위기 담론은 광고산업의 위기를 의미하지만, 소비자의 광고 회피 욕구는 외면받는 경우가 대부분이다. 광고에 대한 정치경제학 접근은 광고, 프로그램, 콘텐츠, 일상생활의 경계를 허무는 최근의 광고 경향을 비판적으로 바라보려는 시도이다. 광고가 시청 노동을 강화함으로써 이제는 다시 오지 않을 것 같은 광고효과의 시대를 재현해보려고 노력하는 만큼, 광고의 사회적인 역할은 점점 더 희미해질 가능성이 높다.

지금까지의 광고에 대한 정치경제학 논의를 정리하면, ① 광고는 자본주의 착취 시스템을 지탱하는 상품 유통 행위의 일부분으로서 자본이 잉여가치를 실현하기 위한 실질적인 행위를 의미한다. ② 하지만 미디어와 광고의 꾸준한 결탁은 미디어 독자적으로 수용자를 상품화하고 광고 시청 노동을 착취하는 형태로 나타나는데, 이는 자율주의자의 확대된 생산 노동의 범주에서 본다면 새로운 형태의 잉여가치 착취로 해석해 볼 수 있다. 이는 산업 자본이 생산과정에서 잉여노동의 착취로부터 거둬들이는 이윤을 지대로 일부 나눠가지는 형태에 불과하다는 주장을 뒤엎는 것으로 미디어 독자적으로 광고 행위를 통해 생산 노동을 통한 잉여가치 창출이 일어난다는 것을 보여 준다(Fuchs, 2012, 2014, 2015a). ③ 디지털 시대로 접어들면서 산업 자본과 미디어를 구분하고 각자의 영역에서 잉여가치를 극대화한다는 주장은 점점 설득력을 잃고 있다. 산업 자본과 미디어 자본이 인수 합병을 통해서 영역의 구분을 없애고 있으며, 프로그램 콘텐츠와 광고 콘텐츠의 구분, 생산과 프로모션의 구분 또한 의미가 없어지고 있다. 디지털 시대에는 모든 사회관계가 착취를 위한 조건으로 흡수되고 있으며, 생산 노동과 비생산 노동의 구분 또한 의미를 상실하고 있다. 생산 노동과 비생산 노동이 모두 **공공의 장**(commons)을 독점한 자본의 이윤 창출에 기여하고 있기 때문에 그러한 구분 자체가 무의미해져 버린 것이다.

현재는 산업자본과 미디어 자본이 협력하거나 합쳐져서 프로그램 콘텐츠와 구분되는 광고의 뚜렷한 영역을 없애고 있다. 즉, 콘텐츠 자체가 광고가 되거나(네이티브 광고, 브랜드저널리즘 등), 자본 간의 융합을 통하여 미디어 자체가 광고 미디어가 되는 시대(페이스북, 구글, 유튜브 등)가 도래하고 있다. 지금 시대는 수용자의 모든 감각과 노동을 광고화하여 어떤 형태로든 착취를 극대화하는 수순으로 가고 있다. 이는 모든 영역에서 일어나는 **프로모션 경쟁**(promotion struggles)으로 표현될 수 있으며, 이는 오히려 광고를 생활 속에서 의미 없는 중립적인 개념으로 만드는 데 일조하고 있다. 모든 생활의 디지털화는 이런 경향을 가속화시킨다.

기존 미디어를 중심으로 한 광고시장은 이미 디지털 미디어를 중심으로 재편되고 있다(제일기획, 2019; Berman et al., 2009). 광고의 위기는 광고 매출의 위기보다는 오히려 광고 신뢰의 위기라고 보아야 한다. 너무 많은 광고 통로가 형성되고 있으며, 인플루언서를 통한 프로모션이 기존 미디어를 통한 광고보다 훨씬 효과적인 환경이 만들어지고 있다. 유튜브 레드(Youtube Red)와 같이 광고 없는 콘텐츠에 대한 소비자의 열망과 선택 수단 또한 점점 더 커지고 있다. 이렇게 다양한 프로모션 수단과 제약 요인들을 헤쳐 나가기에 역부족인 기존 광고 활동들은 광고 신뢰를 무너뜨림으로써 광고효과를 높이는 선택들에 점점 더 빠져들고 있다. 광고 스스로 신뢰 하락을 부채질하는 **네이티브 광고**(native advertising)와 같은 접근들이 최근에 각광을 받는 이유가 여기에 있다.

광고와 프로그램의 구분이 없어지고, 생활전반에 광고가 침투하면서 오직 광고 시청 노동을 착취하기 위한 경쟁만이 존재하는 사회는 과연 바람직한 것일까? 광고가 정보의 전달과 소비자의 올바른 선택이라는 선한 목적보다는 필요 없는 수요의 창출을 통해 오직 물신숭배만이 가득한 소비 사회를 만들어 내는 것이 과연 옳은 길일까? 일단 이런 광범위한 윤리 차원의 질문들은 차치하고서 광고와 광고업계 자체의 현황을 살펴보더라도 이런 광고 발전 경향이 광고산업에 긍정적인 영향을 끼치고 있다고 보기는 어렵다(Schultz, 2016). 광고가 광고처럼 보이지 않는 경쟁을 통해서 효과를 제고하려고 한다면 그것이 어떻게 광고산업의 발전에 긍정적인 영향을 미치겠는가? 이러한 시대에 광고산업이 절대적인 시청 노동 착취를 늘이고 광고 혐오를 증가시키는 중간 광고와 같은 시대착오적인 수단의 도입에 매달린다는 것은 아이러니한 일이다.

디지털 시대의 광고 활동은 사람들의 능동적인 참여와 디지털 노동에 대한 착취, 참여 기회의 확대와 인간성의 상실과 같은 대비되는 속성들을 모두 보여 준다. 이는 마르크스(Marx)가 주장했던 기술과 기계의 발전에 따른 **일반 지성**(general intellect) 논의와 통하는 면이 있다. 마르크스는 기계가 사람 몸의 일부분이 되면서 인간과 기계가 결합되고, 여기에 네트워크화된 지식이 융합되면서 필요 노동 시간을 줄이고 착취를 극대화하는 시도를 하게 될 것이라고 보았다(Marx, 1973). 하지만 이러한 전망은 또한 사람의 노동력이 기계로 대체됨에 따라 착취할 수 있는 노동력이 사라지고, 네트워크 지식으로부터 점점 더 현명해진 사람들이 자본주의를 더 이상 자연스러운 체제로 받아들이지 않을 가능성 또한 높이게 된다(Dyer-Witheford, 1999;

Marx, 1981). 그러나 이러한 장기적인 전망에도 불구하고, 현실은 점점 더 자본의 착취가 심화되고 있는 것이 사실이다. 디지털 시대에 접어들면서 착취의 일상화와 착취 범위의 확대는 눈에 띄게 심해지고 있으며, 비물질 노동을 포함해서 일과 휴식 전반을 착취하는 사회적인 공장은 점점 더 활성화 되고 있다(Cleaver, 2000). 심지어 미세먼지와 같이 현재 위험 사회의 이슈들도 상품화의 범주로 빠져들고 있다. 이러한 현상의 심화는 사람들을 점점 더 **설득 지식**(persuasion knowledge)과 상관없는 능동적인 노예로 만들고 있다는 우려를 낳고 있다(남경태, 2016). 광고를 통한 필요 없는 소비의 창출이 생활 전체에서 내면화되고 있는 것이다.

디지털 시대를 배경으로 하는 광고 활동에 대한 전망은 자본주의의 전망에 대한 **경합**(contestation) 개념과 유사한 측면이 있다(Dyer-Witheford, 1999). 자본은 착취를 극대화하려고 하지만 인터넷 공유지를 지켜내려는 사람들의 노력 또한 강화된다. 이는 상품화를 통한 영리추구를 위해 기술적인 통제를 강화하려는 노력에 맞서 상품화되지 않은 정보와 비영리 커뮤니케이션을 통해 사람들의 자율성을 제고하려는 기술적인 민주화 노력의 대응과 통한다. 디지털 시대 광고 활동이 사람들의 자율성을 억압하면서 착취를 확대 · 강화하려는 노력에 일조한다면, 이는 우리가 꿈꾸는 세상이 아니라 자본의 이익에 복무하는 세상만이 존재할 뿐이다.

따라서 자본의 착취를 자연스럽게 수용하는 세상만이 선택 수단이 되어 버린 시장 중심의 사고방식에서 탈피할 필요가 있다. 인간성의 상실을 기반으로 하는 자본주의로부터 일종의 **디지털 러다이트**(Luddite) 운동을 펼쳐 가는 것이 중요하다. 광고 시간과 휴식 시간의 경계가 무너지는 사회, 모든 디지털 활동이 감시받고 광고 정보로 활용되는 사회, 광고 의도가 숨겨진 콘텐츠를 헤매고 다녀야 하는 사회는 자본을 위한 사회이지 일반 사람들이 원하는 사회는 아니다. 자본의 의도에 맞서 **이용자 노조**(user union)를 결성함으로써 디지털 공유지에서 벌어지는 힘의 불균형을 시정하고, 생산소비자로서 광고 시민권을 되찾아오는 것도 필요하다(김승수, 1989, 2011; Fuchs, 2014, 2015a). 네이버와 카카오에 쌓여 가는 수많은 광고와 광고성 콘텐츠를 통제할 수 있는 권리와 필요 노동의 적정선을 찾는 권리가 이용자들에게도 주어져야 한다. 이러한 해방적인 디지털 미디어 사용만이 광고가 사람들의 시청 노동을 착취하는 수단이 아니라, 진정한 정보를 교환하는 수단으로 자리매김할 수 있게 만들어 줄 것이다. ■

제9장

아리스토텔레스 철학으로 본 좋은 삶, 좋은 광고, 좋은 광고인

윤태일(한림대학교 광고홍보학과 교수)

1. 왜 광고 윤리인가
2. 좋은 삶이란 무엇인가
3. 좋은 광고란 무엇인가
4. 좋은 광고인은 누구인가
5. '신명 나는 광고인'을 위하여

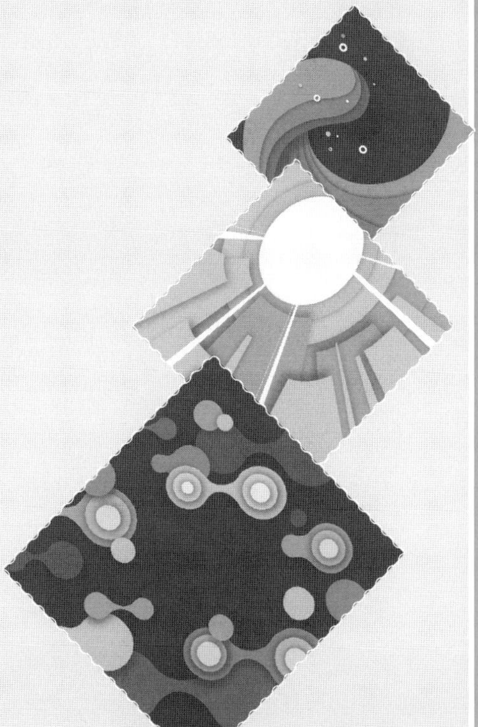

◈◇◈

절제를 광고하기 위해 능력과 경험을 바치는 광고인을 상상할 수 있을까? 나 자신은 그런 일을 상상할 수 없을 것 같다. 그것은 역설적인 방향전환일 것이다. 다만 이런 놀라운 일을 할 수 있는 광고인이 있다면, 그가 더 큰 행복을 느끼게 될 것임을 의심할 여지가 없다. 그는 성 프란시스와 다를 바 없이 행복한 사람이 될 것이다.

- 아놀드 토인비(Arnold Toynbee) -

본질적으로 광고는 윤리적 공격을 받기 쉬운 사회 제도이다. 대중매체에서 재현되는 광고계와 광고인의 모습, 그리고 수많은 지식인들이 광고에 가한 비판은 이러한 사실을 뒷받침한다. 그럼에도 불구하고 그동안 광고의 윤리적 측면은 무시되었고 광고인의 직업윤리는 취약한 수준이다. 자기 직업에 윤리적 정당성을 확보할 때 사람들은 자신의 일에 의미를 부여할 수 있고, 일에 대한 의미와 만족감은 삶에 대한 전반적인 만족으로 연결된다. 이 글은 아리스토텔레스 철학의 관점에서 좋은 삶에 대해 먼저 살펴본 후, 그를 바탕으로 바람직한 광고의 윤리와 올바른 광고인의 직업윤리를 모색하기 위해 좋은 광고는 무엇이고, 좋은 광고인은 누구인지 논의한다. 마지막으로 아리스토텔레스의 윤리학을 우리 사유 전통 속의 신명 개념으로 재해석하여, 광고교육의 이념 및 인재상을 '신명 나는 광고, 신명 나는 광고인'으로 제시해 본다.

1. 왜 광고 윤리인가

에미상을 비롯해 수많은 상을 수상한 미국 TV 드라마 시리즈 〈매드맨(Mad Men)〉은 미국 광고계와 광고인의 모습을 잘 보여 준다. 크리에이티브 혁명기(creative revolution)라 불리면서 급성장하던 1960년대 미국 광고계를 배경으로, 이 드라마에서 묘파하는 광고인의 초상은 창의적이고 발랄하고 경쾌하며, 풍요로움 속에 자신감 넘치는 모습니다. 하지만 동시에 아이디어를 짜내느라 고통받고, 지나친 경쟁으로 늘 불안하며, 허영에 가득 차고 경박하며, 무엇보다도 불륜과 술과 담배와 마약에 찌들어, 별로 건강하지 못한 삶의 모습도 보여 준다. 이 드라마의 오프닝 신은 주인공이 마천루의 고층빌딩에서 한없이 추락하는 영상이다. 그동안 광고계를 배경으로 한 많은 영화나 소설에서 그려지는 광고인의 모습은 이와 크게 다르지 않다. 정미경의 소설 『장밋빛 인생』에서 드러나듯, 겉으로는 장밋빛 인생처럼 화려해 보이지만 속으로는 병들어 곪아 터진 삶이다. 경쾌하고 발랄하지만 어딘가 경박하면서 부도덕한 삶의 모습은 흔히 접하는 광고(인)의 이미지다.

광고와 광고인에 대한 이러한 이미지는 광고에 대한 수많은 지식인의 비판과 짝을 이룬다. 폴레이(Pollay, 1986)와 홀부르크(Holbrook, 1987)의 이른바 '거울 논쟁'에서 드러나는 것처럼, 광고의 윤리적 취약성에 대한 비판은 차고도 넘친다. 이것은 광고산업 자체가 윤리적으로 취약할 수밖에 없는 본질적 한계를 내포하기 때문일 수도 있다(Rotzoll, Haefner, & Sandage, 1994).

더 근본적으로는 광고를 포함한 설득커뮤니케이션 자체가 윤리적으로 의심스러운 인간 행위이기 때문일 수도 있다. 이미 2,500년 전에 설득의 원류가 되는 수사학에 대해서 플라톤은 격렬하게 비판했다. 플라톤의 대화록 『고르기아스』 편에서 소크라테스는 변증술과 달리 수사학으로는 진리에 도달할 수 없다고 수사학을 비판했다. 이러한 비판에 대해 소피스트인 고르기아스는 수사학은 그저 그것을 구사하는 사람에게 권력을 주기 때문에 좋고, 진실이 무엇인지 상관하지 않아 허위를 사용할 수 있고 단지 수단일 뿐 그 사용결과에 대해서는 책임질 필요가 없다며 수사학을 옹호했다. 『고르기아스』의 입장은 오늘날 광고인 등 설득커뮤니케이션에 종사하는 사람들의 입장과 유사하다. 하지만 광고의 윤리성에 대해 무관심하고 무지한 그런 태도로는 광고를 윤리적으로 방어하기 어렵다(이준웅, 2001). 훗날 플라톤이 수사학에 대한 비판을 비록 완화되기는 했지만, 광고를 포함한 설득커뮤니케이션 행위에 대한 의혹의 눈초리는 아리스토텔레스에 와서야 해소되었다.

하지만 앞에서 광고와 광고인에 대한 이미지에서 언급한 것처럼 광고의 윤리적 취약성은 오늘날에도 여전하다. 물론 직업 자체에 높은 윤리적 정당성이 부여되었다고 해서 그 직업에 종사하는 사람이 자동적으로 윤리성을 확보하는 것은 아니다. 우리 사회에서 성직자나 교육자가 비교적 높은 윤리성을 담보하는 것으로 일반인들은 여긴다. 하지만 오히려 성직자나 교육자가 부패하고 부도덕한 행위를 한 경우 더 큰 윤리적 비난을 감수해야 한다. 자신의 일에 윤리적 정당성을 확보하지 못하는 직업인은 자신의 일에 의미를 부여하지 못하여 만족감을 느끼지 못하며, 상당한 수준의 경제적 보상이 주어지지 않는 한, 그 직업을 오래 지속하기 힘들다. 광고산업의 활력은 예전 같지 않다. 이는 한국 광고계뿐 아니라 광고라는 제도 자체가 '광고 종말론'에 시달릴 정도가 위기를 맞고 있다. 과거처럼 광고산업이 장밋빛 성장세를 구가할 수 없는 현실에서 더 이상 경제적 보상만으로 인재 유입을 기대하기 어렵다. 위기일수록 원칙에 충실해야 하는 것처럼, 이럴 때일수록 광고의 윤리적 정당성을 확보하고 광고인이 광고라는 일에서 의미를 찾을 수 있어야 광고의 위기도 극복할 수 있다.

인간은 일을 통해서 자기 존재를 확인하고 고양시킬 수 있기 때문에 직업은 단순히 돈을 벌기 위한 수단만은 아니다. 직업은 삶의 질과도 밀접한 관련성이 있다. 진로교육 분야의 연구(윤태일, 변혜영, 2016; de Witte, 2005)에 따르면, 자신의 일에 불만족하거나 직업이 불안정하면 전반적인 삶의 만족이 떨어진다. 실제로 렌트와 브라운(Lent & Brown, 2006)의 진로만족 모형(career satisfaction model)에서도 주관적 안녕감 및 심리학적 안녕감과 같은 행복감은 일에 대한 만족에 의해 좌우된다. 따라서 자신의 직업에 대해서 윤리적으로 성찰하여 의미를 부여하고 직업윤리로 무장하는 것이 산업계 관점에서도 필요하다.

이 글은 아리스토텔레스 철학의 관점에서 윤리적으로 올바른 광고란 무엇이고 바람직한 광고인의 모습은 무엇인가를 성찰하려 한다. 그의 『니코마코스 윤리학』을 중심으로 하면서 설득의 원류인 수사학에 대해서 다룬 『수사학』을 보완적으로 원용하여, 광고와 광고인의 윤리에 대해서 살펴보려 한다. 서양 철학사에서 윤리학을 정초하고 오늘날까지 적지 않은 영향을 미치고 있는 그의 윤리학은 좋은 삶과 행복에 관한 윤리학이다. 따라서 올바른 광고, 바람직한 광고인의 윤리적 토대를 다지기 위해서는 좋은 삶에 대한 논의를 먼저 살펴볼 필요가 있다. 좋은 삶에 대한 그의 논의는 방대한 사상체계를 바탕으로 전개된 것이다. 따라서 형상(eidos)과 질료(hyle), 잠재태(dynamis)와 현실태(energeia), 목적(telos), 기능(ergon), 좋음(agathon), 행복(eudaimonia), 탁월함(arete), 중용(mesotes), 품성(ethos), 실천적 지혜(phronesis), 기예(techne), 친애(philia) 등의 개념을 중심으로 전개하는 좋은 삶에 대해서 먼저 살펴보지 않을 수 없다.[1] 이 글은 좋은 삶에 대해 먼저 살펴본 후, 그를 바탕으로 바람직한 광고의 윤리와 올바른 광고인의 직업윤리를 모색하기 위해 좋은 광고는 무엇이고, 좋은 광고인은 누구인지 논의한다. 마지막으로 아리스토텔레스의 윤리학을 우리 사유 전통과 맞닿아 있는 신명 개념으로 재해석하여, 광고교육의 이념 및 인재상을 '신명 나는 광고, 신명 나는 광고인'으로 제시해 본다.

---

1 아리스토텔레스의 주요 개념들은 우리말로 여러 가지로 번역될 수 있어 이 글에서는 괄호 안에 그리스 원어를 표기했고, 문맥에 따라 몇 가지를 혼용해서 사용한다. 예를 들어, ethos를 성격, 품성, 윤리, 에토스 등 문맥에 따라 혼용해서 사용한다. 또 아리스토텔레스의 텍스트를 인용할 때는 일반적인 관례에 따라 한국어 번역본의 쪽수가 아니라 베커(Bekker)가 편집한 아리스토텔레스 전집의 쪽수, 단수, 행수를 표기했다. 여기서 NE은 『니코마코스 윤리학(Ethica Nicomachea)』, TR은 『수사학(Techne Rhetorike)』, Politika는 『정치학(Politika)』을 의미하며, 예를 들어, 'NE, 1109a5-1109b10'은 『니코마코스 윤리학』 1109쪽 왼쪽 단 5행에서 오른쪽 단 10행'까지라는 뜻이다.

2. 좋은 삶이란 무엇인가

무엇이 좋은 삶(good life)인가에 대해서는 수많은 논의가 있었다. 이를테면 좋은 삶에 대해 경제학적인 관점에서 정리한 『얼마나 있어야 충분한가?』라는 책에서는 좋은 삶에 대한 인간의 욕구가 한없음을 지적하면서 과연 어떤 요소를 얼마나 갖추어야 우리가 행복한가를 묻는다. 그러면서 건강, 안전, 존중, 개성, 자연과의 조화, 우정, 여가를 좋은 삶에 필요한 일곱 가지 기본재로 제시했다(Skidelsky & Skidelsky, 2013).

얼마 전부터는 긍정심리학을 중심으로 행복연구(happiness studies)라는 학제적인 분야도 생겨 좋은 삶에 대해서 본격적으로 탐구하고 있다. 행복연구에서는 그리스 철학의 전통에 따라 행복에 대한 관점을 두 가지로 분류한다. 하나는 심리적 쾌락에 중점을 두는 주관적 안녕감(Subjective Well-Being: SWB)으로 이는 긍정적 정서, 부정적 정서, 삶의 만족감이라는 세 가지 요소로 구성된다. 다른 하나는 자아실현에 중점을 두는 심리적 안녕감(Psychological Well-Being: PWB)으로, 이는 타인과의 관계, 개인적 숙달(personal mastery), 자율성, 삶의 목적, 자기긍정(self-acceptance), 개인적 성장과 발달이라는 여섯 가지 요소로 구성된다(Fave, Brdar, Freire, Vella-Brodrick, & Wissing, 2011).

이 중에서 특히 심리적 안녕감을 좋은 삶으로 보는 관점은 아리스토텔레스의 윤리학에 그 젖줄을 대고 있다. 그는 좋은 삶이란 단순히 심리적으로 즐거운 상태가 아니라 탁월한 영혼의 활동이라고 보았기 때문이다. 좋은 삶에 대한 그의 이러한 관점은 그의 웅대한 사상체계를 바탕으로 도출된 사유의 결과이다. 그래서 그의 윤리학을 논하기에 앞서 『니코마코스 윤리학』에 직접 언급되지는 않았지만 그의 형이상학, 특히 현실주의적 일원론과 목적론적 사고체계를 간략하게 살펴볼 필요가 있다.

우선 이상주의적 이원론자였던 스승 플라톤과 달리 아리스토텔레스는 현실주의적 일원론자이다. 라파엘의 회화 〈아카데미아 학당〉에서 플라톤은 하늘을 가리키고 아리스토텔레스는 땅을 가리키면서 서로 대화하는 모습은 두 사람의 차이를 단적으로 요약한다. 플라톤의 이상주의적 이원론의 세계관에 따르면 우리가 감각을 통해 지각하는 이 현상계의 너머에는 모든 존재의 본질이며 참된 실재인 이데아가 있고, 감각적 현상계의 존재는 그저 이데아의 한갓된 그림자에 불과하다. 하지만 아리스토텔레스는 우리가 지각하는 개별적인 존재 너머에 이데아와 같은 참된 실재 혹은 보편적 본질이 따로 있는 것이 아니라, 개별적 개체 속에 보편적 본질이 형상(eidos=form)과 질료(hyle=matter)로 통합되어 있다고 보았다.

질료는 무엇인가가 될 수 있는 능력(dynamis)으로, 활동(energeia)을 하면서 형상을 갖추게 된다. 그리스어의 능력과 활동이 라틴어에서 잠재태(potentia=potentiality)와 현실태(actualitas=actuality)로 번역된 점을 감안하면, 능력이며 잠재태인 질료는 활동을 통해 형상을 갖추면서 현실태가 된다고 할 수 있다. 작은 도토리는 자라서 거대한 참나무가 되기도 하지만, 땅에 떨어져 썩어 없어지거나 다람쥐의 먹이가 되어 그 존재를 마감할 수도 있다. 도토리라는 질료는 거대한 참나무가 잠재되어 있는 능력, 즉 잠재태이다. 도토리의 잠재된 능력이 활동하여 거대한 참나무라는 현실태가 되는 것이 도토리의 입장에서는 좋은 것이다.

질료와 형상 역시 위계적 질서를 갖는다. 참나무라는 형상의 질료는 도토리지만, 참나무가 다시 통나무집의 형상을 따라 지어지면 통나무집의 질료가 되고 나무젓가락의 형상에 따라 만들어지면 나무젓가락의 질료가 된다. 즉, 도토리의 형상인 참나무가 다시 통나무집의 질료가 되듯, 모든 존재는 형상이면서 더 높은 존재의 질료가 되는 위계적 질서를 갖는다. 이러한 존재의 위계적 사다리에는 맨 아래와 맨 위가 있을 것이다. 존재의 사다리 맨 아래에는 형상 없이 질료만 존재하는 원초적 질료가 위치할 것이고 맨 위에는 형상으로만 존재할 할 것이다. 어떠한 질료도 지니지 않고 오직 형상으로만 존재하는 궁극적인 최고의 형상이 순수형상(entelecheia)이며 이것은 결국 신으로 해석된다. 여기서 질료와 형상, 잠재태와 현실태의 위계적 질서는 목적론적인 사고체계와 연결된다.

아리스토텔레스의 철학은 고대의 **목적론**적 사고체계와 궤를 같이한다. 모든 자연

현상은 물리법칙에 지배받는다는 근대의 기계론적 사고(mechanical thinking)와 달리 고대는 **목적론**적 사고(teleological thinking)가 대세였다(Sandel, 2010). 불길이 위로 솟는 것은 공기 중 산소를 필요로 하는 연소현상 때문이고 돌이 땅에 떨어지는 것은 중력의 법칙 때문이라고 이해하는 것은 근대 이후 기계론적 사고의 소산이다. 하지만 목적론적인 사고에서 보면 불길이 위로 솟는 이유는 본래의 자리인 하늘에 닿기 위함이고 돌이 아래로 떨어지는 것 역시 본래 자리인 땅에 가까워지기 위함이다. 인간을 포함하여 모든 자연현상과 사회제도는 고유의 **텔로스**(telos), 즉 목표 및 그에 부합되는 정의 혹은 본질을 가지고 있다. 이러한 고유의 텔로스를 실현하는 것이 '존재의 이유(Raison d'être)'이다. 자기 고유의 목적을 실현함에 있어서, 질료이면서 형상인 존재는 자신에 잠재된 능력인 잠재태에서 활동을 통해 현실태로 전환한다.

이러한 일원론적 존재론과 목적론적 사유방식을 배경으로 이제 아리스토텔레스 윤리학의 출발인 선(善) 혹은 좋음(agathon)에 대해서 살펴보자. 그의 윤리학에 따르면 모든 사물은 사물을 사물로 존재하게끔 만드는 그 나름의 고유한 기능(ergon)이 있으며 그 기능을 잘 발휘하여 달성하고자 하는 목적이 있다. 사물 혹은 존재가 본래의 기능을 잘 수행하여 고유의 목적을 실행하는 것이 선으로 번역되기도 하는 좋음이다. 예를 들어, 사람의 귀가 가진 기능은 듣는 것이고 귀는 듣기 위해 존재하는 것이기 때문에 잘 듣는 귀가 좋은 귀이다. 마찬가지로 잘 보는 눈이 좋은 눈이다.

그런데 질료와 형상에 위계적 질서가 있는 것처럼 기능 및 목적에도 위계적 질서가 있다. 어떤 기능 및 목적은 더 높은 기능 및 목적에 복무하기 때문이다. 더 높은 기능과 목적을 잘 실행하는 것이 더 좋은 것이다. 인간 삶에도 더 높은 기능과 목적이 있고 그런 기능을 잘 수행하는 것이 더 좋은 것이다. 다른 동물도 가진 기능보다 더 높으면서 인간만이 가지고 있는 고유한 기능은 무엇인가? 인간은 이성적 동물이라는 정의처럼 언어를 통해 발휘되는 이성(logos)이다. 보고 듣고 먹고 마시는 감각적 기능 및 욕구는 모든 동물에게도 있지만 이성은 인간만이 가진 기능이다. 인간 고유의 기능인 이성이 가장 잘 발휘되는 것이 감각적 기능이 잘 발휘되는 것보다 더 좋은 것이다. 이성을 가진 영혼과 관련된 좋음이 인간에게는 최상의 좋음이라는 것을 그는 이렇게 말한다.

> 좋음들은 통상 세 가지 유형으로 나뉘어 왔다. 즉, 외적인 좋음이라고 이야기되는 것, 영혼에 관계된 좋음, 육체와 관련된 좋음이라고 이야기되는 것이 그 세 유형이다. 우리는 영혼에 관계된 좋음이 가장 진정하고 으뜸가는 좋음이라고 말하고, 행위와 영혼의 활동을 영혼에 관계되는 좋음으로 규정한다(NE, 1098b13-15).

이성을 가진 영혼의 좋음과 관련된 으뜸가는 좋음, 즉 최고선(ariston)이 바로 행복으로 흔히 번역하는 **에우다이모니아**(eudaimonia)이라는 데 많은 사람이 동의한다고 아리스토텔레스는 보았다. 우리 삶의 모든 것은 행복을 위한 것이기에 행복은 우리 삶의 최고 목적이고 최고선이며, 행복의 실현이 최고로 좋은 삶이다. 행복은 최고의 목적이기 때문에 다른 것을 위한 수단이 되지 않으며, 그 자체로 완전하고 자족적이기에 결핍이 없고 더 이상 다른 것을 필요로 하지 않으며 보충될 필요가 없다. 그렇다면 인간 삶에서 가장 좋은 최고선인 행복은 도대체 무엇인가? 아리스토텔레스는 『**수사학**』에서 행복을 이렇게 요약한다.

> 우리는 행복을 미덕과 결합된 안녕, 자족적인 삶, 가장 즐겁고 안전한 삶, 물질적이고 신체적인 번영에 그런 것을 지키고 이용할 능력을 곁들인 것이라고 정의할 수 있다. 행복이 이 가운데 하나 또는 여럿이라는 데는 분명 누구나 동의할 것이다. 행복이 그런 것이라면 그 구성요소는 틀림없이 좋은 가문, 수많은 친구, 훌륭한 친구, 부(富), 훌륭한 지식, 수많은 지식, 행복한 노년과 그 밖에 건강, 아름다움, 체력, 체격, 경기 능력 같은 신체적 탁월함, 명성, 명예, 행운, 미덕(또는 미덕의 요소들인 지혜, 용기, 올바름, 절제) 등이 될 것이다(TR, 1360b14-24).

행복의 정의에서 그가 가장 강조한 것은 영혼의 탁월성(arete)으로, 그는 "행복에 결정적인 것은 탁월성에 따르는 활동이고, 그 반대의 활동은 불행에 결정적"(NE, 1100b10)이라고 했다. 존재의 본래적 기능이나 본성 및 목적이 잘 실현되는 것이 좋음이라면, 이러한 좋음이 지속적으로 잘 실현될 수 있는 품성상태(hexis)가 탁월성이다. 탁월성은 감정(pathos)도 아니고 능력(dynamis)도 아니며 이성을 갖춘 존재로서 인간이 가지고 있는 품성상태이다. 인간 고유의 이성적 능력이 잘 발휘되는 좋은 삶은 곧 탁월성이 발휘되는 삶, 덕이 있는 삶이기도 하다. 외적인 좋음이나 육체적 좋음이 아니라 영혼과 관련된 좋음이 으뜸가는 좋음이듯, 아리스토텔레스가 강조하는 탁월성은 육체의 탁월성이 아니라 영혼의 탁월성이다. 그래서 그는 "가장 완전한 탁월성에 따르는 영혼의 활동이 인간적인 좋음"(NE, 1098a18)이라면서 "행복은 완전한 탁월성에 따르는 영혼의 어떤 활동"(NE, 1102a5)임을 강조한다.

그는 "탁월성은 합리적 선택과 결부된 품성상태로, 우리와의 관계에서 성립하는 중용에 의존한다"(NE, 1106a36)고 주장함으로써 탁월성이 합리적 선택(prohairesis) 및 중용(mesotes)과 관계가 있음을 분명히 한다. 아리스토텔레스에 따르면 우리 행위는 이성적 숙고와 욕구의 결과인데, 구체적으로 일어나는 우리 행위의 원리가 합리적 선택이다. "합리적 선택은 숙고적 욕구이므로 합리적 선택이 신실한 것이려면 이성도 참이고 욕구도 올바른 것이어야만 하며, 동일한 것을 두고 이성은 긍정하되 욕구는 추구해야만 하는 것이다"(NE, 1139a24-26)라는 그의 언급에서 보듯, 합리적 선택은 이성과 욕구가 하나로 통합된 것이라는 의미에서 욕구적 지성(orektitos nous)이거나 사유적 욕구(dianoetike orexis)이다. 또 탁월성이 감정(pathos)도 아니고 능력(dynamis)도 아니고 품성상태라고 할 때, 가장 중요한 품성상태는 중용의 덕이다. 인간 고유의 기능인 이성이 넘치지도 않고 모자라지도 않게 가장 잘 발휘되는 동등함(ison) 혹은 적절함이 바로 중용이다. 중용은 단순히 양 극단의 산술적 비례에 따른 중간이 아니라, 대상마다 다를 수 있다는 점에서 "대상에 있어서의 중간이 아니라 우리와의 관계에서의 중간이다"(NE, 1106b7).

인간 영혼이 이성적 부분과 비이성적 부분으로 구분되는 것처럼, 탁월성도 지적(혹은 사유의) 탁월성과 성격적(혹은 품성적) 탁월성으로 분류된다. 이성적 영혼과 관련된 지적 탁월성에는 학문적 인식(episteme), 실천적 지혜(phronesis), 기예(techne), 직관적 지성(nous), 철학적 지혜(sophia)의 다섯 가지가 있다. 학문적 인식은 다르게 있을 수 없는 것에 대한 인식이다. 즉, 자연의 물리현상이나 기하학처럼 보편적이고 필연적이고 객관적인 진리를 증명하는 것과 관련된 지식이다. 반면에 실천적 지식은 다르게 있을 수 있고 객관적으로 증명하기 어려우며 상황에 따라 최상의 선택을 할 수 있는 이성적 능력이다. 기예는 오늘날 예술, 기술, 학술, 주술 등을 모두 포함하는, 넓은 의미의 예술적 기량이다. 직관적 지성은 합리적으로 인식될 수 있는 것들의 원리 자체에 대해 직관적으로 통찰하는 능력이다. 학문적 인식들 중에서 가장 정확한 것이라는 철학적 지혜는 학문적 인식과 직관적 지성의 통합으로서, 철학적 지혜가 있는 사람은 특수한 분야나 특정한 관점에서가 아니라 전체적으로 지혜로운 사람이다.

이 다섯 가지 중에서 특히 주목할 만한 지적 탁월성은 실천적 지혜이다. 이는 좋은 삶에 대한 숙고를 바탕으로 구체적인 상황에서 무엇이 옳고 어떻게 해야 하는지를 판단하는 통찰력이다. 하지만 "실천적 지혜는 보편적인 것에만 관계하는 것이 아니라 개별적인 것들까지도 알아야 하는 것이다. 실천적 지혜는 실천적인 것(praktike)인데, 실천 혹은 행위(praxix)는 개별적인 것들에 관련하기 때문이다."(NE, 1141b15-17)라는 언급에서 나타나듯이, 보편적이고 전체적인 것에 초점을 두는 철학적 지혜와 달리 실천적 지혜는 개별적 것에 대한 지혜와도 관련된다.

성격적(품성적) 탁월성은 좋은 삶에서 지적 탁월성보다 더 강조되는 덕목이다. 『니코마코스 윤리학』의 많은 부분은 품성에 대해 다루고 있다. 성격, 품성, 윤리로 번역되는 에토스(ethos)는 습관을 나타내는 에토스(ethos)와 첫 모음의 장단에만 차이를 보인다는 점에 착안하여 아리스토텔레스는 지적 탁월성은 가르치면 길러질 수 있지만 성격적 탁월성은 꾸준한 습관을 통해서 길러질 수 있다고 주장한다.

> 지적 탁월성은 그 기원과 성장을 주로 가르침에 두고 있다. 이런 까닭에 그것은 경험과 시간을 필요로 한다. 반면, 성격적 탁월성은 습관의 결과로 생겨난다. 이런 이유로 성격을 이르는 에토스도 습관을 의미하는 에토스로부터 조금만 변형해서 얻어진 것이다(NE, 1103a15-18).

성격적 탁월성은 말이 아니라 행동을 통해 드러나며, 개별적이고 단편적인 행동이 아니라 행위들로 구성된 삶에서 형성된다. 즉, 어쩌다가 우연히 간헐적으로 발휘되는 것이 아니라 지속적이고 일관되게 발휘되어야 한다. 따라서 성격적 탁월성은 타고나는 것이 아니라 오랜 행위들이 집적된 습관을 통해서 완성된다.

『니코마코스 윤리학』에서는 탁월성 외에 즐거움과 친애(philia)가 행복과 어떤 관계인가에 대해서도 비중 있게 다룬다. 탁월성에 따르는 행위들은 그 자체로 즐거운 것이라는 주장에서 보는 것처럼, 탁월성이 발휘되는 행복한 삶은 즐거운 삶이기도 하다.

> 만약 즐거움과 활동이 좋은 것이 아니라면, 행복한 사람이 즐겁게 살 수 없을 것이라는 점 또한 분명하다. 정말 즐거움이 좋은 것이 아니라면 또 삶이 고통스러울 수도 있다면, 무엇 때문에 행복한 사람이 즐거움을 필요로 하겠는가? 즐거움이 좋은 것도 나쁜 것도 아닌 한, 고통 역시 나쁜 것도 좋은 것도 아닐 것이기 때문이다. 그렇다면 그가 무슨 이유로 고통을 피하겠는가? 신실한 사람의 활동들이 더 즐거운 것이 아니라면 그의 삶 또한 더 즐거울 수 없을 것이다(NE, 1154a1-6).

흔히 사랑 혹은 우정으로 번역하기도 하는 친애는 보통 친구로 번역하는 친지(philos)에 대한 사랑이다. 친지는 애인, 친구, 부모, 가족, 친척, 동료, 지인 등을 포함한 넓은 범위의 지인이다. 애인이나 친구 같은 수평적 관계뿐 아니라 부모나 선후배 같은 수직적 관계에서도 성립할 수 있는 인간관계로, '친함'을 전제로 함께 있으며 속 깊은 사랑을 주고받는 존재이다. 이러한 친지에 대한 사랑이 친애이기 때문에 남녀 간의 사랑이나 친구 간의 우정을 다 포함하는 넓은 의미의 사랑이다. 인간은 본성상 사회적 동물이기 때문에 인간의 좋은 삶은 고립된 좋은 삶이 아니라 다른 사람과의 사회적 관계를 자체적으로 내포하여 다른 사람과 친애의 감정이 넘쳐나는 삶이다.

> 자족성(에 대한 고려)로부터도 똑같은 결론이 나오는 것 같다. 완전한 좋음은 자족적인 것

처럼 보이기 때문이다. 그런데 인간은 본성상 폴리스적[=사회적] 동물이기 때문에, 우리가 이야기하는 자족성은 자기 혼자만을 위한 자족성, 고립된 삶을 살아가는 사람을 위한 자족성이 아니다. 부모, 자식, 아내와 일반적으로 친구들과 동료 시민들을 위한 자족성이다(NE, 1097b7-10).

결국 좋은 삶이란 영혼의 탁월성이 발휘되어 사랑과 기쁨이 넘치는 행복한 삶이라는 것이 『니코마코스 윤리학』의 요체이다. 좋은 삶, 행복한 삶에 대한 아리스토텔레스의 관점은 우리에게 매우 익숙한 주장이다. 윤리 교과서에서 많이 접했던 내용이며 기독교 윤리가 제시하는 복된 삶과 크게 다르지 않다. 심리적 만족감 같은 주관적 요소, 또는 부와 명예와 같은 외적인 요소가 아니라 영혼의 탁월함이 발휘되는 삶이 좋은 삶이라는 아리스토텔레스의 논리에 유신론적 색채를 가미하여 재구성하면, 하나님과 함께 동행하는 삶이 곧 구원받은 삶이고 좋은 삶이라는 기독교 윤리와 일맥상통한다. 아리스토텔레스 철학이 기독교 신학에 영향을 주었다는 철학사적 사실을 감안하면 당연한 일인지도 모른다. 오늘날에도 행복연구에서 아리스토텔레스의 행복개념을 원용하고 있음은 좋은 삶에 대한 그의 윤리학이 여전히 현재적 함의를 갖는다는 사실을 방증한다.

3. 좋은 광고란 무엇인가

언뜻 생각하면 광고는 기업 마케팅 활동의 일환이기 때문에 시장에서 성공한 광고를 좋은 광고라 생각하기 쉽다. 광고인들은 흔히 자신의 성공캠페인 사례 등을 내세우며 성공한 광고를 자랑스럽게 말한다. 하지만 광고의 일차적 목적인 매출이나 시장점유율 증대에 기여하여 시장에서 성공한 것만으로 좋은 광고라고 부를 수 있을까? 비록 브랜드를 널리 알리고 제품의 장점을 효과적으로 잘 소구하여 소비자의 구매욕구를 자극함으로써 마케팅 측면에서는 성공했는지는 모르지만 사회문화적으로는 부정적 영향을 주는 광고도 적지 않다. 단순히 광고 메시지가 과장되었거나 허위적인 것은 물론, 성차별적이거나 왜곡된 고정관념을 강화하여 사회적 책임을 도외시한 광고, 그리고 폭스바겐 자동차 배기가스 저감 장치 은폐사례에서 보듯 중요한 사실을 말하지 않음으로써 진실을 왜곡하는 경우도 많다.

물론 좋은 광고가 시장에서 성공하지 못해서 기업의 마케팅 활동에 전혀 도움이 되지 못하면서 사회문화적으로만 건전하다고 해서 좋은 광고라고 할 수는 없다. 광고의 일차적 기능인 정보와 설득에서 효과를 나타내면서도 사회적 책임까지 다해야 할 것이다. 그렇다면 성공한 광고는 좋은 광고의 충분조건은 아니지만 필요조건일 것이다.

그런 점에서 이화자(1997)의 광고 분류는 참고할 만하다. 그는 '난 사람, 든 사람, 된 사람'의 비유를 광고에 적용하여 '난 광고, 든 광고, 된 광고'로 광고를 분류했다. '난 사람'은 다른 사람보다 더 잘 사는 사람이고, '든 사람'은 아는 것이 많아 학식이 들어 있는 사람이고 '된 사람'은 인격적으로 성숙한 사람이다. 마찬가지로 '난 광고'는 다른 광고와 차별화되어 더 나은 광고이고, '든 광고'는 제품에 대한 메시지가 알맹이가 있어서 유익한 정보가 들어 있는 광고라면, '된 광고'는 다른 광고와 차별화되고 유익한 정보가 많이 들어 있을 뿐 아니라 사회문화적으로도 수준 높은 광고이다. 바로 이러한 '된 광고'가 성공한 광고를 넘어 좋은 광고라 할 수 있다.

그렇다면 아리스토텔레스 철학에서 볼 때 '된 광고' '좋은 광고'란 무엇인가? 그것은 좋은 삶과 좋은 정치에 대한 아리스토텔레스의 논의를 통해 유추해 볼 수 있다. 앞에서 살펴본 것처럼 아리스토텔레스는 목적론적 사고체계를 가지고 있다. 인간이라는 존재는 물론 모든 자연현상과 사회제도는 고유의 텔로스(telos), 즉 목적 및 그에 부합되는 정의 혹은 본질을 가지고 있다. 인간과 사회제도 본래의 고유한 기능 및 목적이 잘 실현될 때 본래적 의미의 정의와 본질에 부합되는 것이고, 그것이 바로 좋은 삶이며 좋은 제도이다.

정치나 대학이라는 제도를 예로 들어 보자. 정치가 정치 본래의 목적을 실현하여 본질에 충실할 때 좋은 정치이다. 그렇다면 정치의 텔로스는 무엇인가? 아리스토텔레스의 관점에서 정치의 목적은 좋은 시민을 양성하고 좋은 자질을 배양하며 시민의 탁월성을 함양하는 것이다. 정치에 대한 이러한 견해는 그의 정치학이 윤리학과 밀접하게 관련되어 있기 때문이다. 그는 인간이 추구해야 할 가장 좋은 삶, 즉 최고선은 행복이라고 보았고, 행복의 요체는 이성을 가진 영혼의 탁월성이 발휘되는 활동이라고 보았다.

> 우리는 모든 폴리스가 어떤 종류의 공동체(koinonia)이고, 모든 공동체는 어떤 좋음을 위해서(heneken) 구성된다는 것을 관찰한다. 왜냐하면 모든 사람은 자신의 모든 행위에서 좋음이라고 여겨지는 것을 목표로 하기 때문이다. 그렇다면 분명히 모든 공동체는 어떤 종류의 좋음을 목표로 하는 것이지만 그 모든 공동체 중에서 최고의 것이면서 다른 모든 공동체를 포괄하는 이 공동체는 가장 으뜸가는, 다시 말해서 모든 좋음 중에서 최고의 좋음을 목표로 한다(Politika, 1252a1-7).

정치 역시 인간의 최고선인 좋은 삶, 즉 **행복**에 기여해야 한다. 본질적으로 폴리스적인(정치적, 사회적) 존재인 인간이 시민으로서의 탁월성을 발휘하여 공동체의 최고선에 기여함으로써 정치 본래의 목적을 실현할 때 좋은 정치라 할 수 있다.

어떤 사회제도의 목적이 무엇인가는 그것과 관련된 정책을 논의할 때 철학적 기초가 된다. 아리스토텔레스의 철학을 원용하여 마이클 샌델(Sandel, 2010)은 『정의란 무엇인가』라는 책에서 미국사회에서 논란이 되고 있는 소수집단 우대정책(affirmative action)의 문제를 논의한다. 즉, 역사적으로 차별받아온 흑인이나 여성 등 소수집단을 입학과정에서 우대하는 정책이 과연 백인에 대한 역차별인가에 대한 논란은 결국 '대학에 입학할 권리가 있는 사람은 누구인가'라는 질문으로 귀결된다. 그에 대한 대답을 찾다보면 '대학의 목적, 즉 텔로스는 무엇인가'를 묻게 된다. 대학은 학문을 장려하기 위해 존재하는가, 다양성이 존중되는 사회의 건전한 시민 양성을 위해 존재하는가에 따라서 대학입학 자격을 누구에게 주어야 하는가를 정할 수 있다.

대학이나 정치의 사례에서 보듯, 사회제도의 텔로스는 대개 명확하지 않으며 논란의 여지가 있다. 아리스토텔레스의 철학을 원용하여 좋은 광고란 무엇인가를 논의하려면 광고의 텔로스란 무엇인가를 질문하게 된다. 광고 고유의 기능이 잘 발휘되고 목적이 잘 실현되어 광고에서의 탁월성이 발휘되는 광고가 좋은 광고라 할 수 있기 때문이다. 그렇다면 광고란 도대체 무엇인가하는 광고의 정의와 본질 및 고유의 기능과 목적을 성찰해 보아야 한다.

광고를 흔히 마케팅 커뮤니케이션이라 한다. 이것은 광고가 마케팅과 커뮤니케이션의 양쪽 영역에 걸쳐 있음을 나타낸다. 마케팅으로서 광고는 촉진의 일환이며 커뮤니케이션 중에서는 설득커뮤니케이션에 속한다. 즉, 소비자에 대한 설득커뮤니케이션을 통해 기업이 마케팅의 목적을 실현하는 경제 제도 중 하나이며 인간의 소통활동이다. 기업의 입장에서 보면 광고활동의 주체는 마케팅 활동을 펼치는 기업이고 설득과 마케팅 활동이 겨냥하는 대상은 소비자이다. 소비자 입장에서 보면 자신의 물질적 욕구를 충족시킬 상품을 구매하기 위해 상품정보를 획득하는 효율적 수단이 광고이다. 따라서 주체는 소비자이고 상품정보를 획득하기 위한 커뮤니케이션의 대상은 기업이다. 즉, 광고라는 사회 제도에서 양대 활동 주체는 기업과 소비자이다. 기업의 입장에서 보면, 소비자와의 커뮤니케이션 기능을 잘 수행하여 매출증대와 같은 마케팅 목적을 충실히 실현하는 광고가 좋은 광고이다. 소비자 입장에서도, 소비생활에 필요한 상품정보를 효율적으로 제공하여 커뮤니케이션 기능을 잘 수행하는 광고가 좋은 광고이다. 그런 점에서 효율적인 광고, 시장에서 성공하는 광고가 좋은 광고의 필요조건임은 부인할 수 없다.

하지만 아리스토텔레스 철학에서는 목적 및 기능도 위계질서가 있다고 했다. 어떤 목적이나 기능은 그보다 상위의 기능이나 목적을 위해 복무한다. 더 높은 목적을 실현한다면 더 좋고 탁월함이 더 잘 발휘된다. 삶에 있어서 최고의 좋음은 행복이라 했다. 그렇다면 효율적이고 성공하는 광고보다 더 좋은 광고는 삶에서 최상의 목적인 행복을 실현하는 데 기여하는 광고이다. 궁극적으로 최상의 좋음, 최고선인 행복한 삶, 좋은 삶에 기여하는 광고가 가장 좋은 광고이다. 그것은 정치가 시민의 행복과 탁월성, 폴리스의 공동선에 기여해야 한다는 주장과 같은 맥락이다. 결국 좋은 광고란 단순히 시장에서 성공하는 광고를 넘어 궁극적으로는 개인과 공동체의 최고선인 행복에 기여하는 광고이다.

물론 아리스토텔레스가 광고에 대해서 직접적으로 언급한 바가 없기 때문에 좋은 광고에 대한 이러한 논의는 그의 사상체계로부터 유추할 수밖에 없다. 하지만 좀 더 직접적으로 연계할 수 있는 것은 있다. 바로 수사학에 대한 아리스토텔레스의 언급이다. 그의 스승 플라톤은 수사학을 비판했지만, 그는 수사학이 변증술과 함께 진리에 도달하는 방법이고, 인간의 좋은 삶에 기여한다고 보았다. 수사학은 오늘날 설득커뮤니케이션의 원류이다. 아리스토텔레스는 "수사학은 주어진 경우에 가능한 모든 설득 수단을 찾아내는 능력이라고 정의할 수 있다"(TR, 1355b25)고 분명하게 적시하여 수사학이 곧 설득임을 분명히 했다.

설득으로서의 수사학을 아리스토텔레스는 듣는 사람, 주제에 따라 심의용 연설, 법정 연설, 과시용 연설의 세 종류로 나눈다. 이 중에서 특히 누군가에게 어떤 일을 하라고 권유하거나 하지 말라고 만류하는 심의용 연설의 목적을 행복과 직결시킨다. "모든 권유와 만류는 행복과 행복에 도움이 되거나 불리한 것에 관련되기 때문"(TR, 1360b9)이라고 보았다. 이것은 수사학, 즉 설득커뮤니케이션이 궁극적으로는 인간의 행복을 증진하는 데 기여해야 한다는 것을 분명히 한 것이다. 그렇다면 설득커뮤니케이션의 일종인 광고 역시 인간의 행복에 기여해야 한다는 추론이 좀 더 분명해진다.

궁극적으로 좋은 정치가 좋은 삶에 기여하는 정치이듯, 좋은 광고 역시 개인과 공동체의 행복에 기여하는 광고라 할 때 그 주체는 소비자와 기업이다. 개인으로서 소비자가 자신의 텔로스를 잘 수행하여 좋은 소비자가 되도록 하고, 공동체로서 기업이 텔로스를 잘 수행하여 좋은 기업이 되도록 할 때 광고의 텔로스를 실현한 좋은 광고가 된다.

먼저 소비자 개인의 입장에서 보면, 좋은 광고는 소비라고 하는 경제활동을 통해 소비자가 좋은 삶을 영위할 수 있도록 도움을 주어야 한다. 즉, 소비자가 자신의 필요와 물질적 욕구를 충족하는 소비생활에서 합리적이고 의미 있는 소비를 통해 행복한 삶을 영위할 수 있도록 브랜드와 그러한 브랜드가 소비되는 생활양식에 대해서 광고가 정확하고 설득력 있는 정보를 제공해야 한다. 특히 인간의 정체성이 소비를 통해서 구성되고 표현되며 소비를 통해서 타자와 소통하는 이른바 소비사회에서, 최근에 소비와 행복의 관계에 대한 연구가 활발해지고 있다(Tatzel, 2014). 광고가 소비자의 좋은 삶, 행복에 어떻게 기여할 수 있는가는 좋은 광고를 위한 실천적 지침이 될 수 있을 것이다.

광고를 통해 제시되는 생활양식이 물질주의적 탐욕과 욕구를 자극하고 쾌락주의적 탐닉으로 유혹하는 것은 지양해야 한다. 성역할에 대한 왜곡된 고정관념을 강화시키거나, 여성에 대해 성차별적인 인식을 강화시키거나, 장애인이나 성적 소수자, 다문화 가정 등 사회적으로 주변화된 집단에 대한 혐오감을 조장하거나, 청소년이나 어린이 및 노인층에게 과도한 소비성향을 조장하거나, 외모지상주의나 물질주의적 가치관을 왜곡시키거나, 한 사회의 문화적 취향이나 감수성을 획일화시키는 광고 등은 소비자의 좋은 삶, 덕/탁월성의 발휘를 저해하는 광고이다.

열등감과 질투심을 조장하여 강박적으로 소비하게 만드는 광고, 타인에 대한 우월감의 과시가 마치 좋은 삶이고 잘 사는 삶인 것처럼 보이게 하는 표현은 자제해야 한다. 비록 그러한 광고를 보고 소비자가 제품을 구매한다고 해도 아리스토텔레스의 관점에서 보면 결코 좋은 삶, 행복한 삶을 영위하는 것은 아니다. 물질적 풍요가 곧 좋은 삶은 아니고, 영혼의 탁월성이 실현되는 삶이 좋은 삶이기 때문이다. 하물며 그런 광고를 보고 열등감에 시달리는 소비자의 삶은 더욱 행복하지 못할 것이다. 수사학, 즉 설득은 인간의 행복을 권유하고 불행을 방지하는 데 도움이 되어야 한다는 아리스토텔레스의 주장은 새겨들을 만하다.

광고가 가진 탁월한 재현(representation) 기능을 감안하면 광고를 통해 좋은 삶을 보여 주어 소비자에게 좋은 삶을 권유하는 역할은 기대해 볼 만하다. 좋은 광고는 그저 제품에 대한 정보를 충분히 전달하는 광고라고 좁게 생각할 필요가 없다. 광고가 단순히 제품에 대한 정보만을 제공하던 시대는 지났다. 제품에 대한 정보제공을 위주로 하는 정보형 광고(informational ad)보다는 제품이 소비되는 상황을 제시하는 경험변형 광고(transformational ad)의 비중이 더 커지고 더 중요해졌다. 패션광고나 음료 광고 등 경험변형 광고는 제품이 제시되어 소비되는 상황을 매력적으로 보이게 만든다. 광고가 제시하는 바로 이러한 삶의 양식(life style)에서 무엇이 좋은 삶인가를 생각하게 만들고 좋은 삶의 양식(good life style)을 매력적으로 보이게 해야 좋은 광고다. 광고를 통해 과연 무엇이 좋은 삶이고 무엇이 공동체를 위한 삶인지 성찰하게 만드는 것도 광고가 소비자의 좋은 삶에 기여하는 방법이다.

소비자 개인뿐 아니라 기업이 텔로스를 실현하여 좋은 기업이 성장할 수 있도록 도움을 주는 광고가 좋은 광고이다. 아리스토텔레스의 관점에서 보면 기업이 자신의 고유한 기능 혹은 목적을 잘 수행하여, 도토리의 잠재태가 현실태로 활동하여 거대한 참나무가 되듯이 탁월성을 발휘하는 기업이 좋은 기업이다. 그렇다면 비즈니스의 맥락에서 구체적으로 어떤 기업이 '좋은 기업'인가? 즉, 우리가 흔히 '좋은 회사'에 다닌다고 할 때 그 의미는 무엇인가? 회사 종업원의 입장에서는 보수를 많이 주고, 복지도 잘되어 있고, 재무구조가 탄탄해서 안정적이면서도 성장가능성이 높은 회사일 것이다. 소비자의 입장에서는 질 좋은 제품을 저렴한 가격에 지속적으로 제공하는 회사가 좋은 기업일 것이다. 주주의 입장에서는 이윤을 많이 남겨 주가를 높이고 주식 배당금을 많이 받게 하는 회사가 좋은 기업이다. 지역사회 입장에서는 환경을 파괴하지 않고 사회공헌 활동을 통해 지역사회의 문제를 해결하는 데 일조하는 회사이며, 정부의 입장에서는 고용을 많이 창출하고 기술개발에 힘써 국가 경제성장을 견인하는 회사가 좋은 기업일 것이다. 이런 좋은 회사의 반대는 안 좋은 회사, 더 심하게는 나쁜 회사, 악덕 기업일 것이다.

따라서 좋은 기업은 단순히 보수만 많이 주거나, 이윤만 많이 창출하는 기업이 아니다. 또 회사 경영 및 이윤창출은 형편없고 직원들 보수와 근로환경은 엉망이면서 대외적으로 사회공헌 활동만 많이 하는 회사도 좋은 기업이라 할 수 없다. 경제적으로도 건전하면서 기업시민으로서의 사회적 책임도 다할 때 좋은 기업이라 할 수 있다. 얼마 전부터는 지속가능성 경영(sustainable management)이라는 이름으로 이 모든 것을 아우르면서 특히 GRI(Global Reporting Initiative)를 통해 가이드라인을 제시하고 있다. 노동, 환경, 경제 분야로 구분된 GRI 가이드라인은 지속가능 경영을 통해 구현해야 할 좋은 기업의 경영활동이 어떠해야 함을 매우 구체적이고 세세하게 제시하고 있다. 경영활동 자체에서 자연환경은 물론 사회환경 근로환경의 개선에 기여해야 한다는 것이다. 예를 들어, 노동자 근로조건, 환경파괴, 자원낭비 등까지 세세하게 규정하고 있다. 기업 지속가능성 커뮤니케이션(Corporate Sustainability Communication: CSC)은 기업의 지속가능 경영을 내부적으로는 견인하고 외부적으로는 공중에게 널리 알리고 태도와 행동변화를 유도하려는 커뮤니케이션 활동이다(Signitzer & Prexl, 2007). 광고가 이러한 커뮤니케이션 전략의 일환으로 좋은 기업 활동에 기여해야 할 때 좋은 광고가 될 수 있다.

4. 좋은 광고인은 누구인가

좋은 광고인이란 누구인가? 좋은 광고인, 훌륭한 광고이란 명예와 영광은 누구에게 돌아가야 하는가? 사회 제도는 그 분야에서 귀감이 될 만한 인물을 기림으로써 그들이 추구하는 이념이 무엇이고 그 이념이 현실에서 구체적으로 바람직한 인간상을 통해서 어떻게 구현되는가를 드러낸다. 그러한 방법 중 하나가 사회 제도와 관련된 협회에서는 그 분야에 평생 동안 공헌한 인물을 '명예의 전당(Hall of Fame)'에 헌액하는 전통이 있다. 광고업계의 몇몇 협회에도 위대한 광고거인(advertising giant)이라 할 만한 인물을 명예의 전당에 헌액한다. 예를 들면, 미국광고연맹(American Advertising Federation: AAF)은 1947년에 처음으로 '광고 명예의 전당(Advertising Hall of Fame)'을 제정하여 현재까지 200명 가까운 광고인을 시상했다.

세계광고협회(International Advertising Association: IAA)로부터 1984년에 '올해의 인물'로 선정된 바 있는 한국의 원로 광고인 김석년은 2015년에 아시아 광고연맹(Asian Federation of Advertising Association: AFAA)으로부터 명예의 전당에 헌액되

는 영광을 안았다. 시상식에서 그를 선정한 이유를 이렇게 설명한다.

> 1960년대부터 한국 광고대행사 비즈니스의 선도자로서 널리 알려진 김석년은 은퇴할 때까지 반세기 가까운 오랜 기간 동아 광고전문가로서 자신의 경력을 일궈 냈습니다. 그가 그 어떤 것보다도 우선해서 중요하게 여긴 일들은 광고전문가의 새로운 직업을 창출하고, 새로운 대행사 비즈니스를 관리하고, 젊은 전문직 종사자를 길러 내는 일이었습니다. 그는 또한 한국에 뿌리내린 광고 산업을 형성하기 위해 오랜 기간 노력해 왔습니다 …… 그는 아시아 광고연맹과 국제광고협의 열정적인 활동가였습니다 …… 다양한 업무와 이슈와 관련해서 기꺼이 책임을 다했고 기획자이자 투쟁가이면서 조정자로서 다양한 역할을 수행해 왔습니다(윤태일, 2015, pp. 13-14).

이것은 광고 명예의 전당에 헌액될 만큼 훌륭한 광고인 좋은 광고인의 조건을 잘 설명하고 있다. 그렇다면 아리스토텔레스 철학에 근거해 볼 때, 좋은 광고인은 누구이고, 좋은 광고인 훌륭한 광고인의 영광과 명예는 누구에게 돌아가야 하는가? 그것은 좋은 플루트는 누구에게 주어져야 하는가, 최고 직위의 정치인(대통령, 도지사)은 어떤 사람이 되어야 하는가에 대한 논의를 통해 유추해 볼 수 있다. 아리스토텔레스에 따르면 플루트를 부는 데 있어서 탁월성을 발휘하는 사람, 즉 플루트 연주를 제일 잘할 수 있는 사람에게 좋은 플루트를 주어야 한다. 대통령과 같은 최고 정치인의 명예와 영광은 정치를 가장 잘할 수 있는 사람에게 귀속되어야 한다. 즉, 정치의 텔로스를 가장 잘 구현하여 좋은 정치를 할 수 있는 사람이 좋은 정치인이고 그에게 좋은 정치인의 명예와 영광이 돌아가야 한다.

좋은 광고인도 마찬가지이다. 좋은 광고인은 본성적으로 타고나는 것이 아니라 광고활동을 수행함에 있어서 탁월성을 발휘하는 사람, 좋은 광고를 잘 만드는 사람이다. 좋은 광고란 마케팅 커뮤니케이션 활동이라는 광고 고유의 기능과 목적을 실현함에 있어서 탁월성을 발휘하여, 공동체에 속한 개인의 좋은 삶에 기여하는 광고이다. 좋은 삶이란 작은 도토리의 잠재태가 거대한 참나무의 현실태가 되는 것처럼 인간 고유의 이성을 가진 영혼의 탁월성이 잘 발휘되어 사랑과 기쁨이 넘치는 행복한 삶이다. 결국 아리스토텔레스의 철학 체계를 원용해 보면, 좋은 삶에 기여하는 좋은 광고를 잘 만드는 사람이 좋은 광고인이라 할 수 있다. 좋은 삶, 좋은 광고, 좋은 광고인을 관통한 개념은 미덕 혹은 탁월성으로 번역하는 아레테(arete)이며, 아레테에서 특히 중요한 것은 습관(ethos)을 통해 형성되는 성격/품성/윤리로서의 에토스(ethos)이다. 성격적 탁월성, 즉 탁월한 품성이 좋은 광고인에게 결정적이라는 점을 좀 더 직접적으로 유추해 볼 수 있는 아리스토텔레스의 저작은 『수사학』이다.

광고를 포함한 설득커뮤니케이션에서 커뮤니케이터의 에토스가 중요하다는 주장은 아리스토텔레스가 일찍부터 제기했다. 그는 말을 통해 설득을 잘하려면 세 가지가 중요하다고 주장한다. 설득하는 커뮤니케이터의 에토스(ethos, 윤리, 성품), 설득당하는 수용자의 파토스(pathos, 감정), 그리고 설득적 메시지 자체의 로고스(logos, 논리)이다. 설득커뮤니케이션의 세 가지 핵심적 구성요소와 각 구성요소에서 요구되는 속성 중에서 가장 중요한 것은 커뮤니케이터의 에토스라는 것을 이렇게 강조했다.

> 말하는 사람의 말이 믿음직스럽게 들릴 때 그는 성격(=ethos, 윤리적 품성)을 통해서 설득한다. 우리는 대체로 매사에 정직한 사람을 더 기꺼이 더 빨리 신뢰하며, 정확성을 기할 수 없고 의견이 엇갈릴 때는 특히 그러하기 때문이다. …… 성격(=ethos)은 말하는 사람이 지닌 가장 효과적인 설득 수단이라고 할 수 있다(TR, 1356a5-13).

아리스토텔레스가 말하는 성품/윤리의 중요성은 광고업계에서 광고인의 필수적인 자질로 꼽는 전문성에서도 확인된다. 앞에서 인용한 김석년을 명예의 전당에 헌액하는 선정 사유에서도 강조한 것은 전문가로서의 광고인이다. 전문성은 대부분 직업의 토대이기도 하다. 테일러 피어슨(Pearson, 2017)은 『직업의 종말』이라는 책에서 이른바 4차 산업 혁명의 시대에 직업의 종말을 주장했다. 그가 말하는 직업의 토대는 다른 일반인이 알 수 없는 전문적 지식과 기량으로서, 누구나 다 할 수 있는 일이 아니고 숙련된 전문가만이 할 수 있는 업무일 때 사회적으로 인정받는 직업으로서 존립이 가능하다. 한국 광고사에서도 한국광고가 산업의 형태를 띠고 하나의 사회제도로 인정받기 시작한 1960년대 이후 한국광고 역사의 화두는 전문가로서 인정받는 전문가주의(professionalism)의 확보였다(윤태일, 2015).

그런데 직업인으로서의 전문성은 윤리성과 무관하지 않다. 이것은 하나의 직업이 한 사회에서 전문 직업으로 인정받는 일반적인 과정을 보면 알 수 있다. 역사적으로 보면, 전문직업화 과정은 통상 4단계를 거친다. 우선 자신들의 일을 다른 일과 차별화하고 독점화할 수 있는 직업명을 만들고, 그와 관련된 전문직업협회를 설립하며, 이어서 다른 사람들이 쉽게 진입할 수 없는 정치활동을 전개한다. 그리고 마지막 단계로 윤리강령(code of ethics)을 제정한다. 이는 전문성에 있어서도 윤리/품성이 토대가 되어야 함을 입증한다. 높은 수준의 전문직으로 인정받는 분야일수록 높은 수준의 윤리성을 요구받는다. 대표적인 전문직으로 인정받는 법조인이나 의료인을 보면 알 수 있다. 의료인이라면 누구나 의사가 될 때 의료인의 윤리강령인 '히포크라테스의 선서'를 한다. 법원의 상징 조각물인 '정의의 여신'이 웅변하듯이, 법조인에게는 '정의의 실현'이라는 직업윤리가 필수적으로 요구된다.

광고도 전문직업화 과정을 보면 비슷한 행로를 걸어왔고, 현재 대부분의 광고관련 단체는 윤리강령을 제정하고 있다. 좋은 광고인의 아레테(미덕/탁월함)를 발휘함에 있어서 에토스(품성/윤리)가 매우 중요하다는 주장과 일맥상통한다. 아리스토텔레스의 윤리학을 원용해 볼 때, 좋은 광고인에게 필요한 다섯 가지 자질을 정리해 보면 다음과 같다.

첫째, 좋은 광고인은 무엇보다도 탁월성/ 덕으로서의 아레테를 갖추어야 한다. 이는 앞에서 아리스토텔레스 윤리학의 핵심개념이 좋음과 탁월성이라는 설명을 통해 충분히 강조한 자질이다. 자신에게 내재한 잠재력을 최대한 실현하여 좋은 광고를 만드는 탁월성은 광고인으로서의 전문성 함양과도 궤를 같이한다. 광고인으로서의 탁월성은 타고난 자질이 아니고 후천적 노력과 훈육 등을 통해 습관으로 형성된다. 일상의 습관이 탁월성이 된다. 광고의 본래적 본질 고유의 목적과 기능을 잘 수행할 수 있는 광고를 자꾸 많이 만들어 봄으로써 좋은 광고인의 탁월성이 습관으로 형성되고 발휘된다.

> 우리가 탁월성을 획득하게 되는 것은, 여러 기예의 경우에서와 마찬가지로 먼저 발휘함으로써 얻게 되는 것이다. 어떤 것을 어떻게 받아 들여야 하는지 배우는 사람은 그것을 만들어 봄으로써 배우는 것이니까. 가령 건축가는 집을 지어 봄으로써 건축가가 되며 기타라 연주자는 기타라를 연주함으로써 기타라 연주자가 되는 것처럼 말이다. 그러니 이렇게 정의로운 일들을 행함으로써 우리는 정의로운 사람이 되며, 절제 있는 일들을 행함으로써 절제 있는 사람이 되고, 용감한 일들을 행함으로써 용감한 사람이 되는 것이다(NE, 1103a31-1103b4).

둘째, 합리적 판단과 중용을 아우르는 자질로서 균형감각을 갖추어야 한다. 아리스토텔레스는 탁월성의 조건으로 중용과 합리적 판단을 강조했다. 합리적 판단이란 숙고의 결과로서 이성과 욕망의 통합체이며, 중용은 모자라지도 지나치지도 않는 적당함이다. 합리적 선택과 중용의 태도를 모두 아우르는 균형감각은 광고의 많은 분야에서 필요로 한다. 즉, 합리적 판단이 숙고적 욕망으로 이성과 감성의 통합이듯, 이성과 감성을 겸비하는 균형 잡힌 능력이 광고인에게는 필요하다. 이성과 감성의 겸비는 기획 과정에서의 비판적 사고와 제작과정에서의 창의적 사고의 균형을 말하며, 그것은 과학적 분석능력과 예술적 감수성의 균형과도 연계된다. 과학과 예술 사이의 균형뿐만 아니라 좋은 광고인에게는 광고에 대한 미시적 관점과 거시적 관점 사이의 균형 잡힌 시각도 요구된다. 이윤을 추구하는 기업 비즈니스 활동의 일환으로서 광고가 추구하는 마케팅적 효용성에 대해서 소홀히 하지 말아야 하지만 동시에 거시적 안목에서 광고의 사회적 파장에 대한 책임의식을 잃지 않는 균형감각도 필요하다. 그것은 광고주 기업과 소비자 사이에서 중용을 지키는 균형감각과도 연결된다. 커뮤니케이터인 기업의 마케팅 목적뿐 아니라 수용자인 소비자 입장도 보아야 한다. 광고인 자신의 삶에서도 이른바 워라밸(work life balance)을 강조하는 시류에 맞게 업무와 여유로운 생활 사이의 균형을 유지하는 태도도 필요하다.

셋째, 좋은 광고인은 실천적 지혜(phronesis)를 잘 발휘해야 한다. 아리스토텔레스 윤리학에서 제시하는 지적 탁월성의 다섯 가지 요소 중에 광고인에게 특히 적지 않은 함의를 던지는 덕목은 실천적 지혜이다. 객관적이고 절대불변의 진리에 대해 증명하는 학문적 인식(episteme)과 달리, 보편적이며 전체적인 원칙을 염두에 두면서도 개별적인 상황에 맞게 올바른 판단을 하는 실천적 지혜는 광고인에게 특히 필요한 자질이다. 개별적인 것에 대한 지식이면서 동시에 잘 사는 것과 관련되어 숙고하는 능력인 실천적 지혜에 대해 그는 이렇게 말한다.

> 자신에게 좋은 것, 유익한 것들과 관련해서 잘 숙고할 수 있다는 것이 실천적 지혜를 가진 사람의 특징이다. 그런데 [이때 잘 숙고한다는 것은] 건강이나 체력과 같은 부분적인 것에서 무엇이 좋은지 생각하는 것이 아니라, 전체적으로 잘 살아가는 것과 관련해서 무엇이 좋고 유익한지 잘 숙고한다는 뜻이다 …… 잘 살아가는 것과 관련해서 일반적으로 잘 숙고하는 사람이 실천적 지혜가 있는 사람일 것이다(NE, 1140a25-31).

실천적 지혜는 오늘날 비즈니스 현장에서 꼭 필요한 덕목으로 새롭게 해석되고 있다. 예를 들어, 『하버드 비즈니스 리뷰(Harvard Business Review)』에서는 현명한 리더가 갖추어야 할 덕목으로 실천적 지혜(practical wisdom)인 프로네시스(phronesis)를 새롭게 강조했다(Nonaka & Takeuchi, 2011). 실천적 지혜를 '윤리적으로 건전한 판단을 내리게 하는 경험적 지식'이라고 정의하면서 실천적 지혜를 갖춘 CEO는 다음의 여섯 가지 능력을 보여 준다. 즉, 무엇이 옳은지를 바탕으로 의사결정을 하고, 상황의 핵심을 신속히 파악하고, 구성원들이 새로운 의미를 창출할 수 있는 맥락을 제공하고, 은유나 이야기를 활용하여 효과적으로 소통하고, 역량을 결집시키기 위해 정치력을 발휘하고, 다른 사람의 실천적 지혜를 북돋아 준다. 실천적 지혜를 비즈니스 맥락에 맞게 변용한 이러한 능력은 좋은 광고인에게도 필요한 자질이다.

넷째, 좋은 광고인은 에토스, 즉 윤리적 품성을 갖추어야 한다. 에토스는 『니코마코스 윤리학』에서 성격적 탁월성으로 상술했을 뿐 아니라, 『수사학』에서도 설득을 잘

하기 위해서 필요한 덕목으로 강조되었다. 그가 윤리학에서 집중적으로 논의한 품성적 탁월성은 용기, 절제, 온화, 자유인다움, 통이 큼, 포부가 큼, 진실성, 재치, 친애, 부끄러워할 줄 앎, 의분 등이다. 하지만 오늘날 비즈니스 현장에서 광고인에게 요구되는 품성적 탁월성은 새롭게 해석할 수 있다. 4차 산업혁명 시대 성격적 탁월함, 품성의 역량은 다를 수 있다. 세계경제포럼(World Economic Forum)의 엠마 찰튼(Chalton, 2019. 1. 14.)에 따르면, 2019년 기업들이 가장 필요로 하는 다섯 가지 소프트웨어적 능력(software skills)은 창의성, 설득력, 협동심, 적응력, 시간관리 능력이다. 광고분야에서도 이와 크게 다르지 않아 보통 호기심, 자기주도성, 소통능력, 협동심 등의 품성을 많이 강조한다. 특히 오길비가 열거하는 크리에이티브 디렉터 및 카피라이터 등 크리에이티브 분야의 광고인에게 요구되는 자질로 오길비가 강조하는 품성은 호기심, 유머감각, 근면성, 더 잘하겠다는 야심, 인간 심리를 잘 꿰뚫어 보는 심리학자와 같은 자질, 전략적인 사고능력, 열심히 그리고 신속하게 일하는 습관, 공은 다른 사람과 나누고 과는 자신이 기꺼이 감수하려는 자세, 발표력, 생활의 기쁨(joie de vivre)을 기꺼이 누리려는 낙천적 자세 등이다(Ogilby, 1985).

다섯째, 좋은 광고인은 일에서 즐거움을 찾고 공동체에 대한 사랑이 있어야 한다. 아리스토텔레스는 "플라톤도 말한 바와 같이 어렸을 때부터 마땅히 기뻐해야 할 것에 기뻐하고, 마땅히 괴로워해야 할 것에 고통을 느끼도록 어떤 방식으로 길러졌어야만 한다. 이것이야말로 올바른 교육이다"(NE, 1104b11-14)라고 하면서 진정한 즐거움은 육체의 감각적인 탐닉에 있는 것이 아니라 영혼의 탁월성이 발휘되는 데 있다고 주장한다. 참된 즐거움은 완성을 향해 가는 활동으로서의 기쁨이기에 활동을 완성시켜 나가는 탁월성의 발휘와 관련이 있다. 좋은 광고인은 기뻐해야 할 것에 기뻐해야 한다. 탁월성의 발휘에서 느끼는 즐거움이야말로 좋은 광고인이 마땅히 추구해야 할 즐거움이다. 광고 업무를 수행하는 데 탁월성을 발휘하면 성취감을 느껴 즐겁고, 그 일이 즐거우면 자발적으로 더 열심히 할 것이기 때문에 더 잘할 수 있어 탁월성을 발휘할 수 있다.

> 올바르게 행위하는 사람이 삶에서 고귀하고 좋은 것들을 실제로 성취하는 자가 되는 것이다. 또 이렇게 행위하는 사람들의 삶 역시 그 자체로 즐거운 것이다. 즐거워한다는 것은 영혼적인 일이며, 자신이 그것의 애호가라고 하는 것이 각자에게 즐겁기 때문이다. 예를 들어, 말은 말 애호가에게 즐거운 것이며, 볼 만한 구경거리는 구경거리를 좋아하는 사람에게 즐거운 것이다. 이와 같은 방식으로 정의를 사랑하는 사람에게는 정의로운 일이 즐거운 것이며 일반적으로 탁월성을 사랑하는 사람에게는 탁월성에 따른 것들이 즐거운 것이다(NE, 1099a5-12).

이것은 공자가 말하는 "아는 사람은 좋아하는 사람만 못하고 좋아하는 사람은 즐기는 사람만 못하다(知之者 不如好之者 好之者 不如樂之者)"라는 공자의 경구와도 일맥상통한다. 자신에 내재한 잠재력을 실현하는 탁월성의 발휘에서 즐거움을 느끼고 즐거워서 하는 일 속에서 다시 탁월성이 발휘된다.

타인에 대한 친애(philia)의 감정도 공동체의 일원으로서 광고인이 갖추어야 할 자질이다. 친애는 친지(philos)에 대한 사랑인데, 친지는 부모형제나 가족뿐 아니라 애인, 친구 직장 동료 등 서로 친하게 지내며 속 깊은 정을 나누는 주변 사람들이다. 친애는 자기애(自己愛)로부터 시작하여 다른 사람에 대한 공감이나 유대감으로까지 확대된다. 광고인이 일을 통해서 자신의 존재가 고양되는 기쁨을 느끼고 동료들과 친애의 감정을 나눌 때, 직업 만족도(job satisfaction)가 높아지고 그 결과 삶의 만족도(life satisfaction)도 높아져 행복한 삶을 영위할 수 있다.

5. '신명 나는 광고인'을 위하여

올바른 광고와 바람직한 광고인을 위한 윤리적 토대를 모색하기 위해서 아리스토텔레스의 철학체계를 원용하여 좋은 삶과 좋은 광고 및 좋은 광고인에 대해서 살펴보았다. 그런데 아리스토텔레스의 철학이 오늘날까지 우리의 사유에 심원한 영향을 미치고 있고 현재적 의의를 잃지 않는 것은 사실이지만, '지금 여기'의 현실에 적용할 때는 조심해야 한다. 모든 사상과 이론이 그렇지만 특히 시간적으로나 공간적으로 격차가 있는 고대 서양의 윤리사상을 지금 여기의 현실에 그대로 대입하여 적용하기에는 무리가 따를 수 있다.

이를테면 핵심개념인 아가톤(agathon)이나 에우다이모니아(eudaimonia)를 좋음이나 행복으로 변역하여 적용하는 것은 어딘가 어색한 느낌이 있다. '좋음'이란 우리말은 그리스어의 '아가톤'이 함축하는 의미와 느낌을 전달하기에는 다소 막연하고 평면적인 감이 있기 때문이다. 그래서 아가톤을 좋음이 아니라 선(善)으로 번역하기도 하지만 '선한 광고, 선한 광고인'이라는 표현은 지금까지 논의한 바람직한 광고의 윤리와 더 부합되지 않는다. 행복이라는 말도 심리적 쾌락이 부각되는 느낌이 강해서 자아실현의 측면을 강조하는 아리스토텔레스의 에우다이모니아라는 개념을 충분히 포착하지 못하는 아쉬움이 있다.

아리스토텔레스 철학의 행복(eudaimonia), 탁월성(arete), 좋음(agathon) 등의 개념을 아우르면서 우리 사유의 전통과 맞닿아 지금 여기에 적절하게 어울리는 우리말이 '**신명** (난다)'이라고 본다. 즉, 지금까지 논의한 좋은 삶, 좋은 광고, 좋은 광고인은 신명 나는 삶, 신명 나는 광고, 신명 나는 광고인으로 표현할 수 있다. 신명은 '흥겨운 신이나 멋'을 뜻하는 순우리말로 신, 신바람과 같은 말이다. 여기서 공통적인 '신'은 '어떤 일에 흥미나 열성이 생겨서 좋아진 기분'을 뜻한다. 신명은 '우리 안에 내재된 신령스러운 기운'을 뜻하는 한자어 신명(神明)으로 그 뜻을 새기기도 한다. '신명 나는 삶'은 쾌락주의적 느낌이 강해서 탁월성과 자아실현의 측면을 강조하는 좋은 삶, 즉 에우다이모니아와는 많이 다르다고 여길 수 있다. 하지만 서로 통하는 측면이 많다.

우선 어원적으로 **에우다이모니아**는 신명과 유사한 점이 있다. 에우다이모니아는 영어에서도 흔히 happiness로 번역하지만, 영어의 happiness나 우리말의 행복은 에우다이모니아의 함의와 정확하게 일치하지 않는다. 그래서 영어로 welfare(복지), human flourishing or prosperity(인간 번영), blessedness(축복) 등으로 번역하기도 한다. 본래 어원적으로 에우다이모니아는 well(좋은, 잘)이라는 의미의 eu와 spirit, deity(영혼, 신성)을 뜻하는 daimon이 합쳐진 말이다. 따라서 신적인 것과 잘 맞춰진 상태, 신적인 경지에 도달한 상태를 의미한다.

그런 점에서 우리말의 **신명**과 일맥상통하는 측면이 있다. 신난다, 신바람난다, 신명난다할 때의 '신'은 '어떤 일에 흥미나 열성이 생겨서 좋아진 기분'을 뜻하는 순우리말이지만 한자어 신(神)과도 통한다. 본래 한자문화권에서는 자연을 주관하는 초월적인 존재이면서 인간 내면의 정신을 모두 아우르는 존재로 신(神)을 이해했다. '신명 난다'는 말은 곧 자신에 내재한 신령스러운 능력[神氣]을 발휘하여 신기발현(神氣發現)함으로써 자신의 존재감이 고양되는 데서 오는 희열감을 나타내는 말이다. 그 뿌리는 마을굿의 집단적인 접신(接神)체험과 관련되며 『장자(莊子)』에서 강조되는 '신명(神明)의 도(道)'와도 궤를 같이한다. 따라서 신적인 것과 조화를 이루는 상태라는 에우다이모니아는 어원적인 의미에서도 신명이란 말과 부합된다.

그뿐만 아니라 아리스토텔레스 철학에서는 강조하는 에우다이모니아의 개념과 신명은 특히 더 잘 부합된다. 존재가 자신의 잠재력 기능 본성을 최대한 발휘하는 상태를 아가톤으로 보고 존재의 잠재력이 지속적으로 잘 실현할 수 있는 품성상태를 아레테로 보면서, 아레테가 가장 잘 발현되는 삶을 가장 좋은 삶, 즉 에우다이모니아로 아리스토텔레스는 개념화했다. 신명이야말로 자신에 내재된 잠재력인 신령스러운 능력이 최대한 발휘되는 신기발현의 기쁨이다. 영어에서 에우다이모니아를 단순히 happiness로 번역하기에는 다소 부족한 느낌이 들어 human flourishing, blessedness, welfare로 번역하는 것처럼, 우리말에서도 '행복한 삶'보다는 '신명 나는 삶'이란 표현이 에우다이모니아에 더 적합할 수 있다. 기본적으로 신기발현의 즐거움인 신명은 행복보다 훨씬 풍성한 문화적 함의를 내포하고 있기 때문이다. 실제로 한민과 한성열(2009)은 신명경험의 속성을 자기가치감의 확인, 자기표현, 몰입, 파격과 일탈, 공감으로 정리했고, 윤태일(Yoon, 2018)은 직장인 밴드에서 체험하는 신명은 자신을 풀어내고(liberation), 드높이고(enhancement), 드러내고(expression), 무엇인가에 빠져들고(immersion), 다른 사람과 함께하는(sympathy) 즐거움으로 분석했다.

신명의 신기발현하는 측면은 『장자』에 나오는 유명한 우화 포정해우(庖丁解牛)에 잘 나타나 있다. 포정이라는 탁월한 요리사가 문해군을 위하여 신묘한 솜씨로 소를 잡는다는 이 우화에서 포정이 소를 잡을 때 소를 신(神)으로만 대할 뿐 눈으로 보지 않으며 감각 기관은 쉬고, 신이 원하는 대로 움직인다고 말한다. 여기서의 '신(神)'이 바로 에우다이모니아에서 말하는 다이몬(daimon)과 같은 의미라고 종교학자 오강남은 해석했다(오강남, 1999). 자신에 내재한 신령한 기운[神氣]을 최대한 발휘하기 때문에 신이 나서 소를 잡는 신묘함을 보여 주는 포정이야말로 신기발현하는 '신명난 사람'이다. 또 소를 잡는 자신만의 고유한 기량을 최대한 발휘하여, 탁월성이 구현되는 에우다이모니아의 삶을 영위하는 인간이다.

신명과 에우다이모니아를 관통하는 또 다른 특성은 즐거움이다. 신명의 핵이라 할 수 있는 즐거움은 그저 단순한 감각적 기쁨이 아니라, 자신의 존재감이 고양되는 데에서 오는 신기발현의 희열이다. 좋은 삶, 행복한 삶을 뜻하는 에우다이모니아의 개념에도 즐거움이 내포되어 있다. 삶에서 최상의 좋음은 즐거움이 포함되어야 할 좋음이기에, 행복한 삶은 즐거운 삶이기도 하다. 그런데 에우다이모니아에서 강조하는 즐거움도 존재의 완성을 향해 가는 즐거움이다. 아리스토텔레스는 진정한 즐거움은 육체적 욕구가 채워지는 즐거움이 아니라 존재가 고양되는 즐거움, 탁월성이 발휘되는 즐거움이라고 주장한다. 신기발현하는 신명의 즐거움과 탁월성이 발현하는 에우다이모니아의 즐거움 모두 존재가 고양되는 데서 오는 즐거움이라는 점에서 일맥상통한다.

이상에서 논한 것처럼 아리스토텔레스 윤리학에서 에우다이모니아, 아가톤, 아레테 등의 개념으로 구성된 '좋은 삶'은 우리의 사유 전통과 접목하여 '신명 나는 삶'으로 재해석할 수 있다. 그렇다면 바람직한 광고 윤리로 제시한 '좋은 광고, 좋은 광고인'에 대해서도 '지금, 여기'의 맥락에 맞게 '신명 나는 광고, 신명 나는 광고인'으로 문화적 번역을 시도해 볼 수 있다.

올바른 광고가 무엇이고 바람직한 광고인은 누구인가에 대한 논의는 결국 대학에서 '광고를 어떻게 가르치고 어떤 광고인을 길러 낼 것인가'하는, 광고교육의 이념 및 인재상과 관련된다. 아리스토텔레스 사상체계에서도 인간이 본질적으로 폴리스 안에서 존재하면서 언어를 통해 소통하는 사회적 동물이기에 윤리학은 물론 정치학 수사학 모두 좋은 사람, 훌륭한 시민의 양성을 목표로 하는 인성 교육과 시민교육으로 귀결된다(손윤락, 2018). 좋은 삶에 결정적인 것으로 아리스토텔레스가 강조하는 품성의 탁월함은 타고난 것이 아니고 습관을 통해서 형성되는 것인 만큼 지속적으로 훈육하고 가르치는 교육이 중요하다. 교육의 이념과 목표는 교육을 통해서 길러 내고자 하는 바람직한 인재상으로 통상 표현된다. 따라서 좋은 삶과 좋은 광고 및 좋은 광고인에 대한 지금까지의 논의를 바탕으로 대학에서 광고교육의 이념을 추출한다면 그것은 결국 교육이념이 목표로 하는 바람직한 인재상으로 압축된다. 즉, '어떤 광고인을 길러 낼 것인가'라는 질문으로 귀결된다. 이제까지의 논의를 바탕으로 하면, '신명 나는 광고인'을 길러 내야 한다. 신명 나는 광고인은 신명 나는 광고를 신명 나게 잘 만드는 광고인이다. 신명 나는 광고는 신명 나는 세상을 만드는 데 기여하는 광고이다. 신명 나는 세상이란 소비자 개인과 기업이라는 공동체가 스스로에 내재한 잠재력을 최대한 발휘하여 신기발현하는 기쁨을 만끽하는 세상이다. 신명 나는 광고인에게 구체적으로 요구되는 자질은 탁월성의 발현, 균형감각, 실천적 지혜, 윤리적 품성, 즐거움과 사랑의 다섯 가지이다.

대학의 광고교육의 이념이 추구하는 바람직한 인재상으로서 '신명 나는 광고인'을 양성한다는 것은 성공에 목매는 광고인이 아니라 행복한 광고인을 길러 낸다는 의미이다. 신명 나는 광고인은 신명나는 삶을 광고하기 위해 자신의 잠재력을 최대한 발휘하여 신기발현의 기쁨을 만끽하는 광고인이다. 이 글 맨 처음의 인용문에서 토인비가 상찬한 것처럼, 이런 놀라운 일을 할 수 있는 광고인이 있다면 그가 더 큰 행복을 느끼게 될 것임은 의심할 여지가 없으며, 그 어떤 성인보다 더 행복한 사람이 될 것이다. ■

제10장

광고철학의 이해와 실천

박기철(경성대학교 광고홍보학과 교수)

1. 광고철학 전에 살필 수 있는 PR철학(起)
2. PR철학 위에 세울 수 있는 광고철학(承)
3. 광고철학을 이해할 수 있는 열 가지 질문(轉)
4. 광고철학을 실천하게 되는 열두 가지 지침(結)

◈◇◈

자본주의의 꽃이라는 광고가 철학을 수용할 수 있을까? 자본주의의 종이라는 말을 듣기도 하는 광고다. 철학적 차원에서 생태주의는 무엇이고 생태학적 관점의 광고란 도대체 무엇일까? 도무지 이해하기 힘들다. 감이 잡히지 않는다. 광고는 어차피 물건을 파는 것이고 판 물건은 결국 쓰레기가 되므로 광고와 생태는 정반대의 성질이다. 그러니 생태학적 관점의 광고란 결국 허울 좋은 말장난이 아닌가? 맞다. 사실이 그렇다. 그런 사실을 있는 그대로 제대로 인정하며 시작하는 것이 생태학적 관점의 광고이다. 힘들고 어렵다.

생태학적 관점에서 지속가능한 광고란 좁은 의미만이 아니라 넓은 의미에서 하는 광고이다. 이제 광고의 지속가능성 여부는 좁은 의미에 있어서 미시적 기능적 효과적 차원은 물론 넓은 의미에 있어서 거시적 비판적 윤리적 차원에서 가장 중요한 판단기준이 되어야 한다. 광고인의 인식도 지속가능한 광고에 관한 이해를 더욱 높여야 하는 시점이다. 광고철학이란 광고에 대한 미시적 실용적 기능적 관점만이 아니라 광고에 관한 거시적 비판적 윤리적 관점까지 고려하여 광고를 살피는 학문이다. 광고철학을 위해 인문학을 포괄하는 생태학은 보다 폭넓은 관점을 제시한다. 이제 광고철학의 새로운 패러다임인 생태학의 차원이나 수준 및 관점에서 독창적(creative) 광고만이 아닌 지속가능한(sustainable) 광고를 생각할 수 있다.

좁은 의미에 있어서 지속가능한 광고란 미시적 관점에서 지속적으로 할 수 있는 광고이다. 넓은 의미에 있어서 지속가능한 광고란 광고가 가지는 사회문화적, 더 나아가서는 생태적 영향력을 충분히 배려하며 실행하는 광고라고 이해할 수 있다. 본 글에서는 좁은 의미와 넓은 의미를 아우르는 지속가능한 광고 차원에서 광고철학을 제시하려고 한다. 이에 광고를 온전히 이해하며 실천하기 위해 다음과 같은 기승전결(起承轉結)의 논의를 펼치고자 한다.

1. 광고철학 전에 살필 수 있는 PR철학(起)

광고철학을 이해하기 위해 우선 PR철학을 살피는 일이 중요한다. 여기서 PR이란 널리(廣) 알리는(告) 광고처럼 널리(弘) 알리는(報) 홍보가 아니라 PR이라는 영어단어가 가지는 뜻 그대로 공중관계들(Public Relations)이다. 공중관계들에 관한 철학인 PR철학이 제대로 서야 광고철학이 제대로 설 수 있다. 그러한 까닭으로 PR에 관한 철학을 먼저 살피기로 한다. 이를 위하여 필자가 지금까지 연구한 PR철학 관련 여러 논문의 내용들을 요약하고자 한다.

광고는 주로 우리 제품을 사달라고 하는 목적으로 널리 알리는 것이므로 'Buy me', 홍보는 우리를 좋아하게 하려는 목적으로 널리 알리는 것이므로 'Love me', 선전은 우리 이념을 믿게 하려는 목적으로 널리 알리는 것이므로 'Trust me', 선동은 어떤 행동을 하도록 부추기는 목적으로 널리 알리는 것이므로 'Follow me', 공지는 구성원들이 알아야 할 정보를 널리 알리는 것이므로 'Know me'라고 구분할 수 있다. 널리 알린다는 목적이 똑같다. 광고를 어드버타이징(advertising), 선전을 프로파간다(propaganda), 선동을 애지테이션(agitation), 홍보를 퍼블리시티(publicity), 공지를 노티스먼트(noticement)라고 구분할 수는 있어도 모두 다 그 기본속성이 널리 알린다는 점에서는 다르지 않다.

하지만 PR은 널리 알리는 일이 아니다. 즉, PR은 널리(弘) 알리는(報) 홍보(弘報)가 아니다. PR에 관한 가장 근본적이며 원천적이고 결정적인 오해는 PR을 홍보라고 생각하는 것이다. 소쉬르(Ferdinand de Saussure, 1857~1913)의 기호론으로 따지자면 PR이라는 기표(記標, signifier)가 지니는 청각적 이미지는 자의적 해석에 의해 홍보라는 뜻의 기의(記意, signified)가 된다. 하지만 PR에 관한 이해를 위해서는 깊게 멀리 생각할 필요가 없다. PR의 글자 뜻만 제대로 살피면 된다. 바로 공중관계들(Public Relations)이다. 불특정 다수인 대중(mass), 한 장소에 많이 모인 군중(crowd), 일반 백성인 민중(people), 어떤 장소에서 화자의 말을 듣는 청중(audience), 각자의 정체성을 가지고 개별적으로 행동하는 다중(multitude)과 달리 공중(public)은 어떠한 건이나 안에 관하여 이해관계가 있는 사람들이다. 그래서 어느 땅에 말뚝(stake)을 박아 그 땅에 이해관계를 지닌(hold) 스테이크홀더(stakeholder)라는 용어와 비슷한 뜻으로 쓰이기도 한다. 스테이크홀더들일 수 있는 다양한 공중(Public)과 관계들(Relations)을 맺는 일이 바로 PR이다. 관계라는 단어에는 호의적이며 지속적이라는 형용사가 없더라도 그런 호의적 지속적 관계를 맺는다는 뜻이 있다.

PR은 이러한 공중들에게 지속적으로 다가가는 활동이기에 'Marry me'라 할 수 있다. 한 남자가 한 여자에게 청혼하는 'Marry me'는 'Love me'라고 말하며 하룻밤 사랑을 구애하는 것이 아니다. 한 남자가 평생 한 여자를 사랑하겠다는 의지가 있으며 행복한 가정을 이룰 수 있는 경제적 자신감, 윤리적 책임성, 신체적 건강함이 있을 때 감히 나와 결혼해 달라며 청혼할 수 있다. 한 여자도 한 남자로부터 그런 진정성이 느껴지며 자신도 남자를 사랑할 때 둘은 결합하여 가정을 꾸리며 살 수 있다. 이렇듯 서로에 관한 호의와 관심을 잃지 않고 지속적 부부생활을 하는 남녀관계와 같은 것이 바로 PR이다. 마찬가지로 공중들과 좋은 관계를 꾸준히 맺어 가려는 일이 PR이다. 사실 PR이라는 말 자체에 홍보라는 뜻은 없다. 다만 공중이라는 말 속에 관련된 많은 사람(Public)이라는 뜻이 내포되어 있기에 널리 알리는 홍보라는 뜻에 해당하는 낱말은 퍼블리시티이다. 하지만 PR의 핵심개념은 퍼블릭이 아니라 릴레이션즈(Relations)인 관계들에 있다. 그래서 PR은 홍보학보다 관계학 차원에서 다루어져야 한다. 이러한 관계학 차원에서 살핀다면 PR의 모범이자 귀감이 되는 역사적 인물로 지금까지와 전혀 다른 인물들을 얼마든지 모색할 수 있다(박기철, 2019).

릴레이션과 비슷한 단어로 코넥션(connection), 링크(link), 어태치(attach) 등이 있다. 코넥션은 둘 사이의 단순한 접속이라는 뜻에 가깝고, 링크 역시 둘 사이의 단순한 연결이라는 뜻이며, 어태치 역시 둘 중 한쪽이 다른 한쪽에 단순히 부속한다는 뜻이다. 반면에 릴레이션은 서로 얽히고설켜 복잡하게 관련되었다는 뜻이다. 릴레이션에 해당하는 한자어인 관계(關係)는 문(門)의 빗장(关)을 열어 서로 이어져(係) 있다는 뜻이다. 이어짐은 단수가 아니라 복수이다. 즉, 릴레이션이 아니라 's'를 붙여 릴레이션스라고 한다. PR은 단순히 공중과의 관계가 아니라 여러 공중과의 다양한 관계들이다.

이러한 관계를 이룬다는 일은 전략적으로 할 게 못되며 아니다. 한자 뜻대로라면 전략(戰略)은 창을 들고 공격하며(戰) 남의 땅을 빼앗는(略) 짓이다. 남의 것을 빼앗는 노략(擄掠)이나 남의 땅을 빼앗는 전략이나 거의 마찬가지 뜻이다. 이러한 원래의 뜻으로부터 경쟁적 상황에서 싸움에서 이기기 위한 꾀라는 의미가 파생되었다. 하지만 공중관계인 PR은 경쟁적 상황에서 하는 일이 아니라 우리와 관련된 다양한 공중들과 지속적이며 호의적인 관계를 이루고자 하는 일이다. 그러므로 전략이라는 용어보다 기획이라는 개념을 사용하는 것이 PR과 어울린다. 소쉬르의 기호론에서 말하는 기표인 전략과 기획이 가지는 청각적 이미지 때문에 서로 다른 기의를 가진 단어가 되지만 두 단어는 비슷한 뜻을 가지고 있다. 하지만 두 단어의 한자 의미를 놓고 볼 때 공격적인 의미의 전략보다는 창의적인 의미의 기획이라는 단어가 사용하기에 더 적합하다. 그래서 PR전략은 PR기획이라는 말로 대체해도 무방하다. 마찬가지로 PR전술도 PR수단이라는 말로 대체할 수 있을 것이다. PR전략이 경쟁적 상황에서 우리를 좀 더 부각시키기 위한 것처럼 여겨진다면 PR기획은 PR전략을 세우는 것이 아니라 공중관계를 어떻게 잘 이루어 갈 것인지 가만히 서서 발돋움하여 멀리 바라보며 생각해서 더 온전한 빅 아이디어를 얻으려는 일이다. 조급하게 나서는 것이 아니라 또는 지금 당장 눈앞의 것을 쳐다보는 게 아니라 문제해결을 위해 가다가 서서 널리 보며 가만히 생각하는 것이 기획이다. 지금 위치에서 그냥 선 것이 아니라 발돋움하여 더 멀리 바라보며 색다른 남다른 봄(vision)을 가지며 문제해결을 위한 커다란 그림(big picture)을 그리며 큰 생각(big idea)를 얻으려는 온전한 일이 기획이다(박기철, 2017a).

PR전략이 아닌 PR기획의 차원에서 공중관계들을 생태관계로 확장한 것이 PR생태학(PR ecology)이다. 이는 공중이 생태와 관계(public relations with eco) 맺는 일에 관한 배움이다. 그물망처럼 이루어진 생태계를 이용하기보다 생태계와 지속가능한 관계를 맺어가기 위해 배우는 생각이며 행동이고 실천이다. 이러한 PR생태학은 진보적, 사회적, 인도적 등등의 형용사가 붙는 생태주의나 생태철학, 생태학과 같이 인간 중심과 경제 중심에서 벗어나는 것이라는 점에서는 같은 맥락이다. 생태주의가 좌우로 갈린 경제주의와 상대되는 이데올로기라면, 생태철학은 복잡한 그물망으로 얽히고설키며 이루어진 생태에 관한 생각의 깨우침이며, 생태학은 생태 현상에 대한 과학이다. 이에 견주어 PR생태학은 공중관계인 PR이라는 낱말에 있는 관계의 폭을 더욱 확장시켜서 생태계와 지속가능한 관계를 이루어 가려는 사상이라고 할 수 있다. 하지만 IT 생태계, 미디어 생태계, 경제 생태계 등의 용어는 생태계 앞에 있는 IT, PR, 미디어, 경제 등 한 분야에서의 복잡한 연결망인 생태계를 지칭하는 뜻이다.

마찬가지로 PR 생태계라는 용어도 공중관계 분야의 복잡한 연결망인 생태계이다. 즉, 경제적 비즈니스 차원에서 한정된 분야에서의 좁은 뜻이다. 반면에 PR생태학이란 생태학을 홍보하자는 뜻도 아니며 PR의 관계 개념을 생명이 사는 전반적 생태계 더 나아가 생태권까지 넓게 확장한다는 뜻이다. 이러한 PR생태학을 생태주의 PR이라고 달리 부를 수 있지만 PR의 관계 개념을 확장한다는 뜻에서 PR생태학이라고 제안할 수 있다. 인간은 다른 생명체들과 함께 복잡다단한 그물망인 생태계의 한 코에 걸쳐 사는 존재이다. 그러한 차원에서 PR의 관계철학을 국제관계나 경쟁관계는 물론 다중관계 및 인공지능(AI)과의 관계 및 생태계로까지 넓히며 PR의 관계영역을 최대한 넓힐 수 있다. 브랜드 경영을 위해서도 생태주의가 적용될 수 있다(박기철, 2009). 인간이 하는 가장 어려운 일인 정치로까지 넓힐 수도 있다. 이를 모색하는 것이 PR정치학(박기철, 2012a)이며, 이러한 차원에서 PR정치학의 의미를 정립할 수 있고(박기철, 2012b), 그 구체방법을 제안할 수 있고(박기철, 2013), 정치문제에 관한 실천해법을 제시할 수 있다(박기철, 2014). 특히 생태관계는 확장된 공중관계들을 모두 넓게 아우르며 포함하는 PR의 가장 큰 뜻일 수 있다(박기철, 2017b).

이처럼 PR에 관해 확장된 생각을 더욱 펼치면 다양한 공중관계들을 포함하여 생태관계를 아우르며 더욱 다양하게 넓힐 수 있을 것이다(박기철, 2018). 이러한 확장만으로도 PR의 영역은 지금보다 다채롭게 폭넓어질 수 있다. 그러한 맥락에서 공중관계들인 PR은 우리가 널리 알리기 위한 전략적 수단이 아니라 어떻게 다양한 공중들과의 관계들을 잘 이룰 것인지 행동실천의 큰 방향을 제시하는 순리적 철학이라고 할 수 있다. 결국 공중관계들인 PR을 위해서는 전략이 아니라 철학이 요구되는 것이다(박기철, 2011). 필자가 지금까지 일관적으로 이루어 온 연구맥락에서 PR철학이라는 화두를 제시할 수 있다. 이에 PR철학의 실천을 위한 아래와 같이 열 가지 질문을 제기하고자 한다. 이는 홍보가 아니라 다양한 공중관계를, 더 나아가 생태관계까지 온전히 할 수 있는 실천방향도 될 것이다.

이에 다음과 같은 열 가지 질문을 던질 수 있다. 첫 번째, PR을 한다면서 널리 알리는 홍보를 하는 것은 아닌가? 두 번째, 관계를 맺는다면서 싸우듯 전략적으로 하는 건 아닌지? 세 번째, 전반적 조화보다 쌍방향 균형만 추구하는 건 아닌가? 네 번째, 홍보용 진정성 포장이 아니라 진정한 진심이 있는가? 다섯 번째, 우리는 지속가능하게 공중관계들을 맺어 갈 수 있는가? 여섯 번째, 커뮤니케이션을 하는 데 우리 주장만 전달하려는 건 아닌지? 일곱 번째, 공중들과의 관계를 공중들 간의 관계로 바꿀 수 있을지? 여덟 번째, 인간 중심-우선-위주의 관점으로만 PR하는 건 아닌가? 아홉 번째, 좌우로 갈린 경제주의 관점으로만 PR하는 건 아닌가? 열 번째, PR활동이 전략적 경쟁력이 아니라 순리적 생명력을 가질는지? 이러한 질문들은 과연 PR이 널리 알리는 전략적 홍보의 틀에서 벗어날 수 있을 것인가에 대한 질문이다. 이는 일차적으로 생각한 미완성 내용이기도 하다. 더욱 냉철한 비판과 아울러 PR철학의 실천을 위해 더욱 의미 있고 흥미로운 질문이 얼마든지 더 있을 수 있다.

이제 [그림 10-1]에서와 같이 지금까지 PR철학에 관한 이러한 질문들을 통하여 광고철학에 관한 질문들을 생각할 수 있을 것이다. 호의적 공중관계들을 지속적으로 이루어 가기 위한 PR철학은 광고철학의 뿌리이자 근본 바탕이며 기초이자 기반이 된다.

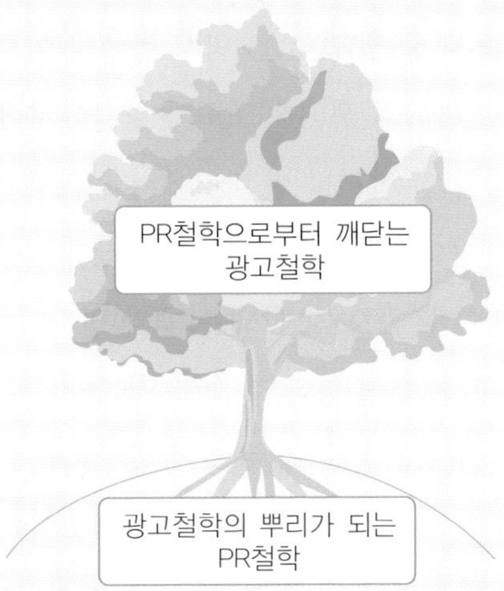

[그림 10-1] PR철학과 광고철학의 관계

2. PR철학 위에 세울 수 있는 광고철학(承)

광고는 판매를 위한 촉진수단이다. 광고를 잘하면 판매량이 증대되지만 그만큼 폐기량도 많아진다. 결국 광고는 온전한 생태계에 원죄를 짓고 있는 셈이다. 그렇다고 사람이 사는 세상에서 사람이 사는 데 필요한 상품을 기업이 만들어 팔아야 하기에 광고를 안 할 수는 없다. 문제는 광고를 할 때 어떠한 관점을 가질 것이냐이다. 오로지 상품을 팔기 위한 세일즈 목적을 가질 것이냐, 좀 더 부드럽게 인문학적 관점을 가질 것이냐, 아니면 생태학적 관점을 가질 것이냐이다. 도대체 이게 무슨 말일까? 도무지 종잡기 불편하다.

생태학적 관점의 광고란 무엇일까? 광고는 어차피 물건을 파는 것이고 판 물건은 결국 쓰레기가 되므로 광고는 생태적일 수 없다. 그러므로 생태학적 관점의 광고란 처음부터 말이 안된다. 하지만 그렇게 말이 안 됨을 가만히 제대로 인정하는 것이 바로 생태학적 관점의 광고이다. 그러므로 생태학적 관점이 아닌 광고는 자명해진다. 물건을 팔아먹는 목적만 생각하고 생태는 어물전에서 파는 생태 정도로만 여기는 것이다. 동태보다 좀 비싼 생태(生太) 역시 촘촘히 이루어진 생태(生態)의 일부에 속한다. 지구 온난화로 바다의 생태계 조화가 헝클어져서 지금 우리 대한민국 가까운 바다에서 명태(明太)가 안 잡히니 먼 바다에서 얼려서 시장으로 오는 동태는 아직 흔하지만 안 얼리고 얼음에 채워 시장으로 오는 생태는 귀해졌다. 생태계가 망가지면 지금 흔한 먹거리들이 흔하지 않게 되는 때가 반드기 오게 된다. 우리가 생태적 관점에서 벗어나 오로지 경제적 영리 추구에만 골몰하면 결국 그렇게 된다.

생태적 관점의 광고란 전략적 논리적 광고기획에 따른 독창성만이 아니라 생태적 순리적 광고기획에 따른 지속가능성도 생각하는 광고이다. 독창적 광고만이 아니라 지속가능한 광고를 뜻한다. 하지만 광고에서 크리에이티브는 예나 지금이나 절대적 가치로 인정받고 있다. 그런데 광고의 아버지라는 오길비는 크리에이티브를 끔찍하고(terrible) 무시무시한 단어라 했다(Ogilvy, 2004, p. 39). 자신은 크레에이티브에만 사로잡히지 않는다고 했다(Ogilvy, 1993, p. 46). 크리에이티브 관점에서 독창적 광고만 만들려고 하다가 요상한 광고를 하게 되는 우를 범하기 쉽기 때문이었다. 광고회사 사장이었던 그는 광고업을 한다고 하지도 않았다. 그가 이미지 광고의 제창자로 알려졌지만 이미지 메이킹 비즈니스를 한다고 하지도 않았다. 다만, 브랜드 빌딩 비즈니스를 한다고 했다. 지금 우리 광고업계가 2000년대 이후 브랜드를 생각하는데 벌써 50여 년 전에 이런 말을 했으니 대단한 혜안이 아닐 수 없다. 이미지 메이킹이 단시일 내에 반짝하는 이미지를 만드는 것이라면, 브랜드 빌딩이란 지속적 일관적으로 고객에게 주는 브랜드 가치를 가꾸어 가는 일이다. 광고가 그런 일을 하는데 이바지해야 한다는 것이다. 광고를 하려면 장기적인 비전을 가지고 할 일이다. 떴다방이나 먹튀식으로 요란스럽게 하고 끝낼 게 아니라는 말이다. 많은 비용이 드는 큰 광고를 집중적으로 하고 그만두는 게 아니라 되도록 적은 비용의 작은 광고를 지속적으로 하는 게 좁은 의미의 지속가능한 광고다. 하지만 그것만 가지고 진정한 지속가능한 광고라 할 수 없다. 다만 지속적(continuable) 광고일 뿐이다.

넓은 의미의 지속가능한(sustainable)한 광고(박기철, 2005, p. 68)란 엔트로피의 관점에서 광고를 살피는 것이다. 쓰레기 뜻으로 해석할 수도 있는 엔트로피는 인간 사회의 경제가 성장할수록 늘어만 간다. 쓰레기가 쌓여 가는 것이다. 이러한 엔트로피라는 비판적 관점에서 광고 그 자체의 존재의미를 조감하는 것이다. 비판 커뮤니케이션의 관점에서 광고는 지속가능하여야 한다. 광고의 사회문화 창출론 관점에서도 광고는 지속가능하여야 한다. 생태론적 관점에서 광고는 지속가능하여야 한다. 이렇게 넓은 의미에 있어서 지속가능한 광고란 광고의 마케팅적 효과라는 미시적 기능을 떠나 거시적 비판적 관점에서 광고가 가지는 사회문화적, 더 나아가서는 생태적 영향력을 충분히 고려하며 시행하는 광고이다. 이때 굳이 긍정적 영향을 미치려고 억지로 노력하는 광고라기보다는 적어도 부정적 영향을 끼치지 않기 위해 사회문화와 생태를 배려하면서 하는 광고이다. 광고를 지속적으로 하면서 우리 사회문화에 나쁜 영향을 끼치지 않는 광고이다. 좋은 영향을 끼치는 광고라고 하고 싶지만 차마 그렇게까지는 못 하겠다. 소비를 조장해야만 하는 광고가 좋은 영향까지 끼치기는 어렵기 때문이다. 대량소비를 진작시키며 아울러 대량폐기를 야기하여 생태계에 부담을 주는 광고가 생태에 좋은 영향을 미치거나 끼치기는 불가능하다는 광고의 원죄를 인정하는 것이다. 그래서 광고를 지속적으로 하되 생태계까지는 아니더라도 사람이 사는 사회 문화에 나쁜 영향을 끼치지 않는 광고가 지속가능한 광고이다. 이는 공자와 맹자의 말이 이상적인 말로 치부되는 것처럼 결코 뜬 구름 잡는 이상이 아니다. 다만 이상과 현실이 거꾸로, 즉 도치(倒置)되었을 뿐이다. 오히려 현실적인 말이다. 팍팍해진 우리 시대의 현실을 가만히 생각하니 그렇다.

[그림 10-2]에서처럼 생태학적 안목과 생각을 기반으로 하는 인문학적 소양과 지식을 가질 때 비로소 참된 인문학이 되며 이에 근거했을 때 전략적으로 독창적인 광고를 넘어 지속가능한 광고를 할 수 있게 된다. 결국 '전략과 맞지 않는 PR의 관점과 PR철학 및 PR생태학의 관점에서 광고를 어떻게 해야만 할까?'라는 질문에 관해 PR에서의 관계(Relations)를 공중관계(Public Relations)에서 생태관계(Eco Relations)까지 넓힌 PR생태학 관점에서 인문학을 포괄하는 생태학으로 독창적 광고만이 아닌 지속가능한 광고를 해야 할 것이다.

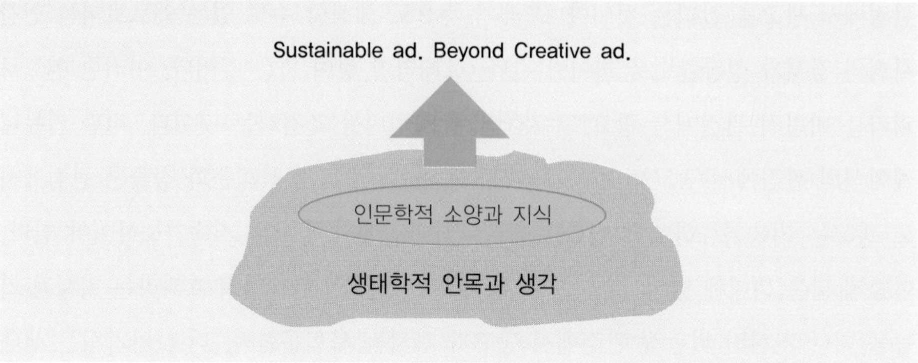

[그림 10-2] 지속가능한 광고의 바탕이 되는 생태적 안목과 생각

생명을 중심으로 하는 생태주의 및 PR생태학 관점에서 **지속가능한 광고**란 근본적으로 엔트로피를 생각할 때 나올 수 있는 개념이다. 엔트로피를 모른다면 인간은 무한성장을 꿈꿀 수 있다. 하지만 무질서한 쓸모없는 에너지인 엔트로피가 지속적으로 축적되는 상황에서 세상은 영원히 지속가능할 수 없다. 다만, 인간의 노력으로 그나마 할 수 있는 일은 그 지속가능한 상황을 연장시키는 것이다. 그래서 지속할 수 있다는 자신감 있는 표현이 아니라 '지속가능한'이라는 겸허한 개념이 나오게 되었다. 하지만 아직 광고 분야에 있어서 지속가능성이란 개념은 매우 희박하다. 실제로 광고인들에게 지속가능한 광고가 무엇인지에 대하여 질문한 결과 거의 모든 광고인은 기능적 효과 측면에서 광고의 지속성이 중요하다는 미시적 차원의 대답을 하는 경향이 짙다.

그렇다면 지속가능한 광고가 가지는 본질적 의미는 무엇인가? 지속가능한 광고의 의미는 좁은 의미와 넓은 의미로 구분할 수 있다. 좁은 의미에 있어서 지속가능한 광고란 광고를 미시적 기능적 관점에서 일시적이지 않고 지속적으로 할 수 있는 광고다. 광고를 지속적으로 하는 것은 광고전략 차원에서, 인간의 심리적 반응 차원에서, 광고매체 집행의 효과 차원에서, 그리고 브랜드 관리 차원에서 일단 효과적이다. 넓은 의미에 있어서 지속가능한 광고란 광고의 마케팅적 효과라는 미시적 기능을 떠나 거시적 비판적 관점에서 광고가 가지는 사회문화적, 더 나아가서는 생태적 영향력을 충분히 고려하며 시행하는 광고이다. 이때 굳이 긍정적 영향을 미치려고 억지로 노력하는 광고라기보다는 적어도 부정적 영향을 끼치지 않기 위해 사회문화와 생태를 배려하면서 하는 광고이다.

광고를 하는 데 있어서 전략적이며 독창적인 광고를 하겠다는 생각은 단기적인 관점에 머무르기 쉽다. 광고가 효과 있으려면 장기적인 시각을 가져야 한다. 장기적인 시각이란 결국 광고의 지속가능성에 대한 여부이다. 지속가능한 광고는 그때그때 광고제작물의 크리에이티브에 좌우되지 않는다. 반짝하는 것이 아니라 긴 숨을 가지며 하나의 브랜드 콘셉트에 의한 브랜드 개성을 지속적으로 만들어 가는 광고가 좁은 의미에 있어서의 지속가능한 광고이다.

하지만 이제 우리가 또 더욱 신경 써야 할 것은 넓은 의미에 있어서의 **지속가능한 광고**이다. 광고의 문화창출론이 아니라 광고의 문화반영론 입장을 견지한다고 하더라도 광고가 가지고 있는 사회문화적 영향력은 그 영향이 긍정적이든 부정적이든 점점 커지고 있다. 이러한 상황에서 광고가 적극적으로 사회문화와 관계된 유행(passion)이나 경향(trend)을 만들어 가는 것보다 중요한 것은 부정적인 영향을 미치

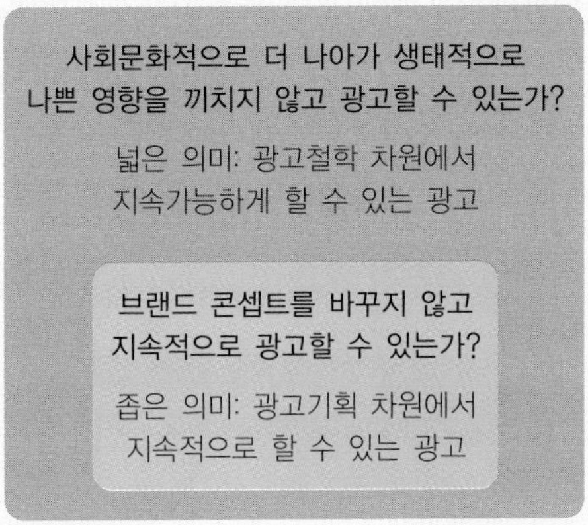

[그림 10-3] 지속가능한 광고의 좁은 의미와 넓은 의미

출처: 박기철(2005), p. 68.

지 말아야 한다는 점이다. 광고가 미칠 수 있는 부정적 영향력을 생각하면서 충분히 생각하면서 광고해야 한다는 것이다. 단지 일시적으로 제품을 팔기 위해 하는 광고가 아니라 사회문화에 부정적 영향을 미치지 않으며, 또한 가급적이면 긍정적 영향을 미치도록 광고를 했을 때 그 광고는 지속가능한 사회에 부합하는 지속가능한 광고가 되는 것이다. 결국 지속가능한 광고를 한다는 것은 [그림 10-3]으로 설명할 수 있다.

지속가능한 광고란 좁은 의미만이 아니라 넓은 의미에서 하는 광고이다. 이제 광고의 지속가능성 여부는 좁은 의미에 있어서 미시적 · 기능적 · 효과적 차원은 물론 넓은 의미에 있어서 거시적 · 비판적 · 윤리적 차원에서 가장 중요한 판단기준이 되어야 한다. 광고인의 인식도 지속가능한 광고에 대한 이해를 더욱 높여야 하는 시점이다.

이 글의 소박하면서도 이상적인 목적은 광고인들이 광고활동을 하는 데 있어서 좁은 의미에서 볼 때 광고의 지속가능성 여부에 대해 더욱 관심을 가지며, 더 나아가 넓은 의미에서 지속가능한 광고를 판단하는 하나의 생각을 더하는 것이다.

광고철학이란 광고에 대한 미시적 실용적 기능적 관점만이 아니라 광고에 관한 거시적 · 비판적 · 윤리적 관점까지 고려하여 광고를 살피는 학문이다. 광고철학을 위해 인문학을 포괄하는 생태학은 보다 폭넓은 관점을 제시한다. 이제 광고철학의 새로운 패러다임인 생태학의 차원이나 수준 및 관점에서 독창적(creative) 광고만이 아

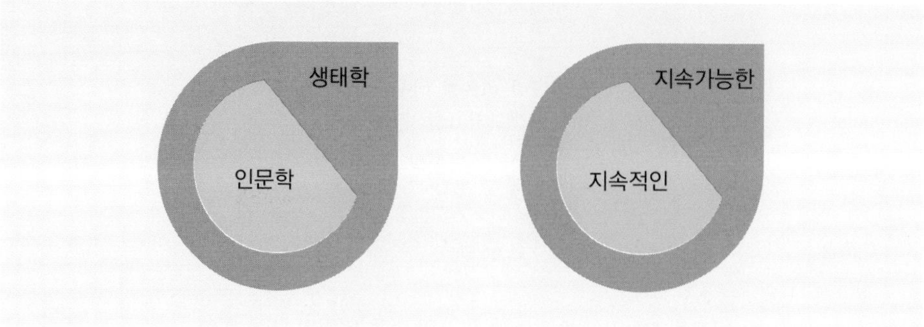

[그림 10-4] 광고철학을 이루는 두 가지 개념의 확대 확장

닌 지속가능한(sustainable) 광고를 생각할 수 있다. 좁은 의미에 있어서 지속가능한 광고란 미시적 관점에서 지속적으로 할 수 있는 광고이다. 넓은 의미에 있어서 지속가능한 광고란 광고가 가지는 사회문화적, 더 나아가서는 생태적 영향력을 충분히 배려하며 실행하는 광고이다.

결국 이 글에서 제안하려는 광고철학이란 인문학을 포괄하는 생태학 차원에서, 지속적인(continuable) 광고를 포괄하는 지속가능한(sustainable) 광고를 하려는 것이라고 그 핵심을 압축하며 요약하여 정리할 수 있다. 그것은 인간 중심의 인문학을 인간도 속한 생태학으로 확대하는 것이며 기능적 범주의 지속적인 광고를 철학적 차원의 지속가능한 광고로 확장하는 것이다.

3. 광고철학을 이해할 수 있는 열 가지 질문(轉)

도대체 광고에 철학이란 게 왜 필요할까? 이 질문에 철학이라는 단어의 뜻을 살피면 해답을 구할 수 있다. 필라소피(philosophy)는 고대 그리스어인 헬라어에서 온 낱말로 지혜(sophia)를 좋아한다(philia)는 뜻이다. 우리말로 직역하자면 좋아할 호(好)에 슬기 지(智)를 써서 호지(好智)라고 번역할 수도 있다. 하지만 1868년 메이지 유신 이후에 서양문물을 대폭적으로 적극 받아들인 일본인들은 필라소피를 철학이라고 의역하여 번역했다. 밝을 철(哲)에 배울 학(學)을 써서 밝아지는 배움이라는 뜻이다. 이렇듯 철학이라는 낱말은 일본어에서 온 우리말(이한섭, 2014, p. 799)이지만 지혜를 좋아하는 필라소피보다 뜻이 분명하다. 철학은 모든 일을 하는 데 가장 근본이 된다. 철학을 알면 문리가 트여 모든 일을 잘하게 된다. 머릿속이 밝아진 덕분이다. 어두운 무지에서 벗어나 밝은 지혜를 추구하는 것이 철학이다. 그러므로 대충 한다면 철학이 없어도 되지만 제대로 하려면 철학이 필요하다.

그런 철학의 의미를 따른다면 광고철학이란 광고에서 밝아지는 배움이다. 광고를 대충 한다면 철학이 없어도 되지만 제대로 하려면 철학이 요구된다. 광고철학을 통해 어두운 무지에서 벗어나 밝은 지혜에 따르는 광고를 할 수 있다. 가장 어두운 무지는 모르는 것을 모르는 것이다. 광고에서 오로지 크리에이티브만 추구하고 독창적인 광고와 전략적인 광고만 알며 더 이상 모르는 것을 모른다면 그것이 최고의 무지다. 그런 무지에서 벗어날 수 있도록 하는 것이 광고철학이다. 그러므로 광고에서 무슨 철학이 필요할까 의심할 여지없이 광고에서도 철학이 필요하다.

그렇다면 광고철학이란 무엇일까? 이미 전 장에서 광고철학이란 인문학을 포괄하는 생태학의 차원에서 그래서 지속적인 광고를 포괄하는 지속가능한 광고를 하려는 것이 그것은 인간 중심의 인문학을 인간도 속한 생태학으로 확대하는 것이며 기능적 범주의 지속적인 광고를 철학적 차원의 지속가능한 광고로 확대하는 것이라고 언급한 바 있다. 이에 대한 설명을 더욱 생생하게 밝히면서 광고철학을 이해하기 위하여 다음과 같은 열 가지 질문을 제기할 수 있다.

1) 우리는 일시적이 아니라 지속적으로 광고할 수 있는가?

광고를 일시적으로 할 특별한 경우도 있지만 일반적인 경우에는 지속적으로 해야 한다. 이러한 지속적(continuous) 광고는 세 가지 광고기획 유형에서 똑같이 적용된다. 첫째, 이미지 광고에서도 제품인 무조건 자극과 이미지인 조건 자극을 지속적으로 연결시켜 주어야 제품에 대한 이미지가 형성된다. 둘째, USP(Unique Selling Propositions) 광고에서도 독특하고 강렬한 제품의 특징을 지속적으로 주지시켜야 USP가 소비자 머릿속에 침투된다(Reeves, 1988, pp. 23-27). 셋째, 포지셔닝 광고에서도 광고하려는 제품이 소비자 머릿속 사다리에 자리 잡으려면 단순한 메시지에 따른 광고를 지속적으로 해야 한다(Trout & Ries, 2002, pp. 248-249). 이처럼 지속적인 광고는 광고의 목적달성 및 기능적 효과를 위해 가장 중요한 전제가 된다. 일시적 단순공지식 광고가 아니라 이미지 광고, USP 광고, 포지셔닝 광고라면 광고를 지속적으로 해야 한다. 지속적으로 할 수 없다면 광고를 아예 시작하지 않는 편이 좋다.

2) 오로지 판매촉진 목적으로만 광고를 하는 것은 아닌가?

광고의 목적은 소비자들이 광고하는 제품을 구매하여 판매를 하려는 것이다. 팔지 못하면 광고가 아니라는 말이 있을 정도이다. 그만큼 광고의 궁극적 목적은 판매다. 하지만 단기적 판매촉진 목적만을 위해 광고하는 것은 광고의 일반법칙에 어울리지 않는다. 판매촉진(sales promotion)은 촉진(promotion) 수단의 하나로 판매증대 효과를 금방 이룰 수 있도록 소비자에게 직접적 자극을 주는 것이다. 하지만 광고는 특별한 경우를 제외하고는 세일즈 프로모션만을 위한 광고여서는 안 된다. 인지도 선호도 상기도 구매의도율 등 전반적 커뮤니케이션 목적을 달성하기 위한 광고를 해야 한다. 일본의 광고회사인 하쿠호도(博報堂)는 광고목적이 소비자보다는 생활자와 브랜드 사이의 끈끈한 관계인 반(絆)을 이루며, 생활자와 브랜드 사이의 관여사슬(engagement ring)을 형성하는 것이라고 했다. 전반적(overall) 광고목적을 위한 광고는 오로지(only) 판매촉진만을 위한 광고와 다르다.

3) 지속적이고 일관적으로 할 광고 콘셉트는 브랜드 콘셉트와 맞는가?

콘셉트(concept)란 모두(con)를 잡는(cept) 것이다. 명사로 쓰이지만 동사로 쓰일 수 있다. 우리가 설정한 은 할 수 있을까? **브랜드 콘셉트**는 가장 밑바탕이 되는 콘셉트로 브랜드 경영에서 고객에게 주는 남다른 가치이다(박기철, 2008, p. 188). 마케팅이 시장을 대상으로 한다면 브랜딩은 고객을 대상으로 한다. 관점이 다를 뿐 똑같다. 마케팅 콘셉트이자 브랜드 콘셉트는 가치 콘셉트이다. 시장에서 우리 브랜드가 고객에게 어떤 존재가 될 것이냐를 따지는 것이 브랜드 콘셉트이다. 브랜드 콘셉트는 'What to be?'의 문제로 공장에서 무슨 제품을 만들지 'What to make?' 시장에서 고객에게 무엇을 줄지 'What to give?'와 직결되며 광고에서 전달하려는 'What to say?'와 연결된다. **광고 콘셉트**는 브랜드 콘셉트로부터 도출되어야 한다. 광고 콘셉트가 브랜드 콘셉트와 달리 동떨어졌다면 이에 따른 광고는 처음부터 단추를 잘못 끼운 셈이다. 광고 콘셉트는 브랜드 콘셉트와 맞는지 우선 고려해야 한다.

4) 브랜드 콘셉트에서 나와야 할 광고 콘셉트는 사실에 입각하는가?

광고 콘셉트는 광고에서 전달하려는 핵심 메시지로 소구점이라고도 불린다. 광고가 전하는 소비자 이익과 문제해결(Schultz, 1991, p. 30)이라고도 한다. 광고회사 사치앤사치(Saatchi & Saatchi)가 사용하는 한장짜리 광고기획서인 브리프(Brief)에서는 단일집약적제안(single minded proposition)이라고 한다. DDB(Doyle Dane Bernbach) Needham에서는 광고가 전달하려는 편익의 약속(promise)이라고 한다. 또한 광고 콘셉트는 광고가 무엇을 말한 것인지(What to say?) 정한 것이다. 당연히 마땅히 할 수 있는 메시지를 정해야 한다. 하지만 광고 콘셉트의 기능적 효과만을 따지게 되면 되지도 않을 광고 콘셉트를 인위적으로 설정할 수 있다. 사실 확인 없이 오로지 소비자를 현혹하기 위한 그럴듯한 광고 콘셉트를 정할 수 있다. 그러므로 광고 콘셉트를 설정할 때는 소비자를 쉽게 유혹하는 독창성(uniqueness)보다 정말로 그러한 메시지를 소비자에게 약속하는 사실성(factfulness)을 염두해야 한다.

5) 광고 콘셉트에서 나와야 할 표현 콘셉트는 진정력이 있는가?

무엇을 말할 것인가(What to say?)가 광고 콘셉트라면 어떻게 말할 것인가(How to say?)는 표현 콘셉트다. 바로 광고에서 가장 중요하게 여겨지는 크리에이티브이다. 아마도 광고분야에서 가장 많이 언급되는 단어가 크리에이티브일 것이다. 광고는 크리에이티브를 먹고 산다고 할 수 있다. 하지만 이 크리에이티브 때문에 광고는 믿지 못할 것이라고 욕을 먹기도 한다. 광고심의에서 기만 허위 과장광고가 늘 문제가 되는 이유이다. 하지만 광고는 크리에이티브해지기 위해 선을 넘을 수 있다. 빅 아이디어를 동원하여 광고를 광고답게 재미있고 발랄하게 만들기 위해서다. 칸(Cannes) 등의 광고제는 바로 그러한 크리에이티브를 평가하여 상을 준다. 하지만 도를 넘어서는 안 된다. 그렇다면 무엇이 도를 넘는 것일까? 창의성인 창의력(creativity)을 살린다고 하여 진정성인 진정력(authenticity)을 훼손하는 것이 도를 넘는 정도이다. 도를 넘지 않고 선을 넘는 크리에이티브한 광고가 좋은 광고일 것이다.

6) 이 광고는 사회문화적으로 나쁜 영향을 미칠 소지가 있는가?

광고는 그 시대의 사회문화를 창출할까, 아니면 그 시대의 사회문화를 반영할까? 이를테면 광고의 문화창출론과 광고의 문화반영론이다. 오길비는 후자라고 했다(Ogilvy, 2004, p. 42) 광고인의 욕심으로 사회문화를 창출하면 좋겠지만 그럴 욕심을 버리며 광고는 단지 사회문화를 반영할 뿐이라고 했다. 하지만 광고 하나가 세상을 바꾼다(김병희, 1997). 미국사회를 획기적으로 바꾼 광고들도 많다(Twitchel, 2001). 광고가 이 시대 사회문화에 미치는 영향력은 커지고 있다. 이제 우리는 광고가 사회문화에 미치는 좋은 영향력과 나쁜 영향력을 생각해야 한다. 좋고 나쁨을 따지는 것은 개인적 주관적 자의적 가치관의 영역이기에 이를 일반적 객관적 보편적으로 따지기 힘들다. 다만 이 광고가 나쁜 영향을 미칠 여지가 있는지 주관적으로 살피며 판단하는 일이 필요하다. 공익광고가 아닌 이상 상업광고는 사회문화에 좋은 영향을 미치기 힘들다. 그러므로 나쁜 영향을 미치지 않는지 숙고하는 일이 필요하다.

7) 물건을 팔아야 할 광고라도 나쁜 소비를 조장할 여지가 있는가?

광고가 쓸모없는 욕망을 부추겨 쓸모없는 소비욕망을 조장한다는 주장이 많다. 이른바 광고의 욕망합성설이다. 비슷한 맥락으로 광고의 욕망연금술(강준만, 전상민, 2007)도 있다. 리브스(Reeves, 1988)는 반대로 욕망의 광고합성설을 주장했다. 인간의 본능적 본성적 본원적 소비욕망이 광고를 제작한다는 것이다. 무엇이 진실일까? 인간은 진실은 알 수 없다. 와일드(Oscar Wild, 1854~1900)의 경구처럼 진실은 순수하기 어렵고 단순하지 않다(The truth is rarely pure and never simple). 그래서 각자 시각에 따라 사실만을 알 수 있다. 하나의 정답보다 서로의 해답을 고르는 것은 가능하다. 그런데 판매하려고 광고하는 입장에서 나쁜 소비라는 생각이 들어설 수 있을까? 무엇이 좋은 소비이고 나쁜 소비인지 그 진실을 판별할 수 없는 현실에서 가만히 생각할 필요는 있다. 이 광고가 나쁜 소비를 부추기는 건 아닌지 생각하는 것과 생각조차도 안 하는 것은 커다란 차이를 낳는다.

8) 광고가 생태계에 좋은 영향을 미칠 수 없다는 사실을 아는가?

마케팅 목적을 위한 대부분의 상업광고는 주로 대량생산 후 대량유통된 제품의 대량판매를 도와 대량소비를 유도하려는 것이다. 광고목적을 효과적으로 달성할수록 대량소비된 제품에 따른 대량폐기의 양은 비례하여 늘어날 수밖에 없다. 어느 제품이건 간에 대량폐기는 쓰레기 문제로 이어진다. 20세기 이후 땅으로 버리는 플라스틱 쓰레기, 대기로 버리는 초미세먼지 쓰레기, 하천이나 해양으로 버리는 미세 플라스틱 쓰레기는 이제 돌이킬 수 없는 결정적 임계점을 향해 빠르게 치닫고 있다. 어차피 세상은 무질서한 에너지인 엔트로피, 즉 쓰레기가 증가하는 쪽으로 흐르지만 생태계가 회복하기 힘들 정도로 엔트로피 증대속도가 빠르면(Rifkin, 1998, p. 89) 인류가 지구에서 살 수 없게 된다. 광고는 성공적일수록 엔트로피의 흐름을 분명히 가속화한다. 광고하는 입장에서 광고의 이러한 부작용을 인식하기는 힘들다. 다만 광고가 생태계에 좋은 영향을 미칠 수 없다는 사실을 적어도 생각은 해야 마땅하다.

9) 인간 중심-우선-위주 인간주의 관점으로만 광고하는 건 아닌가?

이 글에서 인간(人)의 무늬(文)인 인문학은 단지 문학, 사학, 철학인 문사철(文史哲) 만을 뜻하지 않는다. 인간이 이룬 과학, 기술, 공학, 무용, 음악, 미술, 예술, 종교, 예학, 의학, 약학, 법학, 경영학, 언론학, 광고홍보학 등 인간이 이룬 모든 무늬가 인문학이다. 인간이 만들어 낸 천지인(天地人) 사상도 인문학이다. 인간을 가운데 놓고 인간을 먼저 생각하며 인간을 주인으로 생각하여 인간을 옹호하는 휴머니즘(humanism)인 인본주의인 인간주의도 인문주의인 인문학이다. 인간은 만물의 영장이지만 다른 생물들과 같이 복잡다단한 복잡계인 생명체 지구(Gaia) 생태계 그물망의 한 코에 걸쳐 사는 존재다. 그러한 점을 배우는 것이 생태학이며 이는 인문학을 포괄한다. 인문학을 감싸며 넘는 것이 인문생태학이다. 과연 광고가 광고만 생각해도 벅찬데 이러한 포괄적 전반적 복합적 생태주의 관점에서 될 수 있을까? 작은 광고이기에 오히려 작은 것을 큰 망과 큰 틀에서 보는 철학이 필요하다.

10) 좌우로 갈린 경제주의 관점으로만 광고하는 건 아닌가?

자본주의의 지적(知的) · 지적(紙的) 기원은 국부론(Smith, 2007)이다. 공산주의의 기원은 자본론(Marx, 2008)이다. 자본주의는 대체(大體)로 민주주의 개인주의 자유주의라는 정치체제와, 공산주의는 대체로 독재주의 사회주의 평등주의라는 정치체제와 한 궤를 이루어 왔다. 좌우 보수와 진보로 구분되는 정치체제가 자본주의와 공산주의라는 두 경제주의로부터 파생한 것이다. 1991년 소비에트연방인 소련이 해체되며 공산주의는 쇠하였지만 자본주의만 번성하며 좌우의 분열이 사그라진 것은 아니다. 작은 정부에 의한 자유 시장경제보다 큰 정부에 의한 계획경제가 필요하다는 케인즈(Keynes, 2007)의 수정 자본주의식 경제주의, 이에 반대하여 케인즈 식의 공공지출 경제정책은 노예로 사는 길이라 반박하는 하이에크(Hayek, 2018)의 자유 자본주의식 경제주의가 여전히 격하며 치열하게 대립하고 있다. 이러한 국면에서 광고는 어느 한쪽에 서기보다 양쪽을 감싸며 넘는 생태주의 철학이 요구된다.

지금까지 광고철학을 이해하기 위해 던진 열 가지 질문에 관한 답변은 주로 머릿속 생각을 적은 것이다. 열은 최치원(崔致遠, 857~?)이 지었다고 전해지는 81자 천부경과 달리 16자로 이루어진 신지녹도문(神誌鹿圖文) 천부경(天符經)인 '하나둘셋

1) 우리는 일시적이 아니라 지속적으로 광고할 수 있는가?
2) 오로지 판매촉진 목적으로만 광고를 하는 것은 아닌가?
3) 지속적 · 일관적으로 할 광고의 콘셉트는 브랜드 콘셉트와 맞는가?
4) 브랜드 콘셉트에서 나와야 할 광고 콘셉트는 사실에 입각하는가?
5) 광고 콘셉트에서 나와야 할 표현 콘셉트는 진정력이 있는가?
6) 이 광고는 사회문화적으로 나쁜 영향을 미칠 소지가 있는가?
7) 물건을 팔아야 할 광고라도 나쁜 소리를 조장할 여지가 있는가?
8) 광고가 생태계에 좋은 영향을 미칠 수 없다는 사실을 아는가?
9) 인간 중심-우선-위주 인간주의 관점으로만 광고하는 건 아닌가?
10) 좌우로 갈린 경제주의 관점으로만 광고하는 건 아닌가?

↓

문을 열(10)어 널리(弘) 이롭게(益) 하라

[그림 10-5] 광고철학을 이해하는 열(10) 질문과 홍익인간 사상

넷다섯여섯일곱여덟아홉열'의 끝 글자다(이현숙, 2015). 한 쌍의 남녀가 교합하여 자식을 낳고 가정을 이루었으니 문을 닫고 자신의 가정에서만 머물지 말며 이제 더 큰 세상에서 널리(弘) 이롭게(益) 하기 위해 문을 열고(open) 나아가라는 뜻이다. [그림 10-5]와 같이 우리말 열은 단지 숫자 십(十, 10, ten)만이 아니라 배달(倍達)의 민족인 홍익인간의 사상을 담은 것이다.

4. 광고철학을 실천하게 되는 열두 가지 지침(結)

아는 것은 하는 것으로 이어져야 한다. 앎(knowing)으로만 머문다면 아무 뜻이 없다. 함(doing)으로 이어져야 존재(being) 의미가 있다. 지금까지 광고철학을 생각으로 이해했다면 이제 행동으로 연결되어야 한다. 행동이란 머릿속 인지나 인식에서

그치는 것이 아니라 실제로(實) 발을 밟으며(踐) 움직이는 일이다. 바로 실천(實踐)이다. 실제로 하는(行) 실행(實行)이라고 부를 수도 있다. 실무에서 실습과 실기를 거쳐 마침내 행하여 이루는 것이다. 과연 광고철학을 어떻게 실천할 수 있을까? 이 질문에 답변하기 위하여 이해 차원을 넘어 실천 차원의 엶(opening)으로 개방하여 나아가기 위한 열두 가지 타이름(訓)인 십이훈(十二訓)을 제안하고자 한다. 이는 절대적 · 객관적으로 분명한 십이계(十二戒)는 아니며 다만 상대적 · 주관적으로 제안가능한 방향 내지는 방법으로서의 지침이다. 이에 따라 지속가능한 광고를 온전히 할 수 있는 길이 되길 바란다.

1) 쥐처럼 탐구하라

고양이도 호기심이 많지만 쥐도 호기심이 많다. 호기심은 탐구력으로 이어진다. 먹이를 찾기 위해 여기저기 돌아다니며 부지런히 먹잇감을 탐구한다. 자신의 미약함을 알며 머리를 쓸 줄도 안다. 이러한 쥐의 속성을 광고인에 비유할 수 있다. 쥐의 호기심은 인간의 탐구력에 해당한다. 쥐의 광고철학을 지닌 광고인은 단지 당연히 독창적 광고만을 위한 크리에이티브의 탐구에만 머물지 않는다. 광고가 진정성을 지닐 것인지도 마땅히 탐구한다. 호기심을 바탕으로 하는 탐구력으로 새로운 것을 찾으며 지금의 것과 연결시키며 더욱 새로운 창의로 발전시킨다. 오로지 광고만을 아는 광고꾼이나 광고쟁이가 되기보다 더욱 전반적인 것을 온전히 탐구하며 널리 알아간다. 그래서 더욱 큰 먹잇감인 아이디어를 찾는다.

2) 소처럼 우직하라

고집이 센 벽창호의 어원인 벽창우(碧昌牛)는 평안북도 벽동(碧潼)과 창성(昌城)에서 사는 소다. 이 지역의 소가 유난히 크고 억세기 때문에 벽창우라는 말이 나왔다. 하지만 소는 벽창우만이 아니라 어느 지역의 소든 대개 크고 억세다. 그래서 소는 우직한 동물의 대명사이다. 소의 우직함은 인간의 지속력에 해당한다. 소의 광고철학을 지닌 광고인은 단지 당연히 그 시대의 일시적 시류 및 단기적 유행에 영합하기보다 인간의 본성에 맞는 광고를 지속적으로 우직스럽게 한다. 물론 잘못된 광고를 우직하게 미련하게 몰고 가는 것도 큰 문제지만 잘된 광고에 대해 괜히 스스로 싫증을 내고 매번 광고를 다시 하여 지속력을 끊는 것도 치명적 문제이다. 첫 단추를 제대로 잘 꿴 광고는 끊지 말고 우직하게 끌고 가야 한다.

3) 범처럼 당당하라

호랑이인 범은 한자로 호(虎)라고 쓴다. 초원에서 백수의 제왕이 사자라면 정글에서는 호랑이이다. 사람 말고는 천적이 없는 동물이다. 그래서 당당하다. 광고는 먹이사슬의 가장 높은 꼭대기에 있는 호랑이처럼 당당할 수 없다. 다만 호랑이처럼 의연할 수는 있다. 의연(毅然)이란 있는 그대로의 굳셈이다. 그 굳셈은 확고함이라기보다 기운참에 가깝다. 호랑이의 기운참은 인간의 의연함에 해당한다. 범의 광고철학을 지닌 광고인은 어떤 부정적인 비난에 주눅들지 않는다. 그렇다고 고집스럽게 꿈쩍하지 않는 것도 아니다. 다만 그러한 공격에 관하여 자신의 입장을 살피며 변화나 개선을 모색할 수도 있다. 이러한 의연함으로 이루어진 광고는 일시적으로 반짝하며 사라지기보다 지속적으로 노출되며 은근한 빛을 발한다.

4) 토끼처럼 예민하라

토끼는 순우리말처럼 들리지만 토끼 토(兎)라는 한자에서 온 낱말이다. 토끼가 들어간 글자는 좋은 뜻이 거의 없다. 토끼(兎)가 덮혀(冖) 잡혔으니 억울하다. 그래서 원통(寃痛)이라는 낱말에 쓰이는 원(寃)이라는 글자가 생겼다. 토끼를 사냥해 죽이면 사냥개를 삶아 먹는다는 토사구팽(兎死狗烹)이라는 사자성어에서도 토끼는 사냥개만큼이나 억울하다. 가장 억울하며 연약한 초식동물인 토끼는 잡히지 않기 위해 최대한도로 주변상황에 예민해야 한다. 토끼의 예민함은 생존을 위한 본능적 몸짓이다. 토끼의 예민함은 인간의 조심스러운 감지력에 해당한다. 토끼의 광고철학을 지닌 광고인은 긴장하며 안테나를 세워 주변의 상황을 예민하게 감지한다. 다만 토끼처럼 좁은 범위가 아니라 될수록 넓은 생태계 범위까지 감지 경계하며 살핀다.

5) 용처럼 존재하라

봉황, 해태, 기린처럼 상상 속 동물이지만 용(龍)은 가장 존재감이 돋보인다. 파충류이지만 비범한 존재이다. 용이 그려진 곤룡포(袞龍袍)는 지존(至尊)의 존재(存在)인 임금이나 천자만이 입는 황제의 옷이다. 스프링(spring) 모양의 구불구불한 수염인 용수철(龍鬚鐵)을 지닌 용은 여의주를 품으며 승천한다. 용의 존재감은 인간의 자부심에 해당한다. 용의 광고철학을 지닌 광고인은 자기를 높이는 자존심(自尊心)을 버린다. 대신에 스스로 한 인간(人)이 이루어온 재화(貝)로 인해 느끼는 마음인 자부심(自負心)이 있다. 한낱 광고가 용처럼 존재감을 지닐 수 있을까? 그리 되기는 힘들겠지만 조금이나마 그리 되려면 광고가 일시적 단기적 부분적 편파적인 것보다 지속적 · 장기적 · 전반적 포괄적인 목적을 이루어 가야 한다.

6) 뱀처럼 영리하라

뱀은 흉측한 모습으로 인하여 인간으로부터 가장 징그럽다고 여겨지는 저주받은 동물이다. 인간을 타락시킨 간교한 악의 화신으로 여겨진다. 〈흥부와 놀부〉에서는 제비새끼를 공격하는 못된 동물로 그려진다. 하지만 뱀을 자세히 보면 뱀의 무늬인 사문(蛇文)은 인간의 무늬인 인문(人文)보다 그 색상과 형태가 오묘하니 아름답다. 인간이 만든 그 어떤 기하학적 무늬들보다도 멋지다. 특히 뱀은 영리함을 대표하는 동물이기도 하다. 뱀의 영리함은 인간의 지혜로움에 해당한다. 뱀의 광고철학을 지닌 광고인은 지혜롭게 산다. 〈성경〉에서 예수님께서는 뱀의 지혜를 배우라(마태복음

10:16)고 제자들에게 말씀하신다. 광고에 대한 단편적 지식보다 광고에 관한 온전한 지혜(智慧)가 있는 광고인이 하는 광고는 돋보인다.

7) 말처럼 강인하라

인류의 역사는 전쟁의 역사인데 전쟁에는 늘 말이 동원되었다. 말은 약 500kg에 이르는 육중한 몸으로 시속 약 60km에 달하는 속도로 40km인 백 리를 한 번에 무난하게 뛸 수 있다. 말이 없었다면 로마제국도 몽골제국도 없었을 것이다. 그만큼 말은 인간에게 가장 커다란 영향을 미친 동물이다. 물리학에서 일의 단위인 마력(馬力)은 말 한 마리가 일 분 동안에 하는 일의 양이다. 말은 강인한 힘을 상징한다. 말의 강인함은 인간의 추진력에 해당한다. 말의 광고철학을 지닌 광고인은 꿋꿋하다. 브랜드 콘셉트가 바뀌지 않았다면 이에 따라 정해진 브랜드 콘셉트에 따라 광고 콘셉트를 정하여 꿋꿋하게 밀고 간다. 다만 하나의 광고 콘셉트에 따라 여러 표현 콘셉트로 크리에이티브한 변화를 다양하게 추구할 수는 있다.

8) 양처럼 순수하라

아름다울 미(美)는 양(羊)과 클 대(大)가 합친 회의문자다. 큰 양의 모습이 아름답기에 '美'라는 한자가 생겼을 수 있다. 하지만 인간이 칼로 큰 양의 목을 딸 때 양은 조용하게 죽어가는데 그 전반적인 제사의식이 아름답기에 '美'라는 한자가 생겼을 수 있다. 싱싱할 선(鮮), 길할 상(祥), 기를 양(養), 착할 선(善), 옳을 의(義)처럼 양이 들어간 한자는 거의 모두 좋은 뜻을 가지고 있다. 양은 순수함을 대표하는 동물이다. 양의 순수함은 인간의 진정성에 해당한다. 양의 광고철학을 지닌 광고인은 과한 욕심을 부리지 않는다. 못된 야망이나 탐욕이 없다. 허위, 기만, 과장을 하지 않는다. 이러한 광고인이 하는 광고에서는 진심이 담겨 있으며 이 진정성은 묵직한 진정력이 되어 가벼운 창의력보다 끌리는 힘이 크다.

9) 원숭이처럼 활발하라

인간과 가장 가까운 영장류인 원숭이(猿)는 재주가 많은 동물의 대명사이다. 재빠르고 날렵하게 나무를 오르는 원숭이의 재주를 따라갈 동물이 없다. 하지만 그 재주를 믿다가 떨어지는 수도 있으니 원숭이도 나무에서 떨어질 때가 있다는 속담이 생겼다. 원숭이 해에는 원숭이처럼 활기차라는 덕담을 건넬 만큼 원숭이는 재주를 상징하면서 활발한 동물을 대표한다. 원숭이의 활발함은 인간의 생명력에 해당한다. 원숭이의 광고철학을 지닌 광고인은 생기 있고 활력 있다. 다만 독창성과 창의력이라는 재주만 믿고 나대거나 까불지는 않는다. 그렇게 하다가는 나무에서 떨어지는 원숭이 꼴이 되기 때문이다. 활기차되 진중하다. 이러한 광고인이 하는 광고는 생명력을 지닌다. 생명력이 있는 광고는 지속적으로 끌리는 법이다.

10) 닭처럼 근면하라

닭은 어둠과 밝음이 교차하는 새벽에 소리를 낸다. 울음소리라고 하지만 어둠 속에서 밝아지기에 반가워서 내지르는 기쁨의 소리일 수도 있다. 그 소리는 닭에게 있는 다섯 가지 덕인 계유오덕(鷄有五德) 중 신(信)의 덕이다. 영락없이 때가 되면 하루의 시작을 사람들에게 알리니 닭은 신뢰할 수 있는 태양새란 뜻이다. 그렇게 하루를 시작한 닭은 해가 질 때까지 쉬지 않고 먹이를 찾아 부지런히 움직인다. 그래서 닭은 근면함을 대표하는 동물이다. 닭의 근면함은 인간의 성실함에 해당한다. 닭의 광고철학을 지닌 광고인은 성실하게 움직인다. 정성을 다하여 지성(至誠)한다. 이러한 광고인은 광고를 대충 하지 않는다. 온갖 정성을 다하며 요모조모 세심하게 살핀다. 그렇게 이루어진 광고는 자연스레 사람을 끌게 된다.

11) 개처럼 순응하라

개의 학명은 'Canis lupus familiaris'다. 앞의 속명과 종명은 늑대와 똑같다. 끝에 붙은 아종명 'familiaris'가 있어야 개다. 약 1만여 년 전부터 야생 늑대가 인간에게 순응하여 인간한테 친근한(familiar) 개로 진화하여 인간에게 순응하는 대표적 동물이 되었다. 개는 자기의 주인인 인간에게 순응하지만 인간은 처한 여건에 순응해야 한다. 개의 순응은 인간의 순리에 해당한다. 개의 광고철학을 지닌 광고인은 전략적이 아니라 순리적으로 생각하며 행동한다. 순리적으로 한다는 것은 그냥 대충 편하게 하는 게 아니다. 경쟁에서 이기기 위해 전략적으로 하는 일보다 훨씬 어렵다. 더욱 넓고 깊게 오래 길게 전반적 · 복합적 · 총체적 · 중층적으로 살펴야 하기 때문이다. 그렇게 해서 나온 광고는 순리적 생명력을 가진다.

12) 돼지처럼 유복하라

돼지꿈은 좋은 꿈이다. 돼지저금통에 돈을 모은다. 돼지머리를 올리며 고사를 지낸다. 돼지는 복을 상징하는 동물이기 때문이다. 집을 뜻하는 한자인 가(家)는 지붕(宀)이 있는 집 밑에 돼지(豕)가 있는 모양이다. 사람이 돼지랑 한 지붕 밑에 살아서 家라는 한자가 생긴 것 같지는 않다. 집 안에 돼지 한 마리를 두어 집 안에 복이 들어오기를 바라는 마음에서 만들어진 듯하다. 돼지가 인간에게 주는 유복(有福)은 인간에게 베푸는 축복에 해당한다. 돼지의 광고철학을 지닌 광고인은 오로지 자기의 유익만을 위하여 광고하기보다 타인의 유익을 위하여 축복하는 마음으로 광고한다. 무조건 팔아먹기 위한 광고를 한다면 나쁜 마음이지만 고객을 위하여 좋은 제품을 만들어 광고하게 된다면 좋은 마음으로 광고할 수 있다.

지금까지 광고철학을 실천하기 위해 제안한 열두 가지 지침은 십이지(子丑寅卯辰巳午未申酉戌亥) 순서대로 열두 동물이 지닌 덕(민병훈, 2019)을 기준으로 한 것이

[그림 10-6] 십이지의 덕에 따른 광고철학의 실천 12훈

다. 이 열두 개의 함(doing)은 이른바 십이지 광고철학의 실천이다. 요약하면 [그림 10-6]과 같다.

양(陽)인 하늘과 음(陰)인 땅을 각각 10개와 12개로 나눈 천간지지(天干地支)는 10간12지(十干十二支)로 육십갑자를 이룬다. 이러한 60간지(六十干支)는 ●■갑자(甲子) 을축(乙丑) 병인(丙寅) 정묘(丁卯) 무진(戊辰) 기사(己巳) 경오(庚午) 신미(辛未) 임신(壬申) 계유(癸酉) ●갑술(甲戌) 을해(乙亥) ■병자(丙子) 정축(丁丑) 무인(戊寅) 기묘(己卯) 경진 (庚辰) 신사(辛巳) 임오(壬午) 계미(癸未) ●갑신(甲申) 을유(乙酉) 병술(丙戌) 정해(丁亥) ■무자(戊子) 기축(己丑) 경인(庚寅) 신묘(辛卯) 임진(壬辰) 계사(癸巳) ●갑오(甲午) 을미(乙未) 병신(丙申) 정유(丁酉) 무술(戊戌) 기해(己亥) ■경자(庚子) 신축 (辛丑) 임인(壬寅) 계묘(癸卯) ●갑진(甲辰) 을사(乙巳) 병오(丙午) 정미(丁未) 무신(戊申) 기유(己酉) 경술(庚戌) 신해(辛亥) ■임자(壬子) 계축(癸丑) ●갑인(甲

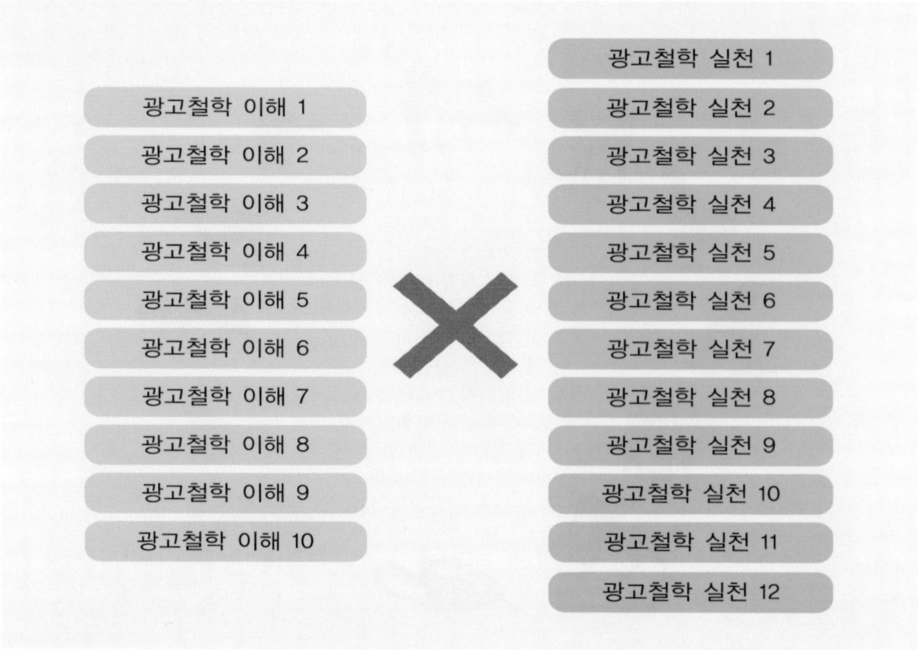

[그림 10-7] 육십갑자로 엮일 수 있는 광고철학의 이해와 실천

寅) 을묘(乙卯) 병진(丙辰) 정사(丁巳) 무오(戊午) 기미(己未) 경신(庚申) 신유(辛酉) 임술(壬戌) 계해(癸亥)라는 육십갑자로 순환한다. 처음의 갑(甲)으로 돌아와(還) 환갑(還甲)하기까지 육십 개의 순환이다. 마찬가지로 광고철학을 이해하는 열 질문에 이어 제안한 열두 가지 광고철학의 실천지침도 열 질문에 열두 실천지침을 대응하여 [그림 10-7]과 같이 60가지로 엮일 수 있다.

광고철학을 이해하며 실천한다는 것은 이렇듯 60가지의 복잡다단한 생각을 요구하는 고단한 일이다. 쉽게 이루어지는 것이 아니다. 지금의 절대적 대세인 인간 중심의 인간주의 및 좌우로 갈린 경제주의 세상에서는 요원하며 불가능한 허상이기 쉽다. 어렴풋 보이기는 하지만 실제로 없는 신기루(蜃氣樓)이기 쉽다. 하지만 근대문명에서 생태문명으로(김종철, 2019) 전환하는 세상에서 광고철학은 비로소 중요하게 대두될 수 있다. 생태주의(이상헌, 2011) 세상이거나 생태적 사회가 이미 다가오고 있다. 책 제목 그대로 경제성장이 안되면 우리는 풍요롭지 못할 것인지(Lummis,

2004) 전향적으로 성찰하지 않으면 못 살 때가 오고 있는 중이다.

이에 ▶1. 광고철학 전에 살필 수 있는 PR철학(起) ▶2. PR철학 위에 세울 수 있는 광고철학(承) ▶3. 광고철학을 이해할 수 있는 열 가지 질문(轉) ▶4. 광고철학을 실천하게 되는 열두 가지 지침(結)이라는 기승전결의 흐름으로 펼친 논의는 광고철학에 관한 제안을 위한 미완성 내용이다. 아마도 객관적으로 분명하고 확실하게 완성할 수 없을 것이다. 이에 부정적 비난(非難)보다 냉철한 비판(批判)과 아울러 광고철학의 실천을 위해 더욱 의미있고 흥미로운 제안이 늘 항상 언제나 가능할 줄로 안다. ■

참고문헌

제1장 광고와 철학적 사고의 필요성

강준만, 박주하, 한은경 편역(1994). 광고의 사회학. 서울: 한울.

Agamben, G. (2009). *What is an Apparatus? and Other Essays*. Stanford University Press.

Alfred North Whitehead. (1929). *Process and Reality: An Essay in Cosmology*. the Free Press N.Y.

Butler, C., & Seiler, C. (1984). *Hegel: The Letters*. Indiana Univ. & Purdue Univ. Fort Wayne.

Damasio, A. R. (1995). *Descartes' Error: Emotion, Reason, and the Human Brain, Putnam*, 1994; revised Penguin edition, 2005.

Damasio, A. R. (1998). *The Feeling of What Happened: Body and Emotion in the Making of Consciousness*. Harcourt Brace, Orlando. Fla.

Deleuze, G. (1992). What is disposit if? T. J. Armstrong (Ed.), *Michel Foucault Philosopher*. Hemel Hempstead: Harvester Wheat sheaf.

Deleuze, G., & Guattari, F. (1987). *A thousand Plateaus: Capitalism and Schizophrenia*. Univ. of Minnesota Press, Minneapolis London.

Du Plessis, E. (2005). The Advertised Mind, Millward Brown, VA. Oatley, K. & Jenkins, J. & Jennifer, M. (1995). *Understanding Emotions*. Blackwell, Oxford.

Esposito, R. (2012). The Dispositif of the Person. *Law, Culture and The Humanities*, *8*(1), 17-30.

Fehr, B., & Russell, J. A. (1984). Concept of emotion viewed from a prototype perspective.

Journal of Experimental Psychology: General, 113(3), 464-486.
Foucault, M. (1977). ***Discipline and Punish***. Vintage Books.
Galbraith, J. K. (1958). ***The Affluent Society***. Houghton Mifflin Harcourt.
Hegel, W. F. (1991). ***Elements of the Philosophy of Right***, ed. Wood, A. tr. Nisbet, H. B. Cambridge Press.
Hegel, W. F. (2005). ***Hegel: The Letters***, translated by Butler, C. and Seiler, C with commentary by Butler, C. Indiana Univ. Press, Bloomington.
Oatley, K., & Jenkins, J. (1995). ***Understanding Emotions***. Blackwell, Oxford.
PIRC (Public Interest Research Centre) & WWF-UK. (2011). ***Think of Me as Evil? Opening the Ethical Debate in Advertising***.
Ricoeur, P. (1988). ***Time and Narrative***, Vol. 1. Chicago Univ. Press.
Sloterdijk, P. Spheres Vol. 1; Bubbles (2011); vol. 2, Globes (2014); vol. 3. Foams (2016), emiotext(e), L.A.
Whitehead, A. N. (1985). ***Process and Reality: An Essay in Cosmology***. the Free .

위키백과. https://ko.wikipedia.org/wiki/Think_different
brunch. https://brunch.co.kr/@jahwajung/40
druga-wojna.site.vot.pl. http://druga-wojna.site.vot.pl/424/hitlerjugend-wypaczenie-mlodziezy-niemieckiej/?lang=en
littleveggiepatchco. https://littleveggiepatchco.com.au/blogs/news/planting-rhizomes-and-tubers
mgretailer. https://mgretailer.com/wp-content/uploads/2018/10/coco-cola.jpg
publicationcoach. https://www.publicationcoach.com/panopticon/
wikihow. https://www.wikihow.com/High-Jump-(Track-and-Field)

제2장 광고 언어 속의 의미와 철학

강신주(2010). 철학 vs 철학: 동서양 철학의 모든 것(pp. 23-27). 서울: 그린비.
김정우(2016). 광고 언어의 연구는 언어의 힘에 대한 연구이다. 한국어학, 73, 53-77.
김정우(2018). 광고 언어로서의 신조어. 동남어문논집, 46, 39-62.
류진한(2012). 슬로건 창작의 기술. 서울: 한경사.
류진한(2015). 짧은 카피, 긴 호흡. 서울: 커뮤니케이션북스.

오창일(2013). 광고 창의성의 생성과정과 유형에 대한 탐색적 연구: 광고 언어(카피)의 중의성을 중심으로. 광고PR실학연구, 6(3), 35-67.
우창현(2016). 광고 언어 의미 해석 방법에 대하여: 저관여 감성적 제품군을 중심으로. 언어와 정보사회, 27, 209-233.
이두희(1997). 광고론. 서울: 박영사.
이성범(2015). 소통의 화용론. 서울: 한국문화사.
이종철(2009). TV 광고 언어의 논증적 의미 관계 양상, 국어교육, 129.
천현숙, 마정미(2014). 텔레비전 광고 언어 사용의 변화. 한국광고홍보학보, 16(2).
코래드광고전략연구소(1996). 광고대사전. 서울: 나남출판
한승훈(2013). 시각과 청각 매체를 활용한 광고 언어의 외형적 그리고 암시적 메시지 처리에 관한 화용론적 접근. 어학연구, 49(3), 601-630.

久保田宣傳硏究所(1971). 廣告大辭典. 東京: 久保田宣傳硏究所.

Grice, H. P. (1975). Logic and Conversation, In P. Cole & J. Morgan (Eds.). *Syntax and Semantics* vol. 3. Academic Press.
Marketing & Communications Media Dictionary.
Shenk, J. W. (2018). 둘의 힘 (*Powers of Two*). (박중서 역). 서울: 반비. (원저는 2014년에 출판).
Webster's II (1995). *New College Dictionary*, New York: Houghton Mifflin Company.

네이버 이미지. www.naver.com

제3장 광고 크리에이티브 철학

강승구(2014). 광고와 철학적 사고. 서울: 에피스테메.
김병희(2004). 광고감독 윤석태 연구. 호서문화논총, 18, 1-39.
김병희(2007). 광고카피창작론. 경기: 나남출판.
김병희(2011a). 영상미학의 연금술: 창의성을 키우는 통섭 광고학1. 서울: 한경사.
김병희(2011b). 카피의 스토리텔링: 창의성을 키우는 통섭 광고학2. 서울: 한경사.
김병희(2011c). 디자인의 생각창고: 창의성을 키우는 통섭 광고학3. 서울: 한경사.
김병희(2011d). 기획의 내비게이션: 창의성을 키우는 통섭 광고학4. 서울: 한경사.

김병희(2011e). 문화산업의 콘텐츠: 창의성을 키우는 통섭 광고학5. 서울: 한경사.

김병희(2014). 광고 창의성과 크리에이티브에 관한 연구 동향과 전망. 광고학연구, 25(8), 71-103.

김태형(1984). 잡종철학 무철학이 나의 카피 철학. 광고정보, 9월호, 44-46.

김태형(1993). 광고하는 사람이란. 광고계동향, 9, 3.

김태형(1995). 카피라이터 가라사대. 서울: 디자인하우스.

박우덕(1997. 9. 6.). 좋은 헤드라인보다 좋은 비주얼은 없다. 웰콤 사내 특강 자료.

박우덕(2001). 광고인 하계대학 특강: 좋은 광고 하나가 세상을 바꿀 수도 있습니다. 광고정보, 8월호, 49.

윤석태(1990). 커머셜 제작노트2: 불신의 늪. 광고정보, 110, 86-87.

윤석태(2001). 윤석태 TV-CF 작품집 Q-30. 서울: 도서출판 호미.

윤석태(2003). 영상은 누구나 만들지만 광고는 아무나 만들 수 없다. 광고계동향, 147, 4-5.

윤석태(2005). 영상 커머셜 제작. 서울: 한국방송광고공사.

이강우(1987). 광고라는 직업. 광고정보, 10월호, 94-95.

이강우(2003). 대한민국 광고에는 신제품이 없다. 서울: 살림출판.

이수민(2003). 데이비드 오길비(David Ogilvy)의 광고이론과 그 적용사례에 관한 연구. 이화여자대학교 디자인대학원 석사학위논문.

Bernbach, W. (1970). Some Things Can't be Planned. in Otto Kleppner & Irving Settle (Eds.). *Exploring Advertising*. New Jersey: Prentice-Hall.

Burnett, L. (1968). Keep Listening to that Wee, Small Voice. Arnold M. Barban & Charles H. Sandage (Eds.). *Readings in Advertising and Promotion Strategy*. Irwin. pp. 153-161.

Husserl, E. (1970). *The Idea of Phenomenology*. The Hague: Martinus Nijhoff.

Kim, B. H., Han, S., & Yoon, S. (2010). Advertising Creativity in Korea: Scale Development and Validation. *Journal of Advertising, 39*(2), 93-108.

Leo Burnett Company (1971). *Leo*. Chicago, IL: Leo Burnett Company.

Ogilvy, D. (1983). *Ogilvy on Advertising*. New York: Crown Publishing.

Ogilvy, D. (2008). 나는 광고로 세상을 움직였다 (Confessions of an advertising man. [Rev. Ed.]). (강두필 역). 서울: 다산북스. (원저는 1963년에 출판).

Reeves, R. (1961). *Reality in Advertising*. New York: Alfred A. Knopf.

Rust, R. T., & Oliver, R. W. (1994). The Death of Advertising. *Journal of Advertising, 23*(4), 71-77.

제4장 광고와 시뮬라시옹

강승구(2014). 광고와 철학적 사고. 서울: 에피스테메.

김상학, 양초산(2006). 장 보드리야르의 시뮬라시옹 개념에서 본 광고와 소비의 현시적 현상. 시각디자인 연구, 22, 28-37.

김진영(2007). 사회성 획득을 위한 광고와 시뮬라시옹. 커뮤니케이션디자인 연구, 23, 14-23.

이은정(2003). 한국 소비자의 현시적 소비형태에 대한 연구: 장보드리야르의 시뮬라시옹개념을 중심으로. 홍익대학교 대학원 석사학위논문.

최효찬(2010). 시각적 감응에 의한 억압과 배제. 비교문학, 52, 382-383.

Baudrillard, J. (1999a). 사물의 체계 (*Le système des objets*). (배영달 역). 서울: 백의. (원저는 1968년에 출판).

Baudrillard, J. (1999b). 소비의 사회 (*La société de consommation*). (이상률 역). 서울: 문예출판사. (원저는 1970년에 출판).

Baudrillard, J. (2001). 시뮬라시옹 (*Simulacres et simulation*). (하태환 역). 서울: 민음사. (원저는 1981년에 출판).

Baudrillard, J. (2002). 유혹에 대하여 (*De la séduction*). (배영달 역). 서울: 백의. (원저는 1979년에 출판).

Baudrillard, J. (2012). 사라짐에 대하여 (*Pourquoi tout n'a-t-il pas déjà disparu?*). (하태환 역). 서울: 민음사. (원저는 2007년에 출판).

Twitchell, J. B. (2001). 욕망, 광고, 소비의 문화사: 세계를 뒤흔든 20가지 광고 (*Twenty ads that shook the world: the century's most groundbreaking advertising and how it changed us all*). (김철호 역). 경기: 청년사. (원저는 2000년에 출판).

네이버 이미지. www.naver.com

위키백과. https://ko.wikipedia.org

Bing 이미지. www.bing.com

제5장 광고 마케팅과 문화상품의 상호작용

김병희(2019). 광고 카피와 시: 시와 광고는 언어의 경제성을 추구하는 이웃사촌. 신문과 방송, 578 (2월호), 102-107.

김수영(2000). 〈Vogue야〉. 김수영 전집 1: 시(pp. 341-342). 서울: 민음사.

박광규(2016). 미스터리는 풀렸다. 서울: 눌민.

유하(1991). 〈바람부는 날이면 압구정동에 가야 한다. 1-4〉. 바람부는 날이면 압구정동에 가야 한다(pp. 58-65). 서울: 문학과지성사.

전동균(2006). 시의 기법을 활용한 광고 표현 연구. 중앙대학교 대학원 박사학위논문.

함민복(1990). 〈후보선수〉. 우울氏의 一日(p. 10). 서울: 세계사

함민복(2006). 〈켄터키후라이드 치킨 할아버지〉, 〈엑셀런트 시네마 티브이 · 2〉, 〈광고의 나라〉, 자본주의의 약속(pp. 13-14, 52-53, 54-57). 서울: 세계사.

Fessler, C. (2017). 할리데이비슨, 브랜드 로드 킹: 할리데이비슨은 어떻게 브랜드 제왕이 되었나 (*Rebuilding the Brand: How Harley-Davidson Became King of the Road*). (박재항 역). 서울: 한국CEO연구소. (원저는 2012년에 출판).

Sandel, M. J. (2012). 돈으로 살 수 없는 것들 (*What Money Can't Buy: The Moral Limits of Markets*). (안기순 역). 서울: 와이즈베리. (원저는 2012년에 출판).

Sichtermann, B., & Scholl, J. (2003). 클라시커50 고전소설 (*50 Klassiker Romane vor 1900*). (두행숙 역). 서울: 해냄. (원저는 2002년에 출판).

Taleb, N. N. (2019). 스킨 인 더 게임 (*Skin in the Game*). (김원호 역). 서울: 비즈니스북스. (원저는 2018년에 출판).

2011년과 2014년 영화 PPL 관련 보도.

https://www.digitaltrends.com/apple/apple-achieves-most-product-placement-of-any-brand-in-the-last-10-yrs/

https://www.theverge.com/2015/3/4/8147063/apple-transformers-age-of-extinction-product-placement

내이션와이드 빌딩 소사이어티 광고 동영상. https://www.youtube.com/watch?v=I5jRp9bQL7w

뉴욕타임스(2019. 5. 24.). https://www.nytimes.com/interactive/2019/05/24/business/media/summer-sequels.html

브랜드채널닷컴(2015). http://www.brandchannel.com/2015/07/31/apple-mission-impossible-073115/

제6장 광고와 테크놀로지 철학

김병희(2015). 텔레비전 수상기 광고를 통해 본 소비문화의 변천: 1962~2012. 광고연구, 105, 164-203.

김병희, 소현진, 이희복(2015). 미디어 테크놀로지. 소셜 미디어 시대의 광고. 서울: 커뮤니케이션북스.

김성재(2002). 텔레마틱시대의 커뮤니케이션 철학: 인터넷 커뮤니케이션의 도래와 그 의미. 한국방송학보, 16(4), 74-112.

김성재(2013). 커뮤니케이션 철학자 빌렘 플루서. 미디어 현상학. 서울: 커뮤니케이션북스.

김성재(2016). 테크노코드와 커뮤니케이션-빌렘 플루서의 기술적 형상과 코무니콜로기. 현대기술・미디어 철학의 갈래들. 서울: 그린비.

김재희(2013). 질베르 시몽동에서 기술과 존재. 철학과 현상학 연구, 56, 175-206.

김재희(2016). 인간과 기술의 공생이 우리의 미래를 개방한다: 질베르 시몽동의 새로운 휴머니즘. 현대기술・미디어 철학의 갈래들. 서울: 그린비.

김재희(2017). 시몽동의 기술철학. 경기: 아카넷.

김재희(2018). 기술과 개체초월성: 시몽동과 스티글레르. 범한철학, 88, 37.

김주영(2018). 테크놀로지 발전과 콘텐트 마케팅 #1. 미디어와 광고전략의 트렌드 변화. https://blog.hsad.co.kr/2640 [HS애드 공식 블로그 HS Adzine]

박소연(2004. 1. 12.). 철학은 왜 '기술'에 주목하는가?. 서울: 교수신문.

성윤택(2010). 미디어 테크놀로지의 진화방향: 미디어 콘텐츠의 네트워킹. 미디어연구, 1, 22.

심혜련(2001). 발터 벤야민의 아우라(Aura) 개념에 관하여. 시대와 철학, 12(1), 145-175.

심혜련(2007). 첨단과학기술 시대에 기술 미학의 근본 문제에 관하여. 미학, 51, 159-192.

심혜련(2016). 기술복제의 시대와 그 이후: 발터벤야민의 예술과 아우라에 대한 사유. 현대기술・미디어 철학의 갈래들. 서울: 그린비.

이광석, 김재희, 심혜련, 김성재, 백욱인, 이재현, 홍성욱, 이지언, 오경미(2016). 현대 기술・미디어 철학의 갈래들. 서울: 그린비.

이귀옥(2003). 광고가 테크놀로지를 파는 방법: 인터넷 관련 제품광고의 주제 분석을 중심으로. 한국광고홍보학회 2003년 춘계학술대회 발표 자료집.

이귀옥, 한상필(2009). 신기술로서 인터넷은 광고에서 어떻게 표현 되었는가: 인터넷 관련 제품과 서비스의 텔레비전 광고 내용분석. 한국심리학회지 소비자・광고, 10(3), 535-557.

이동후(2013). 미디어 생태이론. 서울: 커뮤니케이션북스.

이재현(2016). 시간, 기억, 기술: 베르나르 스티글레르의 기술철학. 현대 기술・미디어 철학의 갈래들. 서울: 그린비.

Benjamin, W. (1983). 발터 벤야민의 문예이론 (*Benjamin, Walter*). (반성완 역). 서울: 민음사.

Benjamin, W. (2007). 발터 벤야민 선집 2: 기술복제시대의 예술작품, 사진의 작은 역사 외 (*Das Kunstwerk im Zeitalter seiner technischen Reproduzierbarkeit Kleine Geschichte der Photographie*). (최성만 역). 서울: 길. (원저는 1936년에 출판).

Bolter, J. D., & Grusin, R. A. (2006). 재매개: 뉴미디어의 계보학 (*Remediation: Understanding New Media*). (이재현 역). 서울: 커뮤니케이션북스. (원저는 1999년에 출판).

Buck-Morss, S. (2004). 발터 벤야민과 아케이드 프로젝트 (*The Dialectics of seeing: Walter Benjamin and the Arcades project*). (김정아 역). 경기: 문학동네. (원저는 1989년에 출판).

Flusser, V. (1999). 사진의 철학을 위하여 (*Fúr eine Philosophie der Fotografie*). (윤종석 역). 서울: 커뮤니케이션북스. (원저는 1983년에 출판).

Flusser, V. (2001). 코무니콜로기: 코드를 통해 본 커뮤니케이션의 역사와 이론 및 철학 (*Kommunikologie*). (김성재 역). 서울: 커뮤니케이션북스. (원저는 1996년에 출판).

Flusser, V. (2004). 피상성 예찬: 매체 현상학을 위하여 (*Lob der Oberfläechlichkeit: fúr eine Phäenomenologie der Medien*). (김성재 역). 서울: 커뮤니케이션북스. (원저는 1995년에 출판).

Heidegger, M. (2008). 강연과 논문(*Vorträge und Aufsätze*). (이기상, 신상희, 박찬국 공역). 서울: 이학사. (원저는 1978년에 출판).

McLuhan, M. (2001). 구텐베르크 은하계 (*The Gutenberg Galaxy: The Making of Typographic Man*). (임상원 역). 서울: 커뮤니케이션북스. (원저는 1962년에 출판).

McLuhan, M. (2011). 미디어의 이해: 인간의 확장 (*Understanding Media: The Extensions of Man*). (김상호 역). 서울: 커뮤니케이션북스. (원저는 1964년에 출판).

McLuhan, M. (2015). 기계신부: 산업사회 인간의 민속설화 (*The Mechanical Bride: Folklore of Industrial Man*). (박정순 역). 서울: 커뮤니케이션북스. (원저는 1967년에 출판).

McLuhan, M., & Fiore, Q. (2001). 미디어는 맛사지다 (*The Medium is the Massage*). (김진홍 역). 서울: 커뮤니케이션북스. (원저는 1967년에 출판).

McLuhan, M., & Powers, B. R. (2005). 지구촌: 21세기 인류의 삶과 미디어의 변화 (*The Global Village: Transformations in World Life and Media in the 21st Century*). (박기순 역). 서울: 커뮤니케이션북스. (원저는 1989년에 출판).

Medhurst, M. J. (1990). Human Values and the Culture of Technology. in Martin J. Medhurst, Alberto Gonzalez, & Tarla Rai Peterson (Eds.). *Communication and the*

Culture of Technology. Pullman, Washington: Washington State University Press.

Simondon, G. (2011). 기술적 대상들의 존재양식에 대하여 (*Du mode d'existence des objets techniques*). (김재희 역). 서울: 그린비. (원저는 1989년에 출판).

Simondon, G. (2017). 형태와 정보개념에 비추어 본 개체화 (*L'individuation à la lumière des notions de forme et d'information*). (황수영 역). 서울: 그린비. (원저는 2013년에 출판).

Slack, J. D. (1984). The Development and Use of Communication Technologies: Critical Issues. Paper presented at the 34th Annual International Communication Association Conference, May 24-28, San Francisco.

Stiegler, B. (1998). *Technics and Time 1: The Fault of Epimetheus*. trans. by R. Beardsworth and G. Collins. Standford, CA: Standford University Press.

Stiegler, B. (2010). *For a New Critique of Political Economy*. trans. by Daniel Ross. Cambridge, UK: Polity Press. 2010.

Stiegler, B. (2011). *Technics and Time 3: Cinematics Time and the Question of Malaise*. trans. by Stephen Barker. Standford, CA: Standford University Press. 2

Stiegler, B., & Kyrou, A. (2018). 고용은 끝났다, 일이여 오라! (*L' Emploi est mort, vive le travail!*). (권오룡 역). 서울: 문학과지성사. (원저는 2015년에 출판).

Westrum, R. (1991). *Technologies and Society: The Shaping of People and Things*. Belmont, CA: Wadsworth Publishing Company.

구글 이미지. https://www.google.com/imghp?hl=ko&gws_rd=ssl#spf=1574397497114

Ars Industrialis. http://www.arsindustrialis.org

LG. www.lg.co.kr

제7장 광고 노출의 우연성과 필연성

갤럽(2014). 한국인이 좋아하는 취미/운동/애창곡/영화/반려동물(2004-2014). Retrieved from http://www.gallup.co.kr/gallupdb/reportContent.asp?seqNo=634

Adweek (2013). Programmatic for dummies. Retrieved from https://www.adweek.com/brand-marketing/programmatic-dummies-153590/

Alina, W. (2009). *Designing Brand Identity*. Jakarta: John Wiley and Sons Inc.

Anfindsen, J. T. (2005). Leibniz on hypothetical necessity. Retrieved from http://www.honestthinking.org/en/pub/HT.2005.06.JTA.Leibniz_on_hypothetical_necessity.htm

Batra, R., Ahuvia, A., & Bagozzi, R. P. (2012). Brand love. *Journal of Marketing*, *76*(2), 1-16.

Duncan, T. R., & Moriarty, S. E. (1997). *Driving Brand Value: Using Integrated Marketing to Manage Profitable Stakeholder Relationships*. New York: McGraw-Hill.

Fisher, L. (2019). US programmatic ad spending forecast 2019: Nearly half of programmatic ad dollars now go to video. Retrieved from https://www.emarketer.com/content/us-programmatic-ad-spending-forecast-2019

Guttmann, A. (2018). Global programmatic advertising spending in 2017 and 2019. Retrieved from https://www.statista.com/statistics/275806/programmatic-spending-worldwide/

Lyaunzbe. (2009, October 18). Game trees and the minimax algorithm. Retrieved from https://lyaunzbe.wordpress.com/2009/10/18/game-trees-and-the-minimax-algorithm/

Mastop, R. (2012). Modal logic for artificial intelligence. Retrieved from http://www.phil.uu.nl/~rumberg/infolai/Modal_Logic.pdf

McCall, S. (1976). Objective time flow. *Philosophy of Science*, *43*, 337-362.

McFarlane, J. (2008). Truth in the garden of forking paths. In M. Garcia-Carpintero & M. Kölbel (Eds.), *Relative Truth* (pp. 81-102). Oxford: Oxford University Press.

Nerlich, G. (1995). Falling branches and the flow of time. *Australasian Journal of Philosophy, 76*(2), 309-316.

Øhrstrøm, P. & Hasle, P. (2015). Future contingents. Retrieved from https://plato.stanford.edu/archives/win2015/entries/future-contingents/

Ploug, T., & Øhrstrøm, P. (2012). Branching time, indeterminism and tense logic. *Synthese*, *188*(3), 367-379.

Real-time bidding. (n.d.). Retrieved July 17, 2019 from the Wikipedia: https://en.wikipedia.org/wiki/Real-time_bidding

Shead, S. (2016). Here's how much computing power Google DeepMind needed to beat Lee Sedol at Go. Retrieved from https://www.businessinsider.com/heres-how-much-computing-power-google-deepmind-needed-to-beat-lee-sedol-2016-3?IR=T&r=UK

Silver, D., Huang, A., Maddison, C. J., Guez, A., Sifre, L., Van Den Driessche, G., … &

Dieleman, S. (2016). Mastering the game of Go with deep neural networks and tree search. *Nature, 529*, 484-489.

Smart, J. (1949). The river of time. *Mind, 58*, 483-494.

The Information Philosopher. (n.d.). Retrieved from http://www.informationphilosopher.com/freedom/master_argument.html

The Metaphysicist. (n.d.) Retrieved from http://metaphysicist.com/problems/necessity/

Zenith (2018). 65% of digital media to be programmatic in 2019. Retrieved from https://www.zenithmedia.com/65-of-digital-media-to-be-programmatic-in-2019/

아마존. www.amazon.com

제8장 정치경제학적으로 해석한 광고 시청 노동과 광고 시민권의 회복

강준만(2019). 모든 기업은 미디어 기업이다: 브랜드 저널리즘이 강요하는 언론개혁의 전망. 커뮤니케이션 이론, 15(1), 5-56.

김수행(2008). 자본론의 현대적 해석. 서울: 서울대학교출판부.

김수행(2014). 자본론 공부: 김수행 교수가 들려주는 자본 이야기. 서울: 돌베개.

김승수(1989). 상품경제와 광고의 정치경제학. 사회비평, 여름호, 229-265.

김승수(2011). 광고자본주의 정치경제학. 방송통신연구, 76, 9-35.

김영욱(2017). PPL에 대한 커뮤니케이션 정치경제학 해석: 노동으로서 시청 시간과 물신 숭배를 통한 프로모션 사회 비판. 한국광고홍보학보, 19(1), 65-101.

김영욱(2018a). 디지털 노동 착취와 감시의 상품화: 온라인 맞춤형 광고에 대한 커뮤니케이션 정치경제학 해석. 언론과 사회, 26(1), 34-78.

김영욱(2018b). 디지털 프로모션에서 생산소비자와 감시의 작동 원리: 디지털 노동에 대한 감시사회의 착취 구도 해석. 커뮤니케이션 이론, 14(4), 5-57.

남경태(2016). 국내 소비자의 광고회의주의 수준과 설득 지식과의 관계에 관한 탐색적 연구. 광고학연구, 27(6), 7-27.

제일기획(2019). 제일기획 광고연감.

Aaker, D., & Myers, J. (1975). *Advertising Management*. Englewood Cliffs, NJ: Prentice Hall.

Andrejevic, M. (2002). The work of being watched: Interactive media and the exploitation of self-disclosure. *Critical Studies in Media Communication*, *19*(2), 230-248.

Andrejevic, M. (2004). *Reality TV: The Work of Being Watched*. Lanham, MD: Rowman & Littlefield.

Andrejevic, M. (2007). *iSpy: Surveillance and Power in the Interactive Era*. Lawrence, KS: University Press of Kansas.

Arriaga, P. (1984). On advertising: A Marxist critique. *Media, Culture & Society*, *6*(1), 53-64.

Arvidsson, A. (2011). Ethics and value in customer co-production. *Marketing Theory*, *11*(3), 261-278.

Barnouw, E. (1978). *The Sponsor: Notes on a Modern Potentate* (Vol. 580). Transaction Publishers.

Baudrillard, J. (1970). *The Consumer Society: Myths and Structures*. London: Sage.

Baudrillard, J. (1981). *For a Critique of the Political Economy of the Sign*. (C. Levin. Trans.). St Louis, MO: Telos Press Publishing.

Berger, A. A. (2015). *Ads, Fads, & Consumer Culture: Advertising's Impact on American Character & Society*. Lanham, MD: Rowman & Littlefield.

Berman, S. J., Battino, B., Shipnuck, L., & Neus, A. (2009). The end of advertising as we know it. In D. Gerbarg (Ed.), *Television Goes Digital* (pp. 29-55). New York: Springer Science & Business Media.

Burke, J. P. (1979). Reification and commodity fetishism revisited. *Canadian Journal of Political and Social Theory*, *3*(1), 71-86.

Caraway, B. (2011). Audience labor in the new media environment: A Marxian revisiting of the audience commodity. *Media, Culture & Society*, *33*(5), 693-708.

Cleaver, H. (2000). *Reading Capital Politically*. Leeds: Anti/Theses.

Crisp, R. (1987). Persuasive advertising, autonomy, and the creation of desire. *Journal of Business Ethics*, *6*(5), 413-418.

Dyer-Witheford, N. (1999). *Cyber-Marx: Cycles and Circuits of Struggle in High-Technology Capitalism*. Urbana, IL: Universiy of Illinois Press.

Emamalizadeh, H. (1985). The informative and persuasive functions of advertising: A moral appraisal-A comment. *Journal of Business Ethics*, *4*(2), 151-153.

Fisher, E. (2012). How Less Alienation Creates More Exploitation? Audience Labour on Social Network Sites. *tripleC: Communication, Capitalism & Critique*, *10*(2), 171-183.

Frith, K. T. (1997). Undressing the ad: Reading culture in advertising. In K. T. Frith(Ed.),

Undressing the Ad: Reading Culture in Advertising (pp. 1-17). New York: Peter Lang.

Fuchs, C. (2008). *Internet and Society: Social Theory in the Information Age*. New York: Routledge.

Fuchs, C. (2012). Dallas Smythe Today-The Audience Commodity, the Digital Labour Debate, Marxist Political Economy and Critical Theory. *tripleC: Communication, Capitalism & Critique*, *10*(2), 692-740.

Fuchs, C. (2014). *Digital Labor and Karl Marx*. New York, NY: Routledge.

Fuchs, C. (2015a). The digital labor theory of value and Karl Marx in the age of Facebook, Youtube, Twitter, and Weibo. In E. Fisher & C. Fuchs (Eds.), *Reconsidering Value and Labor in the Digital Age* (pp. 26-41). London, UK: Palgrave McMillan.

Fuchs, C. (2015b). *Reading Marx in the Information Age*. New York: Routledge.

Fuchs, C., & Sevignani, S. (2013). What is digital labour? What is digital work? What's their difference? And why do these questions matter for understanding social media?. *tripleC: Communication, Capitalism & Critique*, *11*(2), 237-293.

Hardt, M., & Negri, A. (2001). *Empire*. Cambridge, MA: Harvard University Press.

Hardt, M., & Negri, A. (2018). The Multiplicities within Capitalist Rule and the Articulation of Struggles. *tripleC: Communication, Capitalism & Critique*. *16*(2): 440-448.

Harvey, D. (2010). *A Companion to Marx's Capital*. London: Verso.

Harvie, D. (2005). All Labour Produces Value for Capital and We All Struggle Against Value. *The Commoner*, *10*, 132-171.

Hesmondhalgh, D. (2010). User-generated content, free labour and the cultural industries. *Ephemera*, *10*(3/4), 267-284.

Hirsch, F. (1976). *Social limits to Growth*. Cambridge, MA: Harvard University Press.

Horsky, D., & Simon, L. S. (1983). Advertising and the diffusion of new products. *Marketing Science*, *2*(1), 1-17.

Jansson, A., & Christensen, M. (2014). *Media, Surveillance and Identity: Social Perspective*. New York: Peter Lang.

Jhally, S. (1987). *The Codes of Advertising: Fetishism and the Political Economy of Meaning in the Consumer Society*. London, UK: Frances Pinter.

Jhally, S., & Livant, B. (1986). Watching as working: The valorization of audience consciousness. *Journal of Communication*, *36*(3), 124-143.

Kang, H., & McAllister, M. P. (2011). Selling you and your clicks: Examining the audience commodification of google. *tripleC: Cognition, Communication Co-operation, 9*(2), 141-153.

Kellner, D. (1983). Critical theory, commodities and the consumer society. *Theory, Culture & Society, 1*(3), 66-83.

Kline, S., & Leiss, W. (1978). Advertising, needs, and "community fetishism". *Canadian Journal of Political and Social Theory, 2*(1), 5-30.

Lebowitz, M. A. (1986). Too many blindspots on the media. *Studies in Political Economy, 21*, 165-173.

Lebowitz, M. A. (2003). *Beyond Capital*. Londdon: Palgrave Macmillan.

Leiss, W. (1978). Needs, exchanges and the fetishism of objects. *Canadian Journal of Political and Social Theory, 2*(3), 27-48.

Leiss, W., Kline, S., & Jhally, S. (1990). *Social Communication in Advertising*. New York: Routledge.

Lyon, D. (2002). Everyday surveillance: Personal data and social classifications. *Information, Communication & Society, 5*(2), 242-257.

Lyon, D. (2003). Surveillance as social sorting: Computer codes and mobile bodies. In D. Lyon (Ed.), *Surveillance as Social Sorting* (pp. 13-30). New York: Routledge.

Lyon, D. (2010). Liquid surveillance: The contribution of Zygmunt Bauman to surveillance studies. *International Political Sociology, 4*(4), 325-338.

Manzerolle, V. (2010). Mobilizing the audience commodity: Digital labour in a wireless world. *Ephemera: Theory & Politics in Organization, 10*(3/4), 455-469.

Marx, K. (1973). *Grundrisse: Foundations of a Critique of Political Economy* (M. Niclaus, Trans.). London, UK: Penguin.

Marx, K. (1976). *Capital: A Critique of Political Economy* (vol. 1) (B. Fowkes, Trans.). London, UK: Penguin.

Marx, K. (1981). *Capital: A Critique of Political Economy* (vol. 3) (D. Fernbach, Trans.). London, UK: Penguin.

McStay, A. (2017). *Privacy and the Media*. Los Angeles, CA: Sage.

Negri, A. (1989). *The Politics of Subversion: A Manifesto for the Twenty-First Century* (J. Newell, Trans.). Oxford, UK: Polity Press.

Nixon, B. (2016). Recovering audience labor from audience commodity theory: Advertising as capitalizing on the work of signication. In B. F. Hamilton, R. Bodle, & E. Korin (Eds.), *Explorations in Critical Studies of Advertising* (pp. 52-63). New York:

Routledge.

Pasquinelli, M. (2009). Google's PageRank algorithm: A diagram of cognitive capitalism and the rentier of the common intellect. *Deep Search, 3,* 152-162.

Prodnik, J. (2012). A note on the ongoing processes of commodification: from the audience commodity to the social factory. *tripleC: Communication, Capitalism & Critique, 10*(2), 274-301.

Read, J. (2003). *The Micro-Politics of Capital: Marx and the Prehistory of the Present.* Albany, NY: State University of New York Press.

Richins, M. L. (1991). Social comparison and the idealized images of advertising. *Journal of Consumer Research, 18*(1), 71-83.

Sahin, H., & Robinson, J. P. (1981). Beyond the realm of necessity: Television and the colonization of leisure. *Media, Culture & Society, 3*(1), 85-95.

Sandoval, M., & Fuchs, C. (2010). Towards a critical theory of alternative media. *Telematics and Informatics, 27*(2), 141-150.

Scholz, T. (2012). Introduction: Why does digital labor matter now?. In T. Scholz(Ed.), *Digital Labor* (pp. 1-9). New York: Routledge.

Schudson, M. (1984). *Advertising: The Uneasy Persuasion.* New York: Basic Books.

Schultz, D. (2016) The Future of Advertising or Whatever We're Going to Call It. *Journal of Advertising, 45*(3), 276-285.

Smythe, D. W. (1977). Communications: Blindspot of Western Marxism. *Canadian Journal of Political and Social Theory, 1*(3), 1-27.

Smythe, D. W. (1981). *Dependency Road.* Norwood, NJ: Ablex.

Sussman, G. (2011). Introduction: The propaganda society. In G. Sussman (Ed.), *The Propaganda Society: Promotional Culture and Politics in Global Context* (pp. 1-21). New York: Peter Lang.

Szadkowski, K. (2019). An autonomist Marxist perspective on productive and unproductive academic labor. *tripleC: Communication, Capitalism & Critique, 17*(1), 111-131.

Terranova, T. (2000). Free laor: Producing culture for the digital economy. *Social Text, 18*(2), 33-58.

Trottier, D. (2012). *Social Media as Surveillance: Rethinking Visibility in a Converging World.* Abingdon: Ashgate Publishing.

Williams, R. (1980). Advertising: The magic system. In *Problems in Materialism and Culture* (pp. 170-195). London: Verso.

Williamson, J. (1978). *Decoding Advertisements: Ideology and Meaning in Advertising*. New York: Marion Boyers.

제9장 아리스토텔레스 철학으로 본 좋은 삶, 좋은 광고, 좋은 광고인

손윤락(2018). 아리스토텔레스에 있어서 '소통하는 시민' 개념: 대학의 시민 인성교육을 위한 연구. 서양고대사연구, 52, 11-39.

오강남(1999). 장자. 서울: 현암사.

윤태일(2015). 김석년과 그의 광고시대. 서울: 늘봄.

윤태일, 변혜영(2016). 대학생의 미디어이용 및 신명감정과 진로만족 모형의 통합. 언론과학연구, 16(4), 163-196.

이준웅(2001). 설득의 윤리적 문제. 한국언론학보, 45(2), 349-386.

이화자(1997). 된 광고, 든 광고, 난 광고. 서울: 나남.

한민, 한성열(2009). 신명의 심리학. 서울: 21세기북스.

Aristoteles (2011). 니코마코스 윤리학 (*Aristotelis Ethica Nicomachea*). (강상진, 김재홍, 이창우 역). 서울: 길.

Aristoteles (2017). 수사학/시학 (*Rhetorike Peri Poietikes*). (천병희 역). 경기: 숲.

Aristoteles (2017). 정치학 (*Politika*). (김재홍 역). 서울: 길.

Chalton, E. (2019. 1. 14). These are the 10 most in-demand skills of 2019, according to LinkedIn. https://www.weforum.org/agenda/2019/01/the-hard-and-soft-skills-to-futureproof-your-career-according-to-linkedin/

de Witte, H. (2005). Job insecurity: Review of the international literature on definitions, prevalence, antecedents and consequences. *SA Journal of Industrial Psychology*, *31*(4), 1-6.

Fave, A. D., Brdar, I., Freire, T., Vella-Brodrick, D., & Wissing, M. (2011). The eudaimonic and hedonic components of happiness: Qualitative and quantitative findings. *Social Indicators Research*, *100*(2), 185-207.

Holbrook, M. B. (1987). Mirror, mirror, on the wall: What's unfair in the reflections on advertising? *Journal of Marketing*, *July*, 95-103.

Lent, R. W., & Brown, S. D. (2006). Integrating person and situation perspectives on work satisfaction: A social-cognitive view. *Journal of Vocational Behavior*, *69*(2), 236-

247.
Nonaka, I., & Takeuchi, H. (2011). The wise leader. *Harvard Business Review, 89*(5), 58-67.
Ogilvy, D. (1985). *Ogilvy on Advertising*. New York, NY: Vintagr Books.
Pearson, T. (2017). 직업의 종말 (*The End of Jobs*). (방영호 역). 서울: 부키. (원저는 2015년에 출판).
Pollay, R. W. (1986). The distorted mirror: Reflections on the unintended consequences of advertising. *Journal of Marketing, April,* 18-36.
Rotzoll, K. B., Haefner, J. E., & Sandage, C. H. (1994). 현대 사회와 광고 (*Advertising in Contemporary Society*). (한상필, 김대선 공역). 서울: 한나래. (원저는 1986년에 출판).
Sandel, M. J. (2010). 정의란 무엇인가 (*Justice: What's the Right Thing to Do?*). (이창신 역). 경기: 김영사. (원저는 2009년에 출판).
Signitzer, B., & Prexl, A. (2007). Corporate sustainability communications: Aspects of theory and professionalization. *Journal of Public Relations Research, 20*(1), 1-19.
Skidelsky, R., & Skidelsky, E. (2013). 얼마나 있어야 충분한가 (*How Much is Enough?*). (김병화 역). 서울: 부키. (원저는 2013년에 출판).
Tatzel, M. (2014). *Consumption and Well-Being in the Material World*. New York, NY: Springer.
Yoon, T. (2018). Where music heals: Consuming music together for well-being in a community rock band. *Asian Communication Research, 15*(1), 101-137.

제10장 광고철학의 이해와 실천

강준만, 전상민(2007). 광고, 욕망의 연금술. 서울: 인물과사상사.
김병희(1997). 광고 하나가 세상을 바꾼다. 서울: 황금가지.
김종철(2019). 근대문명에서 생태문명으로: 에콜로지와 민주주의에 관한 에세이. 서울: 녹색평론사.
민병훈(2019). 유라시아의 십이지 문화. 경기: 진인진.
박기철(2005). 지속가능한 광고에 대한 탐색적 고찰. 광고학연구, 16(2), 68.
박기철(2008). 브랜드 경영을 위한 가치 컨셉의 의미 제안. 한국광고홍보학보, 10(3), 188.
박기철(2009). NBi, 생태주의 브랜드 경영. 서울: 커뮤니케이션북스.
박기철(2011). PR! 전략을 넘어 철학으로. 서울: 커뮤니케이션북스.
박기철(2012a). PR정치학 가능성 모색과 제안: 루소, 푸르동, 레논의 사상을 바탕으로. 스피치와 커뮤니케이션, 제17호, 99-139.

박기철(2012b). 정치홍보가 아닌 PR정치란 무엇일까?: 의미정립, 관련사상, 역할방향 제안. 스피치와 커뮤니케이션, 제18호, 121-164.

박기철(2013). PR정치가 어떻게 이루어질 것인가?: 역사관점, 정치사상, 구체방법 제안. 광고PR실학연구, 6(1), 29-60.

박기철(2014). 왜 당위적 원론은 실현될 수 없을까?: 생태주의 기반의 PR정치를 통한 문제 해법 제안. 홍보학연구, 18(2), 5-44.

박기철(2017a). PR 토대개념의 전환: PR에서 전략에 관한 문제제기를 바탕으로. 광고PR실학연구, 10(3), 117-144.

박기철(2017b). PR생태학 의미 제안과 실천가능성 모색. 광고홍보학보, 19(4), 144-181.

박기철(2018). PR의 뜻인 공중관계들의 확장 모색. 지역과 커뮤니케이션, 22(4), 101-131.

박기철(2019). 한국사에서 PR의 효시적 인물에 관한 탐색: PR의 어머니와 아버지는 누구일까? 한국사회과학연구, 38(1), 65-105.

이상헌(2011). 생태주의. 서울: 책세상.

이한섭(2014). 일본어에서 온 우리말 사전. 서울: 고려대학교 출판부.

이현숙(2015). 천부경 하나부터 열까지: 신지전자(녹도문) 해독. 서울: 지식공감.

Hayek, F. A. von (2018). 노예의 길: 사회주의 계획경제의 진실 (*The Road to Serfdom*). (김이석 역). 서울: 자유기업원. (원저는 1944년에 출판).

Keynes, J. M. (2007). 고용 이자 및 화폐의 일반이론 (*The General Theory of Employment, Interest and Money*). (조순 역). 서울: 비봉출판사. (원저는 1936년에 출판).

Lummis, C. D. (2011). 경제성장이 안되면 우리는 풍요롭지 못할 것인가 (經濟成長がなければ私たちは豊かになれないのだろうか). (김종철, 최성현 공역). 서울: 녹색평론사. (원저는 2004년에 출판).

Marx, K. (2008). 자본 I-1, I-2, II, III-1, III-2 (*Das Kapital: Kritik der politischen Ökonomie*). (강신준 역). 서울: 도서출판 길. (원저는 1867년에 출판).

Ogilvy, D. (1993). 어느 광고인의 고백 (*Confessions of an Advertising Man*). (이낙운 역). 서울: 서해문집. (원저는 1963년에 출판).

Ogilvy, D. (2004). 광고불변의 법칙 (*Ogilvy on Advertising*). 최경남 역). 서울: 거름. (원저는 1983년에 출판).

Reeves, R. (1988). 광고의 실체 (*Reality in Advertising*). 권오휴 역). 서울: 오리콤. (원저는 1961년에 출판).

Rifkin, J. (1998). 엔트로피: 21세기 새로운 문명관 (*Entrophy: a New World View*). (최현 역). 서

울: 범우사. (원저는 1980년에 출판).

Schultz, D. E. (1991). 효과적인 광고전략 (*Essentials of Advertizing Strategy*). (신강균 역). 서울: 오리콤. (원저는 1988년에 출판).

Smith, A. (2007). 국부론 상, 하 (*Inquiry into the Nature and Causes of the Wealth of Nations*). (김수행 역). 서울: 비봉출판사. (원저는 1976년에 출판).

Trout, J., & Ries, A. (2002). 포지셔닝 (*Positioning*). (안진환 역). 서울: 을유문화사. (원저는 1980년에 출판).

Twitchell, J. B. (2001). 욕망, 광고, 소비의 문화사 (*Twenty Ads that Shook the World: the Century's Most Groundbreaking Advertising and How It Changed us All*). (김철호 역). 서울: 청년사. (원저는 2000년에 출판).

찾아보기

인명

내용

❖ 저자 소개

강승구(Kang, Seung Koo)

현재 한국방송통신대학교 미디어영상학과 교수이다. 미국 미주리 주립대학교에서 광고학으로 박사학위를 취득하였다. 광고철학연구회장을 비롯하여 서울국제문화예술포럼(Seoul International Culture & Arts Forum)의 부회장을 맡고 있다. 우리나라 광고의 이미지연구에서는 타의 추종을 불허할 만큼 많은 업적을 남겼다. 저서로는 광고철학 분야에서 처음으로 출간한 『광고와 철학적 사고』(에피스테메, 2014)가 있으며, 『성공적인 글로벌 기업이미지 마케팅』(커뮤니케이션북스, 2015), 『통합 마케팅커뮤니케이션』(공저, 한국방송통신대학교, 2016), 『홍보론』(공저, 한국방송통신대학교출판문화원, 2016), 『현대광고와 카피전략』(공저, 한국방송통신대학교출판문화원, 2017) 등이 있다. 역서로는 『서양 광고 문화사』(한나래, 2007) 등이 있다.

한은경(Han, Eun Kyoung)

현재 성균관대학교 미디어커뮤니케이션학과 교수이다. 성균관대학교 영어영문학과를 졸업하고, 동 대학원에서 신문방송학 석 · 박사 학위를 취득한 뒤 한국방송광고진흥공사(kobaco) 연구위원을 지냈다. 한국광고홍보학회 제6대 회장을 역임하였으며, 한국언론중재위원회 중재위원으로 활동하였다. 연구 관심 분야는 광고와 브랜드 · 평판이다. 주요 저서로는 『IMC광고론』(커뮤니케이션북스, 2001), 『브랜드관리』(공저, 키메이커, 2015) 등이 있으며, 역서로는 『명성을 얻어야 부가 따른다』(서울출판미디어, 2015) 등이 있다. 이 외에도 다수의 저작과 논문을 발표하였다.

류진한(Ryoo, Jin Han)

현재 계명대학교 언론광고학부 광고홍보학전공 교수이자 광고학 박사이다. 또한 한국광고PR실학회 제8대 회장, 문화체육관광부와 중소벤처기업부 자문교수, 서울브랜드위원회와 대구브랜드위원회 위원으로 활동하고 있다. 대한민국유공광고인 표창, 문화체육관광부장관 표창, 대한민국광고대상, 대한민국광고윤리대상 등을 수상하였다. 저서로는 『광고홍보학 캡스톤디자인』(공저, 계명대학교출판부, 2014), 『로꾸거』(가람과뫼, 2018) 등이 있으며, 역서로는 『광고크리에이터 성공백서』(한경사, 2016) 등이 있다. 광고 언어와 관련하여 저술한 『슬로건 창작의 기술』(한경사, 2012)은 대한민국학술원 사회과학분야 우수학술도서에 선정되었다. 한화그

룹 ㈜한컴 등의 종합광고회사에서 21년간 카피라이터 및 크리에이티브 디렉터로 근무하였다.

김병희(Kim, Byoung Hee)

현재 서원대학교 광고홍보학과 교수이자 광고학 박사이다. 한국PR학회 제15대 회장과 한국광고학회 제24대 회장으로 봉사하였다. 현재 정부광고자문위원장을 비롯해 여러 정부기관의 광고PR 정책 자문을 담당하고 있다. 저서로는 『광고로 보는 미디어 테크놀로지의 소비문화사』(서울경제경영, 2016) 외 다수가 있으며, 「광고의 새로운 정의와 범위: 혼합연구방법의 적용」(2013) 외 다수의 논문을 발표하였다. 한국갤럽학술상 대상(2011), 제1회 제일기획학술상 저술부문 대상(2012), 교육부 · 한국연구재단의 연구성과 확산 우수 연구자 50인(2017) 등을 수상하였다.

박재항(Park, Jae Hang)

현재 하바스코리아 전략부문 대표이다. 동시에 『대학내일』 고문과 비영리법인 '오늘은'의 이사장을 맡고 있다. 삼성전자, 현대자동차, 기아자동차에서는 광고주로서, 제일기획과 이노션에서는 광고 회사 측면에서 브랜드전략 부문을 담당하였다. 『모든 것은 브랜드로 통한다』(사회평론, 2002)를 비롯한 다수의 저 · 역서와 편역서를 냈고, 5개 이상의 연재 칼럼의 기고자이자 강연자로 활동하고 있다.

마정미(Ma, Jung Mi)

현재 한남대학교 정치언론학과 교수로 재직하고 있다. 「인터랙티브 광고의 효과과정에 관한 연구-정보통제와 텔레프레즌스를 중심으로」로 박사학위를 취득하였으며, 『광고로 읽는 한국사회문화사』(개마고원, 2004), 『근대적 육체와 일상의 발견』(공저, 경희대학교출판국, 2006), 『문화 번역』(커뮤니케이션북스, 2014), 『포스트휴먼과 탈근대적 주체』(커뮤니케이션북스, 2014) 등 뉴미디어와 대중문화, 한국광고문화사 관련 다수의 저작과 「소비자는 합리적인 존재인가: 행동경제학의 광고학 적용을 위한 개념적 연구」(2016) 등 다수의 논문을 발표하였다.

김주영(Kim, Jooyoung)

현재 미국 조지아대학교(University of Georgia) 광고홍보학과 교수이자 매스커뮤니케이션 박사이다. 광고 engagement, 광고의 통합효과, 소비자 감성에 관한 연구를 주로 하고 있으며, 주요 광고/마케팅 저널인 『Journal of Advertising』 『International Journal of Advertising』 『Journal of Business Research』 『Psychology & Marketing』 등에 다수의 논문이 실렸다. 현

재 미국광고학회(American Academy of Advertising)에서 발간하는 『Journal of Interactive Advertising』의 Editor-in-Chief와 『International Journal of Advertising』의 Associate Editor를 맡고 있다.

김영욱(Kim, Yung Wook)
미국 플로리다 대학교에서 매스커뮤니케이션학으로 박사학위를 취득하고, 이화여자대학교 커뮤니케이션 · 미디어학부 교수로 재직 중이다. 미국 일리노이 주립대학교 커뮤니케이션학과 조교수, 미국 하버드 대학교 법과대학 협상연구소 풀브라이트 교환교수 등을 역임하였다. 단독 저서로는 『위험, 위기 그리고 커뮤니케이션: 현대사회 위험, 위기, 갈등에 대한 해석과 대응』(이화여자대학교출판부, 2008), 『비영리 커뮤니케이션: 사회적 약자와 공공이익을 위한 커뮤니케이션 캠페인』(이화여자대학교출판부, 2010), 『PR커뮤니케이션 이론의 진화』(커뮤니케이션북스, 2013), 『갈등해소와 대체적 분쟁해결: 협상, 조정, 중재 그리고 다양한 ADR 접근방법』(이화여자대학교출판부, 2015) 등이 있다.

윤태일(Yoon, Tae Il)
현재 한림대학교 광고홍보학과 교수이다. 서울대학교 미학과를 졸업한 후, 광고대행사 ㈜한컴 및 SK텔레콤 홍보실에서 일하였고, 미국 미주리 주립대학교에서 박사학위를 받았다. '2018 한국언론학회 희관저술상'을 수상한 『방송 광고의 미학 원리』(커뮤니케이션북스, 2017)를 비롯하여 10권 남짓한 저 · 역서와 50편이 넘는 논문을 발표하였다. 한국의 대표적 문화유전자로 꼽히는 '신명'을 커뮤니케이션 관점에서 천착하여 자기준거적 이론으로 정립하려는 것이 그의 주된 연구 관심사이다.

박기철(Park, Ki Chul)
현재 경성대학교 광고홍보학과 교수이다. 중앙대학교 광고홍보학과, 연세대학교 경영학 석사학위, 건국대학교 경영학 박사학위를 취득하였고, 금강오길비와 BBDO Korea에서 근무하였다. 『박교수의 마케팅 특강』(을유문화사, 2005), 『패러다임 사고학』(연세대학교출판부, 2007), 『논술을 넘는 감술』(푸른사상, 2010), 『세상에서 가장 쉬운 광고책』(커뮤니케이션북스, 2012), 『박기철 교수의 안식년 365일』(커뮤니케이션북스, 2014), 『울 엄마 이야기』(해인출판사, 2016) 등 13권을 저술하였고, 28편의 논문을 발표하였다. 학술논문을 통해 PR정치학, PR생태학을 최초로 제안하였다. 부산 국제신문에 2012년 9월부터 매주 금요일 〈낱말로 푸는 인문생태학〉 칼럼을 430회 넘게 연재하고 있다.

광고지성총서 10

광고 지성과 철학의 지평선
The Intellectual and Philosophical Horizons of Advertising

2020년 1월 10일 1판 1쇄 인쇄
2020년 1월 20일 1판 1쇄 발행

지은이 • 강승구 · 한은경 · 류진한 · 김병희 · 박재항
마정미 · 김주영 · 김영욱 · 윤태일 · 박기철
펴낸이 • 김진환
펴낸곳 • (주) 학지사
04031 서울특별시 마포구 양화로 15길 20 마인드월드빌딩
대표전화 • 02)330-5114 팩스 • 02)324-2345
등록번호 • 제313-2006-000265호

홈페이지 • http://www.hakjisa.co.kr
페이스북 • https://www.facebook.com/hakjisa

ISBN 978-89-997-2010-9 93320

정가 20,000원

저자와의 협약으로 인지는 생략합니다.
파본은 구입처에서 교환해 드립니다.

이 도서의 국립중앙도서관 출판시도서목록(CIP)은 서지정보유통지원시스템 홈페이지(http://seoji.nl.go.kr)와 국가자료공동목록시스템(http://www.nl.go.kr/kolisnet)에서 이용하실 수 있습니다.
(CIP 제어번호: CIP2019045485)